本书研究获国家重点研发计划项目"村镇建设资源环境承载力测算系统开发"（2018YFD1100100）的支持

村镇建设资源环境承载力系列丛书

中国村镇建设与资源环境承载力调查报告

王传胜　薛东前　宋永永　等◎著

科学出版社
北　京

内 容 简 介

村镇作为城乡地域系统中的支撑系统，为城市提供食物、自然资源和生态环境服务保障，在城乡地域系统资源环境承载力中兼具载体和载荷的双重属性。21世纪以来，中国乡村功能的退化态势，改变了村镇资源环境承载力及其承载对象的状态。本书在国家重点研发计划的支持下，在全国选择了7个地区，开展了面向资源环境承载力的村镇建设关键要素的调查，目的是厘清现阶段中国村镇建设资源环境承载力及其测算对象，为村镇建设资源环境承载力测算提供依据，并因此探索村镇建设资源环境承载力的调查方法。

本书可为人文地理学、国土空间规划、乡村振兴战略等领域的科研人员、政府部门工作人员提供参考，也可供高等院校相关专业师生阅读。

审图号：GS 京（2023）2251 号

图书在版编目(CIP)数据

中国村镇建设与资源环境承载力调查报告 / 王传胜等著. —北京：科学出版社，2023.10
ISBN 978-7-03-074789-1

Ⅰ. ①中… Ⅱ. ①王… Ⅲ. ①城乡建设–研究–中国 ②环境承载力–研究–中国 Ⅳ. ①F299.21 ②X21

中国国家版本馆 CIP 数据核字（2023）第 020086 号

责任编辑：林 剑 / 责任校对：樊雅琼
责任印制：徐晓晨 / 封面设计：无极书装

科 学 出 版 社 出版
北京东黄城根北街 16 号
邮政编码：100717
http://www.sciencep.com

北京中科印刷有限公司 印刷
科学出版社发行 各地新华书店经销

*

2023 年 10 月第 一 版 开本：787×1092 1/16
2023 年 10 月第一次印刷 印张：18
字数：430 000

定价：258.00 元
（如有印装质量问题，我社负责调换）

国家重点研发计划项目
"村镇建设资源环境承载力测算系统开发"

项目组织与参加单位

项目名称：村镇建设资源环境承载力测算系统开发

项目编号：2018YFD1100100

所属专项：绿色宜居村镇技术创新

项目承担单位：中国科学院南京地理与湖泊研究所

专业机构：中国农村技术开发中心

推荐单位：中国科学院

项目负责人：段学军

课题负责人：王传胜、李恒鹏、欧维新、张龙江、田莉

起止时间：2018 年 12 月～2022 年 12 月

主要参加单位

中国科学院地理科学与资源研究所

中国科学院南京地理与湖泊研究所

南京农业大学

生态环境部南京环境科学研究所

清华大学

中国科学院东北地理与农业生态研究所

陕西师范大学

江汉大学

中国科学院西北生态环境资源研究院

湖北大学

中国科学院亚热带农业生态研究所

中国国土勘测规划院

华南农业大学

中国科学院南京土壤研究所

中国科学院水利部成都山地灾害与环境研究所

安徽农业大学

重庆交通大学

同济大学

上海大学

国家发展和改革委员会城市和小城镇改革发展中心

本书撰写组成员名单

(按姓氏笔画排序)

弓　颖　　王传胜　　羊金凤

宋永永　　张晓雯　　唐　宇

黄　晶　　董朝阳　　樊　婷

薛东前

前　言

改革开放以来，随着城镇化的快速推进，全国乡村人口锐减。据第七次全国人口普查，2020年全国乡村人口比2010年减少了约1.5亿人；国家统计局数据显示，2021年全国乡镇级行政区划总数比十年前减少了1900余个，其中乡级建制减少了5000多个；据《中国城乡建设统计年鉴2021》，近十年全国行政村数量约减少了5万个，自然村数量约减少了20万个。伴随着乡村人口的减少，村庄聚落空心化和乡村功能退化呈全国蔓延态势。

2017年，习近平总书记在党的十九大报告中提出乡村振兴战略。2018年，中共中央、国务院印发《乡村振兴战略规划（2018—2022年）》，提出"顺应村庄发展规律和演变趋势，根据不同村庄的发展现状、区位条件、资源禀赋等，按照集聚提升、融入城镇、特色保护、搬迁撤并的思路，分类推进乡村振兴"。2020年，随着9899万农村贫困人口全部脱贫，中国绝对贫困人口得到了历史性解决，贫困县全部摘帽，区域性整体贫困得到解决，实现了人民生活从温饱不足到总体小康、奔向全面小康的历史性跨越。至2035年，我国将建成中等发达国家，其中，进一步缩小城乡差距，实现城乡共同富裕、公共服务均等化是重要的一环。

就目前来看，我国广大农村，特别是刚刚摆脱贫困的中西部农村，农业生产正处在转型当中，农民的收入还有相当一部分依靠季节性外出务工，行政村公共服务设施还存在短板，村镇生产生活与当地资源环境承载力还处在调适当中。随着农村人口向当地县城、重点镇的集聚，村镇建设当中一些区域性、阶段性的资源环境问题仍然不断浮现，如土地资源的过高负荷与低效利用，农业用水的高比例和村镇生活用水的低水平，以及村镇社区污染物处理设施的满载运行和偏远村庄的布点不足等。针对上述问题，需要对不同地区进行深入调研，剖析村镇建设对资源环境的需求态势及其资源环境承载力特征，评估村镇水土资源现状结构、数量及其空间格局，以点带面地分析现阶段不同地区村镇建设与资源环境承载力的关键问题，总结各地在实践中值得推介的经验，以便为深入推进乡村振兴战略、加快美丽乡村建设提供科学依据。

基于上述目的，笔者在中西部选择了7个地区，开展了地级市、县、乡镇、行政村、农户不同层级尺度的实地调研，并在上述地区调研报告的基础上形成了本书。本书主要目的：一是通过实地调研，进一步厘清村镇建设与资源环境承载力的调查方法和技术流程；二是从人口及其区域性流动、农业生产规模和结构变化、村镇基础设施和公共服务设施建设等方面，分析村镇建设及其对资源环境的需求和压力；三是为村镇建设资源环境承载力测算指标提供相关区域的参照系数。

全书共分9章，第1章由王传胜、宋永永、薛东前执笔，第2章由张晓雯、王传胜执笔，第3章由羊金凤、王传胜执笔，第4章由王传胜执笔，第5章由薛东前、黄晶执笔，

第 6 章由薛东前、樊婷执笔，第 7 章由宋永永、唐宇、弓颖执笔，第 8 章由薛东前、董朝阳、唐宇执笔，第 9 章由宋永永、王传胜执笔。全书由王传胜、薛东前、宋永永构思、拟定提纲并修改定稿。此外，陕西师范大学、江西师范大学、太原师范学院的研究生居尔艾提·吾布力、代兰海、杨彬、马艳艳、戴维、戴雄祖、钟堃、党星、杨凯悦、张晓倩、李雨欣、王佳宁、弓颖、陈棋、陈恪、庞先锋、袁水妹、袁鑫等参与了典型村镇基础数据的野外调查和收集工作。

在野外考察和实地调研过程中，得到案例区市县及乡镇政府、村委会和农户的大力支持。其中，运城市发展和改革委员会、吉安市发展和改革委员会、永丰县发展和改革委员会、昭通市科技局、鲁甸县科技局，以及临泽县、凤县、永宁县、门源回族自治县等相关部门领导、干部直接组织并参与调研，为本书的完成奠定了坚实基础。对上述相关部门和参与调研的领导、干部及农户，在此表达诚挚的谢意！

本书是国家重点研发计划项目"村镇建设资源环境承载力测算系统开发"（2018YFD1100101）的成果之一，在这里还要感谢项目负责人段学军研究员，项目专家虞孝感研究员在案例区调研和本书成稿方面给予的指点和帮助。

由于村镇建设资源环境承载力调查涉及内容广泛，书中难免存在不足之处，敬请学界同仁、专家和读者给予批评指正，提出宝贵意见和建议。

王传胜
2022 年 6 月

目 录

前言
第1章 村镇建设与资源环境承载力野外调查手册 ········· 1
    1.1 基本概念 ········· 1
    1.2 调查目的 ········· 1
    1.3 调查原则 ········· 2
    1.4 案例区选择 ········· 3
    1.5 调查问卷设计 ········· 6
    1.6 实地调查流程 ········· 9
    1.7 调查报告撰写 ········· 14
    参考文献 ········· 15

第2章 运城市调查报告 ········· 16
    2.1 运城市村镇建设与资源环境基本概况 ········· 16
    2.2 调研村镇类型与调研路线 ········· 24
    2.3 临猗县 ········· 26
    2.4 新绛县 ········· 31
    2.5 夏县 ········· 35
    2.6 芮城县 ········· 38
    2.7 永济市 ········· 43
    2.8 盐湖区 ········· 45
    2.9 本章小结 ········· 48
    参考文献 ········· 49

第3章 吉安市调查报告 ········· 51
    3.1 吉安市村镇建设与资源环境基本概况 ········· 51
    3.2 永丰县村镇建设与资源环境基本概况 ········· 60
    3.3 调研村镇类型与划分 ········· 65
    3.4 恩江镇 ········· 67
    3.5 藤田镇 ········· 70
    3.6 鹿冈乡 ········· 74
    3.7 本章小结 ········· 77
    参考文献 ········· 78

第4章 昭通市调查报告 ········· 80
    4.1 昭通市村镇建设与资源环境概况 ········· 80

4.2　鲁甸县村镇建设与资源环境概况 ·· 87
　　4.3　调研村镇类型 ·· 95
　　4.4　桃源乡 ··· 99
　　4.5　江底镇 ··· 103
　　4.6　水磨镇 ··· 107
　　4.7　龙头山镇 ··· 111
　　4.8　本章小结 ··· 115
　　参考文献 ··· 117

第5章　临泽县调查报告 ·· 119
　　5.1　临泽县村镇建设与资源环境基本概况 ···································· 119
　　5.2　调研村镇类型与调研路线 ··· 132
　　5.3　沙河镇 ··· 136
　　5.4　蓼泉镇 ··· 140
　　5.5　板桥镇 ··· 145
　　5.6　倪家营镇 ··· 149
　　5.7　本章小结 ··· 153
　　参考文献 ··· 155

第6章　凤县调查报告 ·· 156
　　6.1　凤县村镇建设与资源环境基本概况 ·· 156
　　6.2　调研村镇类型与调研路线 ··· 168
　　6.3　双石铺镇 ··· 170
　　6.4　河口镇 ··· 173
　　6.5　红花铺镇 ··· 177
　　6.6　留凤关镇 ··· 181
　　6.7　平木镇 ··· 185
　　6.8　本章小结 ··· 187
　　参考文献 ··· 188

第7章　永宁县调查报告 ·· 190
　　7.1　永宁县村镇建设与资源环境基本概况 ···································· 190
　　7.2　调研村镇类型与调研路线 ··· 204
　　7.3　胜利乡 ··· 208
　　7.4　李俊镇 ··· 212
　　7.5　望洪镇 ··· 216
　　7.6　闽宁镇 ··· 220
　　7.7　本章小结 ··· 225
　　参考文献 ··· 227

第8章　门源县调查报告 ·· 228
　　8.1　门源县村镇建设与资源环境基本概况 ···································· 228

	8.2 调研村镇类型与调研路线	240
	8.3 浩门镇	245
	8.4 东川镇	251
	8.5 仙米乡	256
	8.6 苏吉滩乡	261
	8.7 本章小结	265
	参考文献	267
第9章	结论与展望	268
	9.1 主要结论	268
	9.2 展望	271

第 1 章　村镇建设与资源环境承载力野外调查手册

1.1 基本概念

1.1.1 村镇

村镇是城乡系统中与城市相对应的地域系统，包括城乡分类体系中的中心镇和一般镇、中心村和一般村，在行政属性上指城市街道之外的乡镇社区、行政村以及下设的自然村组，是以农、林、牧、渔业为主，兼营第二、第三产业的乡村居民生产生活的场所[1]。村镇是乡村聚落在空间上直观的表现形式，是组织乡村生产生活、统筹两者及其与生态空间协调发展的行政管理场所。

1.1.2 村镇建设

村镇建设不仅包括居住、交通等生活条件建设，还包括农业、工业和旅游等生产活动，以及生态保育等生态建设。村镇建设是指地方基于对区域资源禀赋和产业发展等条件的判断，以功能定位为导向，明确村镇地位，整合配置村镇地区水土、人力等资源，有机结合产业培育和发展、生态保育、文化传承以及基础设施服务等建设，重建村镇生态空间、生活空间、生产空间和文化空间，实现人居空间整洁化、生态空间文明化、产业空间集约化、文化空间多样化[2]，推进村镇科学长远发展。

1.1.3 村镇建设资源环境承载力

资源环境指社会经济发展所需的自然基础，包括资源、环境、生态等；承载力指自然基础（承载体）对人类生产生活活动（承载对象）的支撑能力[3,4]。村镇建设资源环境承载力指在乡村振兴战略实施背景下，作为承载体的乡村资源、环境、生态等，对作为承载对象的村镇人口、产业等社会经济目标、生产生活活动规模、空间占用、资源消耗、污染负荷等的支撑能力。

1.2 调查目的

村镇是中华民族农耕文明的主要发源地，是农业生产和农民居住的集中地，是工业化和城镇化的重要原料地和现代城市健康发展的重要腹地，既承载着传统农耕文明实践、演变、传承的历史，也支撑着现代工业文明和生态文明孕育、产生和发展的过程，是保障国家粮食安全和生态安全的重点地区。

改革开放以来，中国村镇建设取得了辉煌成绩，涌现出一批"生产发展、生活富裕、乡风文明、村容整洁、管理民主"的新农村。但是，随着工业化和城镇化的快速推进，我国村镇空间经历了深刻的要素重组、结构转型和功能转变，村镇生产要素的过度非农化、生产主体的过早老弱化、乡村环境的严重污损化、村庄聚落的快速空心化现象突出，成为破解区域发展不平衡、不充分问题的重大障碍。

党的十九大报告提出实施乡村振兴战略，从"产业振兴、人才振兴、文化振兴、生态振兴、组织振兴"五方面深刻阐释乡村振兴的具体内涵。为贯彻党中央和国务院全面推动乡村振兴和建设美丽中国的战略部署，破解城乡发展不平衡、农村发展不充分问题，中共中央、国务院印发《乡村振兴战略规划（2018—2022年）》，为乡村发展与村镇建设指明了方向。

中国水土资源总量大而人均量少，村镇建设条件复杂，区域资源环境基础和城乡差距大。截至2017年，我国有55万个行政村、317万个自然村落，村镇空间分布、人口特征、经济结构、水土资源和生态环境等本底条件差异显著。开展村镇建设与资源环境承载力调查旨在摸清村镇资源环境条件及其组合特征，厘定村镇水土资源现状结构、数量及其空间格局，既为编制乡村振兴规划、优化乡村空间布局、支撑乡村振兴战略和美丽乡村建设提供核心指标和关键参数，也为科学有序统筹村镇建设、农业生产与生态保护功能空间，以及保障国家粮食安全和生态安全提供科学依据。

1.3 调查原则

本报告是客观反映中国典型村镇建设现状与资源环境基础的重要资料，必须遵循独立性、客观性、公正性和科学性的调查原则（图1-1）[5]，做到指标一致、标准统一、测算准确、客观真实。

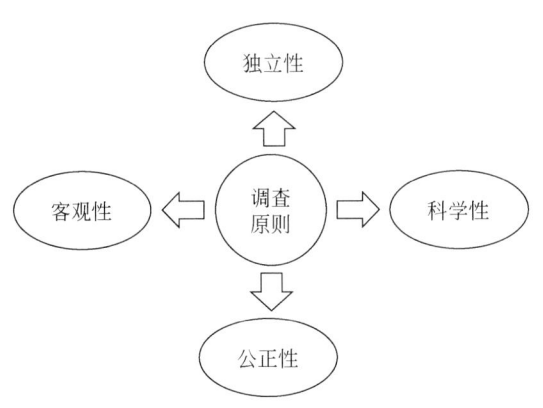

图1-1 村镇建设与资源环境承载力调查原则

（1）独立性原则。独立性是开展村镇建设与资源环境基础调查的前提。在村镇建设与资源环境承载力评估中，必须坚持独立性原则，在遵守相关政策法规的前提下，坚持客观理性，不受政府、农户、个人或相关单位的过度干扰，保证调查过程的合理性、分析过程的科学性和测算结果的准确性。

（2）客观性原则。客观性是围绕村镇建设与资源环境要素，通过深入细致的调查，多方获取丰富的数据资料，对其进行核查、验证，总结发现的问题，对典型村镇的建设水平、资源环境承载力及其协调性等进行客观分析，真实反映村镇发展实际情况，避免主观随意性。

（3）公正性原则。公正性是调查过程要尊重事实，充分吸纳村镇干部、农户和企业负责人的意见和建议，公正对待村镇人员反馈的信息，坚持以全面系统的村镇建设与资源环境数据及相关文本资料为支撑，客观判定村镇建设发展阶段和资源环境承载力的上限阈值，做到有理有据。

（4）科学性原则。科学性是根据项目要求，面向课题核心目标，科学制定调查方案，合理选取调查事项、内容和指标，科学确定评估指标权重，统一访谈、问卷调查与填写规范，按照"下镇—进村—入户"调查程序开展工作，确保调查数据准确合理，调查结果真实可靠。

1.4 案例区选择

村镇建设与资源环境承载力调查是一项理论性、科学性和技术性较强的，规范性、客观性和可操作性要求较高的基础工作。中国地域辽阔，村镇建设条件复杂多样，资源环境地域差异大，科学确定村镇建设与资源环境承载力调查的案例区，并选择关键指标，客观真实地反映村镇建设成效及其资源环境问题，是开展村镇建设与资源环境承载力调查评估研究的基础。

1.4.1 村镇建设资源环境本底条件

村镇聚落是在特定的自然环境条件下，经过长期的自然地理过程因素共同作用而形成的。不同区域水土资源和农业生产条件、生态环境状况等各不相同，导致村镇建设主要限制性因素也不同[6]。就水资源限制区而言，可用水资源是村镇建设的主要约束条件，水资源约束了农业产量进而决定了村镇规模；就土地资源限制区而言，可用建设空间对村镇人口、产业发展及建设规模有明显约束作用；就生态环境约束区而言，生态功能和生态脆弱性对村镇建设有明显要求，不同生态功能重要性区域及不同生态脆弱性区域对村镇发展方向和规模都有特殊要求。就自然本底条件而言，地形条件影响村镇规模和形态，是村镇建设的重要地理基础因素；气温是人类生存和村镇建设的重要保障；水资源是村镇发展建设的自然本底条件；地质灾害风险性影响居民生命财产安全，在村镇建设中应规避地质灾害高风险区。

中国村镇建设分布受各类资源环境要素共同影响制约。地形地貌、水土资源、气象条件、生态环境对村镇建设均存在不同方面、不同程度的约束作用。全国村镇主要分布在坡度小于25°，海拔小于200m的地区；全国村镇在年降水量为1100~1200mm的湿润地区的数量最多，在距河流距离200~300m内聚集程度最高[7]；全国超过50%的村镇分布在农耕区；低于400mm等降水量地区的村镇数量和密度均较小，村镇在年均温为15~19℃的地区分布广泛，且较聚集；生态重要性、生态脆弱性和生态敏感性高的地区，村镇分布数量少、规模小，村镇建设显著受生态环境限制；农业用水区要求地表水水质达Ⅴ类及以上，集中式生活饮用水地表水源地二级保护区要求地表水水质达Ⅲ类；村镇在干旱土、水成土、盐碱土和高山土等土壤类型分布区的密度均低于0.05个/km^2 [8]。

中国不同区域村镇的农业生产约束因素具有空间异质性[4]。中国华北平原、东北平原地形平坦，农业生产条件好，但水资源需求量大，尤其是华北平原地区地下水过度开采，缺水问题突出，水资源成为限制该区域村镇建设的重要因素。青藏高原北部、新疆地区和黄土高原地区村镇建设主要受生态、水资源限制，该区域降水少，蒸发强，生态脆弱性较高，是中国重要的生态安全屏障，生态地位重要，同时青藏高原地区农业生产受海拔和热量的限制也比较大。云贵高原区域农业生产主要受地形地质条件限制，该区域地势起伏大，地面崎岖破碎，导致耕地分散，田块窄小，利用率低，有些区域处于喀斯特地区，地质灾害严重，农业生产和村镇建设受到较大限制。中国南方平原丘陵区对村镇建设的约束作用相对较小，且该区域属亚热带季风气候区，降水丰沛，河网密布，为农业发展提供了充足水资源，但该区域人多地少，耕地资源紧张，同时快速城镇化、工业化导致的生态环境约束作用也非常突出。四川盆地虽然地形较为平坦，可利用土地面积较大，但部分区域地质构造活跃，地质灾害对该区域村镇建设具有一定限制作用。

1.4.2 案例区选择思路及其分布

中国不同区域不同类型村镇建设的资源环境主导约束因子不同，西北干旱区为水资源，青藏高原、西南山地为生态敏感性和灾害易损性，东部城镇化区为土地与水环境。按照主体功能区类型，在全面分析中国村镇建设类型、人口特征、产业结构、基础设施及村镇"五化"（非农化、污损化、空废化、老弱化、贫困化）问题，总结村镇水、土地、生态环境及资源环境胁迫效应基础上，围绕美丽乡村建设、绿色宜居村镇建设的国家目标和项目的总体目标，界定村镇建设资源环境承载力评价的目标，按照地理单元、主体功能区类型和村镇建设资源环境承载力分区，选择不同类型县区：重点开发区代表县、草原牧区代表县、农产品主产区代表县、重点生态功能区代表县开展典型村镇建设与资源环境基础调查（表1-1和图1-2），提炼通用性承载力指标，总结典型县区村镇建设的现实需求和成功经验，识别村镇建设与发展的资源环境约束因子，诊断村镇建设存在的资源环境问题，提出村镇建设与资源环境协调发展建议，为合理开发与保护村镇资源环境、落实乡村振兴战略、推进美丽乡村建设提供基础资料和科学依据。

表 1-1　案例区统计

省（自治区）	市（县）	调研村镇数	功能定位
山西省	运城市	9 乡（镇）10 村	重点开发区
江西省	永丰县	4 乡（镇）4 村	农产品主产区
陕西省	凤县	5 乡（镇）14 村	重点生态功能区
甘肃省	临泽县	4 乡（镇）13 村	重点开发区
宁夏回族自治区	永宁县	6 乡（镇）10 村	农产品主产区
青海省	门源回族自治县	4 乡（镇）11 村	草原牧区
云南省	鲁甸县	4 乡（镇）4 村	重点生态功能区

注：门源回族自治县，简称门源县

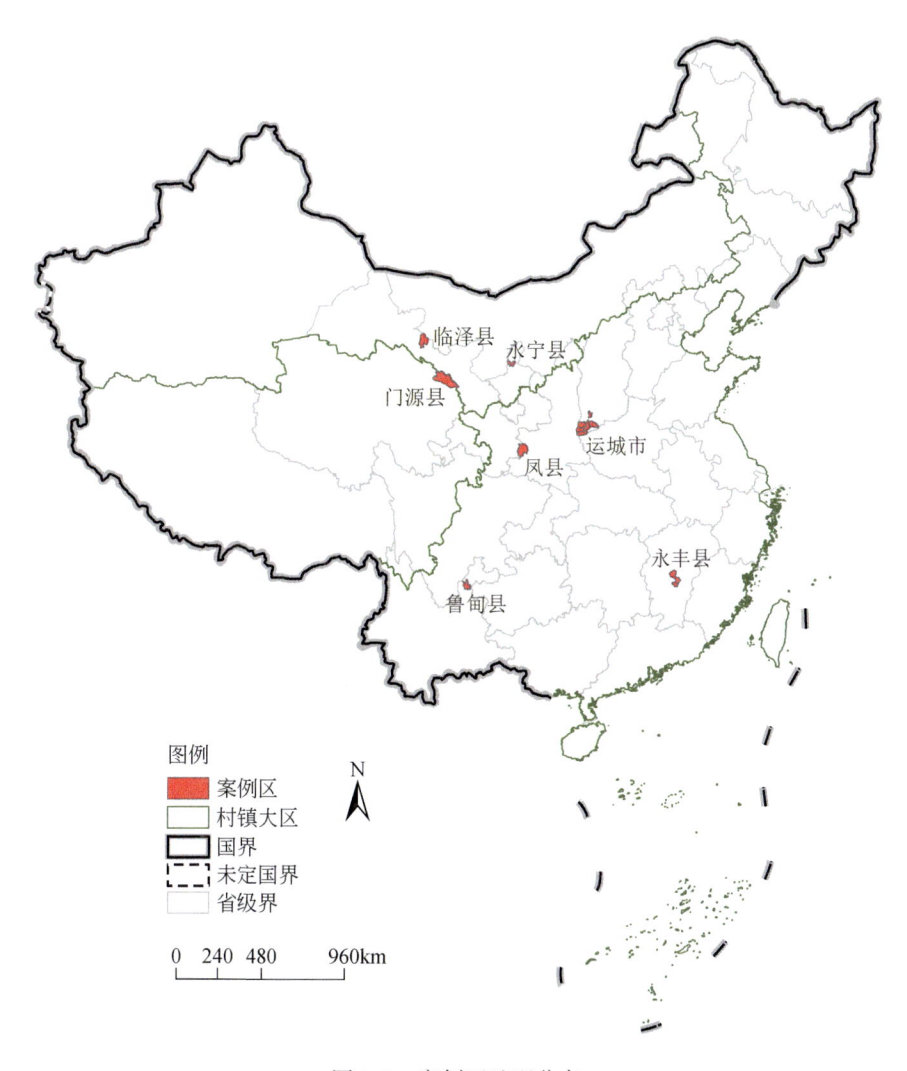

图 1-2　案例区地理分布

1.5 调查问卷设计

问卷调查是一种标准化程度较高的研究方法，是指调查者通过统一设计的问卷向被调查者了解情况、征询意见进而获取研究所需的数据资料。问卷设计是问卷调查的关键环节。

1.5.1 问卷类型

根据问卷的内容和结构，问卷分为结构型问卷和非结构型问卷；根据回答问题的方式，问卷分为访问问卷和自填问卷[9]。

（1）结构型问卷。结构型问卷严格按照项目研究目标和主题设计，题目形式可以是封闭式，即全部是客观型问题，也可以有少量开放式问题，即主观型题目。结构型问卷的问题设置和安排具有结构化形式，按照一定的方式和顺序排列，问卷中绝大多数问题和选项的数量都是固定的，被调查者只能按照问卷提供的问题和选项选择作答。少部分开放式问题可为被调查者提供选择的空间。

（2）非结构型问卷。非结构型问卷实际上是一种访谈提纲，主要针对小样本被调查者使用，问题编写选择结构型问卷无法获取的信息内容，同时注重对项目研究的深层次问题进行设计和挖掘，是对结构型问卷获取信息的有效补充。

本研究针对中国典型区县村镇建设与资源环境实际情况，面向村镇建设资源环境承载力测算和提升需求，主要设计了镇调查问卷、村庄调查问卷和农户调查问卷。其中，镇调查问卷主要用于调查镇域整体情况，测算镇域资源环境承载力；村庄调查问卷主要调查典型村庄建设与资源环境基础条件；农户调查问卷主要用于调查典型农户发展及对资源环境利用状况，补充分析村镇建设资源环境承载力状况。问卷中既包括结构型问题，也涉及非结构型问题，两者互为补充。

1.5.2 问卷结构

问卷由标题、卷首语、填答说明、问题和回答方式、编码和其他资料5个部分构成[10]。

（1）标题。标题是用一句话简明扼要地概括调查主题和问卷内容。问卷的标题虽然简单，但它是被调查者第一眼看到的内容，因此问卷的标题有别于调查研究的选题和调查报告的标题，要求通俗易懂、简洁明了。

（2）卷首语。卷首语是问卷调查的自我介绍信，内容包括：①调查的目的和意义；②调查的主要内容；③选择被调查者的途径和方法；④调查的匿名原则和保密原则；⑤调查者的身份及联系方式。为了能够引起被调查者的关注和兴趣，争取他们的合作和支持，卷首语的语气要求谦恭、诚恳、平易近人，文字要求简明扼要、通俗易懂。卷首语一般作为问卷的第一页或放在第一页的上方。

> **专栏 1-1　村镇建设与资源环境承载力**
> **现状调查问卷卷首语**
>
> 尊敬的村委会领导：
> 　　您好！我们是村镇建设与资源环境承载力现状调查组成员，为落实国家重点研发计划"村镇建设资源环境承载力测算系统开发（编号：2018YFD1100101）"项目内容，为中国村镇建设与资源环境承载力协调模式研究提供第一手资料，现就贵村村庄建设状况与资源环境基础条件进行问卷调查，希望能够得到您的支持和帮助。您所提供的信息，我们将严格保密，因此不会对您造成任何不便。真诚地感谢您的支持和帮助。
>
> 村镇建设与资源环境承载力现状调查组
2020 年 11 月 10 日

（3）填答说明。填答说明是指导被调查者正确填写问卷的说明。主要包括：①填答问卷的方式；②对被调查者的希望和要求；③填答问卷注意事项；④回复问卷的时间。若问卷较短且简单易填写，可将填答说明放在卷首语后面或作为卷首语的一部分；若是代填式问卷，填答说明可以省略，填写方式和注意事项可在培训时向调查员说明；若是自填式问卷，填答说明应尽可能详细通俗、易于被调查者所理解。

（4）问题和回答方式。问题和回答方式是问卷的主体部分，一般包括调查所要询问的问题，回答问题的答案选项和方式，以及对回答方式的说明等。根据不同的分类标准，可以将问题划分为不同的类型。首先，根据问题和答案的关系，可分为封闭式问题、开放式问题、半开放半封闭式问题；其次，根据问题的内容，主要分为事实型问题、行为型问题和意见型问题；根据题型，可以分为填空题、选择题和问答题等。

（5）编码和其他资料。编码是资料标准化的过程，具体是把问卷中询问的问题和被调查者回答的答项，转变为英文字母和阿拉伯数字，以便录入数据库并对数据进行统计分析。编码的方式有预编码和后编码。预编码是在问卷设计时就初步设计好；后编码则是在问卷回收后进行统计。预编码可以事先统一编码，方便数据的收集整理。

1.5.3　设计原则

村镇建设与资源环境承载力调查问卷设计遵循以下原则。

（1）客观性原则。按照项目和课题研究设计的技术路线，问卷设计必须符合典型村镇调查对象的客观情况，同新时代中国村镇建设与发展实际相适应，调查问题能够客观反映典型村镇人口、产业、土地、水资源和生态环境等现状特征。

（2）目的性原则。问卷内容设计和编制要面向村镇建设资源环境承载力测算需求。问卷的题目、结构、内容要与项目研究目标相契合。在问卷结构设计中，要根据研究目的选择采用合适的问卷类型；在问题设计中，要围绕村镇建设资源环境承载力测算设计最具代表性的题目，并请有关专家和参加试测的被调查者对每道题目是否符合项目研究目的进行检查和验证，明确问卷搜集哪些村镇建设与资源环境基础资料和信息，如何统计和分析这些基础资料，以及从哪些群体中获得这些资料等问题。

（3）可能性原则。问卷设计必须适应村镇被调查者回答问题的能力。为此，需要向村镇被调查者简明、清晰地说明调查的目的和意义，使村镇不同主体在知情、明理的情况下参与问卷调查；村镇主体在回答问卷或访谈时未增加额外的时间、经济和心理负担，问题在调查主体的认知水平和理解能力范围之内；文字表述通俗易懂、简洁明了，同时在调查过程中还要避免社会禁忌，注意回避可能与村镇社会风俗和民族习惯产生冲突的问题。

（4）操作性原则。村镇建设与资源环境承载力调查问卷编制要注意问卷发放和访谈的可操作性和简明性。一方面要方便村镇建设与资源环境数据的整理，另一方面要为有意义的数据统计奠定基础。为此，问卷设计尽可能采用封闭式、客观性问题；对村镇被调查者的背景信息，以及开放式、主观性问题的答案要合理编码。

（5）经济性原则。要围绕村镇建设资源环境承载力的核心问题设计调查问卷内容，具体内容不宜过多，要以数量最少的问题获得尽可能多的村镇基础资料信息，并提前预估影响问卷结果的因素与变量。通过典型区的预调研和问卷题目分析评估，有效减少相关度较低的题目，并不断完善调查问卷。在问卷调查文字表述、内容编排等方面做到简明扼要、方便填写，提高典型村镇问卷调查效率。

1.5.4 设计步骤

村镇建设与资源环境承载力调查问卷设计遵循前期准备、概念操作化、初步探索、编制初稿、试用检验、修订与定稿六个阶段[10]。

（1）前期准备。一是根据村镇建设与资源环境承载力调查主题、目的和研究假设，拟定问卷提纲，明确问卷调查的目标、核心概念及其与总体研究目标的关系；二是了解村镇基本情况，通过多种途径了解问卷调查样本属性，如性别构成、年龄分布、民族、受教育程度、职业构成、经济状况、风俗习惯等基本情况，这是设计调查问卷的客观依据；三是研究相关问卷，对前人使用过的相关问卷进行分析，寻找问卷设计的基本思路。

（2）概念操作化。明确界定问卷设计中涉及的关键概念，如村镇建设、资源环境承载力等，阐明关键概念内涵与外延，有针对性地设计调查指标，为问卷题目编写提供基础资料和素材。

（3）初步探索。立足村镇建设与资源环境承载力的核心问题、关键概念，探索问卷中问题和选项的编写方式，获取问卷中问题设计的相关信息。查阅相关文献，分析类似研究内容采用的问卷和问题，并与相关的专家、被调查者进行沟通与交流，形成问卷编制的基本思路框架。

（4）编制初稿。针对项目研究关键问题绘制问卷各部分的框架图，根据框架图设计各部分需要询问的村镇建设、资源环境状况的调查指标及其答案选项，初步编写问卷标题、卷首语、填答说明、问题和回答方式、编码和其他资料等内容。

（5）试用检验。村镇建设与资源环境承载力调查问卷初稿设计完成后，需要经过主观评审和客观调查检验。其中，主观评审是将设计出来的问卷初稿，委托相关领域的专家、工作人员和调查对象进行评审，提出修改和补充意见；客观调查检验是对设计出来的问卷初稿，选择有代表性的调查对象进行预调查，及时发现问题，避免正式调查中出现失误。

（6）修订与定稿。根据主观评审意见和客观调查检验发现的问卷设计不足，对问卷整体结构、主要问题和实施方案进行必要的修改和补充，形成完善的调查问卷后定稿，之后在大范围区域开展村镇建设与资源环境承载力调查问卷发放。

1.5.5 抽样设计

抽样设计的主要任务是确定实际调查的对象，抽样设计的关键环节主要包括：①根据调查主要任务和目标要求，编制抽样框架、选择抽样方法、估计抽样误差、确定样本规模等；②概率抽样方法，常用的概率抽样方法包括简单随机抽样、系统抽样、分层抽样、整群抽样、不等概率抽样和多阶段抽样等形式，对于多阶段抽样和整群抽样中样本规模随机变动问题，一般采用分层多阶段等概率抽样和多阶段概率比例规模抽样，确保总抽样比不变；③在村镇建设与资源环境承载力调查中，主要采用分层随机抽样，并结合样本特征进行抽样，兼顾不同类型的县、乡镇、村庄和农户，力求为我国村镇建设与资源环境承载力分区分类调查评估提供科学的样本支撑。

1.6 实地调查流程

实地调查是获取村镇建设资源环境承载力一手数据、资料和信息的主要途径。基本要求包括：①确定适宜调查方法，包括自填问卷、当面访问和电话访问等形式。综合考虑调查成本、人力资源、总体类型、样本特征、调查周期、调查内容、问卷回收率和数据质量等方面的内容，选择适宜的调查方法。②当面访问主要包括根据样本清单、地址查找被调查的村庄、农户，征得相关方允许后进村入户，并选取符合条件的被访者按问卷题目进行口头提问、填写问卷。③按照控制程度不同，当面访问可分为结构式、半结构式和非结构式访问等形式。其中，结构式访问是为了有效减少和控制访问员误差而设计的访问形式。④提前做好调查人员的培训工作，包括主要调查项目、抽样方法与问卷、调查技术与技巧、注意事项和职业道德等多项内容。⑤数据质量控制，包括健全调查组织与工作协调机制，采用现场监督、结果检查、抽样核查和回访等方式。

本书按照村镇建设资源环境承载力测算系统项目实施方案和调查技术规程设计调查技术流程（图1-3）。

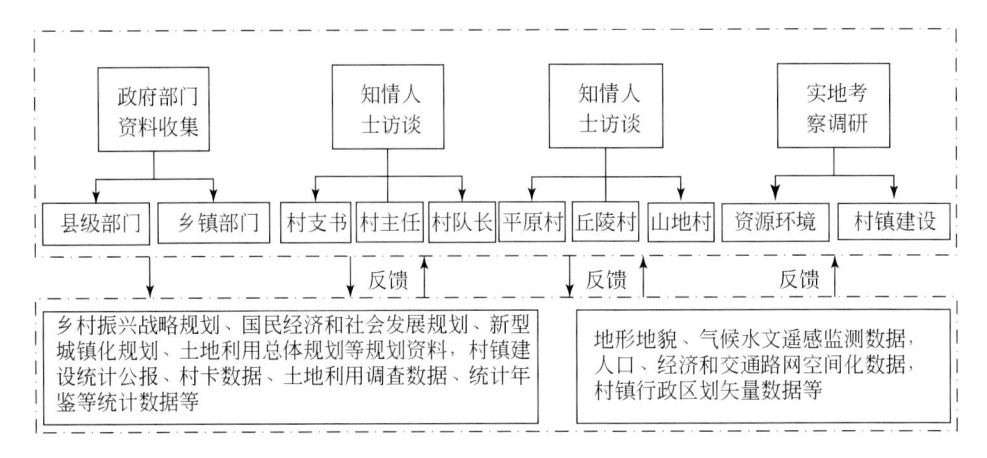

图 1-3 调查技术流程

1.6.1 乡镇调查

乡镇是我国最基层的行政机构，是连接城市与农村的关键纽带，在农村乃至整个国家经济社会发展中发挥着基础性作用。乡镇调查是获取调查区宏观统计数据和社会经济发展规划资料的主要方法。根据项目的调查要求，收集乡镇土地利用变化数据、社会经济与村镇建设基础资料。主要包括：①乡镇统计手册，包括海拔高度、耕地面积、总户数、总人口数量、乡村人口数量、非农人口数量、人口自然增长率、社会从业人员、地区生产总值、三次产业产值、规模以上工业总产值、地方财政收入、全社会固定资产投资总额、城乡居民收入、农民人均纯收入、城乡居民消费、城乡基础设施建设、城乡社会保障、教育、医疗卫生等；②村镇建设统计公报，包括镇域面积、村庄常住人口、人均住房建筑面积、用水人口、卫生厕所普及率、对外交通条件、污水处理总量、生活垃圾处理量、公共厕所数量、绿地面积等；③乡镇人居环境的自然条件数据，包括平均海拔、地形起伏度、年平均气温、年均降水量、植被覆盖率、森林覆盖率和人均公园绿地面积等。

1.6.2 村庄调查

村庄是以农业生产为主的人类聚落地，又叫农村。村庄聚落按形态可分为团聚型即块状聚落（集村）和散漫型即点状聚落（散村），村庄聚落发展深受地理基础、经济社会发展水平、历史文化等诸多条件的影响，历史悠久的村庄聚落多呈团聚型分布。村庄调查是通过村委会获取村域社会经济与资源环境统计表，并采用访谈法等从村支书等村集体主要负责人处调查了解村庄社会经济发展整体情况和资源环境现状特征。调查内容包括村庄的基本信息、经营产业、用地状况、用水状况、基础设施、教育医疗、建设管理（图1-4）。

（1）村庄基本概况：包括村庄数量、面积、人口和民族等基本信息，以及各镇下辖村庄总人口、总户数、常住人口、常住户数及近年来人口发展态势等。

（2）村庄产业经济概况：包括村庄经济收入、产业结构和已经形成的产业业态，以及村集体经济发展情况和农村居民收入及主要经济来源等。

（3）村庄建设情况：包括村庄居民住房情况、村庄聚落分布情况，以及教育、医疗等公共服务设施及交通、道路、给排水等基础设施建设情况。

（4）村庄资源情况：包括村庄人均耕地面积、林地面积、草地面积、水域面积、村庄内拥有的矿产种类、村庄内景点数和文物古迹个数，以及村庄建设与发展过程中面临的资源环境问题等。

（5）村庄生态环境情况：包括村庄有无发生地质灾害、洪涝灾害，土壤有无污染情况，村庄工业污染物排放情况，地膜、农药和化肥使用情况，村庄空气、地表水、地下水有无受到污染等。

（6）村庄历史文化情况：包括村庄内有无历史文化古迹、传统手工艺、民俗文化、饮食文化、农耕文化、特色农产品，以及乡村古建筑保存情况等。

1.6.3　农户调查

农户是农村社会的细胞，是农村生产生活的基本单位，也是认识和分析农村社会经济发展和资源环境开发利用情况的基本点。农户调查是通过入户发放调查问卷获取村镇建设与资源环境基本信息，为村镇建设资源环境承载力综合测算提供数据支撑。中国村镇建设与资源环境承载力农户调查包括基本信息、家庭经济状况、用地状况、用水状况和人居环境（图1-5）。

（1）基本信息：包括个人基本信息和农户基本信息两方面内容。其中，个人基本信息包括性别、年龄、民族、受教育程度、是否为户主；农户基本信息包括人口数量、儿童和老人数量、外出务工（求学）人员数量。

（2）家庭经济状况：包括家庭年收入和主要收入来源结构。

（3）用地状况：包括宅基地面积、住房面积、住房类型、耕地面积（旱地和水浇地）、林地面积、养殖水域面积，以及化肥、农药、地膜使用量等内容。

（4）用水状况：包括家庭生活用水来源、家庭年用水量、年交纳水费、是否存在饮水困难、单次取水往返时间、灌溉用水主要来源等内容。

（5）人居环境：包括室内设备如厕所、入户自来水、有线电视、入户燃气等，家庭供暖系统，生活用能如煤炭使用量、用电量等，日常交通出行方式，家庭生活垃圾、废水产生量及处理方式，洗涤剂月使用量等基本信息。

附件3 村镇建设资源环境承载力调查问卷（村庄部分）

尊敬的村委会领导：

您好！我们是村镇建设与资源环境承载力现状调查组成员，为落实国家重点研发计划"村镇建设资源环境承载力测算系统开发（编号：2018YFD1100101）"项目内容，为中国村镇建设与资源环境承载力协调模式研究提供第一手资料，现就贵村村庄建设状况与资源环境基础条件进行问卷调查，希望能够得到您的支持和帮助。您所提供的信息，我们将严格保密，因此不会对您造成任何不便。真诚地感谢您的支持和帮助。

村镇建设与资源环境承载力现状调查组
2020年11月10日

调查员姓名：_____ 调查时间：_____

填写说明：在填答问卷时，请您根据自己的选择，在□中划√，答案无对错之分；对于需要您填空的题目，请您根据村庄实际情况如实填写即可。

一、基本信息

1. 村庄名称：____县(市)____镇(乡)____村
2. 地形地貌：□平原 □丘陵 □山区
3. 村庄属性：□乡镇政府驻地 □与县级政府驻地连片的区域 □其他
4. 村庄距镇（乡）政府所在地距离：□0<3km □3-5km □5-10km □>10km
5. 村庄距县城的最短行车时间：□<15分钟 □15-30分钟 □30-60分钟 □>60分钟
6. 村庄户籍户数：____户，村庄户籍人口：____人；村庄常住人口：____人；常年在外地居住人口：____人
7. 村庄60岁以上人口：____人；16岁以下人口：____人；青壮年劳动力：____人；外出务工人口：____人；贫困户：____人，贫困人口：____人

二、经营产业

8. 主要经营产业：□传统农业，□旅游业，□观光农业、现代农业，□农产品加工业，□养殖业，□手工业，□民宿（农家乐），□其他业态
9. 种植业户数____，养殖业户数____，旅游业（农家乐）户数____
10. 村均亩均粮食产量____公斤；主要大牲畜____（牛/羊等），存栏量____；主要家畜____（鸡/鸭/兔等），存栏量____
11. 村集体经济总收入：____万元/年；农民人均纯收入：____元/人

三、用地状况

12. 村庄耕地面积：____亩；林地面积：____亩；草地面积：____亩；水域面积：____亩
13. 村庄耕地近年来是否有减少：□是，□否；如是，您认为减少的主要原因是 □自然灾害破坏；□建房占用；□植树造林；□其他____
14. 村庄建设用地面积：____亩

四、用水状况

15. 村庄生活用水的主要来源：□井水，□自来水，□其他____
16. 除生活用水外，村庄其他的用水主要是：□农业用水，□工业用水，□生态用水，□其他____
17. 村庄地下水位变化：□稳定，□下降，□上升

五、基础设施

18. 进村主要道路路面状况：□水泥 □柏油 □沙石 □砖、石板 □其他____
19. 村内主要道路路面状况：□水泥 □柏油 □沙石 □砖、石板 □其他____
20. 是否通公共交通：□是 □否，如果村内通公交车，公交车最远抵达：□镇 □县 □市
21. 公共照明：□全村有 □主要道路有 □村口有 □室外公共活动空间有 □无

六、教育医疗

22. 村庄中小学情况：中学____座，在校生____人，教师____人；小学____座，在校生____人，教师____人；幼儿园____个，学生____人，教师____人
23. 村庄医疗卫生条件：诊所（卫生室）____个，医生____人

七、人居环境

24. 村庄生活污水是否集中处理：□是 □否
25. 垃圾处理：□村外倾倒 □填埋 □直接焚烧 □送往镇（县）处理 生活垃圾中转站____座，环卫专用车辆设备____辆，垃圾处理率____
26. 村庄厕所改造情况：水厕已改造____户
27. 村庄厕所粪污去向：□直接排放入河 □直接回田 □集中处理 □其他____

八、建设管理

28. 村民建房是否要报批：□是 □否
29. 如果需要报批，对哪些方面提出管理要求？ □占地面积 □层数 □风格形式 □色彩 □材料 □其他____
30. 是否制定村规民约？□是 □否
31. 村民对于建房的态度：□有保护意愿，继续维持房屋原貌 □想建新房，且愿意按照传统风貌的要求建房 □无保护意愿，不愿意按照传统风格建房，其他____

再次感谢您的支持和帮助，祝您身体健康！万事如意！心情愉快！

图1-4 村镇建设与资源环境承载力调查问卷（村庄部分）

附件4 西北地区村镇建设与资源环境现状调查问卷（农户部分）

尊敬的农民朋友：

您好！我们是村镇建设与资源环境承载力现状调查组成员，为落实国家重点研发计划"村镇建设资源环境承载力测算系统开发(编号：2018YFD1100101)"项目内容，为中国村镇建设与资源环境承载力协调模式研究提供第一手资料，现就农户生产、生活与人居环境条件进行问卷调查，希望能够得到您的支持和帮助。您所提供的信息，我们将严格保密，因此不会对您造成任何不便。真诚地感谢您的支持和帮助。

村镇建设与资源环境承载力现状调查组
2020 年 11 月 10 日

村镇名称：_____县_____乡（镇）_____村
调查员姓名：_____ 调查时间：_____
填写说明：在填答问卷时，请根据农户选择在□中划√，答案无对错之分；对于需要填空的题目，请根据农户实际情况如实填写即可。

一、基本信息
（一）个人基本信息：

性别	□男　□女
年龄	□18-25　□25-35　□35-45　□45-55　□55以上
民族	□汉族　□回族　□其他____
受教育程度	□小学以下　□小学　□初中　□高中、中专、中技　□大专以上
是否为户主	□是　□否

（二）农户基本信息：
1.您家里有_____口人；您家周岁低于16岁____人，高于60岁____人，有____人在外地务工（求学）

二、家庭经济状况
2.您的家庭年收入：_____万元
3.家庭收入来源：□种植业年收入____元；□林果业年收入____元；□畜牧业年收入____元；□渔业年收入____元；□外出务工年收入____元；生态补偿____元；□其他_____年收入_____元

三、用地状况
4.家里有____处宅基地，面积共____平方米，处于：□闲置，□自住，□出租，□其他状态
5.建房之前，该地块的用途是：□耕地，□林地，□草地，□水域，□其他
6.您家的住房面积：□小于60平方米，□60-80平方米，□80-100平方米，□100-120平方米，□大于120平方米
7.您家的住房类型是：□土坯房，□砖混房，□其他____
8.您家有____亩耕地，实际耕种有____亩

9.与前几年相比，耕地是否有减少：□是　□否；减少____亩，减少原因是：□自然灾害　□建房占用　□植树造林　□其他____
10.如有林地/草地/水域，您家的林地面积____亩，（牧）草地面积____亩，养殖水域____亩
11.农业生产中的化肥使用量：_____吨/年
12.农业生产中的地膜使用量：_____千克/年
13.农业生产中的农药使用量：_____斤/(亩·年)

四、用水状况
14.家庭生活用水来源：□井水，□自来水，□其他____
15.家庭年用水量____立方米，年纳水费____元
16.是否存在饮水困难：□是，□否；如是，您家获取饮用水的主要困难是什么：□单次取水往返时间超过半小时，□间断供水，□当年连续缺水时间超过15天，□无困难
17.是否有水浇地：□是　□否；如有，水浇地____亩，每年浇____次浇水花费：水费____，油费____，电费____。
18.灌溉用水的主要来源是哪种：□地下水　□地表水

五、人居环境
19.您家里的室内设备：
厕所类型：□水冲式卫生厕所，□普通旱厕，□无厕所
其他设备：□入户自来水，□有线电视，□入户宽带，□入户燃气
20.您家里采用的供暖系统：□煤炉，□空调，□社区集中供暖，□其他
21.您家里做饭用能主要为：□瓶装液化气，□管道天然气，□煤炭，□秸秆，□薪柴，□电，□沼气，□其他____，年使用量____
22.您家里每月用电____度，每度____元。
23.您家里每年使用煤炭_____吨
24.日常出村常用的交通方式：□自行车，□电动车或摩托车，□公交车，□长途客车，□私家车，□其他
25.出村常去的目的地及花费时间（单选）：□镇上，□县城，□市区，□省会以上城市，□30分钟以内，□1小时以内，□1小时以上
26.家庭废水处理方式：□直接排放　□集中处理
每天废水排放量____公斤
27.洗涤剂月使用量：

项目	洗衣粉/洗衣液	皂/肥皂	洗洁精	其他
数量（袋/块/瓶）				
用量				

28.生活垃圾处理方式：□村外倾倒　□集中收集处理；____天倒一次垃圾，每次垃圾倾倒量____公斤

再次感谢您的支持和帮助，祝您身体健康！万事如意！心情愉快！

图1-5　村镇建设与资源环境承载力调查问卷（农户部分）

1.7　调查报告撰写

中国村镇建设与资源环境承载力调查的主要任务在于客观真实地反映村镇建设的现实状况及其资源环境问题。这就需要做好村镇调查的总体设计，开展系统全面的实地考察和问卷调查，并总结出普遍性规律，客观呈现现阶段村镇建设中存在的资源环境问题，进而形成系统全面、客观真实、条理清晰的村镇建设与资源环境承载调查报告。调查报告撰写包括数据分析、规律总结和问题剖析等关键内容。

1.7.1　数据挖掘分析

首先，围绕项目研究需求，建立村镇建设与资源环境调查数据库和复合数据库，从数据格式和基本逻辑等层面对调查数据质量进行检查，保证数据录入的格式正确、数据逻辑一致，便于数据后期的统计汇总和模型测算。

其次，充分利用实地调研和问卷调查获取的统计数据、文本资料和问卷信息，深度挖掘村镇建设与资源环境深层次信息。在定量分析的基础上，深入分析农户在村镇建设和资源环境利用方面存在的问题及其成因，充实调查报告内容。

最后，挖掘和梳理存在的问题，依据问卷调查数据，根据问题之间的逻辑关系，探寻村镇建设与资源环境存在的问题，按照一定规则对相关问题进行梳理和分类，识别出村镇建设的资源环境共性问题和个性问题，归纳出典型区域村镇建设老问题和新问题，并简要阐述问题产生的原因。

1.7.2　报告主要内容

本报告面向村镇建设与资源环境承载能力评估需求，通过调查典型区域村镇发展类型、环境胁迫、村镇"五化"问题，以及村镇数量和等级、人口规模、产业结构、基础设施和资源环境等基本情况，掌握村镇建设与资源环境总体状况，摸清村镇发展与资源环境地域差异，总结村镇建设的现状特征与基本规律，分析村镇建设与发展的资源环境约束因子，为中国村镇建设与资源环境承载力协调模式研究提供科学数据和基础资料。调查报告撰写包括以下内容。

（1）调研村镇类型与调研路线，包括调研村镇类型（村镇概况、村镇类型、调研村镇名称及数量）和调研（技术）路线等。

（2）村镇建设与资源环境基本概况，其中资源环境情况涉及地形地质条件、气候水文条件、耕地土壤条件、生态环境条件，村镇建设情况涉及土地利用现状（居民点用地）、村镇人口特征（总人口、劳动力、流动人口、儿童和老人数量）、产业发展情况（农业产业、旅游产业、劳务产业、工业产业等）和村镇配套设施概况（基础设施与公共服务设施）等内容。

（3）典型村镇建设与资源环境概况，按照主导因素原则对案例区村镇类型进行识别和划分，选择典型村镇为分析对象，对其村镇建设情况、人口概况、经济发展状况、水土资源条件、人居环境概况、教育医疗条件等进行系统梳理和总结。

（4）报告小结，总结案例区村镇建设与资源环境现状特征，挖掘村镇建设过程中存在的资源环境问题，评估村镇建设与资源环境协调发展的现状关系与演变趋势。

1.7.3 报告撰写要点

（1）目的明确，格式规范。根据项目组制定的报告撰写提纲，结合实地考察和调查获取的资料和数据分析结果，以及团队研讨成果，分工进行调查报告撰写，要求做到报告体例统一、格式规范，尊重事实，不夸大调查信息，不脱离项目研究的核心任务。

（2）图文并茂，分析有据。对于考察、调查和分析中发现的村镇建设与资源环境承载力关键问题，要有可靠的数据资料和现实依据作为佐证，数据分析、特征总结和问题梳理应尽量有图表支撑，做到有理有据，直观呈现。

（3）分工合作，有序推进。明确报告撰写任务分工和主要撰写人员，在调查时要做好调查区域的日常记录、特征梳理、数据分析和问题挖掘等工作，同时加强调查组内部交流研讨，对存在的主要问题和观点经过讨论在项目团队内部形成共识。

（4）严格把关，责任到人。报告各章节内容由项目组经验丰富的老师牵头，调查组的博士研究生、硕士研究生参加，做到分工到位、责任到人。项目课题负责人和专题负责人亲自组织撰写，并对报告撰写进度和质量进行跟踪指导和修改完善。

参 考 文 献

[1] 段学军，王雅竹，康珈瑜，等. 村镇建设资源环境承载力的理论基础与测算体系 [J]. 资源科学，2020，42（7）：1236-1248.

[2] 屠爽爽，龙花楼，李婷婷，等. 中国村镇建设和农村发展的机理与模式研究 [J]. 经济地理，2015，35（12）：141-147，160.

[3] 樊杰，王亚飞，汤青，等. 全国资源环境承载能力监测预警（2014版）学术思路与总体技术流程 [J]. 地理科学，2015，35（1）：1-10.

[4] 段学军，王传胜，李恒鹏，等. 村镇建设资源环境承载力测算的基本逻辑与框架 [J]. 生态与农村环境学报，2021，37（7）：817-826.

[5] 刘彦随. 精准扶贫成效评估技术与方法 [M]. 北京：科学出版社，2020.

[6] 金兆森，陆伟刚. 村镇规划 [M]. 南京：东南大学出版社，2010.

[7] 周扬，黄晗，刘彦随. 中国村庄空间分布规律及其影响因素 [J]. 地理学报，2020，75（10）：2206-2223.

[8] 郭书海，吴波，李宝林，等. 中国土壤环境质量区划方案 [J]. 环境科学学报，2017，37（8）：3127-3138.

[9] 风笑天，龙书芹. 社会调查方法 [M]. 北京：中国人民大学出版社，2012.

[10] 江立华，水延凯. 社会调查教程（精编本）[M]. 北京：中国人民大学出版社，2012.

第 2 章 运城市调查报告

2.1 运城市村镇建设与资源环境基本概况

运城市位于黄土高原东南部,山西省西南部,北望吕梁山,南依中条山,黄河干流自西向南环绕,汾河干流横穿北部,距离陕西省西安市约200km,但到山西省太原市却近400km。全市东西长201.87km,南北宽127.47km,总面积约1.4万km²。运城市是中华农耕文明的发源地之一,气候及水土资源条件适宜农作物种植,农业生产历史悠久,长期以来一直是山西省最为重要的粮棉产区、全国优质强筋小麦品种产区。

截至2020年,运城市共有13个县级行政区,包含1个市辖区、2个县级市、10个县。2020年,全市常住人口477万人,人口总量仅次于太原市,位列山西省第二位,居民人均可支配收入2.2万元,其中农村居民人均可支配收入1.3万元。

2.1.1 资源环境概况

1. 地形地貌

运城市属于华北丘陵区,地处黄土高原东缘第一台阶、黄河流域中游地带,是典型的黄土台塬与丘陵沟壑地貌,平原面积约占土地总面积的60%,山地面积占比不到1/5。地貌骨架呈现"三"字形特征,三山夹两谷,自北而南分别为:吕梁山、汾河谷地、峨嵋岭、涑水盆地和中条山。全市平均海拔350~400m,相对高差明显,最高为垣曲县境内的舜王坪,海拔2322m,最低为黄河岸边的垣曲县古城南部的河谷地区,海拔只有187m,海拔高差超过2000m。

2. 气候特征

运城市地处暖温带大陆性季风气候区,年均气温14℃,气温年较差和日较差均大,冷空气活动频繁,"倒春寒"现象常见。全年日照超2260小时,10℃以上活动积温4500~5500℃,光照充足,积温有效性较高,是山西省光能资源高值区,满足农业生产一年两熟要求[1]。

受冬夏季风风向更替影响,冬季干燥寒冷,夏季炎热多雨,春秋短暂多风。多年平均降水量525mm,干旱指数1.6~2.6,属于半湿润半干旱地区。

根据多年(1956~2017年)系列资料分析,运城市降水量时空分配不均匀,年际波动较大,年降水量均值基本介于480~740mm,最大年份降水量为945.8mm,发生在1958年,最小为305.0mm,发生在1997年;年内分配集中,夏季降水约占全年总降水量的40%;空间差异显著,年降水量均值由东南向西西北方向减少,沿垣曲—临猗—河津一线显著递减。

3. 土地资源

运城市土地条件较好,坡度低于2°的平坦区域约占全市总面积的42%,主要分布在运城市西南部汾河河谷地区和运城盆地区,包括河津市、稷山县、新绛县、万荣县、盐湖区、永济市、临猗县等地区,其中以临猗县条件最好,全县85%以上为平地,适于农业规模种植。坡度大于25°的区域主要分布在南部及东部的山地和丘陵地带,包括绛县、夏县、垣曲县等地。

根据第二次全国土地调查土地利用变更数据,运城市耕地保有量为50.5万hm²,人均耕地不足1.5亩[①],低于全省平均水平(山西省人均耕地面积1.7亩),耕地质量平均等别为10.5等,优于全省耕地质量平均水平,基本农田44.1万hm²,占全省基本农田面积的13.5%;城乡建设用地11.9万hm²,建设用地人口密度为4474人/km²,全省为4759人/km²,集约节约用地程度低于全省平均水平。

全市土壤有机质含量普遍不高,氮、磷、钾不足,农业种植主要依靠施肥获得高产。

4. 水资源

运城市属黄河流域水系,境内有20余条大小河流,主要河流包括过境黄河、汾河,以及境内河流涑水河,其中境内黄河、境内汾河、涑水河全长分别为395.5km、139km、195km;两大主要湖泊包括盐湖、伍姓湖。

运城市多年(1956~2000年)平均水资源总量为13.3亿m³,约占山西省水资源总量的1/10,地表水资源量约占山西省水资源总量的1/4~1/3。人均水资源量248m³,不足山西省平均水平的70%,仅为全国平均水平的1/8,远低于世界公认最低水平。2020年,运城市全市总用水量16.2亿m³,人均用水量340m³,现状水资源量无法满足当地生产生活需求。

从各县(市、区)情况来看,位于东南部中条山地区的垣曲县相对富水,地处丘陵沟壑区及峨嵋台地的河津市、稷山县、新绛县相对贫水。

运城市水资源量的年际变化差异也较大,相对于多年平均水资源总量,2013~2017年多水年与少水年变率分别为30.6%和-21.5%,多水少水差6.9亿m³。各县(市、区)中,临猗县变化明显,多水少水差最大,调查年间(2013~2017年)水资源量多水少水差超过1亿m³,其次是闻喜县、夏县和万荣县3县,均超过8000万m³;最小的是稷山县,不到3000万m³,该县在调查年间(2013~2017年)处于水资源量的丰期,多水年比少水年多近37%的水资源量。多水年变率最大的是临猗县,多水年水资源量比多年平均水资源量多54%;其次为闻喜县,多水年水资源量比多年平均水资源量多近50%。少水年变率最大的也是临猗县,少水年水资源量比多年平均水资源量少48.6%,少水年变率超过运城市平均值;其次为万荣县、芮城县,少水年变率均超过40%,详见图2-1。

---

① 1亩≈666.67m²。

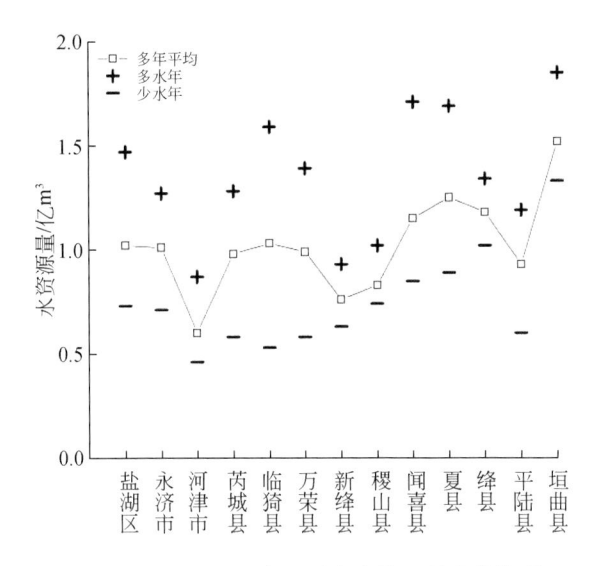

图 2-1 2013~2017 年运城市水资源量变化情况

5. 旅游资源

运城市地处黄河中下游，历史悠久，文化旅游资源丰富，是中华民族最早的发祥地之一，风景秀丽，文化灿烂，名山大川广布，古代文化遗产丰富，革命纪念地众多，旅游资源遍布各地，全市共有不可移动文物 6200 多处，景点 1600 多处，全国重点文物保护单位 102 处，数量居全国地级市第一，形成了以人类远古文化、农耕源头文化、黄河根祖文化、宗教信仰文化、河东民俗文化和红色革命文化为重点的"六大文化"[2]。

6. 生态环境

根据《运城市人民政府关于印发〈运城市"三线一单"生态环境分区管控实施方案〉的通知》，运城市生态环境实施分区管控[3]。

（1）生态分区管控：生态空间包含生态服务功能极重要、生态环境极敏感以及水土保持、水源涵养等生态服务功能重要的区域。运城市生态空间面积为 3752.20km²，占全市土地面积的 26.45%。其中，生态保护红线管控区面积为 2983.12km²，一般生态空间管控区 769.08km²。

（2）环境管控：运城市优先保护单元面积为 3865.64km²，占全市总面积的 27.25%，主要分布在垣曲县大部分区域、绛县东南部的中条山区域、闻喜县东南部、夏县东部的中条山区域、永济市和盐湖区南部的中条山区域、沿黄区域；重点管控单元面积为 5556.79km²，占全市总面积的 39.18%，主要分布在涑水河流域和汾河流域的大气环境弱扩散区域以及各省级开发区、各县（市、区）城镇建成区；一般管控单元面积为 4761.05km²，占全市总面积的 33.57%。

2019 年，运城市 22 个地表水跨界断面中，水质优良断面有 6 个，其中类别为 Ⅱ 类（水质为优）的有 2 个，Ⅲ 类（水质为良）的有 4 个；水质存在污染的断面有 14 个，其中 Ⅴ 类（中度污染）的有 6 个，劣 Ⅴ 类（重度污染）的有 8 个。总体看来，运城段黄河水质较好，汾河出现劣Ⅴ类的比例较高，涑水河在夏县和绛县有断流现象。

2017年，运城市生态环境状况指数（EI）值为52.9，生态环境状况为"一般"（植被覆盖度中等，生物多样性为一般水平，较适合人类生活，但有不适合人类生活的制约性因子出现[4]），与上年相比，各县域生态环境状况基本保持稳定，垣曲县、夏县和永济市生态环境状况较好，13个县域中有8个生态环境水平低于全市整体水平，包括盐湖区、万荣县、闻喜县、稷山县、新绛县、平陆县、芮城县和河津市[5]。

运城市涉及的重金属污染包含：砷、镉、铬、铅，其中对环境评价有影响的主要为铬污染，主要涉及河津市、盐湖区及夏县。河津市是一座以工业为主的新兴城市，煤和煤化工产业以及铝产业是支柱产业，盐湖区分布有南风化工集团股份有限公司等企业，夏县布置着运城市安康医疗废物处置厂，以上原因一定程度上造成这三个县级行政区土壤环境容量与其他地区相比较差。

运城市村镇环境与生态状况主要需要注意水质及水环境污染状况，尤其需要重视河津市的污染情况。

2.1.2 村镇建设情况

1. 村镇人口特征

根据《运城市第七次全国人口普查公报》，运城市全市常住人口为477.5万人，占全省总人口的13.7%，比2010年第六次全国人口普查减少36.0万人，下降7.02%，年均减少0.73%。全市人口分布不均衡，县域差距较大，人口向中心城区集聚明显，盐湖区人口最多，占全市总人口的19.44%，绛县、垣曲县、平陆县人口较少，均不足全市人口的5%；男女性别比为101.95（女性为100），比2010年第六次全国人口普查下降1.88；年龄构成以15~59岁的青壮年为主，占运城市总人口数的63.23%，老龄化程度有所上升，60岁及以上人口比例上升7.79个百分点；人口受教育程度明显上升，每10万人中拥有大学文化程度的人口由0.6万人上升至1.3万人，文盲人口减少了近3.6万人，文盲率下降到0.71%[6]。经分析得出，城镇人口比例上升明显，增加42.4万人，提升了11.71个百分点，城镇化率以盐湖区最高，而临猗县、万荣县、稷山县、夏县、平陆县较低，均不足40%。

改革开放以来，运城市总人口整体呈现上升趋势，总人口从1978年357.0万人逐年增长到2017年533.6万人，增长率高达49.5%，全市城镇化率增长明显，尤其在2000年以后城镇化率上升20%以上。1978~2000年，村镇人口规模呈缓慢上升趋势，最高点出现在2000年，达到408.5万人，约占当年全市总人口的85%；2000年后村镇人口数量开始下降，到2017年村镇人口仅为272.4万人，低于1978年的村镇人口规模，不足1978年的83%，详见图2-2。

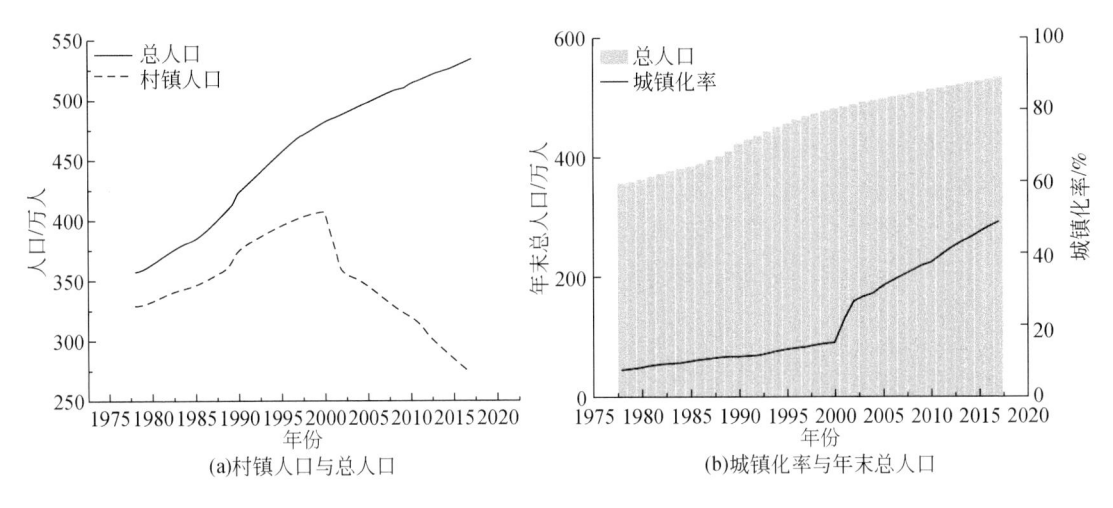

(a)村镇人口与总人口　　(b)城镇化率与年末总人口

图 2-2　1978～2017 年运城市人口变化情况

纵观改革开放以来运城市城镇化进程，1978～2017 年，运城市城镇化率逐渐上升，大量的乡村人口流向城镇。2000 年前，运城市城镇化率增长较为缓慢，2000 年以后，尤其是 2000～2002 年增速明显。截至 2017 年，运城市城镇化率达 48.9%，落后于山西省同期平均水平（57.3%）8.4 个百分点，同时也低于全国平均水平（58.5%）9.6 个百分点。

2. 产业发展情况

目前，运城市已建成 2089 个新农村重点村，13 个新农村连片示范区，"一村一品"专业村 1515 个。2020 年，全市农民人均可支配收入达到 12 947 元，5 个贫困县、550 个贫困村如期实现"摘帽"，22.7 万贫困人口稳定脱贫。

1）农业

运城市地处黄土高原区，土层厚、光照足、海拔高、温差大、地势平坦、土壤肥沃，农业生产条件得天独厚；物产丰饶富足，"粮、果、菜、畜"主导产业和红枣、中药材、烟叶等特色产业已初具规模；是山西三大现代农业示范区之一，拥有 7 个国家级出口食品农产品质量安全示范区。运城市粮食产量连续多年稳居山西省首位，年产量基本稳定在 28.2 亿 kg，水果年产量超过 60 亿 kg。苹果、油桃等优质水果出口美国、澳大利亚、秘鲁等 60 多个国家和地区，运城市果业发展已经上升为省级战略。

2020 年运城市农作物种植面积 63.7 万 hm²，比上年增长 4.1%。粮食作物种植面积 53.6 万 hm²，其中夏粮 28.1 万 hm²，秋粮 25.5 万 hm²（玉米 23.3 万 hm²）。经济作物中，棉花种植面积 0.1 万 hm²，油料种植面积 1.6 万 hm²，蔬菜及食用菌种植面积 4.6 万 hm²。果园面积 19.9 万 hm²，其中苹果园面积 8.8 万 hm²。2020 年全市粮食作物总产量为 28.2 亿 kg，较上年增加 1.7 亿 kg；水果产量为 685.1 万 t，较上年增长 5.7%。

2000 年以来，运城市农作物种植面积呈现出波动趋势，2008 年以前农作物种植面积均不足 70 万 hm²，2009 年急速上升至 77.2 万 hm²，之后保持在 70 万 hm² 以上水平，至 2018 年种植面积开始低于 70 万 hm²。从粮食作物种植面积来看，2001～2003 年下降趋势明显，2003 年出现明显低点，种植面积仅有 39.0 万 hm²，高点出现在 2009~2016 年，粮食作物种植面积均高于 60 万 hm²，粮食作物种植比例在 2005 年开始趋于稳定，基本保持在 80%~90%。近年来，随着科学技术的进步，运城市粮食作物单产呈现出稳步上升的趋势，自 2000 年的 203kg/亩上升至 2017 年的近 350kg/亩，粮食作物产量也呈现出上升的趋势，自 2008 年始，粮食作物产量已稳定保持在 200 万 t 以上，在 2012~2017 年甚至超过 300 万 t（图 2-3）。

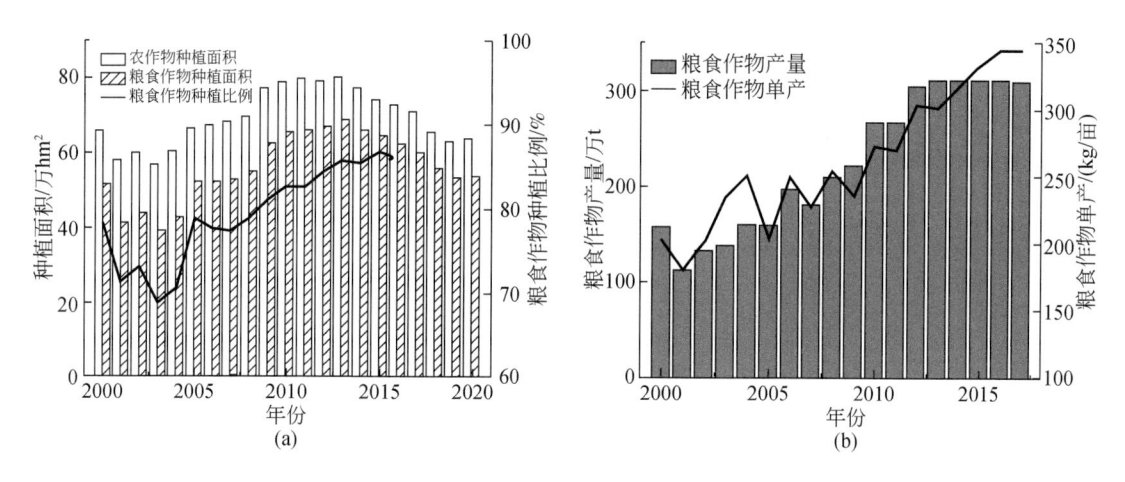

图 2-3 运城市多年农业种植情况

目前，运城市区域化板块化特色农业布局已经形成，设施农业、功能农业、城郊农业、数字农业、休闲观光农业等农业新业态发展势头强劲，农村三次产业融合发展。2020 年，全市农产品加工销售额占全省 20% 左右，果汁加工能力约占全省的 90%、全国的 35%[①]。全市市级及以上龙头企业 285 家，其中国家级龙头企业 6 家，销售过亿元的农业企业 35 家；合作社、家庭农场数量 1.6 万家，连续多年全省第一；省级及以上示范社约占合作社总数的 3.2%，已基本建成覆盖农资、农机、畜牧、蔬菜、果树等多专业多环节的农业社会化服务体系。

2）服务业

改革开放以来，随着国民经济的快速发展，运城市服务业呈现出了良好的发展态势，2020 年全市服务业增加值 814.7 亿元，比上年增长 4.1%。从不同行业看，以商贸、餐饮、运输等为主的传统服务业较为活跃，现代物流、旅游、文化、房地产、金融等新兴服务业快速兴起。2020 年，交通运输、仓储和邮政业增加值 100.9 亿元，批发和零售业增加值 138.0 亿元，住宿和餐饮业增加值 13.5 亿元，全年规模以上服务业企业营业收入比上年增长 1.0%，利润总额增长 16.4%。

2020 年，全年公路客运量 468.5 万人，公路旅客运输周转量 4.4 亿人公里，全年共接待国内游客 2634.3 万人次，入境游客 1942 人次，旅游总收入 231.8 亿元，其中旅游外汇

---

① 运城市人民政府. 运城市人民政府关于印发运城市"十四五"开放型经济发展等规划的通知. https：//www.yuncheng.gov.cn/doc/2022/05/12/230315.shtml（2022-05-12）[2022-10-10].

收入48.7万美元，住宿和餐饮业增加值达13.5亿元。

3. 村镇基础建设情况

2020年，运城市23个村入选第一批国家森林乡村名单，村庄绿化覆盖率达27%，生活垃圾有效处理率达85%，农村生活污水处理率为16%，农村卫生厕所普及率为74%，农村新型能源普及率为26%，全市美丽宜居示范村649个，农村文体设施完善率达89%，农村安全饮水达标率为98%。

改革开放以来，运城市道路、供水、排水、供气、集中供热、垃圾处理、公共交通、地下管网等基础设施显著改善，文化、娱乐、体育、休闲等服务功能明显提升。2017年集中供热普及率达90.4%，垃圾处理厂从无到有，垃圾无害化处理率已达100%。交通运输设施日益完善，交通网络不断完善，2020年末运城市全市公路通车里程16 096km，其中国道1236km、省道708km、县道2721km、乡村道及专用道11 431km；高速公路603km[①]；全市公路密度1.135km/km^2。

随着贸易和互联网的不断发展，运城市邮政、快递、移动宽带业务得到迅速发展。2020年，邮电业务总量351.1亿元，其中邮政行业业务总量22.1亿元，电信业务总量329亿元；邮政业全年完成邮政函件业务30.3万件，包裹业务1.4万件，快递业务8071.1万件；年末固定及移动电话用户总数达到482.3万户，其中移动电话463.5万户；全市宽带接入用户达到158.5万户，较上年增长6.1%。

2020年末运城市共有群众艺术馆1个，文化馆13个，公共图书馆13个，馆藏图书167.4万册，博物馆24个，市级及以上重点文物保护单位272处，其中国家级102处，省级67处，市级103处，先后推出了多项系列主题游、沉浸式体验式活动和各类文艺演出。

4. 村镇水资源利用情况

运城市是山西省新兴工业基地，近年来由于城镇化与工业化的高速发展，冶金、化工、农副产品加工、机械制造等产业快速发展，工业污水与生活污水的排放造成河流污染严重，水质变差。

黄河、汾河沿线历来是运城市粮食生产集中连片高产区域，也是优质粮食生产适宜区域。沿黄河的河津市、万荣县、临猗县、永济市、芮城县、平陆县、夏县、垣曲县8县（市）主要种植作物有小麦、玉米、杂粮、蔬菜和干鲜果；汾河流经新绛县、稷山县、河津市、万荣县4县（市），流域内耕地面积占全市总耕地面积的30%左右，主要种植作物为小麦、玉米、蔬菜和干鲜果。2019年，黄河、汾河沿线粮田总占地面积为101.3万亩，其中耕地78.3万亩，非耕地23.0万亩；小麦、玉米、水稻、高粱、大豆等粮食作物总播种面积149.2万亩，复种指数1.5，其中小麦种植面积70.2万亩，总产量2.96亿kg，优质小麦品种（强筋、中强筋）种植面积8.2万亩；粮食总产量7.2亿kg，平均亩产707.8kg[7]。

2017年全市用水总量为16.3亿m^3，农田灌溉用水量为12.9亿m^3，作为山西省的农

---

① 运城市人民政府. 运城市2020年国民经济和社会发展统计公报. https://www.yuncheng.gov.cn/doc/2021/04/13/120877.shtml?ivk_sa=1024320u[2022-10-10].

产品主产区，运城市用全省约10%的本底水资源量，生产出约23%的粮食（表2-1）。

表2-1 运城市与山西省情况对比汇总表

项目	水资源总量/亿 m³	用水量/亿 m³ 用水总量	用水量/亿 m³ 农田灌溉用水量	粮食作物总产量/万 t	常住人口/万人
山西省	134.1	74.9	43.0	1353.9	3702.4
运城市	13.2	16.3	12.9	308.2	533.6
运城市占山西省的比例/%	9.84	21.76	30	22.76	14.41

注：水资源总量为区域本底水资源量；用水量为实际用水量；用水总量为区域实际年用水总量，包含农田灌溉用水量；农田灌溉用水量指用于农田灌溉的实际年用水量

作为农业大市，全市用水以农田灌溉为主，2013~2017年农田用水变化不大，占运城市用水总量的80%左右（图2-4）。河水断流、村镇生活用水与灌溉用水量不足、灌溉用水浪费严重及用水不合理等问题依然十分突出。村镇用水主要依靠井水，近年来随着水资源需求量的增加出现了打井深度不断加深的情况，部分地区（如临猗县）水质含氟较高，存在饮水安全问题。运城市村镇入户上下水难以全面覆盖，无法满足日常洗澡的需求，厕所以旱厕为主，自来水覆盖度较低，饮用水多为井水，存在饮水安全问题的地区多采用县区集中供应的安全水，但由于价格较高无法用于灌溉。基本耕作制度为冬小麦-夏玉米轮作，近年来粮食作物的价格降低导致其播种量逐渐减少，随之替代种植蔬菜、水果等经济作物。作物灌溉方式依旧以漫灌为主，由于水质及设施配套较差等问题，现代化种植方式一直无法普及，灌溉用水多为井水，随着地下水位的不断下降，用水的成本也越来越高。

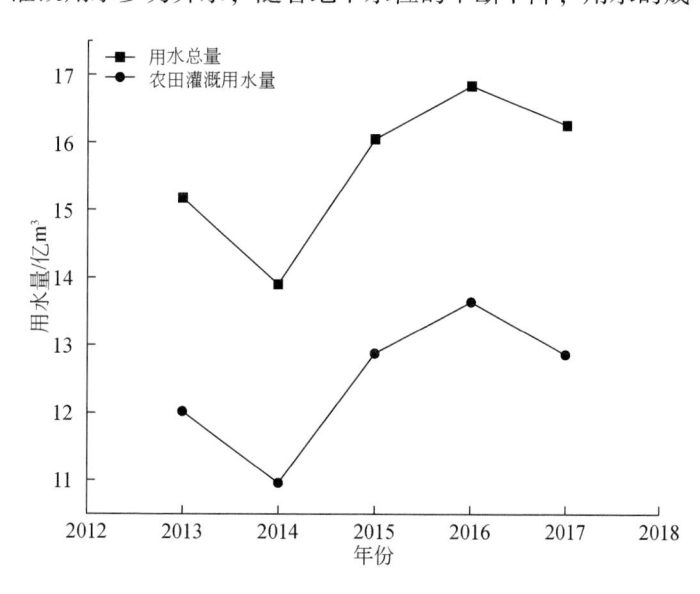

图2-4 2013~2017年运城市农田灌溉用水量与用水总量趋势图

近年来，运城市潜水位与承压水位下降明显，有关调查显示，当前运城市地下水开采

井平均密度可达 2 眼/km²[8]，地下水超采严重，形成了大范围的地下水降落漏斗，在 2017 年末地下水降落漏斗面积已达 1502.0km²，在引发地面沉降的同时也造成了水质污染及水环境恶化。此外，运城市在水资源利用方面亦存在着明显的浪费现象，水利枢纽设施老化严重，供水效率低下，农业灌溉用水设施不完善、浇灌不科学等原因造成水量损失严重[9,10]。

经统计，运城市农业种植亩均化肥施用量自 1990 年始有了大幅度的提升，高于国际 8kg/亩的化肥使用标准（图 2-5）。我国 20 世纪 80～90 年代化肥的增产作用保持在 47.8%～57.8%[11,12]，但就目前来看，山西省小麦、玉米种植化肥施用过量现象普遍存在，已成为环境污染高风险区[13]。自改革开放以来，运城市化肥施用量提高的比例要高于粮食作物单产提升的水平，化肥的过度施用给环境带来了一定的负担，不合理的化肥施用引起了面源化肥污染风险，成为水污染的主要风险来源，给区域水资源承载力带来了极大的风险[14,15]。

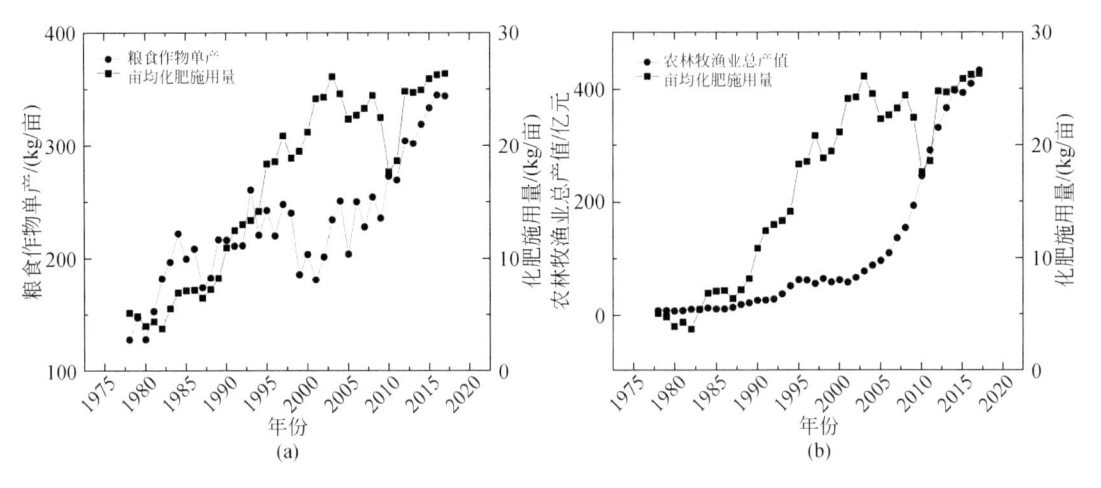

图 2-5　1978～2017 年运城市化肥施用量与粮食作物单产（a）和农林牧渔业总产值（b）变化情况

2.2　调研村镇类型与调研路线

2.2.1　调研村镇类型

按照山西省主体功能区规划，运城市有 4 个重点开发区（盐湖区、闻喜县、永济市、河津市）、7 个农产品主产区（临猗县、万荣县、稷山县、新绛县、绛县、夏县、芮城县）和 2 个重点生态功能区（垣曲县、平陆县）。从村镇类型来看，运城市县域可按照主要产业功能分为产镇融合类（城郊类）、农产品供给类（种植类、养殖类）、生态保育类、旅游类；依据地区农业区划，可分为涑汾平川粮棉菜工高效经济区、峨嵋台垣粮经果牧旱作农业区、中条吕梁山林果牧矿多种经营区和黄河滩涂粮棉鱼果经济开发区四大区。

按照主体功能区类型、农业区划、村镇主导产业类型和农业发展趋势,以及对运城市村镇的资源环境基础(地形地貌、海拔、气温、降水、植被)、村镇建设与发展现状(村镇分布、土地利用、夜间灯光指数、人口密度、人均GDP)的分析,本次调研村镇可分为5种类型,即粮食种植型(芮城县永乐镇)、蔬菜种植型(夏县南大理乡、新绛县三泉镇)、经济果木种植型(临猗县北景乡、庙上乡)、农旅融合型(永济市蒲州镇、芮城县风陵渡镇)、旅游发展与产镇融合型(盐湖区解州镇),详见表2-2。

表2-2 调研村镇汇总表

县级 行政区划	县域主体 功能分区	调研村镇	村镇类型
盐湖区	重点开发区	解州镇	旅游发展与产镇融合型
临猗县	农产品主产区	北景乡闫家庄村	经济果木种植型(苹果种植)
		庙上乡张庄村	经济果木种植型(冬枣种植)
新绛县	农产品主产区	三泉镇南熟汾村	蔬菜种植型(越冬番茄,越夏黄瓜)
夏县	农产品主产区	南大里乡圪塔村	蔬菜种植型(螺丝椒)
芮城县	农产品主产区	永乐镇蔡村	粮食种植型(小麦、玉米种植)
		风陵渡镇西侯度村	农旅融合型(准旅游村、花椒种植)
永济市	重点开发区	蒲州镇	农旅融合型

2.2.2 调研路线

此次调研从2019年7月底开始,到8月底结束,历时1个月的时间。调研内容主要包括两方面:一方面是村镇调查,包括基本信息、耕地、产业、用水、基础设施及人居环境等内容,围绕上述内容从宏观上把握案例村镇的现状;另一方面是农户访谈,主要了解农户家庭生产、生活及收入状况。调研采用市直部门座谈、村镇实地考察、农户问卷调查相结合的方式,首先是在运城市相关职能部门座谈,了解全市村镇建设和资源环境状况,然后是实地考察案例县,结合当地情况进行典型问题调研,接着在每个县选择1~2个不同类型的乡镇,每个乡镇选择代表性的案例村进行考察,并与乡镇政府工作人员、村民委员会工作人员、农户座谈,最后每个村选择一定数量的典型农户进行问卷调查,农户问卷为半结构化问卷。本次调研共涉及6个县(市、区)、8个乡镇、6个行政村,涉及村镇详见图2-6。

图 2-6 本次调研情况

2.3 临 猗 县

临猗县位于运城市西部，运城盆地三角地带北沿，距离运城市政府所在地 30km，车程 50 分钟左右，县辖 10 镇 4 乡，土地面积 13.6 万 hm²。县域地势平坦，四季分明，日照时间充足，产业以农业种植为主，主体功能区划为农产品主产区，县域北部农业区划属于峨嵋台垣粮经果牧旱作农业区、南部属于涑汾平川粮棉菜工高效经济区。临猗县是传统的农业大县，现有耕地 4.6 万 hm²，水土条件适宜水果种植，果木种植历史悠久，近年来以苹果、梨、枣、石榴为主的林果业发展迅速，水果年产量在 50 亿斤[①]左右。2020 年，全县生产总值为 157.8 亿元，同比增长 5.2%，三次产业比例为 34.3∶14.7∶51.0；分产业看，2020 年第一产业增加值 54.1 亿元，同比增长 4.5%，拉动生产总值增长 1.5 个百分点；全县财政总收入完成 5.8 亿元，同比增长 9.8%；人均 GDP 3.2 万元，同比增长 7.1%。

2.3.1 人口规模

根据《临猗县第七次全国人口普查公报》，临猗县常住人口 482 559 人，与 2010 年第

---

① 1 斤=500g。

六次全国人口普查的 572 510 人相比，十年间减少了 89 951 人，下降 15.71%，年平均递减率为 1.69%。全县常住人口中，城镇人口 191 540 人，占 39.69%；乡村人口 291 019 人占比 50.31。临猗县人口年龄构成以青壮年为主，占总人口的 62.63%，60 岁及以上人口的比例有所上升，占总人口的 22.11%。与 2010 年第六次全国人口普查相比，2010～2020年，临猗县常住人口受教育程度明显提升，全县常住人口中，拥有大学（指大专及以上）文化程度的人口为 48 314 人，与 2010 年第六次全国人口普查相比，每 10 万人中拥有大学文化程度的由 3420 人上升为 10 012 万人，文盲人口减少了 2193 人，文盲率下降为 0.37%。十年来，临猗县农村人口占比保持在 60% 以上，农业从业人口基本保持平稳，这与临猗县农业发展状况较好有一定的关系。

2.3.2 农业生产

临猗县农用地面积为 11.5 万 hm^2，约占土地总面积的 85%，耕地面积 4.5 万 hm^2，占农用地面积近 40%。耕地质量较好，有机质含量高，土壤肥沃，灌溉便利，有利于精细耕作和提高复种指数。

2020 年农林牧渔服务业总产值为 105.7 亿元，同比增长 4.4%。其中，农业产值 90.8 亿元，农林牧渔专业及辅助性活动产值 11.2 亿元，增长 3.8%。2020 年临猗县粮食作物种植面积 2.3 万 hm^2，其中小麦 1.1 万 hm^2，棉花 109hm^2，油料 1329hm^2，蔬菜 2616hm^2。近年来，临猗县粮食作物种植面积基本呈现出下降的趋势，经济作物种植倾向明显。2017 年农田灌溉用水总量 3.2 亿 m^3，亩均灌溉用水量 219m^3，高于运城市平均水平。

临猗县地处运城盆地三角地带北沿，是山西省著名的果业大县，全县拥有约 100 万亩的水果种植面积，目前已迈入全国水果十强县行列，是国家规划的"黄土高坡苹果种植最佳区"，当地耕地土层深厚，光照充足，无霜期长，昼夜温差大，水果上市期比其他果区提前 20 天左右，果品由于地理优势和标准化生产水平较高，无论是口感、外形、色泽，还是维生素含量等内外品质都达到了最佳标准。多年以来，临猗县苹果产量保持着稳步上升的态势，从 2005 年的 77.8 万 t 上升到 2020 年的 178.4 万 t，产量翻了一番还多，近年来在运城市整体苹果产量中保持着 40%～60% 的比例，市场份额较高。

2.3.3 村镇建设

2020 年全县农村居民人均可支配收入 15 546 元，同比增长 6.6%，农村居民人均生活消费性支出 11 795 元，农村人均住宅建筑面积 58m^2。"十三五"期间，临猗县美丽乡村建设有序推进，打造省级美丽宜居示范村 8 个、县级 56 个、环境整治连片示范区 3 个，农村生活垃圾无害化处理率达 100%，农村卫生改厕 13 520 座。

截至 2020 年底，全县邮政业务总量 5034 万元，宽带接入用户 13.2 万户，固定电话用户 2.7 万户；全县各类学校 167 所，其中民办学校 26 所，全县公办教职员工人数达到 4483 人；全县拥有各级医疗卫生机构 546 个，其中县直公立医院 5 个，乡镇卫生院 20 个，村卫生室 400 所，社会办医疗机构 13 个，总编制床位数 2447 张。

2.3.4 北景乡

北景乡位于临猗县县城西北部,距临猗县县城10km,交通便利。北景乡辖40个建制村,是全县第二大乡,主导产业以果业、储运业和养殖业为主,果树种植面积约占耕地面积的60%,年储存量100t以上果库9座,60%以上的农户有土窖,年储存量达2000万t。

1) 人口

北景乡乡村人口约1.6万户,6.4万人,乡村劳动力资源约占乡村总人口数的56%,男女比例10:9.7,乡村从业人数占劳动力资源的88%,其中,农业从业人数占乡村从业人数的85%。全乡人口分布不均,乡村常住人口中仅有10个村的人数超过2000人,主要位于北景乡中部地区,其中以闫家庄村人数最多,达到7065人,有14个村人口不足1000人,主要位于乡镇南部,陈建庄村人数最少,仅517人。

2) 农业生产

北景乡耕地面积近6万亩,其中水浇地、旱地各约3万亩;园地面积较大,近20万亩,其中果园面积近19万亩,约占园地总面积的95%,耕地质量较差,耕地平均自然等别为12.3等,低于山西省12等的平均水平。

北景乡农业产业发展较好,种植了近9万亩苹果、3.8万亩小麦,养殖规模和数量占全县50%以上。其中,全乡规模养猪300头以上的有13家,养鸡上万只的有3家,养鸡3000只以上的有40多户,有效提供了肥源,改善了生态环境,增加了农民收入。

2.3.5 庙上乡

庙上乡地处涑水平原腹地,这里水碱地薄,早期是一片盐碱地,不适宜种植苹果,自20世纪80年代末临猗县鲜枣产业开始起步,庙上乡成为闻名全国的天下梨枣第一乡。进入20世纪,开始由冬枣替代梨枣进行种植,冬枣种植的收益要优于苹果种植,产量价格皆高,但对技术的要求较高,且初期投入过大。目前,冬枣在临猗县庙上乡已种植多年且有一定的规模,庙上乡枣业形成了"三个80%",即80%的耕地种植鲜枣,80%的农民从事枣业,农民收入的80%来自枣业,在人均2亩纯枣园,年产鲜枣达3万t。

1) 人口

庙上乡下辖25个行政村,乡村人口共计8600多户,3万余人,乡村劳动力资源约占乡村总人口的66%,乡村从业人员中农业从业人员最多,占乡村从业人数的87%。全乡常住人口中,新城堡村、城西村、南姚村人口较多,均超过2000人,其中以南姚村人口最多,达到2835人,有9个村人口不足1000人,其中关任村人口最少,仅562人。

2) 农业生产

庙上乡耕地面积共计3.3万亩,全部为水浇地;园地面积8万亩,其中果园1.7万亩。耕地质量较好,耕地平均国家自然等别为7等,优于山西省及全国平均水平。

临猗县庙上乡是全国最大的优质鲜枣生产基地和设施枣业示范基地,目前庙上乡全乡枣树面积7万余亩,产品销往北京、上海、昆明等全国各大城市,每年7~10月,庙上乡鲜枣集中上市,来自全国各地的 600 余家客商汇聚该乡进行鲜枣交易,好的枣园每亩收入可达 5 万元。

2.3.6 闫家庄村

闫家庄村距县城约 10km,包含 8 个自然村,36 个村民小组,户籍人口 7600 余人。村内 20～45 岁的青壮年多外出务工,约占全村总人口的 2/3,主要农业种植劳动力集中于 50～65 岁。目前,村中硬化(道路硬化)、绿化(村内绿化)、美化(村容美化)全部完成,厕所主要采用传统自建厕所(主要由于排水问题无法进行改厕),有固定垃圾厂进行垃圾回收处理,饮水来源为井水或者黄河水,当地水质含氟量较高,因此需要注意饮水安全问题。

1)人口

闫家庄村下辖闫家庄、陈家庄、南王庄、北王庄、李家坡、高家坡、卜卓庄、程家庄 8 个自然村,36 个村民小组。2017 年,常住人口 1793 户,7065 人,其中男性 3461 人,占总人口数的 48.99%,乡村劳动力资源 3800 人,乡村从业人员 3699 人,其中农业从业人员 3357 人,占乡村从业人数的 90.75%。

2)农业生产

闫家庄村现状地类以果园为主,约 2.5 万亩,约占全村总面积的 88%,耕地面积 1000 亩,主要为旱地,耕地质量较差,平均等别为 12 等(国家自然等),不属于生态红线范围。

闫家庄村种植水果 2 万亩,玉米、小麦轮作 4000 余亩。农户人均耕地 3 亩多,实际每户可达 10 余亩,承包大户多达 30 亩。全村灌溉采用黄灌、无滴灌。苹果种植单产约 4000 斤/亩,每亩可收入约 7000 元,需投入 2500 元,净利润 4500 元左右;但耗工时较长,套袋需 40 天左右,收果需 3 个月左右;每年需灌溉 3～4 次,1 次大约 1.5 小时,花费约 60 元/次。受海拔和温差因素影响,闫家庄村的红富士苹果种植比不上陕甘宁或者云贵川,结合当地实际情况,采取嫁接的方式进行改良品种,缩短结果年限,提高苹果产量,提升苹果口感,拉开结果成熟时间。

粮食作物为小麦、玉米轮作,小麦种植的主要投入为犁地 50 元/亩,化肥 120 元/亩;灌溉需一年两次。

另外,村中有果汁生产工厂,带动了当地劳动力就业,村中农户闲时劳务费 600 元/月,忙时(7 月至次年 3～4 月)劳务费为 2000 元/月。在每年的 4 月、5 月及 9 月、10 月苹果种植农忙时,村中农户会雇用夏县、闻喜县的村民来帮忙。

2.3.7 张庄村

张庄村位于庙上乡南部,与永济市接壤,距离县城 30km,是临猗县最大的冬枣种植基地,村民生活条件较好。目前,全村硬化(道路硬化)、绿化(村内绿化)、美化(村容美化）已全部完成，村内人居住房状况普遍为宅基地 4 分[①]，房屋建筑以 1 层为主，村中一小半人在县城、运城有住房。该地区水质含氟量较高，饮用水由县里集中供应。

1）人口

张庄村共有 4 个居民组，2017 年，常住人口 346 户、1320 人。其中，男性 653 人，女性 667 人，乡村劳动力资源 878 人，乡村从业人员 756 人，其中农业从业人员 685 人。

2）农业生产

张庄村共有果园 4200 亩，约占全村土地总面积的 93%，耕地全部为水浇地，耕地平均等别为 7 等（国家自然等），村镇不属于生态红线范围内。

庙上乡张庄村冬枣种植历史悠久，于 20 世纪 90 年代开始梨枣的种植，2000 年前后开始改种冬枣，2010 年前后，开始设施种植，即由露天种植改为大棚种植。目前，张庄村已发展冬枣种植 3800 多亩，人均 2~3 亩，其中 3600 多亩为设施大棚，年产值 5000 万余元，人均年收入 3 万余元，成为远近闻名的"鲜枣第一村"。村中种植承包大户每户最多有 20~30 亩，村内有农户在外承包种枣，最多有 40~50 亩。1 亩地大约可以种植 110 棵冬枣树，亩产可达 3000 斤左右。

冬枣的种植技术要求较高，通常冬天需维修大棚，修剪树枝，之后需上膜、浇水、打顶（3 次），每枝都需要进行环剥。冬枣灌溉主要依靠引黄河水，以漫灌（效果较好）为主，每年需要进行 4 次灌溉，每次灌溉用水 50~60m^3/亩。目前，张庄村冬枣种植主要有坑棚种植、春棚种植及露天种植 3 种方式，其中以设施农业发展较好，标准化的大棚设施栽培减轻了病虫害，使得鲜枣品质较好。由于张庄村冬枣产业发展体系较为完善，效益较高，因此本村外出打工的很少，基本上都是返乡种枣，户均收入可达 20 万元/a，人均纯收入 2 万~3 万元/a。

2.3.8 农户

1）闫家庄村农户

闫家庄村林果种植户：家中共有 4 口人，其中儿子 25 岁，女儿 20 岁，家中儿女正在上大学。家中年纯收入 1 万元，主要收入来源为林果业种植，主要作物为苹果，国家会给予 67 元/亩的种植补贴，同时村民委员会统一进行安排，并提供相关的技术支持。

该户共有耕地 7 亩多，种植支出主要集中在农业用水、化肥施用和农药喷洒，每亩苹果种植每年需要 300~400 元的化肥，2000 元左右的农药喷洒，通常每年需进行 8 次。

农业灌溉主要是黄灌，一年需要灌溉 5 次，每次约 600 元，一年需要 3000~4000 元；生活用水主要来源于井水，用水单价为 3 元/m^3，缴纳水费约 300 元/a。

该户家中有 1 处宅基地，约 4 分地，住房为 2 层结构，面积在 200m^2 以上，房屋建造于 2012 年，常住人口 2 人。室内配套设施较为完善，厕所为普通旱厕，家中有入户自来水、有线电视、入户宽带、入户燃气正在安装，壁挂炉需要自费 2000~4000 元。做饭主

---

① 1 分≈66.67m^2。

要使用电磁炉，每月电费 100 元左右（0.475 元/度①）。家庭生活废水直接排放，生活垃圾需自行倾倒至村中固定垃圾场。

2）张庄村农户

张庄村冬枣种植户：该户家中共有 6 口人，包含夫妻二人、儿子儿媳及孙子孙女，孙子孙女均为 6 岁以下，家中常住人口 2 人，儿子儿媳一家四口主要在运城市居住。

该户家庭年收入 15 万~16 万元，主要收入来源为冬枣种植，从 2018 年开始，国家会每年给予 67 元/亩的种植补贴，提质增效国家奖励 400~500 元/户。

该户家中共有 8 亩耕地，实际种植 13 亩，承包了土地 10 年，一次性付清仅需 120 元/亩。种植花费：灌溉 50~60 m³/(次·h)，花费 16~17 元，一年需要浇地 4 次；化肥施用 1000 元/(亩·a)，农药花费 300 元/(亩·a)。

家庭生活用水为井水，洗澡和洗衣服免费；饮用水为县里直供，每年饮水 10 m³，单价 4.9 元/m³；灌溉用水有引黄水或者井水，引黄水的成本更高。

该户有 1 处宅基地，占地面积 4 分地，住房面积在 260 m² 以上，房子建于 1998 年，家中厕所为简易水冲式的卫生厕所，入户自来水、有线电视、入户宽带、煤气灶、电磁炉配套齐全。每月用电 100 元（0.475 元/度）左右，每年供暖采用锅炉，使用煤炭约 3 t/a，花费约 2000 元。

家庭生活废水直接排放处理，生活垃圾集中收集处理，约两天倒一次垃圾，目前比较希望解决废水排放的问题。

2.4　新　绛　县

新绛县位于运城市北端，地处运城市和临汾市中间，距离两地均不到 100 km，到太原市、西安市、郑州市各 300 km 左右，紧靠大西高铁侯马西站，已经融入太原、西安、郑州 2 小时交通圈内。县域南北高、中间低，北部为吕梁山区，南部为峨嵋岭丘陵区，中部为汾河高低阶地构成的冲积湖平原区，主体功能属农产品主产区，农业区划大部分属于涑汾平川粮棉菜工高效经济区。新绛县辖 9 镇 1 个社区服务中心，全县总面积约 6.0 万 hm²，其中农用地 5.1 万 hm²，耕地 3.5 万 hm²，水浇地占耕地面积的 76.8%，2017 年农业用水总量 7816 万 m³，农田灌溉亩均用水量 168 m³，低于运城市平均水平。

新绛县产业发展态势良好，2020 年全县生产总值完成 123.0 亿元，同比增长 7.5%，城镇居民人均可支配收入由 2000 年的 3638 元增加到 32 421 元，增长近 8 倍。多年以来，新绛县先后被评为国家历史文化名城、全国文化先进县、中国鼓乐之乡、中国澄泥砚之都、中国民间文化艺术之乡、中国最佳楹联文化县、国家农产品质量安全县、国家级食品安全示范县、全国无公害蔬菜生产基地县等。

2.4.1　人口规模

根据《新绛县第七次全国人口普查公报》，新绛县全县常住人口为 282 230 人，与

---

①　1 度=1 kW·h。

2010 年第六次全国人口普查的 332 473 人相比，十年间减少了 50 243 人，下降 15.11%，年平均减少 1.63%；全县常住人口中，男性 141 627 人，总人口性别比（女性为 100，男性对女性的比例）为 100.73，比第六次全国人口普查下降了 3.48；年龄构成中青壮年（15～59 岁）173 267 人，占比 61.39%，比第六次全国人口普查下降了 8.41 个百分点，人口老龄化程度提升明显，60 岁及以上人口比例上升了 9.33 个百分点；全县受教育程度明显提升，与第六次全国人口普查相比，每 10 万人中拥有大学文化程度的由 3859 人上升为 9160 人，文盲人口减少了 2152 人，文盲率下降至 0.67%；城镇化比例有所上升，居住在城镇的人口为 115 090 人，占总人口的 40.78%，城镇人口比例上升了 7.68 个百分点[16]。

2.4.2 农业生产

新绛县农业产业整体发展较好，至 2020 年，全县的三次产业增加值比例为 32.9∶50.6∶16.5，农林牧渔服务业总产值达到 38.3 亿元，农业经济稳步增长。目前，新绛县已形成"粮菜果畜药"五大主导产业，其中粮食播种面积 67.8 万亩，年产量达 2.3 亿 kg，产值达 5.5 亿元；蔬菜播种面积 14.6 万亩，年产量达 5.9 亿 kg，产值达 19.6 亿元；水果以优质油桃种植为主，果园总面积 6.7 万亩，其中设施大棚油桃 1.3 万亩，年产量 1.2 亿 kg，产值达 3.9 亿元，是华北地区最大的优质油桃生产基地；中药材种植面积 6.4 万亩，年产量 652 万 kg，产值达 1.1 亿元，"新绛远志"通过国家地理标志农产品认证，是全国面积最大、品质最优的道地远志生产基地；肉类年产量 3.4 万 t，蛋类年产量 5.1 万 t，共有规模养殖场（户）107 户，有新绛牧原农牧有限公司等一批规模养殖企业①。

2.4.3 村镇建设

2019 年，新绛县农村居民人均可支配收入 13 159 元，增长 10.1%，农村居民人均消费支出 10 655 元，增长 12.0%，消费占收入比例达到 80.97%，城乡居民生活水平不断提高，脱贫攻坚取得了阶段性成果，2019 年完成了 390 户贫困户危房改造，实施了 81 处农村饮水安全工程，全县 409 户 1154 名贫困群众稳定脱贫，建档立卡贫困户从 2016 年的 4313 户 14 790 人减少到 40 户 120 人，贫困发生率降至 0.04%，2020 年实现全面脱贫。

2020 年末，全县共有医疗卫生机构 437 个，其中专业卫生公共机构 414 个，包括卫生院 13 个，社区服务中心 1 个，社区卫生服务站 8 个，村卫生室 261 个，诊所门诊类 131 个；医疗卫生机构编制床位 1899 张；各类医疗卫生技术人员 2093 人，其中执业（助理）医师 897 人，注册护士 632 人，药师（士）65 人。

---

① 新绛概况. 新绛县人民政府门户网站. http://www.jiangzhou.gov.cn/doc/2021/08/04/10401409.shtml［2022-06-29］.

2.4.4 三泉镇

三泉镇位于新绛县城的北中部，距县城西北方向10km，下辖30个行政村。全镇共有民办小学1所，公办小学12所，公办初中2所，中心卫生院2个，村办卫生所38个，民营医疗机构15个。

1）人口

三泉镇全镇乡村人口约有1万户、4万人，乡村劳动力资源占乡村总人口一半左右，乡村从业人员2万人，其中农业从业人员占乡村从业人数的61.0%。全镇乡村常住人口中以孝陵村、白村、席村、三泉村人口较多，均超过2000人，主要分布在三泉镇西部，其中以三泉村人数最多，超过6000人，蒲城村、窑儿上村、店头庄村、曙光村人口较少，均不足400人，蒲城村人口最少，村内人口不足200人。

2）农业生产

三泉镇全镇土地面积11.3万亩，耕地9.8万亩，其中水浇地9.2万亩，旱地0.6万亩，耕地质量较好，耕地平均等别为7.2等，主要以7等地为主，约占耕地面积的92%。镇区境内水利条件较为优越，建有三泉水库、水西水库，是全县粮棉高产区，水浇地面积由解放初期的2500亩发展到近4万亩。

三泉镇农业产业发展较好，有蔬菜基地、林业建设基地、畜牧养殖基地等。日光温室蔬菜种植主要分布在三泉村、席村、南熟汾村、北熟汾村、孝陵村、富有村、水西村等十余个村庄，主要种植品种有无公害番茄、茄子两大系列，全镇日光温室4000余座，从业人员12 000人以上，成为全镇的第一主导产业。目前已形成以南熟汾村、北熟汾村、三泉村、席村为主的无公害番茄基地，建成日光温室2800座，大弓棚860座，年产番茄2.6万t，年销售收入4220万元；以三泉村、白村为中心的小杂粮购销基地和无公害莲菜基地，为当地村民创造了大量就业机会。全镇小杂粮购销基地营业建筑面积达21 330m^2，年交易额10 640万元，相关从业人员3000余人，辐射周边10余县市的80多个乡镇，成为山西南部最大的小杂粮集散地。

2.4.5 南熟汾村

南熟汾村位于三泉镇西部，距离镇政府约10分钟车程，有着30余年设施蔬菜种植历史，是远近闻名的蔬菜种植基地和重要集散地，主要种植一年两季的越冬番茄与越夏黄瓜。村庄发展较粮食种植村好，土地收入整体高，村民生活水平更高。南熟汾村基础设施较为完善，村内硬化（道路硬化）、绿化（村内绿化）、美化（村容美化）全部完成。但同其他村镇类似，南熟汾村也存在学生就近上学难，以及废水、垃圾处理等问题。在农业种植方面，南熟汾村应加强规模化管理，提升整体农业技术管理水平。

1）人口

南熟汾村包含6个村民小组，户籍人口340户、1280人，其中60岁及以上人口有270人。劳动力年龄集中于30~59岁，约占村人口的50%，每户至少有2个劳动力，人口外流情况较少。2017年，乡村常住人口342户、1257人，乡村劳动力资源616人，乡村从业人员583人，其中农业从业人员355人，占乡村从业人员的60.89%。

2）农业生产

南熟汾村耕地面积2650亩，其水浇地2500亩，旱地100亩，大棚覆盖面积1100亩。蔬菜实际种植面积1000多亩，建筑面积1500亩左右，棚前棚后种植小麦、玉米，通常用作自给自足。蔬菜种植户均10亩（含建筑面积）、2个大棚，全村共有10个左右的种植大户，最高有30~50亩/户。该地区早春十年九旱，但光照充足，南熟汾村利用光照优势进行番茄种植，推广高效节水灌溉模式及水肥一体化技术，节水至少30%，化肥施用量也有所减少。

南熟汾村蔬菜种植面积多年并未出现减少，但种植户数由原来的3万多户减少到现在的7000多户，规模化程度越来越高，每户有10~50亩。

新绛县设施农业从1991年开始，发展已有30余年，当地农民对于设施农业种植非常有经验，通过近年来适度规模农业的发展，村民收入可观，基本可以维持家庭成员的正常开销。全村人均年收入可达3万元，90%人口主要收入来源为蔬菜种植，外出打工人口占比仅为1%~2%。种植蔬菜的年收入多为5万~10万元/亩，通常为5万元/亩保底，每棚收入约10万，其中成本约1.5万元/亩（不含人工），另外还需用工费用3000~5000元。

值得注意的是，该村耕地存在盐碱化问题，风、雪为主的农业灾害也时有发生，需要着力提升农业的种植技术水平和管理水平。

2.4.6 农户

在南熟汾村访问的农户是村中种菜户，家中共有4口人，其中有低于16周岁1人。家中耕地共有3亩多，实际耕种11余亩大棚（占地面积约30亩），主要作物为黄瓜、番茄，种植成本包含大棚换膜、化肥、农药、灌溉、种子、用工等（表2-3）。

表2-3 种植成本汇总

项目	黄瓜	番茄
灌溉	1000元/亩	1000元/亩
种子	1500元/亩	1500元/亩
化肥	3000元/亩	2000元/亩
农药	1500~2000元/亩	1500~2000元/亩
大棚换膜	1500元/亩	
用工	6500元/月（8月/a）	

该农户家里有1处宅基地，占4分地，房屋建造于2014年，2层，建筑面积200m² 左右，家中常住人口3人，室内配套设施较为完善，有入户自来水、有线电视、宽带，配套完善。厕所为普通旱厕，家庭废水直接排放，生活垃圾集中处理。该农户希望可以解决家中的排水问题。

2.5 夏 县

夏县地处山西西南端，华北、西北、中原三大地域连接处，运城市东南部，属中条山西麓，与平陆县、闻喜县、垣曲县、盐湖区相邻，距运城市30km，太原市398km，北京市917km。地势东高西低，分为山区、丘陵、平川三个区域，县域东西两端分别为中条山和稷王山，中部台地是鸣条岗，境内有涑水河和青龙河从县境穿过，流经地带为平川区，有着"七山二川一丘陵"之称。夏县地表水丰富，地下水紧缺，境内河流众多，总长209km，总流量1.2亿 m^3/a，可分为黄河支流水系、姚暹渠水系和涑水河水系三大水系，较大河流共27条，地下水总储量1.0亿 m^3/a，县域水资源总量为1.3亿 m^3，地热水资源日开采量约1400m^3，属高温弱碱性氯化钠温泉。

2017年，夏县下辖11个乡镇，4个城市社区，261个行政村和社区，先后荣获"国家商品粮基地县""国家优质棉基地县""全国平原绿化先进县""国家蔬菜基地县"等称号，产业以优质蔬菜、特种果品、畜牧养殖三大产业为发展重点。

2.5.1 人口规模

根据《夏县第七次全国人口普查公报》，夏县全县常住人口为287 938人，与2010年第六次全国人口普查的352 821人相比，十年间减少了64 883人，下降18.39%，年均下降2.01%；全县常住人口中，男性146 690人，人口性别比为103.85（女性为100），比第六次全国人口普查下降了3.62；年龄构成中青壮年（15～59岁）170 180人，占比59.10%，比第六次全国人口普查下降了11.84个百分点，人口老龄化明显，60岁及以上人口比例上升了10.28个百分点；全县受教育程度提升明显，与第六次全国人口普查相比，每10万人中拥有大学文化程度的由3366人上升到6588人，文盲人口减少了3122人，文盲率下降为0.89%；城镇化比例有所上升，居住在城镇的人口为88 957人，占总人口的30.89%，城镇人口比例上升了8.58个百分点[17]。

多年来，夏县农村人口占比基本保持在60%以上，虽然农村人口呈现出逐年递减的趋势，但总体来说，乡村人口要多于城市人口，农业从业人口基本保持平稳，农业优势明显，产业发展稳定。

2.5.2 农业生产

夏县主体功能属农产品主产区，农业区划东南部属于中条吕梁山林果牧矿多种经营区，西北大部分属于涑汾平川粮棉菜工高效经济区。全县农用地总面积189万亩，占全县总面积的93%，其中耕地61.5万亩，水浇地面积36万 hm^2，水浇地占耕地面积的58.5%，2017年农业用水总量5683万 m^3，农田灌溉亩均用水量158m^3，低于运城市平均水平。

夏县农业生产条件优越，生产力水平先进，农业特色鲜明。农业主要耕作制度为一年两熟制，传统农作物有小麦、玉米、棉花、大豆，蔬菜产业是夏县农业发展的支柱产业，是增加县域农业收入的重要渠道①。

根据《夏县第三次全国农业普查主要数据公报》，2016年全县共有530个农业经营单位，近7万户农业经营户，其中规模农业经营户750户，农业生产经营人员12.6万人。2016年末，全县共有拖拉机7113台，耕整机522台，旋耕机1669台，播种机977台，联合收获机311台，机动脱粒机372台。

2020年全县生产总值63.2亿元，三次产业比例分别为35.0∶15.8∶49.2。农林牧渔业总产值42.6亿元，其中农业产值34.3亿元，林业产值0.4亿元，牧业产值4.4亿元，农林牧渔服务业产值3.5亿元。2020年，粮食总产量25.6万t，蔬菜54.3万t，生猪存栏7.9万头，肉类总产量1.2万t。

近年来，夏县农业产业发展优势明显，多年粮食作物种植面积基本保持平稳，在4万~5万hm²，占运城市粮食作物种植面积的比例虽有波动，但基本稳定在7.5%~8.5%，未见较大波动。反观蔬菜种植状况，2008年夏县蔬菜种植出现明显的发展趋势，种植面积提升至10 000hm²以上，此后多年基本保持稳定；蔬菜产量在2009年出现急剧增加，较2008年产量翻了一番还多，也是从此年开始，夏县的蔬菜产量占运城市蔬菜产量的比例开始基本保持在30%以上，蔬菜产业逐步趋于稳定。

2.5.3 村镇建设

根据《夏县第三次全国农业普查主要数据公报》，2016年末，在全县乡镇地域范围内有高速公路出入口的占18.2%，99.6%的村通公路；所有的村通电，5.8%的村通天然气，14.5%的村有电子商务配送站点；71.9%的村生活垃圾集中处理或部分集中处理，7.9%的村生活污水集中处理或部分集中处理，18.2%的村完成或部分完成改厕。

2016年末，全县所有的乡镇均有幼儿园、托儿所、小学、图书馆、文化站，9.1%的乡镇有剧场、影剧院，63.6%的乡镇有公园及休闲健身广场，93.8%的村有体育健身场所，33.1%的村有幼儿园、托儿所；所有的乡镇均有医疗卫生机构、执业（助理）医师，45.5%的乡镇有社会福利收养性单位，95.9%的村有卫生室；99.2%的住户拥有自己的住房，12.2%的住户使用经过净化处理的自来水，1.5%的住户使用水冲式卫生厕所。

2020年，夏县居民人均可支配收入1.5万元，农村居民人均可支配收入1.0万元，多年来呈现出逐年上涨的趋势，同比增长10.4%，农村居民人均消费支出9120元，同比增长11.7%。

2020年，夏县有中小学63所，幼儿园95所，职业高中1所，九年一贯制学校3所，特殊教育学校1所，全县学前三年毛入园率为99.9%，公办园在园幼儿占比为57.7%，全县普惠性民办园35所，普惠园覆盖率达93.1%。

---

① 夏县农业．夏县人民政府门户网站．http://www.sxxiaxian.gov.cn/doc/2022/04/12/222285.shtml［2022-06-29］．

2.5.4 南大里乡

南大里乡位于夏县北部，距县城约12km，是一个有山有川的半山区乡镇，地势东北高、西南低，青龙河自北向南穿越而过，土地肥沃，自然资源丰富。南大里乡已探明的矿产资源有铁、石英石、大理石等10余种。丰富的水资源为南大里乡农业发展提供了有利的条件，特产主要有苹果、梨、辣椒、花椒、柿饼、中药材等。在设施农业建设上，南大里乡大力调整产业结构，发展日光温室蔬菜，已成为夏县最大的日光温室辣椒生产基地。通过产业结构调整、加强设施农业建设，南大里乡逐步形成了日光温室蔬菜、果树、畜牧业三大支柱产业。

1）人口

全乡10个行政村，乡村常住人口近4800户、1.8万人，乡村劳动力资源1.1万人，乡村从业人员约占劳动力资源的92%，其中农业从业人员约占乡村从业人员的79%。全乡乡村常住人口中，郭牛村和赵村人口较多，均超过500户，古垛沟村、古垛村、圪塔村、上辛庄村、苋坪村人数较少，均不足200户。

2）农业生产

南大里乡面积合计9.8万亩，主要为农用地，其中，耕地6.2万亩，主要为旱地，果园30亩，林地2.5万亩。耕地质量平均等别为9.1等，西部耕地质量较高，东部较低。全乡经济作物种植面积共计3.9万亩，以蔬菜及食用菌种植面积最大，种植面积约为2.7万亩，产量达到10万t。

截至2017年底，南大里乡农民人均纯收入为7048元。农户收入以蔬菜种植为主，劳动力集中于30~50岁；其次为外出打工收入，外出打工人员集中分布于北京、上海等地，主要从事快递、维修、装修等职业，收入为6万元/a左右。

2.5.5 圪塔村

本次选取的典型村庄为南大里乡圪塔村，该村距乡政府所在地不足3km，距县城约10km，公交便利，每半小时一趟。该村农业发展状况较好，以设施农业（蔬菜大棚种植）为主导产业，基础设施较为完善。

目前，圪塔村硬化（道路硬化）、绿化（村内绿化）、美化（村容美化）全部完成。村民住宅基本每户有4.2分的宅基地，房屋建筑一般为两层结构。

1）人口

2017年，圪塔村常住人口138户、497人，其中男性250人，女性247人，乡村劳动力资源318人，乡村从业人员292人，其中农业从业人员230人，约占乡村从业人员的79%。

2）农业生产

圪塔村全村共有780亩耕地，全村大棚蔬菜种植面积600余亩，整体可以看作人均1亩菜、户均3个棚的农业格局。蔬菜种植以辣椒（螺丝椒）为主，另外还有部分番茄种植。辣椒种植多为一年一茬或一年两茬,产量为8000~9000斤/亩,主要销往山西省其他地市、河南省、湖南省等地。一亩温室大棚约占地2.5亩,经过多次发展换代,目前采用的为下挖式大棚,一个大棚建设需花费4万元,可使用10~20年。村中有承包大户,一般一家承包7~8个大棚,其中流转成本为600斤小麦置换1亩大棚。

蔬菜种植每茬的投入:利润约为7:3(或8:2),每亩投入情况具体如表2-4所示。

表2-4 夏县蔬菜种植投入情况

项目	投入情况
有机肥	4~5m^3
水(灌溉)	200~300元(收费按照电费来收,灌溉1小时12.5元,大约用电25千瓦·时),水源为村内160m深井
化肥	3~5袋/亩(使用冲施肥,冲一次水需施一次肥)
农药	无
作物采摘	用工:5元/(人·h)

2.5.6 农户

本次访问农户为大棚种植户,该户家里有3口人,全部为60岁以上,主要劳动力有2人,家庭年收入4万元,全部来源于种植业收入,实际耕种有2个大棚,主要种植作物为辣椒,年产量7000~8000斤/棚,种植花费主要为化肥施用,一年约需要500元/棚。

家庭居住有1处宅基地,占地面积约为4.3分,住房面积120m^2,房屋建造于2006年,家中配备有水冲式卫生厕所、入户自来水、有线电视、入户宽带,采暖主要为煤炉,一年花费约1500元,生活与生产用水均为井水,生活用水花费4元/(人·季度),灌溉用水300~400元/棚。家庭废水处理方式为集中处理,生活垃圾处理方式为集中收集处理,一天倒一次垃圾。

2.6 芮城县

芮城县是山西省的南大门,地处运城市最南端,晋秦豫三省交界的黄河大拐弯处,区位优势得天独厚,北依中条山,南临黄河,县域北高南低,东西长南北短,呈现出狭长形状,北部为中条山,南部地势低缓但沟壑纵横,中部地势较为平坦。

芮城县主体功能属农产品主产区,农业区划大部分属于峨嵋台垣粮经果牧旱作农业区,北部紧邻中条山地区属于中条吕梁山林果牧矿多种经营区,南部紧邻黄河属于黄河滩涂粮棉鱼果经济开发区,运城市的黄河滩涂粮棉鱼果经济开发区也集中于此。芮城县辖8镇2乡,农用地总面积153万亩,占县域总面积的86.9%,耕地67.5万亩,以水浇地、旱地为主,分别占耕地总面积的64.4%和35.5%。2017年,农业用水总量14 096万 m^3,其中农田灌溉用水13 960万 m^3,占农业总用水量的99.04%,农田灌溉用水量188m^3/亩,接近运城市平均水平。

2.6.1 人口规模

根据《芮城县第七次全国人口普查公报》，芮城县常住人口为342 889人，与2010年第六次全国人口普查的394 849人相比，十年间减少了51 960人，下降13.16%，年均减少1.4%；全县常住人口中，男性176 992人，总人口性别比（女性为100，男性对女性的比例）为106.69，比第六次全国人口普查增加了3.38；年龄构成中，青壮年（15~59岁）220 676人，占比64.36%，比第六次全国人口普查下降了6.0个百分点，人口老龄化趋势明显，60岁及以上人口比例上升8.57个百分点；全县受教育程度显著提升，与第六次全国人口普查相比，每10万人中拥有大学文化程度的由4398人上升为11 841人，文盲人口减少了2671人，文盲率下降为0.72%；城镇化比例上升明显，居住在城镇的人口为175 174人，占总人口的51.09%，城镇人口比例上升了12.70个百分点[18]。

多年来，芮城县农村人口呈现出逐年递减的趋势，城镇化趋势明显，2001年农村人口占比84.6%，到2017年下降至48.9%，2019年城镇人口开始超过农村人口；从农业从业人口情况来看，从业人员数多年基本保持平稳，乡村从业人员数基本稳定在19万人左右，农林牧渔业乡村从业人员数基本在12万人左右，农业产业发展稳定。

2.6.2 农业生产

2019年，全县生产总值完成93.8亿元，比上年增长6.0%，第三产业占比为28.9%，农林牧渔业总产值53.2亿元，比上年增长3.3%，其中农业增加值21.3亿元，增长2.0%。

2019年，全年粮食种植面积92万亩，油料种植面积3万亩，果园面积22.5万亩，粮食产量32.6万t，油料产量0.5万t，水果产量51.9万t，肉类产量达2.1万t，全县农机示范区综合机械化率达到99.8%，为全国首批基本实现主要农作物生产全程机械化示范县（全国28家，山西省仅芮城县1家），2019年农村居民人均可支配收入达12 373元。近年来，芮城县大力发展生态农业，苹果、花椒、红枣、芦笋、大棚菜五大特色产业的规模和品牌优势明显。

多年来，芮城县粮食产业发展始终保持平稳，种植面积基本平稳保持在4万~6万 hm^2，占运城市粮食作物种植面积的比例在10%波动；粮食产量自2012年开始保持在30万t/a以上，占运城市粮食产量的比例在12%波动。

2.6.3 村镇建设

2019年，全县农村用电1.6亿千瓦·时，比上年增长2.4%。2019年末全县共有各类学校51所，其中小学32所，普通中学16所，职业中学2所，特殊教育学校1所；文化馆1个，文化站25个（其中乡镇10个，村级13个，社区2个），公共图书馆1个；县乡两级卫生机构 25 个，卫生技术人员 1570 人，床位 1826 张；养老服务机构 6 个，其中民办养老服务机构 3 个，公办养老服务机构 3 个，农村社区老年人日间照料中心 101 个，老年人活动中心 37 个，养老服务床位 850 张。

2.6.4　永乐镇

永乐镇地处芮城县西南部，东邻古魏镇，南与河南省灵宝市豫灵镇隔河相望，西接阳城镇，北接学张乡、大王镇，距芮城县城约 25km，区域总面积 74.45km^2。永乐镇依滩傍河，南北窄，东西长，北高南低，水利条件十分便利，光热资源丰富，是典型的农业乡镇。

1）人口

永乐镇全镇下辖南张村、杜村、郑家村、永乐村、彩霞村、原村、岳崖村、蔡村 8 个行政村，42 个自然村，2017 年人口总数为 2.2 万人，与 2010 年第六次全国人口普查人数基本持平（2000 年第五次全国人口普查 15 140 人、2010 年第六次全国人口普查 22 205 人）。

2）农业生产

永乐镇区域整体资源环境状况较好，耕地大部分为梯田，主要农作物包含粮食作物（小麦、玉米）、经济作物（大棚蔬菜），由于滩地多、光照充足的地域优势，全镇形成了芦笋产业体系，全镇种植芦笋共一万余亩，畜牧业以饲养生猪、羊、家禽为主。目前，永乐镇已基本形成优质小麦、温室蔬菜、高效芦笋、畜牧养殖、优质玉米五大农产品支柱产业。

现有条件无法满足所有耕地的灌溉需求，农业种植条件有待改善，区内水位下降明显，需多关注改善水资源状况。

2.6.5　风陵渡镇

风陵渡镇地处三河（黄河、渭河、洛河）交汇、三省（山西省、陕西省、河南省）交界处，也是通往我国华北、西北、西南和中原的交通要塞，自古以来就是黄河上最大的渡口，距芮城县城约 45km，区域总面积 188.5km^2，建设用地 17.2km^2。该镇交通发达，多条省道、高速、铁路等交通线路都经过于此，设有风陵渡火车站、高速出入口。1992 年，设立了风陵渡开发区，工业基础雄厚，初步形成了生物医药、绿色食品、新型材料、电子材料和精细化工等产业，化工、制药、农副产品深加工等工业体系显著。

1）人口

截至 2020 年 6 月，风陵渡镇共有 1 个社区，34 个行政村，常住人口 7 万余人，较 2000 年第五次全国人口普查全镇人口 36 338 人与 2010 年第六次全国人口普查全镇人口 63 518 人相比，近年来有所上升。

2）农业生产

风陵渡镇是一个传统的农业大镇，共有 110 924 亩耕地，12 600 亩河滩地，主要农产品有小麦、棉花、芦笋、花椒、蔬菜、果品和各种名贵药材等，粮食作物主要有小麦、玉米，经济作物有棉花、油料作物、蔬菜等，果品主要为苹果、桃等，畜牧业发展以生猪、羊、家禽为主。近年来，风陵渡镇在沿山沿坡一带发展花椒种植，建设有5万亩花椒生产基地；在沿滩一带发展芦笋种植。

2.6.6 蔡村

本次调研选取永乐镇蔡村，该村地处丘陵，位于永乐镇东部，距镇政府所在地14km，距县城12km，村庄地势北高南低，呈阶梯状分布，村域面积327.2hm^2。该村以传统农业种植为主，有3000亩左右优质小麦、玉米耕地，冬小麦-夏玉米进行轮作。

村内硬化（道路硬化）、绿化（村内绿化）、美化（村容美化）全部完成。村庄基础设施配套较为完善，集中供水已普及，给水设施为水塔（蓄水池）；排水现状为雨污分流，雨水随水渠就近排放，污水管道的农户覆盖率为35%，其余污水随意排放；村庄配电设施完善，电信设施全覆盖，实现了宽带入村，电话普及率100%。目前，村庄尚未通天然气，能源主要依靠煤或薪柴。

1）人口

蔡村总共包含5个自然村，分别为蔡村、曹家村、李湾村、沟渠头村、杨家沟村，22个居民组，共计1300余户、4000多人。其中，蔡村因东汉蔡邕得名，村内有蔡侯庙；曹家村地处丘陵，位于县城西南7.5km处，以农业生产为主，现有人口647人，因居民多为曹姓而得名；李湾村地处丘陵，位于县城西南7km处，以农业生产为主，现有人口426人，该村置于一湾内，因居民多为李姓而得名；沟渠头村地处丘陵，位于县城西南8km处，以农业生产为主，现有人口547人，因村位居两沟之间，故名沟渠头；杨家沟村地处丘陵，以农业生产为主，位于县城西南10.5km处，地处沟内，因杨姓居住建村而得名，现有人口260人。

2）农业生产

村内共有13 000多亩耕地，其中90%以上为梯田，耕地分三等：第一等耕地非常平整（7000亩），第二等耕地为梯田地，灌溉用二级扬水（2000亩），第三等耕地要多次进行平整后才能进行耕作，难以进行灌溉（约3000亩）。目前，三等地生产靠天吃饭，种植基本带不来收入，改为滴灌后收入可提高约1000元。耕地以水浇地为主，共计6500亩（滴灌、喷灌3000余亩，二级扬水2000亩，其他1500亩）。

灌溉通常采用地下水，故地下水位下降明显，现在打井取水一般需100多米。水果灌溉一年最少4次，20~30元/（亩·次）（利用水表换算为电费得出的价格，下同），化肥投资较大，为800~1200元。小麦、玉米灌溉一年至少需要7次，价格约为20~30元/（亩·次），化肥360元左右，除此以外的支出还包括收割机（100元/亩）、翻地、秸秆的费用，为150~160元。

村干部带头流转600余亩土地种桃，成立合作社，4~5人经营，2年后国家开始进行补贴；私人流转1000亩土地种植油牡丹以用作榨油。流转费用参考土地质量，好一些的400~500元/亩，差一些的（山上的耕地）一般为200~300元/亩，100元/亩的也有。

农业结构：全村有3000~4000亩小麦、玉米种植，其中3000亩左右为优质小麦、玉米，保证粮食生产安全。桃2000多亩，油牡丹1000亩（目前尚无收入），杏、花椒、葡萄等大致有2000亩。其中，①小麦、玉米轮作3000余亩，年投入化肥约370元/亩、菌肥80元/亩；②桃2000余亩，一年浇水4次，30元/(亩·次)，化肥一年施用4次，农机具150元/亩。

蔡村人均年收入10000元（含打工），以打工收入为主，本村有招商引资企业，其中本村职工有200余人，同时有"凤还巢"计划引进人才。村民收入主要来源于粮食作物，主要为小麦、玉米的种植，农业收入无法满足村民的生活需求，村中人口流失严重，人口流失率为70%左右，年轻人大都搬往县城等地，或外出打工（一般前往北京、上海等地）以增加收入，大多从事餐饮行业。政府每年会出资组织免费技能培训，进行劳务输出至北京、上海，主要针对50岁以下人员，培训包括厨师、焊工等，培训后会颁发证书，方便农民外出就业。全村50岁以下人口基本都外出打工。

2.6.7 西侯度村

本次调研村镇是风陵渡镇西侯度村，是第二届全国青年运动会火炬采火地，根据大量历史文献记载和考古论证，西侯度遗址是迄今为止中国发现最早人类用火的地方，也是世界上人类用火最早的遗址之一。该村交通方便，距镇政府驻地8km，包含3个自然村。

西侯度村硬化（道路硬化）、绿化（村内绿化）、美化（村容美化）全部完成。环卫工程方面，村内未设有垃圾桶，2018年8月之前，村中垃圾有固定车辆进行2天/次集中回收；2018年8月后，改为农户自行前往倾倒。村内宅基地分配为4~5分地/户，建筑一般为2层结构；村中无小学、幼儿园，上学需至风陵渡镇；农户采暖多采用煤炉。

村内有西侯度遗址，是目前中国境内已知最古老的一处旧石器时代遗址，是目前中国最早的人类用火证据。村内有西侯度遗址陈列馆，主要展示西侯度遗址、古代体育文化、传统农具三方面内容，较好地还原了上古人类的生活场景；圣火广场包括火的发现、火的礼仪、火的驯服三部分，主要构筑物包括取火平台和点火平台两部分。

1）人口

2017年，西侯度村常住人口672户、2070人，乡村劳动力资源1646人，乡村从业人员1470人，其中农业从业人员764人，约占乡村从业人数的52%。

2）农业生产

村内共有耕地5000余亩，旱地、水浇地各占一半。梯田多种植花椒，全村种植花椒3000余亩，干花椒产量为200余斤/亩[通常三年挂果，之后产量每年翻番，盛果期可达40斤鲜椒（10斤干椒）/棵，当年鲜椒价格为10元/斤]；纯收入为5000~6000元/亩，毛收入7000~10000元/亩。

2.6.8 农户

本次调研农户属于芮城县永乐镇蔡村的沟渠头村，农户家中有4人，6岁以下1人，

60 岁以上 1 人，家中有人外出务工。家庭年收入 2 万~3 万元（种植收入），种植作物主要为小麦、玉米轮作，种植面积 30~40 亩，自有 12 亩耕地，其余为承包土地，承包土地 200 元/亩。

家中有 1 处宅基地，占地面积 4 分多，住房面积 200~250 m^2，房屋建造于 2006 年，家中常住 3 人，配备有入户自来水、有线电视、入户宽带，用水来源是井水，家中每月电费约 80 元，取暖使用煤，一年花费约 1500 元，家庭污水直接排放，生活垃圾处理方式为集中填埋。

2.7 永济市

永济市位于运城市西南角，西临黄河与陕西省接壤，南部为中条山。永济市四季分明，光热资源丰富，农业生产条件优越，境内土地较为平坦，灌溉采取井水灌溉和黄灌两种方式，是山西省优质粮食、棉花生产基地和最大的水产养殖基地。

永济市主体功能属重点开发区，农业区划大部分属于涑汾平川粮棉菜工高效经济区，南部紧邻中条山地区属于中条吕梁山林果牧矿多种经营区。

2.7.1 人口规模

永济市辖 7 镇 3 街道，根据《永济市第七次全国人口普查公报》，永济市全市常住人口 394 935 人，与 2010 年第六次全国人口普查的 444 724 人相比，十年间减少了 49 789 人，下降 11.20%，年平均减少 1.18%；全县常住人口中，男性 199 370 人，总人口性别比（女性为 100，男性对女性的比例）为 101.95，比第六次全国人口普查下降了 1.02；年龄构成中，青壮年（15~59 岁）246 339 人，占比 62.37%，比第六次全国人口普查下降了 9.65 个百分点，人口老龄化程度上升明显，60 岁及以上人口比例上升了 8.44 个百分点；全县受教育程度明显提升，与第六次全国人口普查相比，每 10 万人中拥有大学文化程度的由 5951 人上升为 11 265 人，文盲人口减少了 2721 人，文盲率下降为 0.87%；城镇化比例有所上升，居住在城镇的人口为 182 248 人，占总人口的 46.15%，城镇人口比例上升了 5.89 个百分点[19]。

多年来，永济市农村人口呈现出波动趋势，自 2001 年以来，农业人口占比有 2 次明显的下降，分别是 2002~2009 年和 2010~2020 年；2009~2010 年上升趋势明显，农村人口由 2009 年的 18.6 万人上升至 2010 年 26.6 万人，增加了 43%。从农业从业人口情况来看，农业从业人员数多年基本保持平稳，乡村从业人员数基本稳定在 20 万人，农林牧渔业乡村从业人员数基本在 12 万人，农业产业发展稳定。

2.7.2 农业生产

2020 年，永济市生产总值为 128.3 亿元，三次产业比例为 19.6∶30.6∶49.8。永济市农业发达，特色明显。境内土地一马平川，井黄两灌，黄河滩涂面积近 30 万亩，中条山前沿洪积扇面积 10 万亩，水浇地占总耕地面积 97%。围绕"粮、果、菜、畜"四大产业，形成了粮食、葡萄、冬枣、鲜桃、香椿、水产、畜牧、芦笋、山药、莲藕十大万亩基地，现建设标准化示范园区 60 个，其中冬枣和葡萄示范园区进入山西省现代农业产业园创建名单，总产值达 78 亿元；现有农业产业化企业 168 家，其中省级 7 家、运城市级 26 家，是运城市龙头企业最多的县市，被评为国家级渔业健康养殖示范县，入围全国农村一二三产业融合发展先导区、第三批国家农产品质量安全县（市）创建名单[1]。2017 年农业用水总量 12 422 万 m³，其中农田灌溉用水 12 291 万 m³，约占农业总用水量的 99%，农田灌溉用水量 179m³/亩，低于运城市平均水平。

2020 年，永济市农林牧渔业总产值 47.3 亿元，其中农业产值 34.6 亿元，增长 3.6%。全年农作物种植面积 72 063 万 hm²，比上年增长 2.6%，其中粮食种植面积 66 105.4 万 hm²，蔬菜种植面积 3336.6hm²，油料种植面积 1594.5hm²，干、鲜果种植面积 2.2 万 hm²。全年粮食总产量 40.9 万 t，增长趋势明显，同比增长 6.6%，蔬菜总产量 8.2 万 t，油料总产量 4682.3t，干鲜果总产量 63.5 万 t，肉类总产量 1.6 万 t，水产品总产量 1.8 万 t。年末全市农业机械总动力 36.5 万 kW，机械耕地面积 4.4 万 hm²，机械播种面积 5.4 万 hm²，机械收获面积 5.3 万 hm²，全年农机化经营总收入 1.7 亿元，同比增长 6.9%。根据《永济市第三次全国农业普查主要数据公报》，2016 年全市共有 521 个农业经营单位，共有拖拉机 10 573 台，耕整机 763 台，旋耕机 4146 台，播种机 1354 台，联合收获机 576 台，机动脱粒机 320 台。

2.7.3 村镇建设

2020 年永济市居民人均可支配收入 24 194 元，农村居民可支配收入 15 833 元，同比增长 7.4%。2020 年，公路通车里程 1606.3km，其中省道 2 条 78km，高速公路 1 条 65km，县道 10 条 276.4km，乡道 72 条 538.5km，村道 386 条 648.4km，公路密度达 12.9m/km²。全市学校总数 177 所，其中幼儿园 96 所，小学 58 所，初中 17 所，高中 3 所，职中 2 所，特殊教育学校 1 所。医疗卫生机构 366 个，其中医院 14 个（公立医院 4 个，民营医院 10 个），基层医疗卫生机构 349 个［乡镇卫生院 11 个，社区卫生服务中心（站）26 个，村卫生室 284 个］，专业公共卫生机构 3 个；医疗卫生机构床位 2063 张。

根据《永济市第三次全国农业普查主要数据公报》，2016 年末，在全市乡镇地域范围内，有火车站的乡镇占 42.9%，有高速公路出入口的占 42.9%；99.6% 的村通公路。全市所有的村通电，5.3% 的村通天然气，23.0% 的村有电子商务配送站点。所有的乡镇集中或部分集中供水、生活垃圾集中处理或部分集中处理，99.6% 的村生活垃圾集中处理或部分集中处理，11.3% 的村生活污水集中处理或部分集中处理，18.9% 的村完成或部分完成改厕。全市所有的乡镇有图书馆、文化站、公园及休闲健身广场，14.3% 的乡镇有剧场、影剧院，86.8% 的村有体育健身场所。全市所有的乡镇有幼儿园、托儿所、小学。32.5% 的村有幼儿园、托儿所。全市所有的乡镇有医疗卫生机构、执业（助理）医师，

---

[1] 永济概况. 永济市人民政府门户网站. http://www.yongji.gov.cn/zjyj/yjgkz/yjgk/index.shtml ［2022-06-29］.

85.7%的乡镇有社会福利收养性单位，98.5%的村有卫生室。全市99.8%的住户拥有自己的住房，56.5%的住户使用经过净化处理的自来水，10.2%的住户使用水冲式卫生厕所[20]。

2.7.4 蒲州镇

永济市蒲州镇位于中条山下，黄河西岸，境内有中国四大文化名楼之一的鹳雀楼、《西厢记》故事发生地普救寺、国宝唐朝开元大铁牛、中条第一名刹万固寺、蒲州古城等旅游景点，有6万亩耕地，6.5万亩滩涂，有中国最大的芦笋种植基地，是农副产品加工大镇。

蒲州镇属于山西黄河旅游板块，是山西省旅游重点开发区，旅游资源较为丰富，空间分布较为集聚，是山西省旅游重点发展地区，基础设施建设较为完备。

1）人口

蒲州镇下辖32个行政村、1万余户、4万余人，乡村劳动力资源25 567人，乡村从业人员占劳动力资源的90%以上，其中农业从业人员18 870人，占乡村从业人员的78%以上。乡村常住人口中，韩家庄村、程胡庄村、西文学村、太昌村人口较多，均超过2000人，其中以太昌村人口最多，达到3205人，古新庄村、窑店村、侯家庄村人数较少，均不足600人，以古新庄村人口最少，仅382人。

2）农业生产

蒲州镇土地总面积10万亩，集体土地面积6.2万亩，主要种植农作物为桃、柿子、芦笋、山药等经济作物，粮食作物不到五分之一。农户收入主要靠经济林，如杏、柿子、桃等，收益在8000~10 000元/亩。

灌溉情况：目前只有两个村引入了黄灌，大部分地区主要依靠井灌，打井深度原来为十几米，现在已经需要120米左右深度。小麦种植一年灌溉至少三次，一次约150 m³，玉米一年灌溉两次。水果使用喷灌或滴灌，采用水肥一体化进行灌溉，直接作用于作物根部，有利于提高产量、节约水量。小麦、玉米在旱地上一般为漫灌，经济作物可以用滴灌，埋入地下常年使用，直接靠近农作物根部，滴灌一般用于大片面积的农田。黄河滩地为流沙地，滴灌带肥施用，可以提升产量。

2.8 盐 湖 区

盐湖区位于山西省西南部，地处运城盆地中部，涑水河中游，是运城市市政府所在地，全区现辖6乡7镇8个街道，233个行政村和76个社区。2021年盐湖区生产总值达到359.8亿元，比上年增长了8.1%，第三产业占据主导地位，形成了以交通、批发零售业、住宿餐饮业、房地产业、旅游业、租赁服务业、信息传输和计算机服务为主体，其他服务业并存的第三产业体系。

盐湖区主体功能属重点开发区，农业区划大部分属于涑汾平川粮棉菜工高效经济区，南部紧邻中条山地区属于中条吕梁山林果牧矿多种经营区，北部属于峨嵋台垣粮经果牧旱作农业区。

盐湖区人文底蕴深厚，是中华民族的重要发祥地，全区旅游资源以人文资源为主，具体包含人文景观、水域风光、生物景观、遗址遗迹、建筑与设施、旅游商品、人文活动几大类，以"舜陵圣地、关公故里、华夏盐都、养生之地"为品牌，拥有国家4A级旅游景区运城盐湖、解州关帝庙、常平关帝庙和舜帝陵。全区共有文物保护单位138处，其中国家级9处，省级6处，市级3处，区级120处；星级饭店18家，旅行社35家，农家乐50家，休闲农业观光点13家，旅游土特产及工艺商品店30家，旅游车队2家，旅游院校2所，旅游从业人员12 000余人，为社会创造就业岗位3万余个。

2.8.1 人口规模

根据《盐湖区第七次全国人口普查公报》，盐湖区全区常住人口928 334人，与2010年第六次全国人口普查的680 036人相比，十年间增加了248 298人，增长36.51%，年平均增长率3.16%。全区常住人口中，城镇人口为692 003人，占74.54%，乡村人口236 331人，占25.46%。人口年龄构成以青壮年为主，15~59岁人口626 406人，占总人口的67.48%，60岁及以上人口的比例有所上升，为136 570人，占总人口数的14.71%。和第六次全国人口普查相比，盐湖区常住人口受教育程度明显提升，全区常住人口中，拥有大学（指大专及以上）文化程度的人口为219 716人，每10万人中拥有大学文化程度的由12 392人上升为23 668人，文盲人口减少了3472人，文盲率下降为0.45%。

2.8.2 农业生产

"十三五"期间，盐湖区泓芝驿酥梨、北古冬枣、王范甜瓜、刘村庄韭菜、西张耿红香酥等20个精品示范园初具规模，被评为"山西省2019年实施乡村振兴战略优秀单位""全国农村创业创新典型区"[21]。2017年农业用水总量1.6亿m^3，其中农田灌溉用水占农业总用水量的96%，农田灌溉亩均用水量211m^3，高于运城市平均水平。

2021年，盐湖区全年粮食作物种植面积3.15万hm^2，比上年增产1.6%，其中夏收粮食种植面积1.74万hm^2，秋收粮食种植面积1.41万hm^2。全年粮食总产量13.9万t，比上年减少733.6t，减产0.5%，在粮食作物中，小麦产量6.8万t，玉米产量6.7万。

2.8.3 村镇建设

2021年，盐湖区农村居民人均可支配收入16 326元，农村最低生活保障对象3536人（1903户）。截至2021年底，全区境内公路里程1471.8km（不含国省道），其中县道239.1km，乡道485.2km，村道747.5km。全年全区完成邮政业务总量6852.2万元，各旅游景区共接待游客482.86万人次，旅游收入9201.48万元。年末拥有中等职业学校25所，普通中学56所，小学81所，幼儿园223所，特殊教育学校3所。年末全区共有卫生机构948个（含诊所），其中县及县以上医院3个、乡镇卫生医院14个、其他医院96个、门诊部（所）450个；卫生事业技术人员7176人；卫生事业床位总数4351张。

2021年，全区总用水量21 149万 m³，比上年减少7.4%。其中，城镇生活用水量2601万 m³，比上年减少3.1%；工业用水量734万 m³，比上年减少1.2%；农业用水量15 869万 m³，比上年减少9.3%；生态用水量609万 m³，比上年增长2.5%。

2.8.4 解州镇

解州镇位于运城市区西南20km处，总面积约204.5km²，镇域交通便利，全镇经济以旅游业、潜水电泵和铝产品深加工制造业、食品加工业为主导产业。2017年解州镇生产总值为15.8亿元，农村居民人均纯收入11 900元，规模以上工业总产值17.9亿元。

解州镇全镇基础设施基本完善，公共交通、宽带互联网、有线电视、自来水全部完成配套，生活垃圾及污水全部采取集中处理的方式。全镇共有幼儿园、托儿所10所，小学11所，配套建设图书馆、文化站38个，剧场、影剧院各1个，医疗卫生机构47个，公共服务设施便利。

解州镇历史悠久，文化遗址密集，文物古迹遍布，名人墓葬星罗，具有丰富的自然景观、人文景观、良好的生态环境。这里有全国最大的解州关帝庙以及常平关帝庙、关帝祖陵等体系完整的关圣文化建筑群，另外还存有汉代大将军霍光的衣冠冢，清朝乾隆时期的好汉碑，始建于宋代的火神庙，始建于唐代纪念八仙之一吕洞宾的吕祖庙，始建于2300年前的李冰家庙等众多旅游资源，解州镇的文化旅游产业发展具有良好历史基础，前景十分广阔。除了众多文物古迹外，更有关公传说、关公锣鼓、关公木雕等数量惊人的非物质文化遗产，是名副其实的传统文化富集区。解州镇每年农历四月初八举办声势浩大的"关帝巡城"活动，初七起会，初八会圆，初十会终；农历六月二十四举办"关帝诞辰"庆典活动；农历九月初九举办"关帝金秋大祭"活动，吸引全球华人齐聚解州祭祀朝拜，有力地助推了关公文化在全世界的传播。

1）人口

解州镇下辖38个村民委员会，2个居民委员会，近1.7万户、5.4万人，以常住人口为主，外来人口1000余人，主要来源于运城市其他县域，外出人口主要去往省外地区。解州镇人口中，7个村常住人口超过2000人，其中以解州社区人口最多，在5600人以上，不足500人的村有6个，其中以薛家岭人口最少，仅31人。

2）农业生产

解州镇全镇耕地面积共计10.4万亩，以水浇地为主，占到耕地总面积的85%以上，园地近3000亩，林地5.2万亩，草地5.2万亩，盐碱地2250亩。大部分耕地采取漫灌的方式进行灌溉，基本农田8000多亩，耕地质量较好。

解州镇农作物种植多样，曲村、常平村等村发展皂角树种植，达600余亩；曲村发展香椿树种植，种植100余亩；史家坟村发展核桃树种植，现已种植600余亩；白峪口村、桃花洞村大力发展双季槐种植，达到1000亩；墩台岭村大力发展花椒树种植，达到万亩。

2.9 本章小结

本次调研共涉及 6 个县（市、区）、8 个村镇，划分为 4 个类型，分别为以农业种植为主的粮食种植型、蔬菜种植型、经济果木种植型和以发展第三产业为主的旅游型（包括旅游发展与产镇融合型和农旅融合型）。8 个村镇发展虽各具特色，但在一定程度上具有相似性。总体看来，运城市特色明显，土地资源丰富，条件较好，耕地充沛，水资源量不足，难以满足全部耕地的灌溉需求；村镇基础设施基本完善，改造重点基本集中于上下水、垃圾处理与旱厕改造问题。同全国大部分村镇面临的问题一样，运城市村镇同样面临着土地收入无法满足村民的生计需求的问题，对于此，不同类型村镇的解决方法也有所不同。

1）粮食种植型

粮食种植型以芮城县永乐镇为案例村镇，县域主体功能划分为农产品主产区，农业用水用量约占全县总用水量的 73%，农田灌溉亩均用水量 188m³。调研村镇永乐镇，是一个典型的农业种植镇，村民收入主要来源于粮食作物种植，粮食作物以小麦、玉米为主。该地区农民收入主要来源于农业种植。永乐镇 90% 的耕地为梯田，给规模化、机械化种植带来了一定的难度。此外，虽有黄河流经该地区，但由于近年来水资源不恰当利用，永乐镇地下水位下降明显，原来为 30~40m 深，现在为 60m，打井有时深至 160m。案例村蔡村耕地资源丰富，受地形影响，九成以上的耕地为梯田，同时因水资源缺乏，依靠井水灌溉仅可满足 50% 左右的耕地需求，15% 左右耕地灌溉需采用二级扬水，其余耕地不满足灌溉条件，难以进行灌溉。村内硬化（道路硬化）、绿化（村内绿化）、美化（村容美化）全部完成，基础设施较为完善，但仍存在垃圾处理、污水处理及改厕的短板。今后，村镇建设方面应重点关注住户上下水、垃圾处理与旱厕改造问题。此外，同其他农业村镇状况相似，农作物种植收入无法满足农户的生计需求，村中人口流失严重，人口流失率在 70% 左右，年轻人多选择外出务工。

2）蔬菜种植型

蔬菜种植型典型村镇包括夏县南大里乡和新绛县三泉镇，两个乡镇基础设施较为完善，村镇内交通便利，村民生活条件较好，村内人口流失较少，农民收入可观，基本可以维持家庭成员的正常开销。两个乡镇的主导产业都为设施农业蔬菜种植。其中，南大里乡主要种植螺丝椒，区域土地肥沃，有河流经过，水资源较为丰富，灌溉条件较为便利，设施农业发展经过多次更新换代，设施、人才配置基本完善；三泉镇为越冬番茄与越夏黄瓜轮作，虽然土地资源状况较好，但早春十年九旱，降水难以满足生产需要，应采取更为节约高效的方式进行灌溉，发展高效绿色农业，推广节水滴灌技术，普及水肥一体化。目前，设施农业发展已成规模，用工量较大，多以村内农户为主。值得注意的是，两个村镇都尚未形成订单农业，没有形成固定的销售渠道，未来除维持一定的规模化、产业化和专业化外，还需注重从高产高效向高质高效发展。

3）经济果木种植型

运城市经济果木种植型村镇整体发展较好。得天独厚的气候、土地和区位优势，使其成为运城市三种种植型中最好的一种类型。经年累月的创新与改造,使运城市经济果木种植日趋规范化。本次调研的案例区为临猗县北景乡闫家庄村和庙上乡张庄村,分别以苹果和冬枣为主要作物。苹果种植型闫家庄村,村内人口流失较为严重,农田灌溉主要依靠黄灌,无滴灌,苹果种植虽历史较久,但由于海拔和温差等因素的影响,种植状况较同类型地区较差,因此需考虑因地制宜进行优化种植与育种,提高苹果品质。冬枣种植型张庄村,从20世纪90年代就开始了梨枣的种植,后经历了多次更新换代,大棚种植冬枣已形成规模,设施农业发展较好,农民生活水平较高,人口流失较少,需从其他地区雇佣工人。需要注意的是,上述两村所在的临猗县水质含氟量较高,饮水安全应得到重视。

4) 旅游型

该类型有两种:一是农旅融合型,案例村镇是永济市蒲州镇和芮城县风陵渡镇;二是旅游发展与产镇融合型,案例村镇是盐湖区解州镇。三个乡镇都有着丰富的旅游资源和良好的生态环境,紧邻黄河滩涂,灌溉条件较好,农业发展有着一定的基础。永济市蒲州镇是山西省旅游重点开发区,境内有鹳雀楼、普救寺等旅游资源支撑;芮城县风陵渡镇西侯度村是一个准旅游村,西侯度遗址为中国境内已知的最古老的一处旧石器时代遗址,是目前中国最早的人类用火证据,被确定为全国重点文物保护单位;解州镇关帝庙,是全国现存最大的关帝庙。蒲州镇黄河滩涂已经成为当地重要的生态保护与农业种植资源,以集体农场为主的黄河滩粮食作物种植有6万亩。风陵渡镇近年来沿山沿坡发展花椒生产,沿滩种植芦笋,已初具规模。现阶段存在的主要问题:一是黄河滩地灌溉主要依靠井灌,地下水位下降明显,蒲州镇打井深度从原来的一米多、十几米,增加到目前的上百米;解州镇由于几大水厂的高强度运作,不仅地下水位下降,河道水质也一直得不到有效改善;地下水位下降、河道水质差,已经严重影响了旅游生态环境的提升。二是三镇内景区受体制影响开发机制不够灵活,模式相对单一,加之景点同质化,配套设施不够,旅游业整体潜力发挥不足。因此,未来三镇在推进旅游经营管理体制机制改革、充分发挥历史文化旅游资源优势的同时,也应注重农旅产业、旅游与村镇建设的融合发展。

参 考 文 献

[1] 运城市水资源管理委员会,运城市水务局. 运城市第二次水资源调查评价报告[R]. 2005.
[2] 吕永俊. 发展壮大河东文化产业的探讨[J]. 经济问题,2008,(2):117-119.
[3] 运城市人民政府. 运城市"三线一单"生态环境分区管控实施方案[Z]. 2021-06-29.
[4] 环境保护部. 生态环境状况评价技术规范(HJ 192—2015)[S]. 北京:中国环境科学出版社,2015.
[5] 运城市生态环境局. 2018年运城市环境质量报告书[Z]. 2019-04-01.
[6] 运城市统计局,运城市第七次全国人口普查领导小组办公室. 运城市第七次全国人口普查公报[R]. 2021.
[7] 运城市人民政府办公室. 运城市黄汾百万亩粮食优质高产高效示范基地建设方案[Z]. 2020-09-02.
[8] 谢莉. 基于运城市节水的农业水资源流转及建议探究[J]. 黑龙江水利科技,2018,46(11):36-38,156.
[9] 陈鹏,鲁秋庚. 运城市水资源可持续利用对策探讨[J]. 山西水利,2016,(3):10-11.
[10] 张晓斌,白继中. 运城市水资源现状及可持续发展对策[J]. 黑龙江水专学报,2010,37(2):

42-44.
[11] 闫湘. 我国化肥利用现状与养分资源高效利用研究[D]. 北京: 中国农业科学院, 2008.
[12] 高祥照, 马文奇, 崔勇, 等. 我国耕地土壤养分变化与肥料投入状况[J]. 植物营养与肥料学报, 2000, (4): 363-369.
[13] 任世鑫, 李二玲, 邓晴晴, 等. 中国三大粮食作物化肥施用特征及环境风险评价[J]. 长江流域资源与环境, 2019, 28 (12): 2936-2947.
[14] 刘钦普. 中国化肥面源污染环境风险时空变化[J]. 农业环境科学学报, 2017, 36 (7): 1247-1253.
[15] 周亮, 徐建刚, 孙东琪, 等. 淮河流域农业非点源污染空间特征解析及分类控制[J]. 环境科学, 2013, 34 (2): 547-554.
[16] 新绛县统计局, 新绛县第七次全国人口普查领导小组办公室. 新绛县第七次全国人口普查公报[R]. 2021.
[17] 夏县统计局, 夏县第七次全国人口普查领导小组办公室. 夏县第七次全国人口普查公报[R]. 2021.
[18] 芮城县县统计局, 芮城县第七次全国人口普查领导小组办公室. 芮城县第七次全国人口普查公报[R]. 2021.
[19] 永济市统计局, 永济市第七次全国人口普查领导小组办公室. 永济市第七次全国人口普查公报[R]. 2021.
[20] 永济市第三次全国农业普查领导小组办公室, 永济市统计局. 永济市第三次全国农业普查主要数据公报[R]. 2018.
[21] 运城市盐湖区人民政府. 运城市盐湖区国民经济和社会发展第十四个五年规划和二〇三五年远景目标纲要[Z]. 2022.

第3章 吉安市调查报告

3.1 吉安市村镇建设与资源环境基本概况

吉安市位于江西省中西部,辖13县(市、区)、118个镇、96个乡、2512个村民委员会,是江西省重要的粮食生产区。该市地处鄱阳湖最大的支流赣江的中上游地区,境内三面环山,整个地势由西南部边缘山地向东北部赣江谷地倾斜[1],山地丘陵面积约占全市面积75%,盆谷、岗地约占21.1%(图3-1)。全市多年平均降水量1371~1784mm,属水资源丰度较高区域;大于等于0℃活动积温介于3019~6841℃,大于等于10℃活动积温在2302~6108℃,无霜期为285天,热量条件较好。2020年,吉安市常住人口为446.92万人,农村居民人均可支配收入12 543元,低于同时期江西省平均水平[2]。

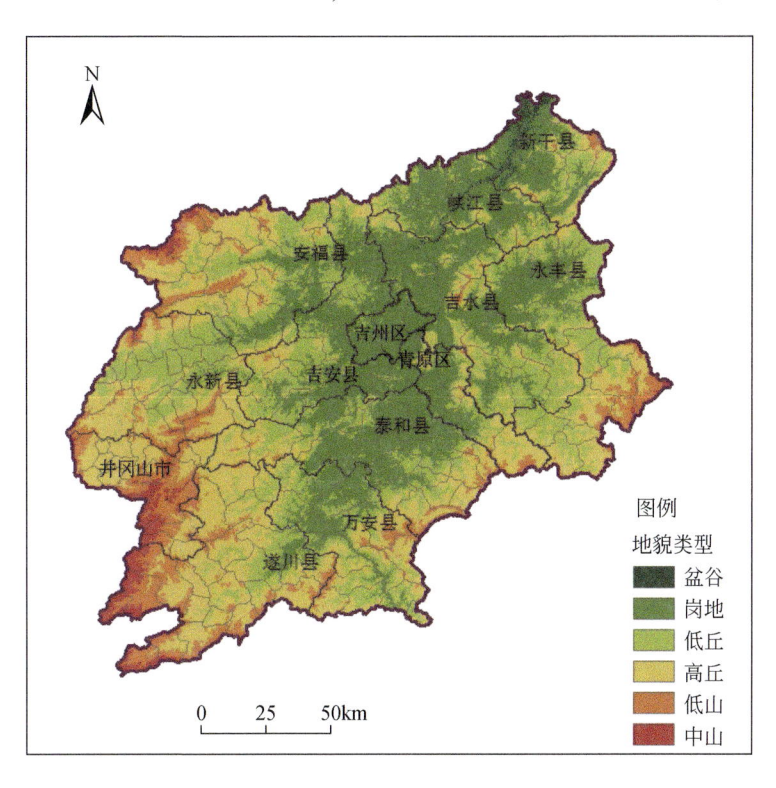

图3-1 吉安市地形图

全市耕地面积49.46万hm^2,约占土地总面积的20%,粮食作物产量约占全省总产量的20%。不过,因山地丘陵地形,市内耕地分布分散、斑块相对狭小,可供开垦的后备耕地潜力有限[3]，使得土地资源成为村镇建设的主要制约因素。

除农产品生产功能外，吉安市还是江西省重要的水源涵养区和自然保护区。全市林地面积为173.7万 hm^2，占吉安市土地面积的68.70%，生态保护红线面积5046 km^2，占吉安市土地面积19.96%。环境质量较好，大气环境质量为二级以上；水环境质量除少数断面为Ⅲ级外，多数为Ⅱ级及以上；土壤质量总体较好，耕地地力水平监测数据显示多为中或高。灌溉条件较好，排水能力强。自然灾害除涝灾外，地质灾害对村镇建设的影响较大，地质灾害类型以滑坡和崩塌为主，此外还有泥石流、地面沉降、不稳定斜坡等。

3.1.1 村镇建设与农业生产

1. 村镇建设

1) 城镇化过程

21世纪以来，吉安市城镇化过程比较缓慢。截至2020年，吉安市城镇化率达52.52%，落后于全省同期平均水平（54.60%）2.08个百分点，同时也低于全国平均水平（58.52%）6.00个百分点。统计数据显示[4]（表3-1），2000~2017年，全市城镇从106个增加到118个，共增加了12个，县城以下建制镇由94个增加到106个，城镇人口从93.37万人增加至243.98万人，增加了150.61万人，城镇人口的增加很大程度上受行政建制变更的影响。

表3-1 吉安市人口规模变动情况

年份	城镇 /个	县城以下建制镇 /个	县城数量 /个	城镇人口 /万人	市区人口 /万人	总人口 /万人	城镇化率 /%
2000	106	94	10	93.37	19.90	425.57	21.94
2010	111	99	10	180.90	52.00	481.03	37.61
2017	118	106	10	243.98	59.09	494.19	49.37

吉安市县域城镇化发展水平存在明显的地区差异（表3-2）。2000~2017年，遂川、永新、永丰、青原、万安等县（区）的城镇化增长率较高，吉州、峡江、新干、安福等县（区）的城镇化增长率较低，反映出吉安市主城区总人口规模较小、经济实力较弱，对全市范围的辐射能力较弱的情况。市域内不同等级规模城镇发展较为缓慢，有的依靠自身资源发展，有的则另寻出路发展，整体上难以形成发展的有效合力。

表3-2 吉安市县域城镇化水平情况 （单位:%）

县（市、区）	2000年	2010年	2015年	2017年	增长率
吉州区	59	76	79	81	37.29
青原区	16	36	44	48	200.00

续表

县（市、区）	2000 年	2010 年	2015 年	2017 年	增长率
吉安县	17	36	45	48	182.35
吉水县	19	40	47	50	163.16
峡江县	20	34	42	45	125.00
新干县	18	30	39	43	138.89
永丰县	14	32	41	45	221.43
泰和县	18	36	47	50	177.78
遂川县	11	27	39	42	281.82
万安县	15	31	40	43	186.67
安福县	21	33	42	45	114.29
永新县	13	38	45	49	276.92
井冈山市	25	59	62	64	156.00

2）乡镇规模与分布

根据调查统计（图3-2），吉安市各地的乡镇总人口在0.17万~17.30万人，其中有10个乡镇人口规模在5万人及以上，为大型规模，主要为各县政府驻地；有25个乡镇为中型规模，人口在3万~5万人，主要分布在赣江干流及其支流沿岸；有132个乡镇为小型规模，人口在1万~3万人，主要位于吉泰盆地和永新盆地及东南部的遂川—万安一带；有46个乡镇的人口规模小于1万人，主要位于西部的武功山、西南部的罗霄山脉及东部雩山山脉。小型及以下规模的乡镇数占83.57%，反映了本地丘陵山地的地形特点。

图3-2 吉安市各乡镇村镇人口规模

吉安市居民点整体沿京九铁路线、赣江干流及其支流沿岸集聚[5]，平原多于山区，人口分布呈现"北高南低""中间高四周低"的基本地域特征（图3-3）。随着时间推移，居民点空间分布发生明显的变化，人口核心区域明显扩大，尤其吉泰走廊城镇群区域，处于人口集聚的次中心部分上升为核心区域，人口沿赣江干流、支流及京九铁路线集聚的态势增强，但总体空间格局基本保持稳定。

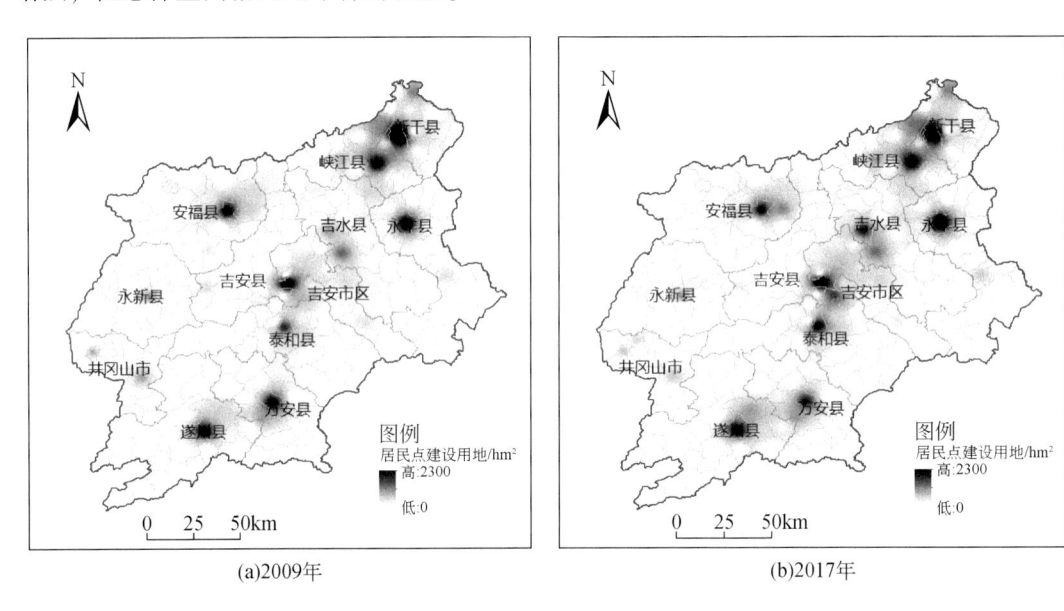

图3-3 2009年和2017年建制镇居民点建设用地面积分布图

3）农民收入与居住情况

2021年全市农村居民人均可支配收入18 298元[6]，实地调研发现，多数村镇有1/3～1/2的人口外出务工，且多数农户1/3～1/2的收入来自外出务工。农户的农产品种植收入中，每亩收入最高的是水果，亩均收入4000元左右；其次是蔬菜类、瓜果类，亩均收入为3500～3800元；再次是粮食，亩均收入1000元左右；最低的是油料作物，亩均收入在400元左右。全市农户耕地收入抽查结果显示，占比最大的是蔬菜类，为43%；其次是粮食、水果、瓜果类、油料，分别占31%、17%、4%、4%；最小的是茶叶，占1%。蔬果产业是农户家庭耕地收入来源的重要组成部分。

据调研数据，全市农村居民人均住房建筑面积为69.0m²，高于全省平均水平（51.8m²）。而在人均建设用地方面，市域人均建设用地214.82m²，其中乡村人口人均居民点用地299.37m²，城镇人口人均居民点用地128.11m²。吉安市地处建筑规划的Ⅲ类气候区，根据住房和城乡建设部的标准，镇的建设用地指标为100～120m²/人，吉安市地处丘陵地区，村庄建设用地最大不能超过140m²，全市现状村镇人均建设用地标准高于全国标准。

2. 农业生产

1) 农业经济总量

吉安市是江西省乃至全国重要的粮食生产基地之一,随着产业化进程的不断推进,农业生产快速发展。吉安市农林牧渔业的总产值整体呈现逐年波动增长的趋势。2021年,农林牧渔业的总产值为488.2亿元,是改革开放初期的30余倍,占江西省农林牧渔业的总产值的比例不断提高。从各县(市、区)来看(图3-4),2010~2017年,吉安、泰和、吉水、永丰、安福、新干等县农林牧渔业不仅总量规模大,增长也快。总体上,市域东北部农林牧渔业总产值增长较快,农业发展较快,而西南部农林牧渔业总产值增长较慢,农业发展较为缓慢。

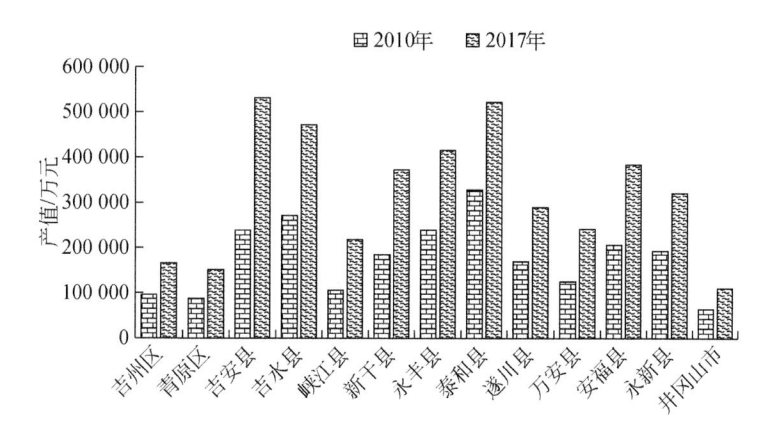

图3-4 吉安市各县(市、区)农林牧渔业总产值的变化情况

2) 种植业生产结构

吉安市农产品种类丰富多样。统计显示,2017年粮食作物产量占比最大,约为61%;其次为蔬菜类、瓜果类、油料作物,占比分别为32%、4%、2%;占比较小的是烟叶类、药材类,分别为0.8%、0.2%。从各类农产品产量看,粮食产量为423.67万t,人均粮食产量为1034.76kg,高于江西省平均水平(488.43kg),也高于全国平均水平(477.21kg);蔬菜产量224.90万t,人均蔬菜产量是549.29kg,高于全国平均水平(323.44kg);人均水果产量达140.13kg,高于江西省平均水平(98kg);人均油料产量为28.75kg,高于江西省平均水平(14.6kg),也高于全国平均水平(26.06kg)。

从种植业生产结构来看(图3-5),粮食作物和蔬菜类作物生产是各区域的主导产业且占比较大。县域种植业基本形成七大集聚区,井冈蜜柚分布在吉水、泰和、吉安等8个重点县(市、区);绿色蔬菜分布在吉州、青原、永丰等10个重点县(市、区);有机茶叶分布在遂川、井冈山等7个重点县(市、区);绿色水稻分布在8个粮食主产县(市、区);特色竹木分布在永丰、遂川、安福等11个重点县(市、区);特色药材分布在新干、峡江、井冈山等5个重点县(市、区);高产油茶分布在永丰、遂川、永新等7个重点县(市、区)。

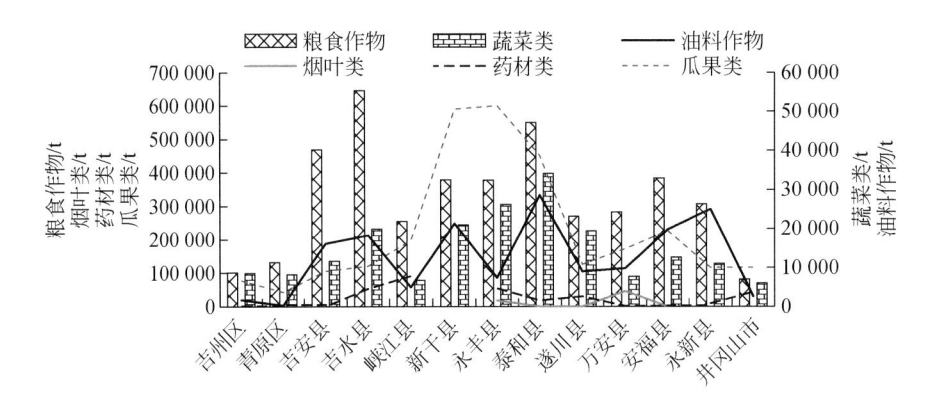

图 3-5　吉安市县域种植业生产结构

3.1.2　水土资源

1. 土地资源

1）土地利用现状

全市土地总面积 252.84 万 hm^2，约占江西省土地面积的 15%。其中，农用地面积 224.29 万 hm^2，约占全市土地面积的 89%；建设用地面积 26.18 万 hm^2，约占全市土地面积的 10%；未利用地面积 2.37 万 hm^2，约占全市土地面积的 1%。农用地中，耕地、园地、林地、草地用地面积分别占农用地总面积的 20%、2%、76%、2%；建设用地中，居民及交通工矿用地面积占 54%，水域及水利设施用地面积占 46%。耕地、城镇村及工矿用地等主要分布在平原、盆地、河谷地带及周边岗地与丘陵地区，林地、草地等主要分布在山地丘陵区域。吉安市土地利用程度及利用效益相对较高，但区域差异明显。

2）土地利用空间格局[5]

全市耕地资源整体呈现北部多南部少，中部吉泰盆地多，东西部两侧边缘区域少的空间分布特征（图 3-6）。受地形地貌因素的限制，市域北部以平原、岗地为主，中部为吉泰盆地，南部以山地、高丘为主，东部、西部两侧分别环绕雩山山脉、罗霄山脉和诸广山脉，这些区域海拔较高，耕地资源量较少且零散分布。

园地资源在空间上呈现出 4 个核心区，分别为永新盆地的安福县中部、泰和县中部区域、赣抚平原的峡江县—新干县—永丰县区域和遂川县西南部区域；市区中心、西北部的武功山、西南部的罗霄山和万洋山、东南部诸广山及雩山山脉的园地资源量较少。

林地资源量空间分布整体上呈现中间低四周高，各区域政治经济中心低于其余边缘地区的特征。市域中部吉泰盆地、北部赣抚平原和西部永新盆地的林地资源量少，尤其县城行政中心的周边和重点建设乡镇；而西北部、西南部和东南部的山地区域林地资源量较高，林地资源丰富，同时该区域分布一些高值区，如西部的武功山，西南部的罗霄山脉、万洋山及尖峰岭区域。

(a)耕地

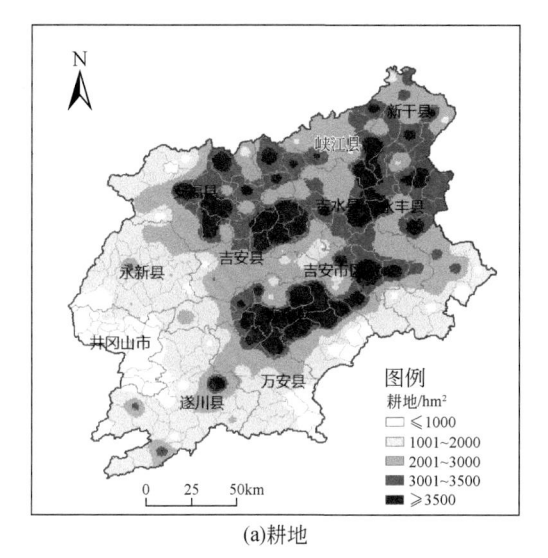

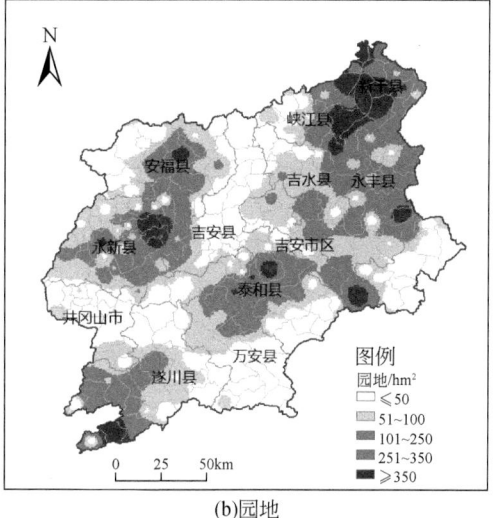

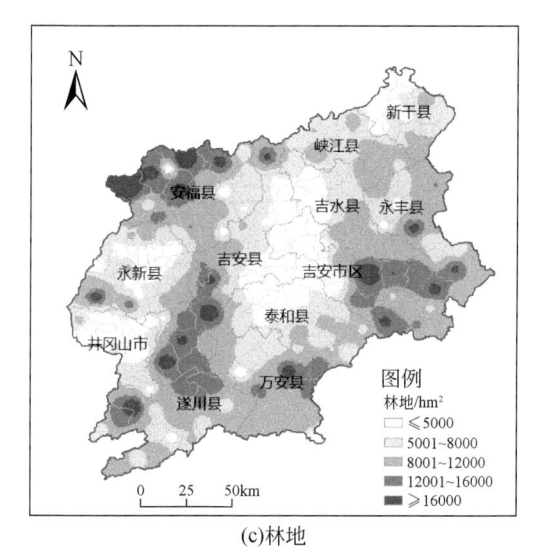

(b)园地

(c)林地

图 3-6 吉安市耕地、园地、林地资源量空间分布

2. 水资源

1）水资源总量

赣江一级支流遂川江北支上游属于全省四大多雨区，年降水量 1900～2100mm。全市多年平均降水量在 1371～1784mm，降水量整体呈现北部多于南部，西部多于东部，万安和遂川一带最小的空间分布特征。市域境内水系发达，溪流河川广布，全市水域面积约占土地面积 4%。水系以赣江为主流，由南向北入境内，五大支流分别为禾水、乌江、遂川江、孤江、蜀水，总长 1840km，总流域面积 2.9 万 km²。根据《2017 年吉安市水资源公报》数据，全市地表水资源量 219.44 亿 m³，地表径流量 208.06 亿 m³，8 座大型水库、40 座中型水库，年末总蓄水量 21.36m³。各水系的地表（地下）多年平均径流量情况详见表 3-3。

表 3-3　吉安市各流域径流量情况　　　　　　　　　（单位：亿 m³）

径流类型	遂川江	赣江上游干流	蜀水	禾水	孤江	乌江	赣江中游干流	赣江下游干流
地表多年平均径流量	22.65	10.71	11.25	71.79	21.59	23.86	44.04	18.31
地下多年平均径流量	6.28	3.46	3.15	18.68	3.14	4.67	11.13	4.65

2）水资源分布格局

降水季节分配不均及年际变化大，旱涝灾害发生频率较高。7~9月降水明显减少，河流量锐减，而此时高温酷暑，蒸发量大，又值晚稻等作物需水较多的生长期，用水量猛增，供需矛盾加剧。4~6月，降水集中，且多以暴雨形式出现，径流量占全年的63%，江河水位暴涨，以致洪水泛滥，酿成灾害，同时使水资源大量流失。

受降水影响，径流量大致与降水量的地区分布和变化趋势相近。吉安市多年平均径流深800mm，最大在井冈山区，为1200mm，吉泰盆地中心南起泰和县城北至峡江县水边镇的赣江两侧20余千米区域平均径流深仅600mm以内，是全省低值区之一。安福、永新、遂川一线以西超过800mm，万安、新干、永丰、峡江及吉安、吉水区域径流深在700mm左右。总体上，山区降水径流丰沛，但人口少，耕地较少，对水的需求量小；盆地、平原、河谷地带，耕地连片，生产条件较好，人口稠密，对水的需求量大，水土资源存在一定的区域间不平衡性。

全市人均水资源量整体呈现沿河流和县城中心向周围地区逐渐递减的趋势，并且山区大于平原（图3-7）。赣江干流及其支流沿岸地区和各县（市、区）政治经济中心的人均

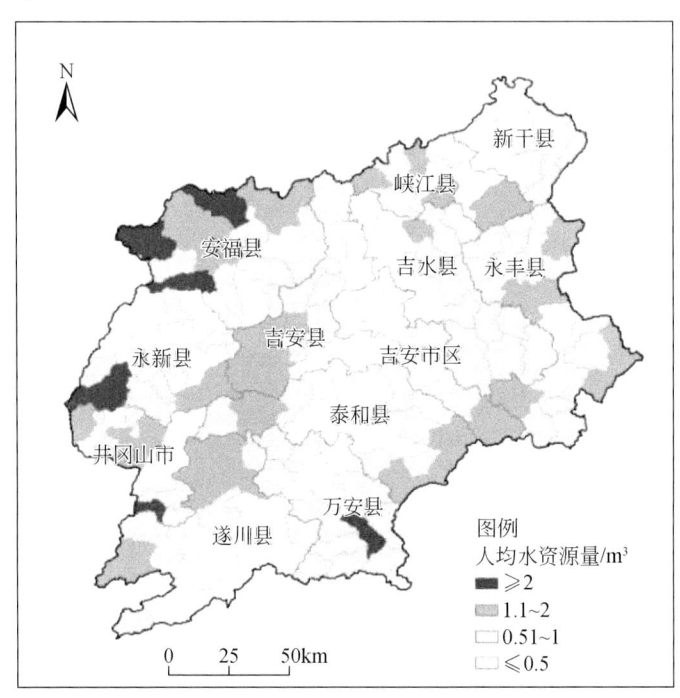

图 3-7　吉安市镇域人均水资源量情况

水资源量少，原因主要是虽然该地区水资源总量大，但人口集中度高、工农业生产活动集中，用水量较大，对水的需求量大，故人均水资源量少；市域西北部的武功山，西南部的罗霄山脉、万洋山，东南部诸广山及雩山山脉地带的人均水资源量较多，原因是该区域山高谷深、地势陡峭的地形特征使得该区域工农业发展条件不足，人口密度较低，故人均水资源量多。

3.1.3 生态环境与灾害

1. 环境保护

在水环境方面，全市整体水质优良[7]。赣江干流及 7 条主要河流有 59 个监测断面，覆盖 1441.3km 河长（表3-4），除乌江河段曾家桥断面为Ⅳ类水外，其余断面水质均优于或符合Ⅲ类水标准。其中，Ⅱ类水河长 1360km，约占总河长的 94.4%，Ⅲ类水河长 53.3km，约占总河长的 3.7%，Ⅳ类水河长 28km，约占总河长的 1.9%。

表 3-4 吉安市主要河流水质状况表 （单位：km）

河流名称	评价河长	全年期分类河长		
		Ⅱ类	Ⅲ类	Ⅳ类
赣江	267.6	221.6	46	
遂川江	255.2	255.2		
蜀水	130	130		
孤江	144	144		
禾水	377	377		
乌江	108	72.7	7.3	28
牛吼江	88	88		
泸水	71.5	71.5		
合计	1441.3	1360	53.3	28

在土地环境方面，以水稻施化肥量来反映土壤质量情况。吉安市各乡镇的水稻施化肥量在 18.64~81.5kg/亩，平均水稻施化肥量为 40kg/亩，高于全省平均水平，略低于全国平均水平。

2. 生态环境保护

随着生态环境建设持续推进，吉安市生态环境得到明显改善。据林业部门数据，2017 年全市森林覆盖率 67.7%，高于同期全省水平（63.1%）。根据吉安市环境质量报告，全市生态环境质量评价为"良"，生态环境质量基本稳定，通过水利普查数据了解到，2016 年全市土壤侵蚀总面积为 4107.62hm^2，较 2012 年减少了 517hm^2。

3. 地质灾害

吉安市地质环境较不稳定，村镇建设受地质灾害影响较大。地质部门的调查结果显示，全市地质灾害高、中易发区面积占 92.6%，其中高易发区占 28.5%；主要分布在市域西部、东部山地地区以及高丘地形区；吉泰盆地中部、北部抚赣平原和永新盆地地势较为平缓，多为地质灾害低易发区和不易发区。

3.2 永丰县村镇建设与资源环境基本概况

永丰县位于吉安市东北、吉泰盆地东沿，全国主体功能定位为农产品主产区，2018 年农作物产量约占全市总产量的 15%。永丰县四面环山，地势整体由东南向西北倾斜，山地丘陵面积约占全县面积 75%，岗地约占 21.01%。2018 年全县共有 8 个镇、13 个乡、216 个行政村、2653 个村民小组、124 个居民小组，总人口数为 49.26 万人。农村居民人均可支配收入为 16 208 元，高于同时期全市平均水平。

永丰县是全国绿色食品原料（蔬菜）标准化生产基地县、全国首批无公害蔬菜生产示范基地县、全国林业百佳县和中国辣椒之乡。全县共有耕地面积 4.48 万 hm^2，约占土地面积的 16.5%，耕地零散且破碎。实地调研中发现，该区域耕地的土壤板结问题较为突出，在一定程度上制约着作物产量的提升。2017~2019 年站点监测的空气日均值数据显示，全县的空气质量指数类别以良为主，空气质量整体较好。土壤的有机质含量整体处于中等等级，总氮以中等和丰富两个等级为主。县域地质环境条件较复杂，软岩和软弱结构面较发育，地质灾害类型以滑坡、崩塌、不稳定斜坡为主，其次为地面塌陷，局部存在泥石流。

3.2.1 村镇建设与农业生产

1. 人口

据《永丰县第七次全国人口普查公报》，全县常住人口为 388 464 人，与 2010 年第六次全国人口普查相比，十年共减少 39 812 人。全县共有家庭户 118 952 户，家庭户人口为 365 921 人，平均每个家庭户的人口为 3.08 人，户均人口比 2010 年第六次全国人口普查减少 0.92 人。常住人口中，城镇人口为 189 336 人，城镇化率为 48.74%，乡村人口为 199 128 人，比 2010 年第六次全国人口普查减少 91 646 人，十年间平均每年减少 0.9 万人。

统计显示，2018 年全县共有 10.5 万户村民，户籍人口 39.03 万人。从各乡镇拥有的行政村数量看，平均每个乡镇拥有行政村 10 个，石马镇最多，行政村数量为 22 个，三坊乡最少，行政村数量为 4 个。总体而言，各镇的行政村数量多为 10 个以上，乡的行政村数量则大多低于 10 个（表 3-5）。各乡镇农户规模多数为 3000~6000 户，紧邻县城的佐龙乡，达到上万户，位于中部低丘的藤田镇和石马镇超过 8000 户，2000 户以下的是位于南部山地的中村乡和上溪乡。各乡镇村均农户规模为400~500户，超过千户的行政村分布在佐龙乡、恩江镇、坑田镇、瑶田镇、藤田镇、潭城乡和陶唐乡。200户以下的行政村多分布在南部和中部山区的乡镇，如石马镇、沙溪镇、陶唐乡等。

表3-5 永丰县各乡镇行政村农户户籍规模统计

乡镇	行政村数量/个	户数均值/户	中位数/户	极值区间/户	各村合计/户
恩江镇	8	620	624	243~1 194	4 960
坑田镇	10	672	752	306~1 082	6 718
沿陂镇	12	535	477.5	277~947	6 421
古县镇	14	455	379.5	285~881	6 372
瑶田镇	9	649	619	279~1 069	5 840
藤田镇	11	817	904	404~1 166	8 988
石马镇	22	394	362	164~704	8 670
沙溪镇	16	339	344	139~571	5 418
佐龙乡	17	688	663	385~1 116	11 703
八江乡	6	561	549	225~832	3 368
潭城乡	10	502	412.5	320~1 093	5 020
鹿冈乡	9	456	368	294~895	4 107
七都乡	11	391	354	159~682	4 301
陶唐乡	9	577	402	160~1 363	5 196
中村乡	7	270	231	183~494	1 887
上溪乡	5	274	252	155~370	1 371
潭头乡	8	382	358	152~763	3 059
三坊乡	4	502	413.5	348~834	2 009
上固乡	7	369	347	226~572	2 582
君埠乡	10	400	349	220~809	4 003
龙冈畲族乡	11	323	334	144~519	3 227
合计	216	487	431	139~1 363	105 220

注：龙冈畲族乡，简称龙冈乡。

从户籍人口规模来看（表3-6），除中村乡、上溪乡和三坊乡外，其余乡镇户籍人口均在万人以上，其中佐龙乡、藤田镇、石马镇均为3万人以上的乡镇，佐龙乡超过4万人，坑田、沿陂、古县、瑶田和沙溪5镇户籍人口规模超过2万人，户籍人口规模最小的为上溪乡，仅5426人。行政村村均人口规模1000~2000人，3000人以上的行政村主要分布在恩江镇、坑田镇、沿陂镇、藤田镇、陶唐乡等12个乡镇，其中，恩江、瑶田和藤田3镇有超过4000人的行政村。村均人口规模最小的为中村乡，村均1003人，除沿陂镇、古县镇等 7 个乡镇外，其余各乡镇均有 1000 人以下的行政村，户籍人口规模最小的行政村在沙溪镇，为 492 人。

表 3-6　永丰县各乡镇行政村户籍人口规模统计

乡镇	行政村数量/个	人口均值/人	中位数/人	极值区间/人	各村合计/人
恩江镇	8	2 182	2 156	796～4 554	17 453
坑田镇	10	2 136	2 443	970～3 510	21 360
沿陂镇	12	1 909	1 725	1 038～3 454	22 905
古县镇	14	1 602	1 305	1 000～3 157	22 431
瑶田镇	9	2 517	2 535	797～4 258	22 652
藤田镇	11	3 415	3 693	1 765～4 929	37 568
石马镇	22	1 657	1 513.5	643～3 169	36 457
沙溪镇	16	1 405	1 407	492～2 473	22 486
佐龙乡	17	2 421	2 377	1 405～3 989	41 152
八江乡	6	2 077	2 407	832～3 253	12 461
潭城乡	10	1 798	1 425	1 115～3 823	17 981
鹿冈乡	9	1 694	1 401	1 065～3 433	15 247
七都乡	11	1 404	1 298	534～2 405	15 445
陶唐乡	9	2 008	1 553	539～3 913	18 071
中村乡	7	1 003	913	692～1 520	7 023
上溪乡	5	1 085	1 040	601～1 451	5 426
潭头乡	8	1 379	1 245	508～2 744	11 035
三坊乡	4	1 641	1 425	1 238～2 475	6 563
上固乡	7	1 468	1 383	940～2 157	10 276
君埠乡	10	1 351	1 246	715～2 225	13 510
龙冈乡	11	1 276	1 293	577～2 054	12 758
合计	216	1 807	1 561	492～4 929	390 260

2. 农业生产

2020 年，永丰县实现农林牧渔业总产值 45.01 亿元，服务业增加值 65.86 亿元[8]。服务业总产值占永丰县生产总值的比例为 41.2%，对经济增长贡献率达 44.6%，拉动县域经济增长 3.84%，服务业发展"引擎"作用进一步凸显。城镇居民人均可支配收入为 31 270 元，农村居民人均可支配收入为 16 208 元，约为"十二五"末期的 1.5 倍。全年新建高标准农田 3.0 万亩，整治抛荒耕地 7600 亩，建成大北农铜锣坪、傲农集团金博两个生猪生态循环养殖小区，新建坑田辣椒、佐龙有机芦笋、沙溪白莲3个市级蔬菜标准园，升级改造鹿冈、沿陂食用菌基地，新增设施蔬菜0.83万亩。

永丰县建成了省内外知名的绿色蔬菜、商品粮、用材林、油茶、白茶等农业产业基地，同时，石头经济、食品医药、资源循环利用三大主导特色产业不断发展壮大。2020年，永丰县粮食产量达31.92万t，占吉安市粮食产量的9.5%，油料产量0.76万t，中药材产量0.99万t，蔬菜产量31.72万t，水果产量1.44万t。全年肉类产量2.13万t，水产品产量1.42万t，基本与上年持平。农作物总播种面积为82 895hm^2，其中粮食作物61 276hm^2，以水稻播种面积最大，为56 699hm^2；经济作物播种面积为21 619hm^2，以蔬菜播种面积最大，为10 074hm^2。

实地调研发现，永丰县种植的主要农作物类型多样，包括粮食作物、油料作物、蔬菜类、瓜果类、烟叶、中药材、莲子和甘蔗等。根据农户访谈和相关统计数据，农作物收入状况如图3-8所示，甘蔗的毛收入最高，约为6000元/亩，蔬菜类和烟叶约为4000元/亩；瓜果类、莲子、中药材和粮食作物收入分别约为3800元/亩、3200元/亩、2200元/亩和1100元/亩；油料作物最低，仅为450元/亩。各种作物总收入占农业种植总收入的比例显示，粮食作物占比最大，为52%左右；其次为蔬菜类、烟叶、瓜果类，分别约为31%、5%、4%；油料作物、莲子和甘蔗各占2%左右；比例最小的是中药材，仅为1%。

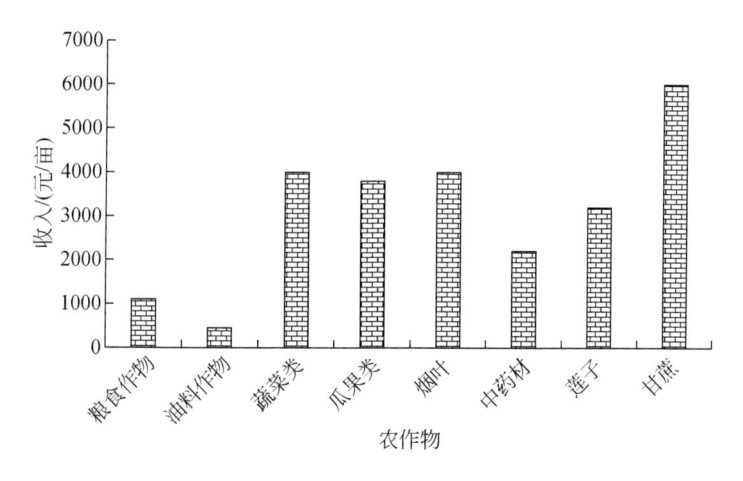

图3-8 永丰县主要农作物收入情况

3. 基础设施

永丰县基础设施较为完善，在教育文化建设方面，全县现有普通高中3所，初中29所（含9所九年一贯制学校），小学62所，幼儿园231所，中等职业学校1所，特殊学校1所。专任教师普通高中637人，初中1957人，小学2246人，幼儿园1117人，职业学校35人，特殊学校13人。全县有艺术表演团1个，文化馆（站）22个，博物馆1个，图书馆1个，广播电台（站）1个。在卫生医疗方面，卫生机构共有434个，其中医院、卫生院29个，卫生机构实有病床2640张。各类卫生技术人员1824人，其中执业（助理）医师786人。

近年来，永丰县在农村人居环境整治方面，推进启动实施城乡供水一体化、农村生活污水治理工程，高标准打造藤田镇老圩村县级美丽乡村建设精品点和10个乡镇特色村点、430个一般村点，同时永丰县获评全市农村生活污水治理工作先进县、全省农村人居环境整治工作先进县；新增省3A级乡村旅游点5个；开展国家级电子商务进农村综合示范县建设，建成21个乡镇电子商务服务站。

3.2.2 水土资源

1. 土地资源

根据永丰县2017年土地利用变更调查成果[9]，全县土地总面积为27.11万hm^2。其中，农用地面积为24.66万hm^2，约占土地总面积的91%。农用地中，耕地面积为44 821hm^2、园地面积为1881hm^2、林地面积为198 569hm^2、草地面积为1323hm^2。可以看出，县内土地利用结构类型多样，农用地比例高，农用地中耕地比例较高。

永丰县建设用地（城镇村及工矿用地）面积约9397.94hm^2，占土地总面积的3.47%，城镇居民点用地占建设用地4.91%，这与48.74%的人口城镇化率极不相配，反映出该地区人地矛盾突出。2020年永丰县人均建设用地（镇村居民点用地）面积228m^2，在21个乡镇中，有9个乡镇高于全县平均水平，主要分布在西北部的地势较为平坦区域；其余乡镇均值在144~223m^2，主要分布在南部的山地和中北部的高丘等地形区域。永丰县城镇人均居民点用地107.9m^2，只有3个乡镇低于县均值，分别为瑶田镇、藤田镇和石马镇；其余5个乡镇高于县均值；13个乡镇没有城镇居民点用地。永丰县农村人均居民点用地面积247.83m^2，9个乡镇高出县均值，最高为恩江镇，高出1倍左右；12个乡镇低于县均值。

2. 水资源状况

永丰县地处中亚热带区域，大于等于0℃活动积温介于5800~7600℃，多年平均降水量1627mm，属于水资源丰度较高的区域。多年平均地表径流总量为23亿m^3，人均水资源量6117m^3，高于全省水平。境内有恩江河与孤江两大干流，加上其他溪流，共计485条。河流大多从东南流向西北，最终注入赣江。其中，遇元河、藤田河、上固河、麻江河与沙溪河5条支流的集水面积均大于200km^2。可见，该区域水系发达，水资源丰富，水热条件优越，适于农业的发展。

3.2.3 生态环境

永丰县是全国绿化模范县、省级生态文明示范县、省级森林城市，同时也是吉安市重要的水源涵养区和自然保护区之一。全县林地面积为19.86万hm^2，占该县土地面积的73.26%。2017年森林覆盖率达72.1%，高于同时期吉安市的森林覆盖率水平（67.7%），也高于全省平均水平。

永丰县大气环境良好，空气质量优良天数比例达 97.9%，地表水考核断面水质达标率达 100%。县内主要监测站点近 3 年空气日均值数据显示，空气质量指数类别以良为主，其次为优和轻度污染，未出现重度污染的情况。大气主要的污染物为臭氧 8 小时、二氧化硫、一氧化碳、颗粒物（PM_{10}）、细颗粒物（$PM_{2.5}$）等。全县河流水质类别多为Ⅱ类，主要监测站点宗溪 2018 年和 2019 年断面点次浓度、水质类别均处于达标状态，水质状况以优为主。境内地表水和地下水饮用水的监测资料显示，水质检验结果均为达标。所以，从整体上来看，永丰县的水环境质量较好。在土壤环境方面，全县现有 5 个针对土壤环境质量的监测点，近几年的数据显示，土壤的有机质含量整体处于中等等级，总氮以中等和丰富两个等级为主，土壤中有效磷含量多处于中等等级，土壤 pH 以偏酸等级居多。整体而言，耕地地力水平为中或高，灌水条件满足，排水能力强，耕地质量较好，且空间差异不大。

3.3 调研村镇类型与划分

3.3.1 乡镇建设类型

通过综合分析吉安市资源环境特征与承载状态，选择生态保护重要性、可利用土地资源以及地质灾害作为判定种植业与村镇建设不适宜区的重要指标，同时依据当地主体功能区建设情况，划分以乡镇为单元的乡镇建设类型，其类型分别为生态保护类乡镇、人口集聚类乡镇、粮食产品类乡镇以及特色农产品类乡镇（图3-9）。

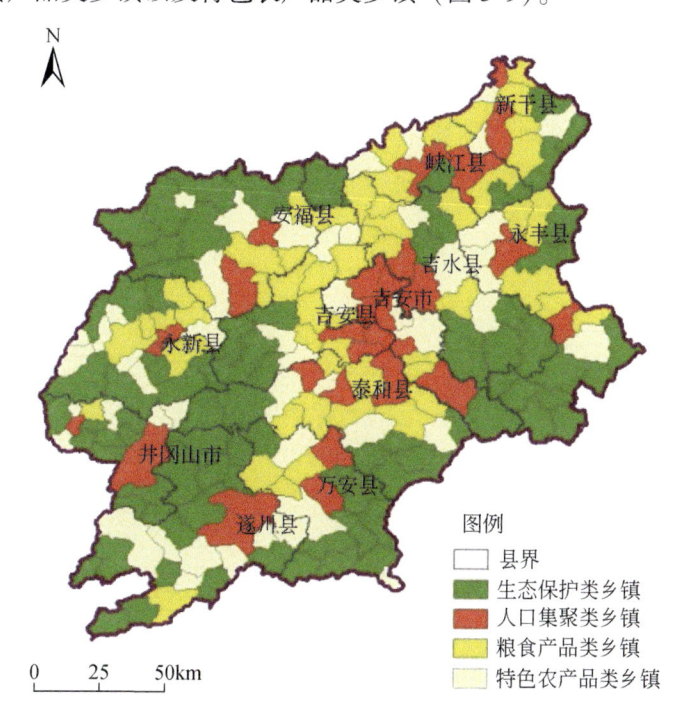

图 3-9 吉安市乡镇建设类型

吉安市生态保护类乡镇82个，占全市乡镇数量的38.32%；粮食产品类乡镇55个，占全市乡镇数量的25.70%；特色农产品类乡镇48个，占全市乡镇数量的22.43%；人口集聚类乡镇29个，占全市乡镇数量的13.55%。在空间分布上，生态保护类乡镇主要分布在市域西北部的武功山，西南部的罗霄山、万洋山，东部的雩山山脉展布地带，吉泰盆地周边低山，其中井冈山市和遂川县的乡镇数量最多；人口集聚类乡镇主要位于吉泰走廊、京九铁路线以及各县（市、区）的经济政治中心和重点乡镇；粮食产品类乡镇主要分布在赣江干流及其支流沿岸和吉泰盆地，具体在泰和县西部、峡江县西部和新干县中部等区域；特色农产品类乡镇主要分布在河流沿岸的低丘岗地、吉泰盆地周边低山、永新盆地、抚赣平原以及县城周边。

永丰县生态保护类乡镇、人口集聚类乡镇、粮食产品类乡镇和特色农产品类乡镇分别约占全县乡镇数量的42%、14%、24%、20%。人口集聚类乡镇为恩江镇和藤田镇等，粮食产品类乡镇是潭城乡、沿陂镇、古县镇、瑶田镇和陶塘乡等，特色农产品类乡镇在坑田镇、佐龙乡、八江乡和石马镇等，生态保护类乡镇主要分布在南部的山地、高丘等地形区域。

3.3.2 村庄建设类型

按照功能类型，根据永丰县的实际情况，通过永丰县村镇建设特点及其资源环境限制因素的初步评判，建立了以土地、地质灾害、生态为主要限制因子的种植业与村镇建设不适宜区判定指标体系，划分了以行政村为基础单元的村庄建设类型[10]。

村庄分类结果显示（图3-10），生态保护重点村85个，占全县行政村数量的

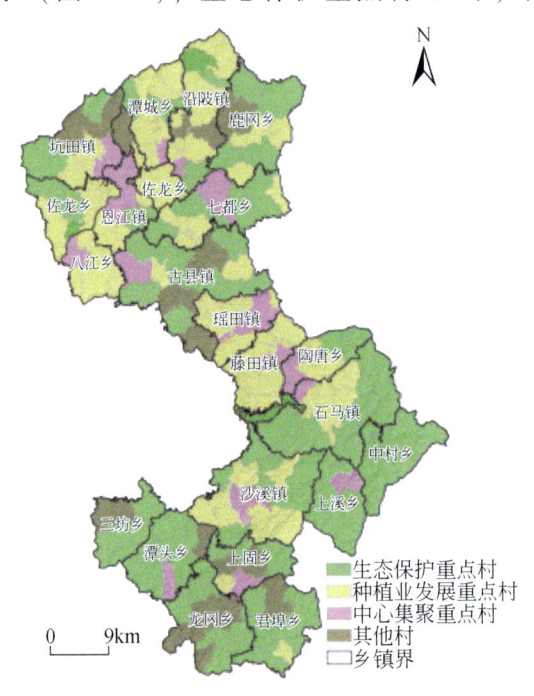

图3-10 永丰县村庄建设类型分布图

39.35%；种植业发展重点村84个，占全县行政村数量的38.89%；中心集聚重点村30个，占全县行政村数量的13.89%；其他村17个，占全县行政村数量的7.87%。

生态保护重点村集中分布在南部各乡镇，南部各乡镇集聚程度明显高于北部各乡镇。种植业发展重点村的分布数量北部要多于南部，中部亦有较大面积的集聚分布；北部主要分布在沿陂、佐龙和八江3个乡镇，中部集中分布在藤田和瑶田两镇，南部则主要分布在沙溪镇。中心集聚重点村有两块集中的区域：藤田盆地、恩江镇，其余主要分布在各乡镇政府驻地及其附近的村庄；整体上北部的分布数量要略多于南部地区。其他村有3块相对集中区域：北部的坑田镇—佐龙乡、沿陂镇—鹿冈乡，中西部的古县镇内，南部的龙冈乡和君埠乡。

3.4 恩 江 镇

恩江镇为永丰县城所在地，是全县的政治、经济、文化中心，具有显著的区位优势。该镇地处永丰县北部，境内地形以岗地（平原）为主，地势平坦，所占面积比例为86.39%，低丘主要分布于东南部及西南部少部分，占比13.06%。2018年全镇下辖8个村委会和15个居委会，户籍人口9.66万人。镇政府距县政府所在地约2km，距离京九铁路、105国道22km，交通便利。

3.4.1 人口规模

截至2018年，全镇户籍总户数为29 792户、96 623人；辖8个行政村和15个社区，共计68个村民小组和49个居民小组（表3-7）。其中，村民总人口为17 453人，社区居民总人口为79 170人。各行政村农户规模平均为620户，平均人口规模为2 182人。行政村的常住户数为5 020户，常住人口为17 630人。

表3-7 恩江镇各行政村农户及人口规模统计

行政村	村民小组/个	总户数/户	户数均值/户	村民总数/人	人口均值/人
花园村	16	1 194	75	4 554	285
石桥村	7	557	80	1 778	254
水南背村	5	817	163	2 550	510
岭上村	7	691	99	2 533	362
营前村	8	747	93	2 769	346
洋陂坑村	9	243	27	796	88
大山村	10	467	47	1 661	166
泽泉村	6	244	41	812	135
合计	68	4 960	73	17 453	257

3.4.2 农业生产

恩江镇位于恩江谷地，恩江干流贯穿其中，年均降水量为1627.3mm，水土资源丰富。镇域内已形成粮食、加工、建材、蔬菜种植、水产五大支柱产业。

全镇共有耕地2062hm²，人均耕地面积为0.88亩，低于同时期全县平均水平（1.2亩），在各村庄中，洋陂坑村、营前村、大山村人均耕地面积较高，岭上村、石桥村、花园村人均耕地面积低于1亩（图3-11）。粮食作物播种面积为2003hm²，其中稻谷播种面积为1839hm²，占比91.81%。稻谷总产量12 692t，油料总产量540t，蔬菜总产量19 659t，水果总产量427t，水产品总产量458t。因紧邻县城，地理位置优越，受市场需求影响，形成以蔬菜和食用菌为主的经济作物生产，且颇具优势。目前，蔬菜和食用菌已有超过500hm²的种植规模。全镇村民人均年收入为10 000元左右，收入主要来源于在周边地区打零工，打零工的收入约占家庭总收入的3/4。

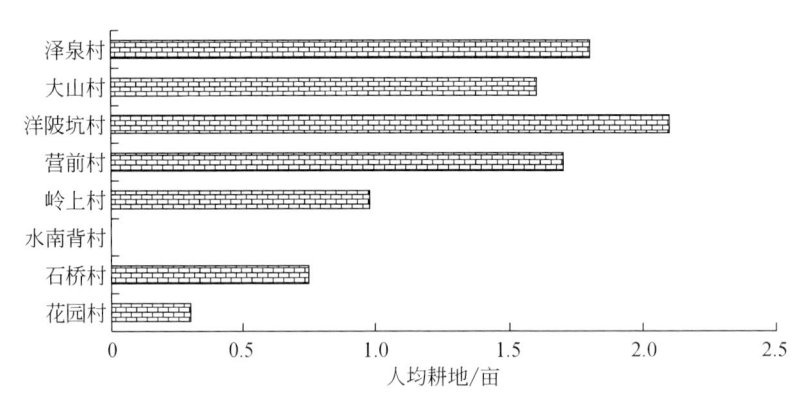

图3-11 恩江镇各村人均耕地面积
注：水南背村无数据

3.4.3 村镇建设

恩江镇土地总面积78.58km²，建设用地（镇村居民点）约占22%，其中村居民点用地占5%有余，镇居民点用地约占16.4%。恩江镇人均建设用地（镇村居民点）面积为165m²，超过全市的人均建设用地水平。

全镇共有高级中学2所，初级中学2所，小学13所，幼儿园46所；中心医院2个，民办医院2个，镇卫生所1个，村卫生室9个；村级文化活动场所、农民娱乐活动中心18个，农家书屋15个，电影院2个；公共服务设施较为完善，医疗、教育、娱乐文化活动场所等均有分布。

全镇各行政村通自来水、公交车、宽带、主要道路硬化等基本设施比较完善。村庄亮化方面，只有花园村、石桥村和岭上村实现100%全覆盖，多数村庄在40%~80%。各村家庭卫生厕所覆盖率为50%~80%，还有20%~50%的家庭户没有卫生厕所。生活垃圾的主要处理方式为集中转运和焚烧。

3.4.4 案例村

本次调研的案例村是恩江镇石桥村，该村具有典型的城郊融合特征，随处可见小洋房，小商店分布较多，道路干净整洁，街道边上停许多的私家车、电动车及三轮车。该村建设的新天地家庭农场，是全市集中连片面积最大的淮山与砂糖橘种植基地，采用淮山－砂糖橘的种植方式，以"家庭农场、合作社、农产企业、贫困户"的模式经营，帮助当地群众带来了"真金白银"，特别是贫困户，其通过务工增收实现了脱贫。此外，田野间随处可见草莓园、葡萄园等生态休闲果园，为城区居民提供了休闲游玩的场所。

1）人口与劳动力

该村距离县城约3km，车程为8分钟左右。全村共有6个自然村，7个村民小组；总户数为557户，总人口1778人；其中低于16岁的有300余人，6岁以下80余人，60岁及以上将近200人，常年在外居住30人。村集体经济收入每年有5万~6万元，村民人均年收入为10 000元左右。

2）农业生产

村庄共有耕地1481亩，人均耕地面积不足1亩，在调研的案例村中其人均耕地最低，人地矛盾较突出。村内恩江贯穿，据当地村民说，现在生活用水和农业生产用水都较为方便，但易发生洪涝灾害，一般每隔4~5年会发生一次洪水，2019年发生洪水，洪涝灾害导致大部分田地的农作物惨遭淹没，经济损失严重。农业灌溉用水主要是水库水及江水，用水需要收取一定的费用，大概每亩田收取水费12元。

据当地村干部说，种植水稻面积较大，为1200余亩，亩产800kg左右（两季）；村内不少农户种植水稻，正常年份本地每亩水稻需灌溉5~6次，旱季则需要灌溉10余次。水稻每年需打农药，费用为60~100元/亩，需要使用化肥100kg左右（两季）。除水稻外，主要种植淮山和砂糖橘，还有小面积的玉米和蔬菜，且大部分是自家种自用。种植水稻的经济效益低，全村大概只有三成的村民表示愿意种植，大部分的人会在附近打零工，打零工的收入占家庭总收入的80%左右。同时，部分村民选择到附近的农场务工或自主创办生态休闲果园，且收入可观。该村充分发挥区位优势，发展特色农业种植，增强村内的发展内生动力，带动当地经济发展。

3）村镇建设

村内基础设施较好，全村通自来水，主要道路几乎全为硬化水泥路，路灯全村覆盖。村民表示自从全村通路灯，村里热闹许多。到镇上的公交车路过本村，但车站距离村庄较远，出行较为不便。原本石桥村设有小学，但由于学生人数较少和学校硬件、软件相对落后，小学于2019年撤掉，学生统一去往条件较好的县城上学。村庄的医疗卫生及文娱场所较为完善，共有2个卫生室，4名兼职医生；体育文化设施有篮球场和健身场所，丰富了村民的业余生活，村民表示饭后或闲暇时间也会去那锻炼身体。村庄的生活污水处理问题一直是一个难题，生活污水直接排放，粪污排往化粪池中，最后回田。全村共有85个垃圾桶，每天搜集的垃圾统一运往县城集中处理；自来水已全部入户，配套水冲厕所。

3.4.5 农户

1. 农场经营者

新天地家庭农场成立于 2015 年,由本村返乡农民工创办,占地 2500 亩。农场的用工来自附近的 3 个村民委员会,每个村委会有 300~400 户参与。农场每亩地需要支付 320 元租金,其中 300 元给农户,20 元上交给村委会。农场用工每年需要 20 万人左右,每小时劳力工资 80 余元。农场有 10 余个固定工,主要负责联系用工。果树灌溉实行滴灌技术,天旱时,每年需要抽 20 次水,每次抽水 4 小时,抽水泵为 $80m^3/s$ 的规格。砂糖橘平均每 $6m^2$ 种植一棵,每棵需要施 120 斤有机肥。第一期种植了 97 000 余棵,2500 亩全覆盖地膜,每棵树的地膜面积为 $2m^2$。第二期和第三期进行常规化施肥,打杀虫剂,每年需要花费 20 万元的农药费用。农场建立了完善的销售平台,并通过"公司+农场+贫困户"模式,与贫困户建立利益联结,分类施策,精准帮扶。例如,贫困户有 5 万元的国家贷款,如果全部投入到农场,每年将可以获得 4600 元的纯收益。

2. 水稻种植户

恩江镇石桥村农户为水稻种植户,家里共有 8 口人,6~16 岁有 3 人,6 岁以下有 2 人,60 岁以上有 1 人,还有 2 人在外地务工,家庭收入来源主要为水稻种植和外出务工,年收入大约为 14 万元。该农户共有水稻田 7.8 亩,每亩稻田需要种子 4kg 左右(每千克 40 元)、化肥和农药 100 元左右、收割机收割水稻 100 元,不计劳务投入,约需成本 360 元/亩。该农户生活用水为井水,由自来水管引入,灌溉用水为水库水。该农户共有两处宅基地,面积共 $200m^2$,住房占地约 $90m^2$,建于 2017 年,常住人口为 6 人。厕所类型为水冲式卫生厕所,家里装有宽带。该农户做饭用能主要为电和煤气;每月用电 160 千瓦·时左右,每年使用煤气 8~9 桶;冬季取暖主要是烧木炭。日常出村主要是开私家车。每天产生的废水为 1t 左右,直接排放至地里。家庭生活垃圾每天都倒往垃圾桶,每次的垃圾量为 1.5kg 左右。目前,该农户生产和生活上的主要困难是年轻人都外出打工,留下老年人在家种地,还要负责照顾小孩。

3.5 藤 田 镇

藤田镇属于革命老区,这里发生了许多红色故事,第一届工农红军运动会在此地举行,因此藤田镇被誉为军运会摇篮。毛泽东、朱德、周恩来等老一辈无产阶级革命家,都曾在这里留下了光辉的足迹。同时,该镇也是永丰县的重要粮食主产区,粮食产量位居全县第一,农副产品繁多,以百合闻名。

藤田镇地处永丰县中部,距县城 42km,车程约 1 小时。全镇地形地貌以低丘为主,海拔在 200m 以下,所占面积比例 70.07%;高丘主要分布在西南部、东北部以及东南部小部分,面积占比 29.93%。2018 年全镇户籍总户数为 11 163 户,人口为 43 044 人。省道永宁公路、藤石公路、藤陶公路等穿境而过,交通区位优势十分明显。

3.5.1 人口规模

截至2018年,全镇户籍总户数为11 163户,人口为43 044人;辖11个行政村和2个社区,共计191个村民小组(表3-8)和15个居民小组。其中,行政村总人口为37 568人,社区总人口为5476人。各行政村农户规模平均为47户,平均人口规模为3415人。行政村的常住户数为8423户,常住人口为33 944人。

表3-8 藤田镇各行政村农户及人口规模统计

行政村	村民小组/个	总户数/户	户数均值/户	村民总数/人	人口均值/人
老圩村	13	1151	89	4644	357
易溪村	9	404	45	1765	196
岭南村	27	1146	42	4929	183
秋江村	12	442	37	1855	155
曾坊村	11	904	82	3693	336
中西山村	16	473	30	1982	124
严坊村	14	460	33	1924	137
杏塘村	21	1063	51	4414	210
温坊村	31	1166	38	4877	157
城上村	13	739	57	3071	236
田心村	24	1040	43	4414	184
合计	191	8988	47	37 568	197

3.5.2 农业生产

藤田镇地形以低丘为主,地势平坦,境内藤八河穿越镇域,水量充沛,满足农业生产活动需求。全镇各行政村共有耕地面积36 488亩,人均耕地面积为0.97亩,低于同时期全县平均水平,人均耕地高于1.2亩的村庄分别为城上村、严坊村和中西山村,侧面反映了人均耕地占有量较少,土地资源在一定程度上限制本区域农业发展(图3-12)。粮食作物播种面积为4435hm^2,其中稻谷播种面积为3932hm^2,占比88.66%。经济作物以蔬菜和食用菌为主,播种面积达611hm^2。同时,农民还较大面积地种植百合和葡萄。经调研,该镇部分村落人均年收入为2万元左右,收入主要来源于百合种植。

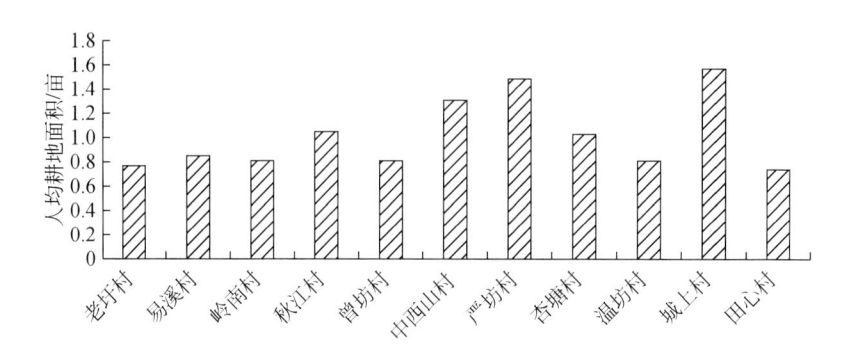

图 3-12 藤田镇各行政村人均耕地面积

3.5.3 村镇建设

藤田镇土地总面积 96km²，建设用地（镇村居民点）约占 8%，其中建制镇居民点用地约占 5.7%，村居民点用地约占 2.3%。人均建设用地（镇村居民点）面积为 181m²，远远超过吉安市和永丰县的建筑规划标准。

省道永宁公路、藤石公路、藤陶公路等穿境而过，交通区位优势十分明显。全镇共有小学 9 所，图书室、文化站共 11 个，农民业余文化组织 20 个，公共服务种类较为齐全。

全镇供水普及率为 89%，生活污水处理率 35%，完成厕改的户数为 185 户。该镇生活垃圾清运量为 3915t，生活垃圾处理率为 95.92%，供水普及率为 61.09%，燃气普及率为 66.68%。生活垃圾中转站 2 个，环卫专用车辆设备 6 辆，公共厕所 4 个，基本实现了村庄内外干净卫生、垃圾堆放整齐。

3.5.4 案例村

本次调研选藤田镇中西山村，该村属于典型的粮食种植型村庄，水稻种植面积较大，刚入村口远远就闻到一股水稻的清香，放眼看去像一片绿色的海洋。据当地村民说，自古以来该村主要是靠种植水稻谋生，但最近这几年，由于种植百合经济效益比较高，选择种植百合的农户逐渐增多。值得一提的是，中西山村通过种植百合发家致富早已闻名藤田镇，甚至扬名于全县乃至全市。

深入了解中西山村基本情况和优势条件，该村位于藤田盆地边缘，周边分布有小面积的低山，溪水清澈，气候湿润，造就了发展水稻和百合种植的优越自然条件。中西山村距离镇政府约 2km，车程为 7~8 分钟；距离县政府所在地约 40km，车程为 30~40 分钟。

1）人口与劳动力

全村共有 473 户，总人口 1982 人，60 岁及以上老人 200 余人，外出务工人员 500 余人，约占总人口 1/4，大多数村民为了改善生活水平，外出打工谋生。

2）农业生产

村庄共有耕地 2561 亩，人均耕地为 1.3 亩，高于全县人均耕地水平，反映了该村耕地资源较丰富。境内气候温和湿润，热量充足，降水丰富，有藤田河流经，水资源充足，农业生产的水土热温资源匹配状态较好，农田生产潜力较高，得天独厚的自然条件使得中山西村成为全镇重要的粮食生产区之一。

该村每年的村集体经济约为4万元；人均年收入为2万元左右，种植百合获得的收入占比较高。该村种植业生产结构以种植水稻（50%）和百合（40%）为主，并且实行百合和水稻轮种的方式（1年种植百合，3~5年种植水稻），采取这种种植方式有利于耕地自然恢复肥力，保持土壤肥力。此外小面积种植水果，分别为杨梅400亩左右、脐橙和蜜橘50亩左右。据村民说，种植百合经济效益较高，但投入成本也高。每亩百合的产量为3000~5000斤，需留下1/3用作种子，百合收购价格为15元/斤。种植百合的成本，每亩百合需要人工成本1000~1200元，租金200~300元，农药200~300元，肥料400~500元。其中，农药主要用于杀菌，需喷洒3~4次，每次40L左右药水。由于土地长期过量使用肥料和农药，且复种指数高，在调研中发现，该村庄土地出现板结，耕地表现为"满负荷"状态，影响土地质量。在百合销售途径方面，许多村民采取线上和线下相结合方式，新鲜的百合直接投入到当地的市场，或者将百合晒干保存，通过现在流行的电商形式，把百合销售到全国各地，农民经济收入有所提高，生活有所改善。该村许多贫困户通过种植百合实现脱贫。

3）村镇建设

村庄基础设施基本完善，水泥路道路直达村口，村内道路路面全部硬化，主要的道路安装路灯。该村有1所小学，学生人数为50人，教师为4人。有1个村卫生室，2名兼职医生；该村建有1个图书馆，供村民查阅相关资料。村庄配有垃圾箱，每2天集中转运一次，每次的垃圾量为8~9t，送往乡镇统一处理。农户均建有化粪池，用于处理粪污，但生活污水直接排到田地，没有经过专门处理，这也是使村民较为头疼的问题。

3.5.5 农户

1）农户A

该农户为百合规模种植户，家里共有4口人，其中60岁以上有1人，无人外出务工或求学。家庭年收入为20万~30万元，主要依靠种植百合获取收入。家里有3~4亩耕地，另外再租用20亩均用于种植百合。百合种植实行与水稻轮作，即1年种植百合，3~5年种植水稻。每亩百合的产量为3000~5000斤，需留下1/3用作种子，百合收购价格为15元/斤。关于种植百合的成本，每亩百合需要人工成本1000~1200元，租金200~300元，农药200~300元，肥料400~500元。其中，农药主要用于杀菌，需喷洒3~4次，每次40L左右药水。每亩需复合肥100~150斤，磷肥200多斤，有机肥300斤左右。家庭生活用水为自来水，每月用水4m^3左右。该农户有1处宅基地，面积260~270m^2，房子建于1990年，常住人口为4人。厕所为水厕，家里有有线电视和入户宽带。做饭主要用能为电和煤气，每月用电量100千瓦·时左右，每年使用煤气7~8罐；冬天取暖的方式主要为电力取暖器，使用时间短。日常出村主要是开私家车，此外家里还有一辆电动车。家里建有化粪池，用于收纳处理粪污。生活垃圾每2~3天倒一次，每次的垃圾量为1kg左右。关于耕地肥力方面，种植水稻所需的化肥量在减少，因为种植百合需要大量肥料，土地肥力得以保持。

2）农户 B

该农户家里共有 5 口人，其中 6 岁以下有 1 人，有 2 人在外地务工，每人每月工资 4000 元左右。家中共有 5 亩耕地，另外再租用了 3 亩，每亩租金 100 元，共种植了 5 亩百合和 3 亩水稻。家庭生活用水为自来水，每天需要用水 0.15~0.20m^3。家中共有 2 处宅基地，现在的住房面积为 112m^2，房子建于 2000 年，常住人口为 3 人。做饭的主要用能为煤气，每年的使用量为 6 罐左右。每月使用的电量约为 100 千瓦·时，冬天取暖主要使用空调和薪柴。家里共有 1 辆小轿车、1 辆电动车和 1 辆摩托车，日常出村常用的交通方式为电动车和摩托车。家中建有化粪池，用于收纳、处理粪污和污水。每天产生的生活垃圾约为 1.5kg，倒往垃圾箱中。

3.6 鹿冈乡

鹿冈乡是白茶飘香的地方，"灵山白茶"更是江西省名牌产品。境内有 3A 级乡村旅游景区鹿茗谷，依托千亩灵华山白茶基地而建，举目望去，漫山遍野的茶树，清风徐徐，茶香阵阵，成为周边县乃至全市全省周末、节假日打卡的旅游景点。该地采取农业开发与旅游观光休闲相融合方式，取得显著的成果。每到茶叶采摘时节，附近十里八乡的村镇村民都会到此采摘茶叶，实现了在家门口赚大钱的愿望，扩宽村民经济收入渠道。另外鹿冈乡的双孢菇产业早已出名，已成为全县乃至全市最大的生产基地之一。

鹿冈乡地处永丰县东北部，距永丰县城 23km，车程约为半小时，属吉泰盆地边缘，地势总体呈东北高、西南低，地形以低丘为主。海拔低于 100m 的面积约占 15%；海拔在 100~200m 的面积约占 80%；海拔在 200~300m 的面积约占 5%。2018 年，全乡户籍总人口为 15 247 人，常住人口为 11 942 人。境内有国道 G322、抚吉高速、昌宁高速，交通便利。森林覆盖率为 75.5%，生态环境优良。独特的地理环境和区位优势让鹿冈乡入选生态旅游型乡镇。

3.6.1 人口规模

截至 2018 年，全乡户籍总数为 4107 户、15 247 人；辖 9 个村民委员会，共计 116 个村民小组（表3-9）。各行政村农户规模平均为 35 户，平均人口规模为 1694 人。

表 3-9 鹿冈乡各行政村农户及人口规模统计

行政村	村民小组/个	总户数/户	户数均值/户	村民总数/人	人口均值/人
鹿冈村	9	572	64	2 066	230
巷口村	10	318	32	1 263	126
高坑村	13	368	28	1 401	108
贯前村	27	895	33	3 433	127

续表

行政村	村民小组/个	总户数/户	户数均值/户	村民总数/人	人口均值/人
洋坳村	9	326	36	1 186	132
禹山村	15	457	30	1 544	103
前村村	17	565	33	2 203	130
青山村	10	294	29	1 086	109
罗家村	6	312	52	1 065	178
合计	116	4 107	35	15 247	131

3.6.2 农业生产

鹿岗乡地处中亚热带湿润气候区，年平均气温17℃，年总降水量1500mm，水热条件优越。境内恩江支流鹿冈河贯穿其中，水资源丰富，农业生产条件好。

全乡各行政村共有耕地面积28 686亩，粮食作物播种面积为3637hm²，其中稻谷播种面积为3455hm²，约占95%。经济作物以蔬菜和食用菌为主，播种面积达440hm²，同时，农民还较大面积地种植甜叶菊，收入可观。村民人均耕地面积为1.88亩，农作物亩均化肥用量43.95kg，在各村庄中，鹿冈村和巷口村人均耕地面积低于1.5亩（图3-13）。农业灌溉用水为水库水，灌溉水稻需要1周1次，大约1小时可以灌溉1亩。村庄耕地肥力比较稳定，种植水稻每亩需要100斤复合肥、20斤尿素，农药费用60元左右。甜叶菊是高收益、高投入的经济作物，每亩甜叶菊需使用化肥400斤，每半个月需喷洒农药用于防病，农药使用量约花费300元。在调研中发现，农户大数额投入农药、化肥，土地出现板结现象，土地质量下降。

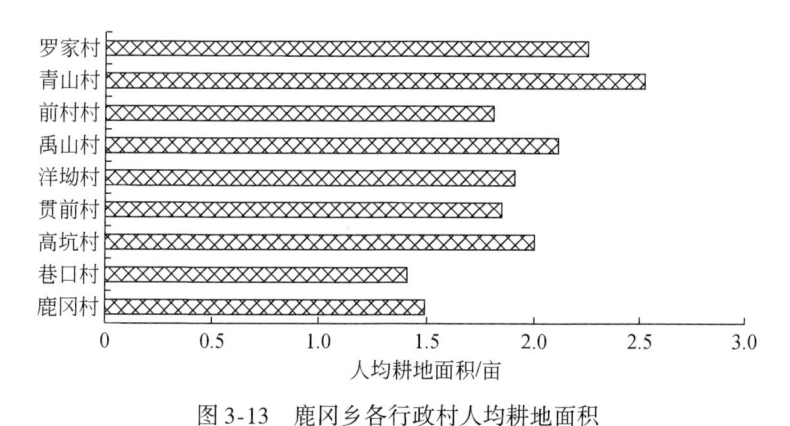

图3-13 鹿冈乡各行政村人均耕地面积

3.6.3 村镇建设

鹿冈乡土地总面积160km²，建设用地（镇村居民点）面积约占1.4%，其中镇居民点用地面积约占 0.5%，村居民点用地面积约占 0.9%。人均建设用地（镇村居民点）面积为 148m²，是全县人均建设用地面积较小的乡镇。根据自然资源部门土地数据，建制镇人均建设用地面积 100~140m²，超过镇域的建设标准范围。

境内有国道 G322，抚吉高速由西向东，昌宁高速由南向北贯穿全境，交通便利。有小学 1 所，幼儿园及托儿所 10 所，体育健身场所 12 个，图书室和文化站共 9 个，公共服务设施较为完善。

全乡各行政村生活污水处理厂平均 3 个，粪污基本上是家庭户通过家庭化粪池统一处理。村庄垃圾集中堆放，然后转运到乡中心进行集中处理。该乡厕改和路灯覆盖情况需要加强，在厕改方面，在只有 1 个行政村的厕改比达到 100%，厕改比不到 50% 的行政村分别为巷口村、高亢村、洋坳村和禹山村，其余行政村的比例为 60%~70%。

3.6.4　案例村

本次调研选鹿冈乡巷口村，其是具有明显生态旅游型色彩的村庄，入选江西省 3A 乡村旅游点。调研组人员行驶国道 324"抚八公路"道路前往村庄，刚入村口让人眼前一亮的是两旁参差不齐的房子，且调研当天天朗气清，风轻云淡，形成一道非常亮丽的风景线。巷口村特色农产品繁多，如白茶、甜叶菊、双孢菇、油茶等，是闲暇时间游玩的好地方。

1）人口与劳动力

该村位于永丰县东北部，以岗地（平原）地形为主，距离乡政府 3km 左右，车程约为 8 分钟。该村共有 5 个自然村，10 个村民小组，人数最多的自然村有 600 多人，最少的只有 200 余人；人数最多的村民小组有 180 余人，最少的只有 70 余人。全村共有 318 户，总人口 1263 人，其中贫困户 26 户共 95 人，贫困户现已全部脱贫。低于 16 岁的人数 200 余人，6 岁及以下 40 余人，60 岁及以上老人有 200 余人。全村共有劳动力 500 余人，外出务工人员 200 多人。和其他调研村镇一样，该村面临劳动力流失、留守儿童和空巢老人等问题。

2）农业生产

2018 年该村人均收入为 7000 多元，低于同时期全县乃至全市的平均水平，说明距达到"农民富"的目标有一定的距离。家庭收入以务工为主，收入在 3 万~5 万和 7 万~8 万元不等。村内主要种植水稻、双孢菇、甜叶菊、高产油茶、烟草、苗木、井冈蜜柚等。其中，种植水稻 1500 余亩，甜叶菊 80 余亩，双孢蘑菇 30 余亩，烟草 60 余亩。据当地村民说，每亩甜叶菊的收入可达 5000 元（秋叶菊的市场单价为 9 元/斤），相当于种植 3~4 亩水稻所获得的收入，甜叶菊和烟草的经济效益较高，其种植农户越来越多。

3）村镇建设

村内的基础设施较为完善，整体人居环境良好。全村通自来水，进村道路为柏油路，全村通水泥路，道路硬化比例为 100%，村内主要的道路安装有路灯。无公交车，有过境的班车，约 1 小时 1 趟，最远达到县城，交通较为不便成为当地村民时常抱怨的问题。有 1 所小学，学校的硬件设施较差，3 年级以下学生共有 40 余人，教师共有 4 人。村庄有 1

个卫生室，1名专职医生。村庄生活污水主要通过下水道直接排往河中。村内共有垃圾箱70余个，每天统一运往乡镇处理；约80%的农户建有化肥池，用于处理粪污。

3.6.5 农户

调研农户为甜叶菊规模种植户，家里共有4口人，其中60岁以上的有1人，有1人在外务工。该农户种有30亩甜叶菊和5亩水稻，其中租用他人土地15亩左右，每亩需付租金200~300元。此外，该农户经营商店，商店的年收入为12万~15万。生活用水为村庄集中供水，抽取井水到户。家里共有3处宅基地，总面积为260m²，现在的住房面积为110m²，房子建于2005年，常住人口为3人。做饭的主要用能为煤气，每年煤气使用量为6罐。每月使用的电量为460千瓦·时左右。冬天的主要取暖方式为使用电炉和煤炭，每年使用煤炭200~300斤。出村的方式主要为开小卡车，此外还有1辆三轮车和3辆电动车，车辆年耗约为1万元。家庭生活污水为直接排放，生活垃圾每天倾倒一次，每次产生的垃圾量为20~25kg。

3.7 本章小结

（1）通过相关数据分析发现，吉安市村镇建设的优势地区主要位于吉泰盆地东北部和赣抚平原。该区域有一定的经济基础，人口集中度高，受到主城区经济辐射影响较大，发展前景好，但由于人口过于集聚，带来交通压力、基础设施不匹配及人居环境差等问题，另外城镇建设用地强度加大和开发强度过大给生态环境造成压力。吉安市村镇建设难度较大的区域主要分布在市域西部罗霄山脉、东部雩山山脉及其支脉的中低山等地形区。该区域生态环境脆弱，水土流失严重，土壤保水保肥能力低，山高谷深，用地条件差，土地利用率不高，人地矛盾突出，地质灾害频繁，基础性支撑能力薄弱，人口集聚度低，自我发展能力不强，经济发展较为落后，贫困程度深。但是，这些地区特色资源具有开发潜力，水能资源相对富集，生物资源丰富，旅游资源特色明显，发展内外动力更为强劲。

（2）永丰县村镇建设各项事业有序推进，成果显著。建成区面积快速扩张，城镇化率逐渐上升，2020年城镇化率为48.74%，反映了大量的乡村人口流向城镇。农村公路基本实现"村村通"，道路总长度达1825.98km，路面硬化率达85%。永丰县农村供水总户数为105 220户，自来水入户率高达98%，农村地区生活垃圾集中处理率为88%，生活污水集中处理率为75%，村镇建设工作取得重大突破，但部分村镇发展不平衡，在某些方面的基础设施建设仍然需要进一步完善。例如，部分村镇自来水未全部覆盖，未通公交车，特别在粪污集中处理方面，部分农户还使用旱厕，绝大部分村庄的农户是将生活污水直接排放到土壤中，这势必会对地下水等资源造成一定的污染，从而影响人们的生活生产。

（3）永丰县水热条件优越，为农业生产提供优良的条件，地形地貌类型多样，适于发展立体农业和复合式农业，使得农民收入结构多元化。本县以丘陵地形为主，受地形地势影响，该地区土地较分散和破碎，耕地分布分散，板块相对狭小，可供开垦的后备耕地潜力有限，使得土地资源成为村镇建设的主要制约因素。实际调研中发现，村庄有1/3~2/3

的人口靠外出打工谋生，农村人口流动严重，特别是农村青壮年人口。从人口流动的动因与影响来看，人口流动是内部推力和外部拉力共同作用的结果，土地资源占有量少、农业生产效益差、土地流转、农村基础设施差等因素是促使农村人口流失的推力，农村人口日渐减少，农村的"老龄化""空心化"现象突出，导致村镇经济发展动力不足，缺乏活力。

（4）部分村镇耕地利用现状表现为"满负荷"。数据显示，2010~2017年，化肥每公顷施肥量从5.56kg增加到6.65kg，农药总量从400t增加至3144t，农药每公顷使用量从12.9kg增加到25.49kg。同时，实地调研发现，种植百合、莲、山药和甜叶菊等经济作物时，投入化肥和农药量较多，这类经济作物播种面积大，复种指数高，目前部分村镇的土壤出现板结现象，较为严重的乡镇分别是鹿冈乡、藤田镇和七都乡，导致土地生态环境恶化，土地资源承载能力下降。

（5）就目前永丰县的村镇人均建设用地看，村庄过于分散，耕地的产出价值偏低，用地浪费现象普遍，耕地呈现出"低利用率"状态。永丰县人均建设用地231.60m²，其中乡村人口人均农村居民点用地299.05m²，镇人均居民点用地96.65m²，乡村人均居民点用地偏高，以永丰县目前的人均农村建设用地标准，势必会加剧村镇建设用地与耕地的矛盾。永丰县定位为农产品主产区，过多的人口分布在乡村，造成耕地的压力，不利于农产品主产区功能的充分发挥；同时村庄人口分布过于分散，也不利于村镇整体基础设施和公共服务水平的提升，影响乡村振兴战略和美丽乡村建设的有效实施。因此，需要加快进行人口集中的镇及中心村建设，促进人口进一步集聚，促进耕地的集中和规模化经营，在严格控制开发强度的基础下，提高土地利用效率。

（6）实地调研中发现不同类型的村庄，其发展各自具有特色，但也面临不同的难题和挑战。城郊融合型——恩江镇石桥村，临近永丰县城，村内基础设施较为完善，资源环境状况较好。但该村庄最为突出的问题是人均耕地面积逐年下降明显，人地关系较为紧张。种植型——藤田镇中西山村，"水稻+百合"种植为该村的特色种植方式，村民为了提高产量，种植过程中过量使用农药、化肥和增加复种，以致土地生态环境恶化，土地资源承载能力下降。生态旅游型——鹿冈乡巷口村，生态环境优良，村镇建设取得显著成就。该村以生态旅游闻名，旅游业收入是农户收入来源的重要部分，但村内劳动力流失、留守儿童和空巢老人等问题严重。

参 考 文 献

[1] 陈阜，王萍，李庐琦，等. 吉安地区志（第1卷）[M]. 上海：复旦大学出版社，2010.
[2] 江西省统计局，国家统计局江西调查总队. 江西统计年鉴（2017~2020）[M]. 北京：中国统计出版社，2021.
[3] 江西省吉安市吉州区地方志编纂委员会. 吉安市志（1990~2000）[M]. 南昌：江西人民出版社，2002.
[4] 吉安市统计局，国家统计局吉安调查队. 吉安市统计年鉴（2000~2017）[M]. 北京：中国统计出版社，2017.
[5] 羊金凤. 吉安市村镇建设资源环境承载能力空间格局研究[D]. 南昌：江西师范大学，2020.
[6] 吉安市统计局. 吉安市经济和社会发展统计公报（2017~2021）[R]. 2022-04-08.
[7] 吉安市水利局. 2017年吉安市各县/区水资源公报[R]. 2017-07-10.

［8］永丰县统计局. 2021永丰县经济和社会发展统计公报［R］. 2022-07-30.
［9］戴雄祖. 村镇建设的土地资源承载能力评价方法及应用研究部——以永丰县为例［D］. 南昌：江西师范大学，2020.
［10］马定国，戴雄祖，羊金凤，等. 县域村镇建设资源环境承载能力评价及人口合理规模测算——以江西省永丰县为例［J］. 资源科学，2020，42（7）：1249-1261.

第4章 昭通市调查报告

4.1 昭通市村镇建设与资源环境概况

昭通市位于云南省北部、云贵川三省接合部,素有"云南北大门""咽喉西蜀、锁钥南滇"之称。全市辖11个县(市、区)(其中1市1区),146个乡镇街道,1379个村社区,土地面积2.3万km²。2020年常住人口509.26万人,城镇化率39.5%,乡村人口308万人[1];地区生产总值1288.74亿元,人均GDP 2.5万元,位居云南省末位;全市城镇和农村居民人均可支配收入分别为3.1万元和1.13万元,分别为云南省平均水平的82.68%和87.86%[2]。

4.1.1 村镇建设与农业生产

昭通市农业生产以种植业为主,种植业以玉米、马铃薯、苹果、花椒、烤烟和中药材为主要作物,玉米和薯类2020年的播种面积在云南省仅次于曲靖市,居第2位;养殖业以生猪、绵羊和肉牛为主,2020年猪肉产量居云南省第4位[2]。

1. 人口

昭通市是中国山地区域村镇人口较多且人口密度较高的地区之一,乡村人口总数在云南省16个地州市中居首位,市域人口密度居第2位,仅低于昆明市。"十三五"初期,昭通市是全国扶贫重点片区之一。全市11个县(市、区),有10个贫困县,1004个贫困村,113.37万贫困人口,居云南省首位,占全省贫困人口总数的23.8%;贫困发生率21.53%,分别比全国、云南省高15.83个百分点、8.82个百分点[3]。昭通市贫困人口面广、贫困人口多、贫困程度深。

昭通市地处乌蒙山区腹地,山地占全市土地面积的97%,自然坡度25°以上的面积占全市土地面积的43.7%。平地(坝子)几乎全部分布在昭阳到鲁甸之间的昭鲁坝子上,其余县(市、区)的平坝面积小且分布分散。因历史上交通闭塞,人口增长快,故该市形成人口多、密度大的局面。全市除盐津县外,其余县(市、区)行政驻地的人口密度均在300人/km²以上,昭阳区街道、鲁甸县城等地更达1000人/km²。近十年来,昭通市经历了快速的城镇化过程。2009~2020年,昭通市城镇化率从20%增长到39.5%,乡村人口从427万人减少到308万人,平均每年有10万余人城镇化,其中2014~2019年,总人口城镇化率增加了8个百分点,有25万人城镇化,平均每年5万人。

2. 居民生活

"十三五"期间，昭通市农村居民可支配收入一直维持在云南省平均水平的88%上下，接近全国平均水平的2/3；除水富市外，其余县区均为万元出头的水平，且相差不大。水富市在2019年和2020年超过全省平均水平，其余县区在相应时段均未及全省平均水平。由此看来，虽然2020年底已全面脱贫，但农村居民收入水平与全省和全国仍有不小差距。从收入来源看，根据统计部门2017年的农村住户调查，昭通市农村居民可支配收入资金为8675元，其中经营收入占38%，工资性收入占35%，转移收入占1/4，其他占2%；和全国平均水平相比，工资性收入偏低，转移收入偏高。未来如沿全国现有模式演进，工资性收入的比例还会进一步增加，即外出务工人数及工时会继续增多，相应地，农村劳动力也会继续减少。

3. 村镇分布与基础设施

昭通市平地少、河谷深切、人口众多，村庄多分布于相对平缓的坡地上，村镇聚落呈典型的坡地聚落形态。全市面积在30km²以上的坝子①有4个[4]，分别为昭鲁坝子524.8km²，鲁甸龙树坝子53.2km²，永善坝子46.1km²，巧家坝子36.6km²。昭鲁坝子包括昭阳区城区和鲁甸县城，是云南省较大的坝子之一，昭鲁坝子与陆良坝子、昆明坝子、蒙自坝子、曲靖坝子为云南陆地面积500km²以上五大坝子[4]。从乡镇行政单元看，有3/4以上的乡镇坡度在15°以上，而其中又有将近1/4的乡镇坡度在25°以上。从村庄的位置看，有40%~50%的村庄分布在坡度15°以上的坡地中，有1/3左右的村庄分布在坡度25°以上的坡地中。由于难以找到较大的平地区域集中进行聚落布局，故一方面较少的平坝区域形成了高密度的人口分布，另一方面缓坡地带散布了较多的村庄聚落，形成高密度人口和高密度坡地聚落并存的状态[5]，无形中对整个区域的资源环境形成了压力。脱贫攻坚战略的实施，在改善坡地村落农户居住条件的同时，对不适宜居住的村落进行了集中搬迁。截至2020年底，昭通市累计脱贫185.07万人，1235个贫困村，建成了69个进城入镇集中安置区，其中9个安置区达万人以上规模，靖安、卯家湾跨县区安置规模分别位列全国第一和第二[3]。

住房与基础设施建设方面，2020年城镇常住居民人均住房面积43m²，农村常住居民人均住房面积40m²。全市已经实现村村通公路，4G无线网络行政村覆盖率100%、自然村覆盖率88.3%，无线通信信号覆盖率98.83%[6]。

4. 农业生产

昭通市2020年农业总产值完成342.34亿元，粮食总产量208.02万t，现有200多万亩的高标准农田。2019年[7]，玉米和薯类播种面积和产量在云南省的占比都超过10%，其中薯类（折粮）超过30%；另外，白菜类产量、生猪存栏和猪肉产量在云南省占比也超过10%（表4-1）。2019年玉米和薯类（折粮）播种面积分别占全市粮食作物总播种面

---

① 坝子面积包括周围8°以下的低丘台地、盆地及水域。

积的45.02%和34.39%，产量分别占粮食作物总产量的58.38%和25.81%。

表4-1 昭通市2019年主要农产品生产（播种面积和产量）及占云南省的比例

项目	粮食作物 播种面积/万 hm²	产量/万 t	玉米 播种面积/万 hm²	产量/万 t	薯类 播种面积/万 hm²	产量/万 t	其他作物 播种面积/万 hm²	白菜类产量/万 t	生猪存栏/万头	猪肉产量/万 t	绵羊毛产量/t
数量	50.37	205.90	22.68	120.20	17.32	53.15	5.09	70.18	260.11	29.85	663.00
比例/%	12.09	11.01	12.72	13.07	32.56	31.58	12.72	13.28	11.10	10.38	50.34

从单产水平来看，玉米的单产水平略高于云南省平均水平，薯类略低于云南省平均水平。昭阳、巧家和彝良3县区两种作物的单产水平要高于省均和市均水平（图4-1）。近年来，农作物种植结构发生了较大的转变，开始向适宜山地特色、多样化的方向转变。一是马铃薯在近年来发展迅速，目前完成5万亩的"洋芋帝国"和100万亩规范化种植基地；二是苹果种植面积扩大，2020年达75万亩；三是竹产业规模达430万亩；四是花椒、天麻种植面积分别达147.2万亩、8.5万亩[6]。

(a) 玉米

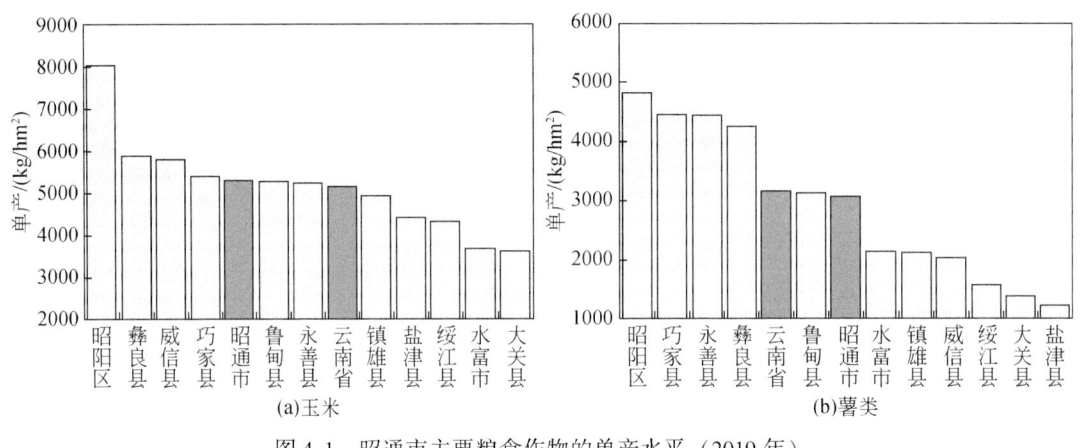

(b) 薯类

图4-1 昭通市主要粮食作物的单产水平（2019年）

4.1.2 水土资源

1. 土地资源

（1）可利用土地资源少。昭通市自然坡度25°以下的面积73万 hm²，不到全市土地面积的1/3。约有4000hm²的人工地表①和41万 hm²的农田分布在15°以上的坡地中；其中又

---

① 人工地表指的是由人工建造活动形成的地表，包括城镇等各类居民地、工矿、交通设施等，不包括建设用地内部连片绿地和水体，本文借指建设用地。数据来源：http://www.globallandcover.com。

有1000hm²的人工地表和15万hm²的农田分布在25°以上的坡地中。昭通市人均建设用地（人工地表）面积51m²，各市（县、区）中，高者绥江县超过80m²，低者盐津县不到10m²。各乡镇中，极值大约分布在1.37～153.27m²，平均值不到50m²，中位数为36.28m²；有3/4的乡镇不超过75m²（图4-2）。

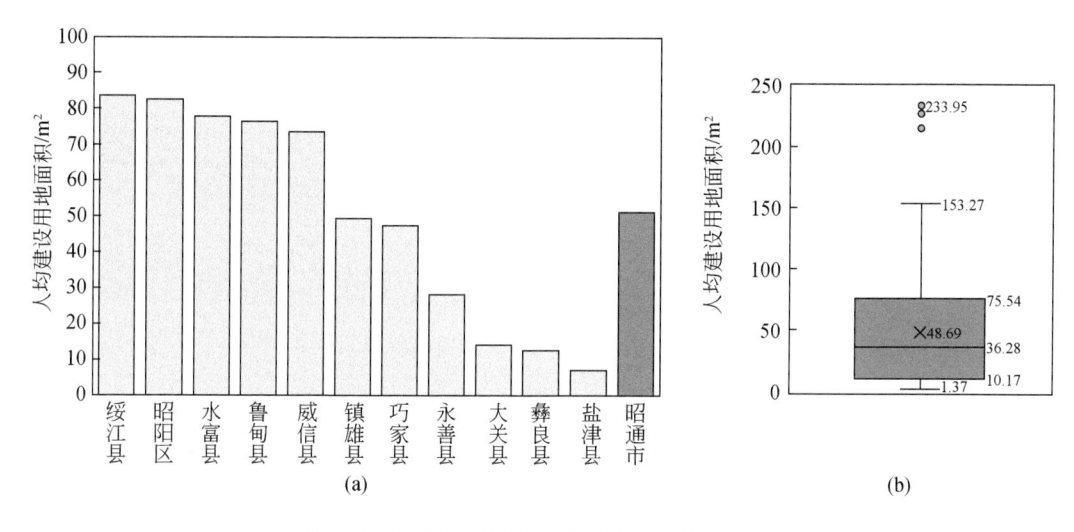

图4-2 昭通市各县区人均建设用地面积（a）及各乡镇建设用地统计分布（b）

（2）耕地质量不高。2019年昭通市耕地面积61.66万hm²，旱地占91.42%，水田和水浇地仅分别占5.24%和3.34%[8]。镇雄县耕地占有量最多，为13.99万hm²，占全市的23%；最少的为水富市，仅占全市的1%。按2020年常住人口计算，昭通市人均耕地面积1.82亩，最高的巧家县，人均耕地2.47亩，最低的水富市，人均耕地1.12亩。按2020年乡村人口计算，人均耕地约4亩，其中坡度15°以下的耕地人均不到1.5亩。昭通市95%以上的耕地为坡耕地（6°以上），耕地坡度等级4等（15°）和5等（25°）的耕地占比超过2/3，坡耕地中未梯田化的耕地占1/3以上。坡度等级小于3等的耕地集中分布在昭鲁坝子，东部的镇雄县、威信县、盐津县耕地坡度等级绝大多数在4等以上。耕地质量调查结果显示，耕地自然等10～12等的耕地占全部耕地面积的97.2%，全市耕地自然等的平均等级为10.9等。

2. 水资源

水资源相对丰富，人均综合用水量低于全省平均水平。昭通市位于金沙江干流、长江干流和乌江上游三个流域的分界区域，主要河流有金沙江干流及其支流横江和牛栏江、长江干流及其支流赤水河和南广河、乌江上游的六冲河，流域面积最大的是横江，覆盖昭鲁坝子以东以北的广大地区，其次是金沙江石鼓以下干流，沿西部边缘分布，跨巧家县、永善县、绥江县和水富市。全市多年平均地表水水资源总量①128亿 m³[9]，人均约2500m³，地下水资源量48.9亿 m³。因人口分布分散，昭通市乡村供水主要是分散式供水[10]，2019年有各类农村供水设施4.4万处，其中集中供水设施1.4万处（包括城镇管网延伸供水工程，万人、千人及其以下规模人口供水工程），占农村供水设施总数31.8%，其余68.2%为分散式供水工程。城镇管网延伸的供水工程仅有16处，其中昭阳区4处、镇雄县和盐津县各3处、威信县2处、水富市、绥江县及彝良县0处，其余县各1处。农村集中式供水设施中，96%以上的是千人规模以下小型工程。

昭通市2019年水资源开发利用率不到8%，2019年总供水量9.78亿 m³，供水水源主要为地表水，其中水库供水占全社会总供水量的39.85%；其次是河湖引水，占30.58%；地下水仅占3.08%（表4-2）。用水结构中，农业灌溉用水量占总用水量的57.81%，其次是城乡生活用水量，合计占总用水量的20.93，工业用水不到10%（表4-2）。

表4-2 昭通市供用水统计（2019年） （单位:%）

类别	项目	数值
用水结构	农业灌溉	57.81
	工业生产	9.44
	城镇生活	8.63
	乡村生活	12.3
	生态环境	3.32
	其他	8.50
水源结构	水库	39.85
	塘坝窖池	7.3
	河湖引水	30.58
	河湖提水	4.3
	其他地表水	14.13
	地下水源	3.08
	其他水源	0.76

昭通市水资源公报显示[9,11]，2019年全市人均综合用水量185m³，约为全省人均综合用水量的58.0%，万元GDP用水量88.0m³，万元工业增加值用水量44.0m³，农业灌溉亩均用水量325m³，城镇人均生活用水量128L/d，农村人均生活用水量89L/d。据云南省[12]和昭通市2020年水资源公报数据，2020年昭通市水资源开发利用率7.6%，略高于云南省7.1%的省均水平；人均综合用水量192m³，约为省均水平331m³的58.0%；万元GDP用水量76m³，比全省平均水平高12m³；万元工业增加值用水量30m³，与省均水平持平；农业灌溉亩均用水量261m³，比省均水平少112m³；城镇和农村人均生活用水量分别为113L/d和87L/d，分别相当于省均水平的86.92%和98.86%。

---

① 根据《2019年昭通市水资源公报》测算。

4.1.3 生态环境与灾害

1. 生态保护

昭通市跨温带和亚热带两大气候带，根据境内降水和干燥度，可分为相对湿润的北区和相对干旱的南区，受垂直地带性的影响，分为6个气候类型区，11个自然类型区[13]。受历史上土地高垦殖率的影响，全市森林覆盖率47.2%，森林灌丛面积约占全市的42.20%，水域湿地约占7.86%。全市约有5.6%的自然保护地面积，其中自然保护区13个，面积11.9万hm^2，主要分布在药山、大山包、铜锣坝、五峰山等地，行政范围跨9个区县、81个乡镇；国家级森林公园2个，面积约1万hm^2。

昭通市生态敏感性高，过去一直是云南省乃至全国水土流失严重的地区之一。据2004年土壤侵蚀现状遥感调查，全市水土流失面积10 567.5km^2，占全市土地面积的47.11%；林业局资料显示，水土流失和石漠化面积分别占全市土地面积的49%和23.3%，土壤侵蚀的各种潜在危险程度面积占土地总面积的53.2%，是长江上游水土严重流失地区。石漠化灾害主要分布在金沙江和牛栏江谷地、白水河和乌江上游以及横江流域上游的部分地区。

2. 环境保护

环保部门资料显示，昭通市2020年大气环境质量达标率100%，环境空气质量优，综合指数为2.7。水环境也较好，2020年全市地表水39个监测断面达标率为89.74%，其中劣Ⅴ类水质3个，占7.7%，主要超标因子为氨氮、总磷、五日生化需氧量和高锰酸盐指数。

据《2020年云南省水资源公报》[12]，2020年昭通市工业、生活废污水排放量1.34亿m^3，在云南省各地市州中排第4位，仅低于昆明、曲靖2市和红河哈尼族彝族自治州。乡村污水治理率不高，全市自然村平均生活污水治理率为42%，其中仅昭阳区、鲁甸县和彝良县超过50%，盐津县、镇雄县和水富市均不足1/3。

因地处长江上游生态屏障区域，昭通境内河流多为长江二、三级支流的上游区，水环境保护的功能重要。全市河流湖库多划定为水环境Ⅱ类，Ⅰ类区有1个，位于昭阳区的跳墩河水库，地处国家级自然保护区范围；Ⅱ类区多数位于河流的源头区，为饮用一级水环境功能区[14]（表4-3）。

3. 地质灾害

昭通市坡面多，岩石易于风化，土壤质地疏松，易于导致地质灾害和水土流失。据地质部门统计数据，昭通市各类地质灾害5400个，约24个/100km^2（表4-4），以滑坡为主，占全部灾害点数量的58.4%，加上崩塌和泥石流共计占全市灾害点数的84.55%；中型规模以上灾害体占全市灾害点数量的1/3以上，其中1/5以上为大型和特大型规模。从灾害点密度来看，鲁甸县、盐津县、大关县、永善县、绥江县、水富市等地均较全市密集，水富市更是达到 87 个/100km²。

表 4-3 昭通市水环境保护功能区

河流

流域		一级支流	二级及以下	河段名称	水环境功能	类别	流经地区
长江	干流	大龙潭		巧家县玉屏山	饮用一级	Ⅱ	巧家县
		龚家沟		巧家县玉屏山	饮用一级	Ⅱ	巧家县
		大汶溪	铜厂河	源头—大汶溪口	饮用一级	Ⅱ	绥江县
		洒渔河-关河	出水堰	源头—洒渔河口	饮用一级、工农业用水	Ⅱ	大关县
			花鱼河	源头—发达河口		Ⅱ	彝良县
		横江	豆芽沟	源头—横江口	饮用一级	Ⅱ	盐津县
	支流	南广河	柳尾坝河	源头—罗布河口	饮用一级	Ⅱ	威信县

湖库

水系	湖库名称	水环境功能	类别	位置
长江	跳墩河水库	国家级自然保护区	Ⅰ	昭阳区
	渔洞水库	饮用一级、工农业用水	Ⅱ	昭阳区
	气象路深井水	饮用一级	Ⅱ	鲁甸县
	云荞水库	饮用一级、农业用水	Ⅱ	永善县
	油房沟水库	饮用一级、农业工业用水	Ⅱ	盐津县
	罗汉坝	饮用一级、农业工业用水	Ⅱ	大关县
	螳螂坝水库	饮用一级、农业用水	Ⅱ	镇雄县
	李家河坝水库	饮用一级、农业用水	Ⅱ	镇雄县
	大木桥水库	饮用一级、农业用水	Ⅱ	镇雄县
	营地水库	饮用一级、农业用水	Ⅱ	镇雄县

表 4-4 昭通市地质灾害规模及主要类型统计

地名	灾害点数规模占比/%			灾害点数类型占比/%			灾点数/(个/100km²)
	特大型	大型	中型	崩塌	滑坡	泥石流	
昭阳区	1.76	8.82	26.45	14.11	70.28	10.58	18
鲁甸县	0.92	6.67	18.85	21.38	52.41	8.05	29
巧家县	0.64	1.93	17.56	19.49	63.17	11.35	15
盐津县	0.52	11.00	32.99	16.67	56.87	4.81	29
大关县	2.50	6.72	30.52	28.60	54.13	10.56	30
永善县	0.59	7.78	30.98	9.10	79.15	4.41	25
绥江县	1.09	6.93	44.53	8.03	35.77	0.73	37
镇雄县	0.63	8.85	27.43	20.10	49.68	6.45	21
彝良县	0.33	6.25	20.56	23.19	63.82	9.87	22

续表

地名	灾害点数规模占比/%			灾害点数类型占比/%			灾点数/(个/100km²)
	特大型	大型	中型	崩塌	滑坡	泥石流	
威信县	0.39	11.58	43.24	15.83	41.31	5.41	19
水富市	0.26	2.36	25.39	26.70	55.50	7.33	87
昭通市	0.85	7.24	27.87	18.77	58.40	7.37	24

4.2 鲁甸县村镇建设与资源环境概况

4.2.1 村镇建设与农业生产

1. 人口

鲁甸县下辖9镇2乡2街道，103个社区、村，1702个村民小组。"七普"[1] 常住人口398 447人，比"六普"[2] 增加了约7800人；共有家庭户129 016户，平均每户为2.99人，户均人口比"六普"减少1.07人；城镇人口157 168人，乡村人口241 279人，城镇化率39.45%，比第六次全国人口普查提升了22.26个百分点。12个乡镇中，除县城驻地文屏镇外，其余乡镇平均人口约2.5万人，乡村人口除新街镇外平均人口2.1万人。有4个镇家庭户超过1万户，其余乡镇不足万户，新街镇不足5000户；各乡镇家庭户户均人口相差不大，各乡镇家庭户户均人口在3人左右，且相差不大（表4-5）。

表4-5 鲁甸县2020年乡镇人口基本情况

乡镇	常住人口/万人	城镇化率/%	乡村人口/万人	家庭户/万户	家庭户户均人口*/人
文屏镇	12.26	85.45	1.78	3.77	3.02
水磨镇	3.27	13.08	2.84	1.03	3.16
龙头山镇	4.28	22.49	3.32	1.46	2.87
小寨镇	1.71	33.71	1.13	0.57	2.94
江底镇	2.22	9.61	2.00	0.78	2.85
火德红镇	1.74	30.47	1.21	0.58	2.98
龙树镇	2.92	18.23	2.39	0.89	3.25
新街镇	1.39	62.96	0.52	0.42	3.30
梭山镇	2.14	20.51	1.70	0.70	3.01
乐红镇	2.33	29.27	1.65	0.84	2.71

---

[1] "七普"指第七次全国人口普查。
[2] "六普"指第六次全国人口普查。

续表

乡镇	常住人口/万人	城镇化率/%	乡村人口/万人	家庭户/万户	家庭户户均人口*/人
茨院回族乡	2.54	0.00	2.54	0.82	3.01
桃源回族乡	3.04	0.00	3.04	1.04	2.91
合计	39.84	39.45	24.13	12.9	2.99

* 家庭户户均人口为常住家庭户人口/家庭户，下同。

注：2021 年 3 月，文屏镇撤销，设立文屏街道和砚池街道。本研究在 2021 年前，故仍用文屏镇。茨院回族乡简称茨院乡；桃源回族乡简称桃源乡

根据 2019 年的村庄统计，鲁甸县有 27 个社区，70 个行政村，每个社区约 16 个村民小组，每个行政村约 19 个村民小组。每个社区常住人口为 4600~4900 人，每个社区村民小组的人口为 260~350 人；每个行政村常住人口为 4200~4400 人，每个行政村村民小组的人口为 200~230 人（图 4-3 和表 4-6）。2019 年全县户常比（户籍人口/常住人口）为 1.1，除文屏镇为 0.8 外，其余乡镇在 1.1~1.3；各乡镇的社区平均户常比约为 0.9，文屏镇为 0.6，其余乡镇均大于 1；各乡镇的行政村平均户常比约为 1.2，各乡镇均在 1.0~1.4。

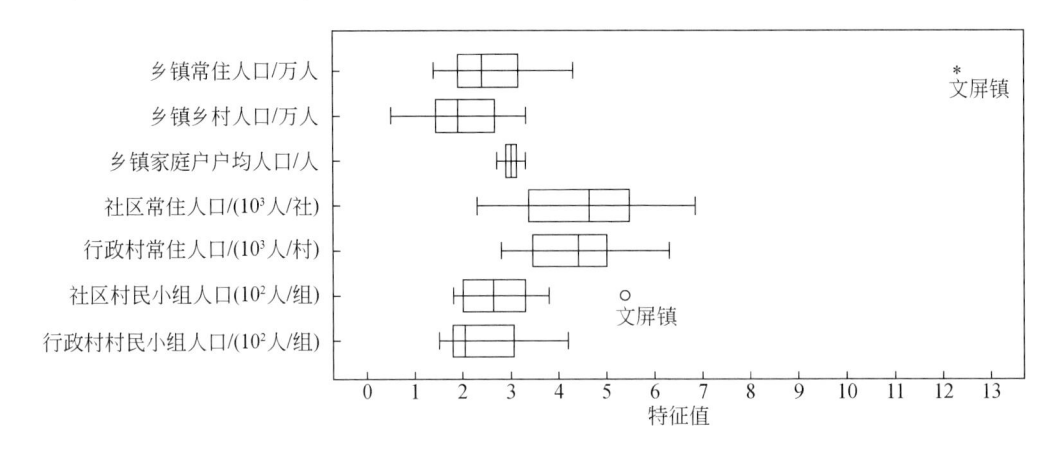

图 4-3 鲁甸县村镇人口特征值（乡镇单元）

表 4-6 鲁甸县各乡镇 2019 年社区及行政村人口规模

乡镇	社区数/个	行政村数/个	村民小组数 个/社	村民小组数 个/村	社区常住人口 10^3 人/社	社区常住人口 10^2 人/组	行政村常住人口 10^3 人/村	行政村常住人口 10^2 人/组
文屏镇	9+6*	6	11	15	6.0	5.4	6.3	4.2
水磨镇	1	9	18	17	4.9	2.7	3.5	2.1
龙头山镇	2	10	8	23	2.3	3.1	4.7	2.0
小寨镇	1	3	33	25	6.1	1.9	4.5	1.8
江底镇	1	6	13	16	3.0	2.3	4.3	2.6
火德红镇	1	5	16	18	3.2	2.0	3.3	1.8
龙树镇	4	3	16	17	4.6	3.3	5.3	3.1
新街镇	1	4	27	17	6.8	2.5	3.4	2.0

续表

乡镇	社区数/个	行政村数/个	村民小组数		社区常住人口		行政村常住人口	
			个/社	个/村	10^3人/社	10^2人/组	10^3人/村	10^2人/组
梭山镇	2	8	18	18	3.5	2.0	2.8	1.6
乐红镇	1	8	26	23	4.7	1.8	3.9	1.7
茨院乡	2	6	13	12	4.9	3.8	4.5	3.7
桃源乡	2	7	12	18	4.1	3.6	5.6	3.1
合计	27	70	16	19	4.9	3.3	4.2	2.3
中位数	1.5	6	16	18	4.6	2.6	4.4	2.0
标准差	2.3	2.3	7.5	3.7	1.4	1.0	1.0	8.7

＊6个社区为卯家湾易地搬迁的6个片区

2. 居民生活

2020年鲁甸县农村居民人均可支配收入1.13万元，大致与全市水平持平，在11个县（市、区）中，居第5位，低于水富市、昭阳区、镇雄县和盐津县。1990~2013年，鲁甸县农民人均收入除个别年份外，均低于全市平均水平；2014年以来，鲁甸县农村居民人均可支配收入略高于全市平均水平（图4-4）。

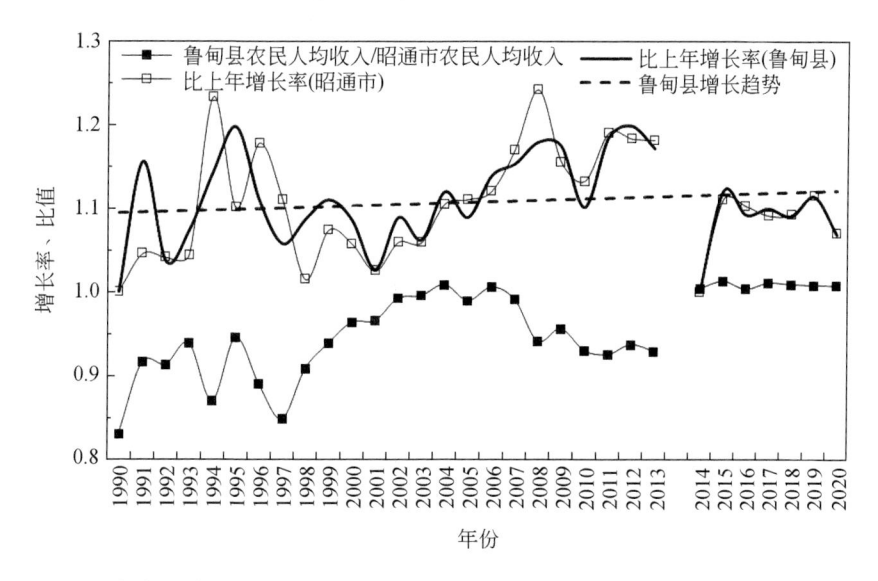

图4-4 鲁甸县农民纯收入（2014前）和农村居民可支配收入（2014后）的变化

1990~2013年与2014~2020年数据统计口径不同，图中已将两时间段断开，以表示两个时间段。各时段数据只能在时段内比较

村庄生活设施方面，根据统计部门资料，2019年通宽带、互联网和通自来水的村庄分别达92.9%和87.1%，有线电视、生活垃圾全部集中处理和生活污水全部集中处理的村庄覆盖率不足50%，其中生活污水全部集中处理的村庄不到1/10（图4-5）。村庄农户生

活设施方面自来水户的覆盖率超过50%，管道燃气户的覆盖率仅1%。自然村生活设施覆盖面窄与高山峡谷地形、村落分散、基础设施修建成本过高有关，为实现2020年全面脱贫目标，对一些偏远、受地震地质灾害威胁严重的村庄进行了搬迁，村庄和农户生活设施的覆盖率得到了较大的提高。

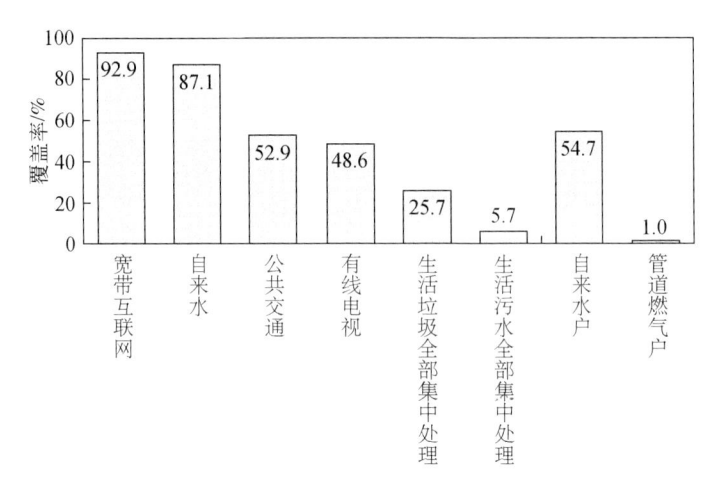

图4-5 鲁甸县村庄居民生活设施覆盖情况（2019年）

3. 农业生产

鲁甸县在省内有优势的农产品主要为马铃薯、烤烟、生猪和黄牛，2020年全县粮食产量14.68万t，比2011年增加了2.5万t。2020年全县农作物播种面积74.38万亩，其中粮食作物占71.34%，以玉米和薯类作物为主，分别占全县粮食作物播种面积的45.75%和31.14%，一半以上的玉米和薯类作物种植分布在龙头山、水磨、江底和龙树4镇。全县经济作物播种面积21.32万亩，以油料、烟叶、蔬菜及食用菌为主，三大类作物播种面积将近占经济作物的3/4，仅蔬菜及食用菌就占近1/2，第二大类作物是烟叶，二者合计占经济作物总播种面积的70%；烟叶种植主要分布在桃源乡和文屏镇，两乡镇烟叶播种面积占全县近八成；蔬菜及食用菌各乡镇均有一定规模，文屏、龙头山、江底和龙树4镇播种面积占全县的一半以上。全县粮食和经济作物的播种面积比为2.5，其中茨院乡、文屏镇、新街镇分别为0.6、1.1、1.99，其余各乡镇均在2以上，水磨镇和乐红镇均在5以上（图4-6）。

鲁甸县耕地亩产水平在昭通市处于中游水平，2020年粮食亩产量275kg，其中稻谷亩产450kg，玉米亩产可达354kg，薯类（折粮）为241kg，各类作物的亩产水平均不高。因各地作物种植的差异，粮食作物亩产量也参差不齐（图4-6）。第一大类作物玉米各地亩产水平差异不大，最高的如文屏镇可超过400kg，低者也在330kg左右；薯类各乡镇产量差别较大，亩产（折粮）高的水磨和火德红镇超过300kg，低的文屏、小寨镇和桃源乡不到200kg；稻谷种植主要分布在4个乡镇，亩产较高的桃源、茨院乡和小寨镇均超过450kg。另外，粮食作物中大豆也是各乡镇种植，亩产水平差异也较大，如江底镇、水磨

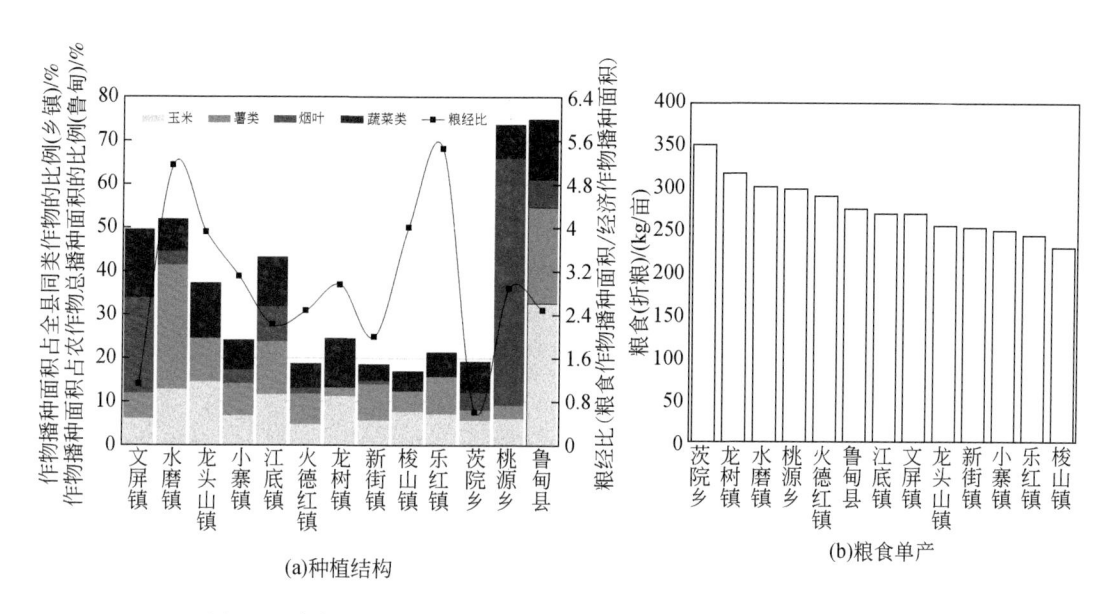

图 4-6　鲁甸县作物种植结构及粮食单产水平的地区差异（2020 年）

镇、新街镇可超过 150kg，而火德红镇和乐红镇不到 100kg。经济作物种植各乡镇不大一致，各有特色，如各乡镇均有一定规模的蔬菜类作物，品种、种植规模的大小及单产水平差异均大，种植规模较小的新街镇和火德红镇单产水平较高，种植的种类较多；位于县城周边的茨院乡和桃源乡，主要以大白菜、圆白菜为主，规模和单产水平均不高。

2020 年全县猪、牛、羊和家禽存栏数分别为 18.49 万头、7.10 万头、7.25 万只和 57.66 万只，其中牛、羊存栏数分别为昭通市的 14.75% 和 10.66%；肉类总产量 1.89 万 t，其中牛肉产量占昭通市的 11.83%。从各乡镇的生产情况看，猪存栏主要集中在水磨镇、龙树镇和龙头山镇；牛存栏主要桃源乡和茨院乡，仅桃源乡就占全县的 29%；羊存栏主要在水磨镇和江底镇；家禽存栏主要在桃源乡和文屏镇。肉类生产中，猪肉主要在龙树镇、水磨镇和新街镇；牛肉主要在桃源乡、茨院乡和文屏镇，3 乡镇牛肉产量超过全县的 3/4；羊肉主要在水磨镇、江底镇和龙树镇；家禽肉仅文屏镇就占近 1/5（图 4-7）。总的来看，水磨镇、桃源乡、江底镇和文屏镇是全县主要的畜禽养殖和肉类生产地区。

4.2.2　水土资源

1. 土地资源

鲁甸县位于昭通市西南，紧邻市区，县城在"昭鲁坝子"上，相比昭通市其他县，其土地资源利用条件相对较好。全县土地面积 14.84 万 hm²，一半以上面积在坡度 15°以上，其中一半又在 25°以上（图 4-8）。2020 年各类建设用地面积 1.04 万 hm²，占县域面积的 7.01%，其中城乡居民点用地面积合计 0.62 万 hm²，占县域面积的 4.18%；城乡居民点用地中，城镇居民点用地 740hm²，农村居民点用地 5410hm²。城乡居民点分布比较分散，

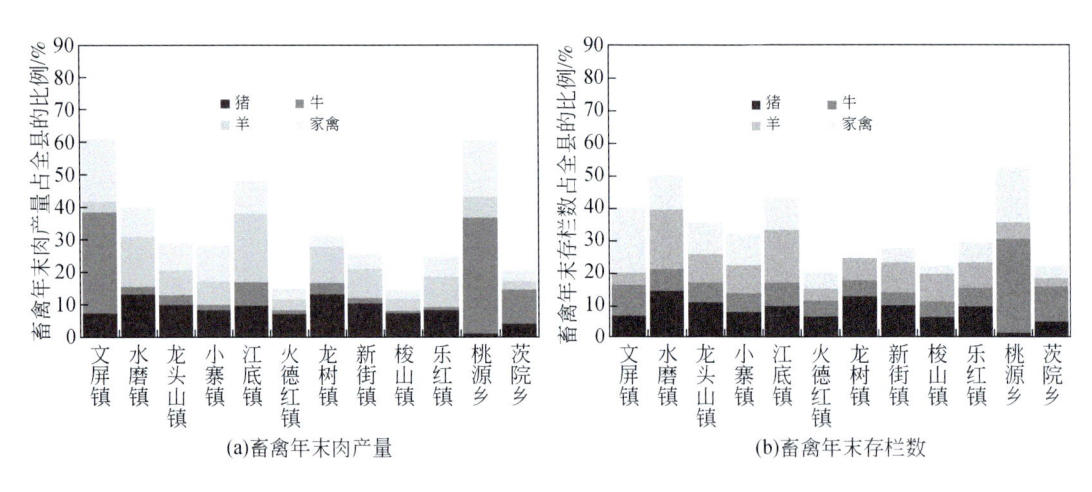

图 4-7 各乡镇畜禽养殖和肉类生产占全县的比例（2020年）

除县城文屏镇有一块面积较大建设用地外，其他乡镇地块面积均较小。全县耕地面积 3.88 万 hm²，约占县域土地面积的 26%，其中 94% 为旱地。园地面积 2 万 hm²，约占县域土地面积的 13.5%，耕地园地合计比例近 40%。耕地九成以上是坡耕地，1/5 以上为 25°以上的陡坡耕地，15°以上的耕地占耕地总面积的 2/3 以上，6°以下耕地占耕地总面积的比例不足 13%（图 4-8）。

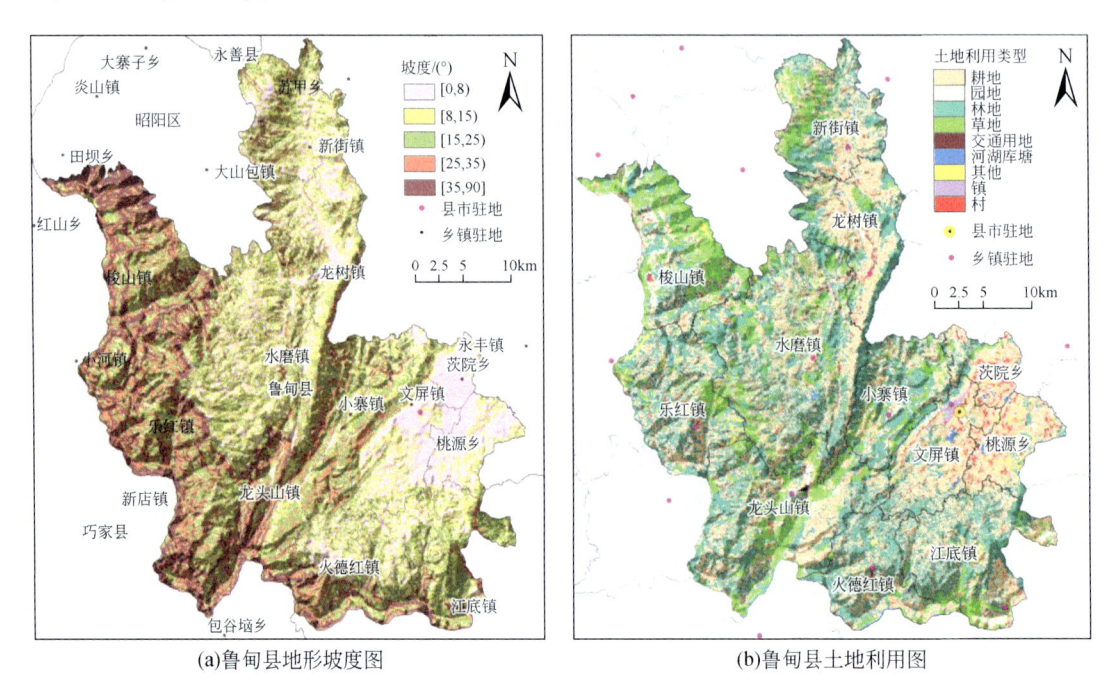

图 4-8 鲁甸县地形与土地利用

2. 水资源

鲁甸县多年平均降水量923mm，年均温12°C，属于高原型温凉偏旱气候。县域主要跨两个流域，横江和牛栏江，均为金沙江支流，多年平均水资源量约6亿m³，其中，地下水资源量2亿m³左右，人均水资源1500m³左右。

据水利部门资料，2020年鲁甸县水资源开发利用率为14.5%，相当于昭通市和云南省水平的2倍左右。全年地表水供水量8793万m³，其中60%为引水工程供水，22%为蓄水工程供水，另外还有180万m³提水工程和1420万m³的人工载运水。在总供水量中，约1/10为地下水供水，其中43%的地下水供水是深层水；污水回用和雨水利用供水占总供量的1.3%。总用水量中，一半以上为农业灌溉用水，城乡居民生活用水占总用水量的18%。全年人均综合用水量218m³，比昭通市平均水平高出13.5%，相当于云南省平均水平的2/3；农田灌溉亩均综合用水390m³，比全市平均水平多131m³，比全省平均水平多19m³。

截至2020年[10]，完成水利投资13.86亿元，完成月亮湾水库、滴水海子水库、红石岩堰塞湖整治等水利工程和1.2万件"五小水利"工程建设，耕地有效灌溉率提高到32.2%，解决了11.45万人及7.6万头大牲畜饮水安全问题。目前，城乡集中式供水工程设计供水能力达2261.9万m³，设计水资源利用能力为3.77%，设计受益人口50.7万人，其中，农村可实现受益人口38.9万人；农村分散式供水设计受益人口3万人。2020年城乡供水工程实际年供水量2204万m³，其中，集中式供水量2162万m³，其中，农村供水量1609万m³，实际受益人口38.69万人；农村分散式供水量42万m³。因农村居民点分散，很多地区主要采用几个村庄或几家农户联合建设1~2个水窖的方式实现生产生活用水。

4.2.3 生态环境与灾害

1. 生态保护

鲁甸县位于昭通市西南，海拔相对较高，气候也相对温凉。昭鲁坝子作为云南省的较大坝子之一，农耕历史长，人口密度较高，加上石漠化灾害的影响，自然生态系统早已罕见。全县森林覆盖率35%，低于昭通市平均水平。2000年以来陆续实施天然林保护、退耕还林、重点公益林建设、湿地保护等生态保护工程，截至2020年，各类工程累计面积11万余公顷。全县约1/4的土地面积划为生态保护红线[15]，主要分布在渔洞水库周边、牛栏江两岸和石漠化敏感地区，红线的生态保护功能几乎全部为水土保持型。2020年林草地面积合计占县域土地总面积的45.83%，其中林地面积近40%。

2. 环境保护

根据环保部门监测，鲁甸县大气环境质量优良，水环境除县城外，村镇地区均达到或超过水环境质量功能要求。"十三五"期间，环境空气质量优良天数比例达99.9%，城市地表水、集中式饮用水水源地水质达标率均达100%。除县城外，鲁甸县多数地区的水功能要求为Ⅲ类。从现状质量看，现有国控断面1个，为牛栏江江底桥断面，水功能要求为Ⅲ类，2019年和2020年断面监测质量达到Ⅱ类和Ⅰ类；其他两个断面是非国控断面，分属牛栏江青岗坪和龙树河坪地营，水功能要求均为Ⅲ类，2019年和2020年两断面监测质量均达到Ⅱ类。县城昭鲁河得胜桥（石牛口）为城市工业生活用水区，水功能要求为Ⅳ类，2019年和2020年水质监测结果分别为Ⅳ类和劣Ⅴ类，为重度污染。

2020年鲁甸县农作物化肥施用量46.6kg/亩，氮肥、磷肥、钾肥和复合肥的施用量分别占38.07%、30.66%、13.12%和18.15%。化肥施用量最高的是新街镇，高达106kg/亩，其中磷肥占比达52%；其次是龙树镇，化肥施用量为70.31kg/亩，以钾肥为主，占比达54.51%。化肥施用量较低的为江底镇、龙头山镇和水磨镇，均低于27kg/亩，以氮肥和磷肥为主（图4-9）。

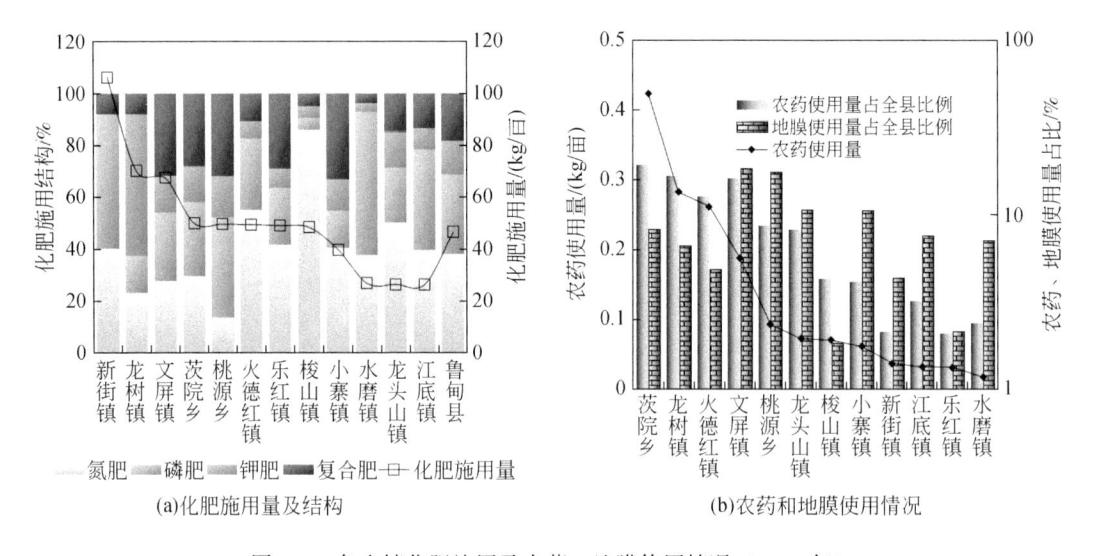

图4-9 各乡镇化肥施用及农药、地膜使用情况（2020年）

全县农作物农药使用量为0.11kg/亩，其中茨院乡达0.42kg/亩，其次是龙树镇和火德红镇，均超过0.25kg/亩；农药用量最多的乡镇为茨院乡、其次为龙树镇、火德红镇和文屏镇，4乡镇耕地农药合计用量占全县当年总使用量的65%。地膜使用量较多的是桃源乡和文屏镇、龙头山镇、小寨镇，4乡镇地膜合计用量占全县当年总使用量的58%。

污染物治理状况和其经济发展状况基本相适应，即经济发展比较落后，环境治理能力也不高。因产业体系以农业为主，鲁甸县没有大的耗水、耗能型企业，整体环境较好。住建和环保部门的资料显示，全县有水污染物处理厂3座，日处理能力1500~2500t，服务龙头山、火德红、龙树和水磨4镇；还有污水处理站3座，日处理能力100~200t，服务桃源乡、新街镇和梭山镇；茨院乡有1座日处理能力30t的污水处理站和4.55km的配套管网。

城镇的污染物处理、污染治理能力处在较低水平，还无法适应短期内人口增加的需求。镇区个别河段现状水质超标，这是镇区人口压力大、环境空间不足导致。农村污水治理方面,生活污水治理自然村覆盖率达 55.12%,生活污水有效管控覆盖率 44.25%,仅有 5%以上的自然村完成集中污水处理设施建设,纳入城镇或乡镇污水管网。全县目前污水处理设施的日处理能力为 7765t,其中 20t 以下集中式污水处理设施 36 个。乡镇生活垃圾处理比较分散,龙树、新街、乐红、梭山、江底、水磨 6 镇有日处理能力 5t 的小型垃圾热解炉;龙头山镇和火德红镇各有 1 座垃圾填埋场,桃源乡、茨院乡和小寨镇垃圾则运往县城处理。

3. 地质灾害

据地质部门统计,鲁甸县各类地质灾害 400 多个,约 29 个/100km²(表4-7),以滑坡为主,占全部灾害点数量的 52.41%,加上崩塌和泥石流共计占全市灾害点数的 81.84%;中型规模以上灾害体占全市灾害点数量的 1/4 以上。从灾害点密度来看,乐红、火德红镇、龙头山镇、新街镇和桃源乡灾害点均较为密集,而乐红镇更达 89 个/100km²。

表 4-7 各乡镇地质灾害规模及主要类型统计

乡镇	灾害体规模/个			灾害体类型/个			总计/个	密度/(个/100km²)
	特大型	大型	中型	崩塌	滑坡	泥石流		
文屏镇				1	4		11	13
水磨镇	1	2	8	4	22	4	36	13
龙头山镇	1	3	25	23	33	9	85	40
小寨镇		3	3		9	5	14	14
江底镇		2	7	2	15	6	36	26
火德红镇	1	4	8	14	8		37	40
龙树镇		1	1	2	11		13	12
新街镇		3	8	2	29	3	35	31
梭山镇		8	7	8	23	1	38	28
乐红镇	1	2	15	36	70	6	116	89
茨院乡				1			1	2
桃源乡			1		4	1	13	31
合计	4	29	82	93	228	35	435	29

注:总计和密度为所有规模和类型的灾害体总数

4.3 调研村镇类型

根据海拔和地理位置,鲁甸县各乡镇可以分为三大区域:县城及周边平坝区,包括文屏、小寨、茨院和桃源 4 乡镇;高寒山区,包括新街、龙树和水磨 3 镇;江边河谷区,包括江底、火德红、龙头山、乐红和梭山 5 镇。根据鲁甸县生产、生活、生态空间的分布特征,各乡镇所处的地理位置、自然特征,以及村镇建设与农业生产的特点,乡镇可以分为三大类型:综合(城郊融合)类、农业类和生态类,综合类为文屏、小寨、桃源和茨院 4

乡镇，生态类为新街、梭山、乐红、火德红、龙头山和江底 6 镇，其余乡镇为农业类。根据村庄的优势主导功能和资源环境基础，村庄可分为三大类型，综合（产镇融合）类、农业类、生态类，其中，农业类又可分为种植业类、养殖业类、农旅业类（农业观光休闲旅游）三小类。

根据村镇主导功能类型，本研究选择的案例村镇为桃源乡 [综合（城郊融合）类乡镇] 及大水塘村（种植业功能类村）、江底镇（生态类乡镇）仙人洞村 [综合（产镇融合）功能类村]、水磨镇（农业类乡镇）铁厂社区 [综合（产镇融合）功能类村]、龙头山镇（生态类乡镇）沙坝村（农旅业功能类村）（图 4-10）。各乡镇村镇建设与资源环境特征值见表 4-8 和表 4-9。

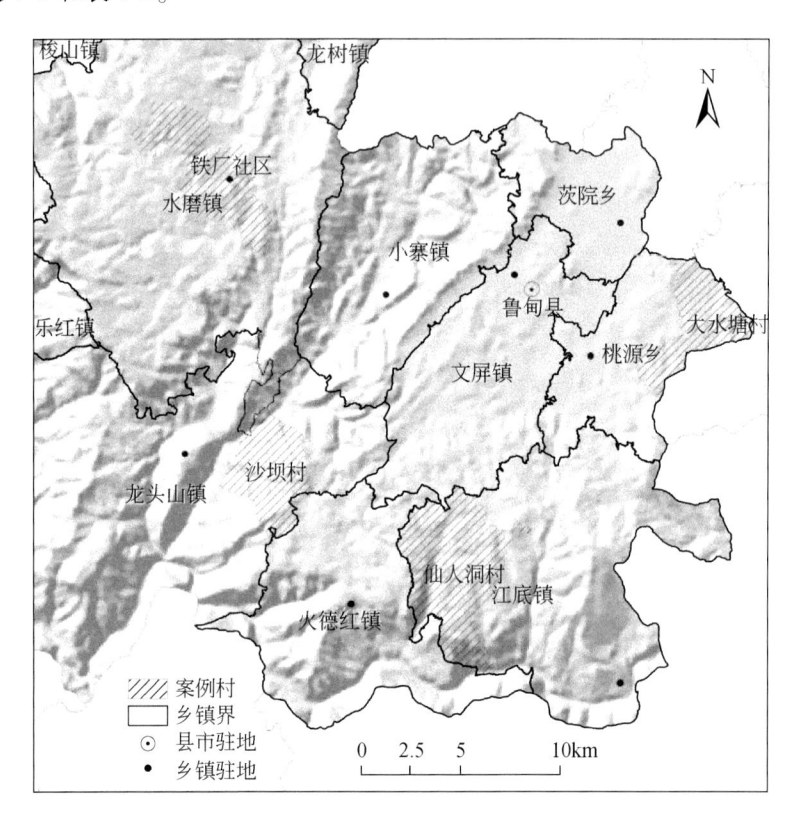

图 4-10　调研案例村镇

表 4-8　案例乡镇村镇建设与资源环境特征值

项目	桃源乡	江底镇	水磨镇	龙头山镇
主导功能	综合(城郊融合)类	生态类	农业类	生态类
人口密度/(人/km²)	519	158	121	203
总人口比"六普"减少/10³ 人	3.1	4.7	1.1	5.4
村庄规模/10³ 人	3~7	2~6	2~7	2~6
劳动力中农业从业人员/%	68.0	84.8	59.4	52.5

续表

项目		桃源乡	江底镇	水磨镇	龙头山镇
人均建设用地面积/m²		300	430	309	264
社区户均住宅用地/m²		448	517	413	211
行政村户均宅基地/m²		515	530	433	365
人均耕地/亩		1.3	2.8	4.2	0.8
户均耕地/亩		4.0	9.2	11.3	2.4
乡村劳动力耕地负担/(亩/劳力)		2.2	4.0	9.2	1.3
人均粮食/kg		342	664	858	426
耕地种粮率/%		54	77	59	94
耕地轮作率/%		42	17	16	3
作物播种面积占农作物总播种面积的比例/%	粮食	47.0	68.9	83.8	79.7
	玉米	20.0	35.6	28.0	39.4
	水稻/小麦	16.5			
	豆类				14.8
	薯类(折粮)		25.2	42.7	18.4
	烟叶	37.0			
	蔬菜及食用菌	10.6	14.7		14.6
农产品产量占全县的比例/%	粮食	7.1	10.1	19.2	12.5
	玉米		11.6	12.8	14.7
	水稻/小麦	35.0/18.4			/19.3
	豆类			13.4	21.8
	薯类(折粮)		10.4	36.7	8.8
	油料		9.1	67.9	
	烟叶	57.1		8.8	
	蔬菜及食用菌		10.1		12.6
	花椒				48.8
	梨和桃			21.9	22.9
	牛肉	35.6			
	猪肉		9.6	13.2	10.0
	羊肉		21.1	15.2	
农作物亩均化肥施用量/kg		49.8	26.4	26.9	26.6
卫生厕所家庭户使用比例/%		61.0	12.2	7.2	36.6

注:"六普"指第六次全国人口普查

表 4-9 案例村村镇建设与资源环境特征值

项目		大水塘村	仙人洞村	铁厂社区	沙坝村
主导功能		种植业类	农旅业类	综合(产镇融合)类	农旅业类
人口密度/(人/km²)		424	168	188	279
村庄规模/10³ 人		6.9	5.4	4.9	4.8
劳动力中农业从业人员/%		68.7	85.1	59.7	52.3
人均建设用地/m²		344	268	277	236
户均宅基地/m²		634	400	414	393
人均耕地/亩		1.7	3.4	3.3	0.8
户均耕地/亩		6.4	13.2	11.9	3.5
乡村劳动力耕地负担/(亩/劳力)		3.2	6.4	9.4	1.6
人均粮食/kg		248	852	701	331
耕地种粮率/%		63.4	77.7	80.5	96.0
耕地轮作率/%		34.7	9.4	3.4	0
作物播种面积占农作物总播种面积的比例/%	粮食	37.6	70.4	79.4	75.9
	玉米	24.4	35.3	27.6	41.7
	水稻/小麦				
	豆类			10.3	14.1
	马铃薯(折粮)		29.4	10.5	11.9
	油料			11.0	
	烤烟	48.5			
	青饲料		5.3		
农产品产量占全乡镇的比例/%	粮食	19.1	32.2	10.5	9.2
	玉米	29.2	30.8	11.1	9.8
	水稻/小麦	2.5/11.1			0/8.3
	豆类	15.7	35.5	10.6	8.7
	马铃薯(折粮)	19.7	36.7	10.5	
	油料			28.3	14.9
	花椒				11.3
	烤烟	31.4			
	大白菜	29.2	28.5	17.8	12.2
	水果	15.9		9.1	8.2
	梨				10.0
	核桃				18.6
	牛肉	21.2	20.1	14.0	16.4
	羊肉	19.7	23.6	12.5	9.5
	猪肉		20.3	10.3	18.6

续表

项目	大水塘村	仙人洞村	铁厂社区	沙坝村
农作物亩均化肥施用量/kg	160	27.7	23.5	9.7
自来水用户数量比/%	60.7	0	46.6	59.1
卫生厕所用户数量比/%	55.7	8.2	8.8	34.0

4.4 桃 源 乡

桃源乡回族人口占总人口的94%，依法登记注册的清真寺37所。该乡位于昭鲁坝区，地势相对平坦，且距县城仅4.5km，交通便利。土地面积约60km², 辖5个行政村，2个社区，113个村民小组。全乡有集镇2个，中学1所，中心校1所，小学9所，幼儿园2所，乡卫生院1个，村卫生室7个。

4.4.1 人口规模

桃源乡是鲁甸县土地面积第二小的乡镇，但其人口较多，是鲁甸县乡村人口第二多的乡镇。"七普"人口30 400人，全为乡村人口。行政村人口规模多在5000人以上，每个村（居）民小组人口规模平均约300人。和第六次全国人口普查人口相比，桃源乡2010年~2020年人口减少了3100人，2020年户常比1.23，是鲁甸县户常比较高的乡（表4-10）。

表4-10 桃源乡人口规模

地名		村（居）民小组数/个	2020年统计人口					"七普"常住人口/万人
			户籍人口/10³人	常住人口/10³人	常住户/户	组均常住人口/10²人	户常比	
社区	桃源社区	15	6.4	5.4	1460	3.60	1.20	
	鸭子塘社区	8	3.6	2.8	660	3.50	1.26	
	合计	23	10.0	8.2	2120	3.60	1.22	
行政村	岔冲村	18	6.3	5.1	1390	2.80	1.24	
	大水塘村	23	8.9	6.9	1880	3.00	1.29	
	箐门村	10	4.8	3.8	1050	3.80	1.25	
	铁家湾村	16	6.1	5.3	1460	3.30	1.14	
	拖姑村	23	8.3	6.8	1860	2.90	1.23	
	合计	90	34.4	27.9	7640	3.10	1.23	
桃源乡		113	44.4	36.1	9760	3.20	1.23	3.04

4.4.2 农业生产

桃源乡地势平坦、交通便利、农业生产条件较好。虽农村人均耕地不多，但坡耕地比例不高，且供水便利。全乡有3座水库：桃源水库（100万 m³ 库容），为鲁甸县2万人供水；大岩角水库、龙潭水库（50万 m³）。另外，还有1处300m深的深井。

全乡乡村从业人员中，90%为农业从业人员；全乡劳动力中，近7/10为农业劳动力。全乡人均耕地1.3亩，按劳动力资源核计，劳均耕地1.5亩；按农业劳动力核计，劳均经营耕地2.2亩；各村社中，劳均经营耕地最低的村社仅1亩左右，包括箐门村、桃源社区与鸭子塘社区（图4-11）。

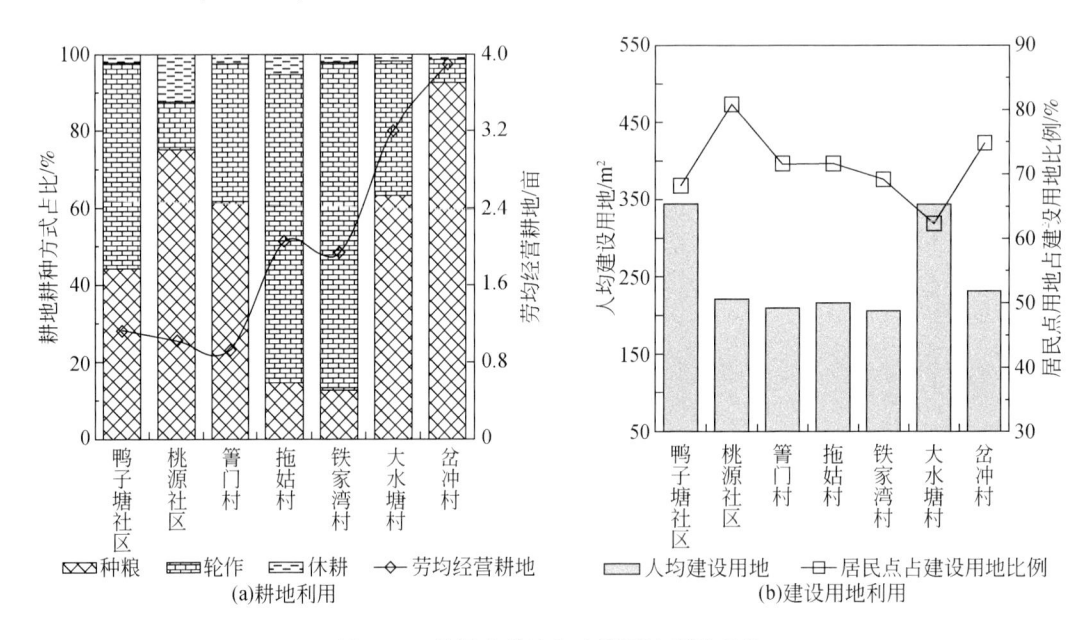

图 4-11 桃源乡耕地和建设用地利用现状

桃源乡是鲁甸县经济作物和烤烟种植乡，2020年烤烟种植面积占全县的57%，经济作物播种面积占全县的18.4%；是全县稻麦的主要种植区，2020年稻谷和小麦播种面积分别占全县的35%和18%；同时还是全县牛和家禽养殖的重点乡，2020年牛和家禽的肉产量分别占全县的35.6%和18%，存栏数分别占全县的29%和17%。乡集镇有占地30亩的滇东北最大的活畜交易市场作为平台，逢赶集日，牲畜日交易量上千头，目前正规划1000头小黄牛养殖基地，包括57亩耕地，涉及农户28户。图4-11显示，粮经轮作率，拖姑村和铁家湾村都在80%及以上，大水塘村、箐门村和鸭子塘社区也在1/3以上。

2020年桃源乡农作物化肥施用量接近50kg/亩，基本处在全县平均水平。农业优势突出的大水塘村，化肥施用量达160kg/亩，是全乡水平的3倍以上，桃源社区、拖姑村和岔冲村低于全乡均值。

4.4.3 村镇建设

桃源乡建设用地占土地面积的15.7%，其中居民点用地占建设用地的70.2%，其次是对外交通用地，占25.0%。在农村居民点用地中，78.9%为农户宅基地，按2020年统计部门提供的村常住户和户籍户计算，户均分别为515m²和377m²，是云南省的最高标准（200m²）的1.9~2.6倍。人均建设用地298m²，也超过镇、村规划标准的最高值。图4-11显示，人均建设用地较高的鸭子塘社区和大水塘村，居民点用地占比较低。

虽离县城较近，但全乡生活污水还未全部入网集中处理，仍有部分地区的家庭户是通过家庭化粪池统一处理。有4个村家庭户通自来水比例为100%，有3个村家庭户通自来水比例不到3/4。各村家庭户卫生厕所覆盖率为1/2~2/3，还有1/3~1/2的家庭户没有卫生厕所。生活垃圾的主要处理方式为集中转运和焚烧。

4.4.4 案例村

案例村为大水塘村，根据村庄功能分类为种植业类。全村平均海拔约1920m，年平均气温12.2℃，年降水量900mm，地势相对平坦。村委会距乡政府8km，距县城10km，下辖7个自然村，23个村民小组，村内道路全部硬化，村内有公交车通往县城，每30分钟1趟。村委会介绍，村域面积18km²，有耕地面积15 000亩（2020年耕地、园地和设施用地合计14 576亩）。村庄靠近大岩角水库和龙潭水库，水资源丰富，生产、生活用水充足。村庄用水主要来自水库和井水。灌溉用水主要来自桃源水库和一些水塘，生活用水主要来自井水，一般2~3个村民小组1~2口井，无法集中供水的一般每户都有1个水窖。

（1）人口与劳动力。据村委会干部介绍："全村2344户，8750人；常住1950户，常住7000人；常年在外地居住的有300户，外地（昭通外）务工1500人。全村劳动人口4207人，普通劳动力（18~55岁）3800人。"照此计算，能够从事本村农业劳动的劳动力大约能占全村总人口一半。统计显示，2020年常住人口1880户、6880人，2020年劳动力资源约5430人，乡村从业人员4150人，从事农业劳动的仅3730人，占全村劳动力资源的68.69%。也就是说，劳动力资源中，约有将近70%从事本地农业劳动，其余30%从事本地非农业劳动或外出务工，即农村劳动力非农化率30%；全村总人口中从事农业劳动的人口比例达54%。全乡自2010年以来行政建制上多了2个村社（鸭子塘社区和岔冲村），但人口却减少了3100人，其中大水塘村减少了50人，从2020年的户常比看，为1.29，全乡最高。

（2）农业生产。2020年人均耕地1.7亩。现有耕地1.5万亩全部确权，且均为耕地保护红线范围，一半以上为坡耕地（15°以上），目前还有800多亩耕地未确权，均为零星分布的耕地。全村主要作物为玉米和烤烟，主要产业是养牛以及烤烟、马铃薯、苹果等种植业。农作物总播种面积为耕地面积的96.52%，粮食作物占农作物总播种面积的37.6%，经济作物播种面积占比达62.4%。2020年粮食产量303.8万kg，肉类产量44.2万kg。烤烟种植面积占全乡的31.5%，占本村经济作物播种面积的77.8%。村主任说：

"2021年烤烟种植面积1.04万亩，烟叶产量可达280万斤，产值可达3780万元。"养殖规模不大，有3户养牛户规模较大，平均每户10~20头牛，年出栏百余头。农户人均纯收入（可支配收入）6000元左右，大约60%来自种植，40%来自务工。养殖户人均年收入可达20 000元。外出务工为帮扶型，有劳务公司统一培训组织。

全村现有海生苹果基地、恒大蔬菜大棚基地、绿化苗木基地三个大规模农业种植基地，其中海生苹果基地8000亩、恒大蔬菜大棚基地1000亩、绿化苗木基地1000亩。村集体经济收入主要是通过与公司合股，年底分红的方式获得。

随着烤烟、蔬菜等种植业规模扩大，化肥使用量有增多趋势，可能加剧水、土污染。村民生活能源主要为电力，但是烤烟主要使用煤炭，可能加剧环境污染。烤烟种植一般为5~10月，3个月的生长期，一个全生长期用水3~4t/亩，施肥2000kg/亩，其中主要是钾肥（150kg）和复合肥，肥料成本2000元/亩。

（3）村庄建设。全村人均建设用地344m^2，仅低于鸭子塘社区；农村户均宅基地634m^2，全乡最高。建设用地扩展的主要形式是对外交通用地和宅基地。村委会占地350m^2，2.5层；8个党员活动室，40m^2/个。有1所小学，占地1500m^2，在校生810人，教师50人；幼儿园2所，学生300人，教师20人。1个卫生室，专职医生6人。光纤宽带已经接入村公所、卫生室、学校，广播电视已实现全覆盖，全村通动力电，村委会到7个自然村均通硬化路，道路亮化工程已经实现行政村全覆盖。生活污水100多户管网化处理，为集中排入化粪池，集镇附近基本入网。农户家庭100%进行了水厕改造。生活垃圾每个社区/小组有垃圾桶，镇上派人运往鲁甸县集中处理。

村庄生活污水大部分由村民自行处理，污水处理率较低，生活污水处理水平有待提升。村内布局有垃圾桶，垃圾集中处理率较高。部分自然村有路灯，路灯覆盖率总体较低。

4.4.5 农户

1. 烤烟大户

该农户为大水塘村7组，户主回族，27岁，高中文化程度。家庭人口5人，小孩3人，其中上学2人，妻子在家务农（零工）。

据户主介绍，"烤烟种植规模共29亩，自有耕地6亩，租用土地23亩，平均租金500元/亩，移栽烤烟时需要雇用临时工20多人，烘烤期间需要雇佣40~60人，雇佣工资120元/d，年纯收入可达6万~7万元，全为烤烟收入。化肥使用根据云南烟草公司指导，化肥、农药、保险等种植投入约480元/亩。"农田灌溉一半为拉水，一半为农田旁水窖。

家里宅基地面积135m^2，3层，共400m^2。家中生活用水为自来水，一年约200m^3，2.5元/m^3，水费500元/a。家有轿车和农用车共2辆，有宽带、空调、电暖炉，做饭取暖都是用电，少量液化气，一年生活用电2000度。家中为水冲式卫生厕所，污水排放入网。生活污水通过管道排放，没有收污水处理费。生活垃圾通过垃圾箱集中清运处理。

2. 养牛大户

户主为养殖大户的长期雇工，36 岁，回族。家中有 5 人，2 个小孩，其中 1 人上学，老人 1 人。妻子在附近务工。家庭年收入 10 万元以上，近两年养殖收入有所下降，户主受聘养殖户管理层，年薪 8 万元，妻子在附近石场（音译）工作，年收入 3 万～4 万元。

家中有耕地 2 亩多，主要种植玉米。养殖场占地 10 多亩，毛收入 200 万元/a 左右，养殖黄牛存栏 60～70 头，去年出栏 80 多头，一头 1 万～3 万元不等。一般土牛（本地小黄牛）300～400kg 出栏，西门斯牛 600～700kg 出栏；牛粪外卖用于种植烤烟、苹果，年收入可达 7000 元，经济效益明显，同时实现了资源循环利用。养殖场用水主要为自来水，日用水量约 100m³。养殖户雇佣管理层 3 人，每年工资 8 万/人。养殖饲料主要为玉米、秸秆、稻草，饲料成本约 30 万/a，近年来饲料成本上升，而牛肉价格有所下滑。

户主自称家中有两间住房，占地 80m²。私家车 2 辆，1 辆轿车，1 辆农用货车。家中通自来水，厕所为旱厕。有宽带入网，做饭用电，取暖为电暖炉。废水集中入网处理，垃圾入垃圾桶。

4.5　江 底 镇

江底镇位于鲁甸县最南端，牛栏江河谷边，分别与曲靖市、贵州省相邻，距离县城约 35km，40 多分钟车程。镇域面积约 140km²，2/3 的区域属高二半山区，多地海拔 2100m 以上。全镇有 1 所中学（学生 2200 人，教师 16 人），10 所小学，5 所幼儿园。卫生室 7 个行政村各 1 个，医生 1 个/10³ 人。

全镇 8330 户，3.2 万人，2/3 为常住户，常住人口 2.2 万人。灌溉和生活用水 90% 为水窖，取暖做饭主要用电。公共照明仅集镇和集市有，其他地方很少。大约 1/5 农户有轿车，所有农户都有摩托车。

4.5.1　人口规模

江底镇有 1 个社区，6 个行政村，111 个村（居）民小组，根据第七次全国人口普查，全镇人口 2.22 万人，其中乡村人口 2 万人，比"六普"人口减少 4000 多人。人口外迁一方面是脱贫攻坚实施的村庄居民点空间调整和人口易地搬迁等政府行为导致的，另一方面也是农户自主外迁行为导致的。2020 年统计常住人口 7650 户，2.87 万人，户均 3～4 人。行政村人口规模大的为 5000～6000 人，小的为 2000～3000 人，社区规模 3000 人左右；村（居）民小组人口规模一般 200～300 人，全镇平均户常比为 1.11，最高的坡脚村 1.17，最低的江底社区为 1.01（表 4-11）。2020 年全镇农民纯收入 5500 元（可支配收入 1.1 万元），其中 70% 来自务工。目前，外出务工人数在 1 万人左右。

表 4-11 江底镇人口规模

地名		村（居）民小组数/个	2020 年统计人口					"七普"常住人口/万人
			户籍人口/10^3 人	常住人口/10^3 人	常住户/户	组均常住人口/10^2 人	户常比	
社区	江底社区	13	3.0	3.0	800	2.30	1.00	
	合计	13	3.0	3.0	800	2.30	1.00	0.22
行政村	大水井村	22	6.4	5.7	1530	2.60	1.12	
	仙人洞村	22	6.2	5.4	1370	2.50	1.15	
	坡脚村	17	3.7	3.2	850	1.90	1.16	
	箐脚村	10	3.9	3.4	930	3.40	1.15	
	洗洋塘村	8	2.6	2.3	610	2.90	1.13	
	水塘村	19	6.3	5.8	1560	3.10	1.09	
	合计	98	29.1	25.8	6850	2.60	1.13	
江底镇		111	32.1	28.7	7650	2.60	1.12	0.22

4.5.2 农业生产

江底镇人均耕地 2.8 亩，是鲁甸县人均耕地较多的镇，按统计部门调查的农村实际从业人员计算，单个劳力负担耕地 4 亩，高者超过 6 亩，低者接近 2 亩（图 4-12）。耕地中坡耕地比例较高，达 93.3%。农业生产在全县处于中等偏上的水平，主要作物有玉米 2.5 万亩，马铃薯 9200 亩，烤烟 9000 多亩，还有花生、大豆等。粮食作物以玉米和薯类为主，粮食亩产低于全县平均水平。烤烟种植面积仅次于桃源乡和文屏镇。农户的一部分收入来源于转移支付，主要是退耕补贴，目前已经完成退耕地 5370 亩，每亩补贴 1200 元。烤烟种植每亩 1000~1100 株，收入 8000 元/亩（2020 年价格，下同）。玉米 350~400kg/亩，收入 1200~1300 元/亩，马铃薯 1560kg/亩，收入 2000 元/亩。图 4-12 显示，耕地种粮率在 65%~96%，休耕率较高的大水井村、箐脚村、坡脚村和江底社区，均超过 16%，箐脚村和仙人洞村轮作率超过 10%。从农产品生产状况看，仙人洞村、大水井村和水塘村是全镇主要的农产品村，粮食作物和经济作物播种面积合计超过全镇的 75%，肉总产量比例合计超过全镇的 55%。

2020 年江底镇农作物化肥施用量为 26.4kg/亩，低于全县平均水平。除箐脚村达 51kg/亩外，其余均不到 30kg/亩。

4.5.3 村镇建设

江底镇土地总面积 140km²，建设用地占 6.78%，其中居民点用地占建设用地的 48.9%，其次是对外交通用地，占 40%。人均建设用地 430m²，超过镇、村规划标准的最高值，为鲁甸县最高，主要原因是独立工矿用地较多，为鲁甸县最多。在农村居民点用地

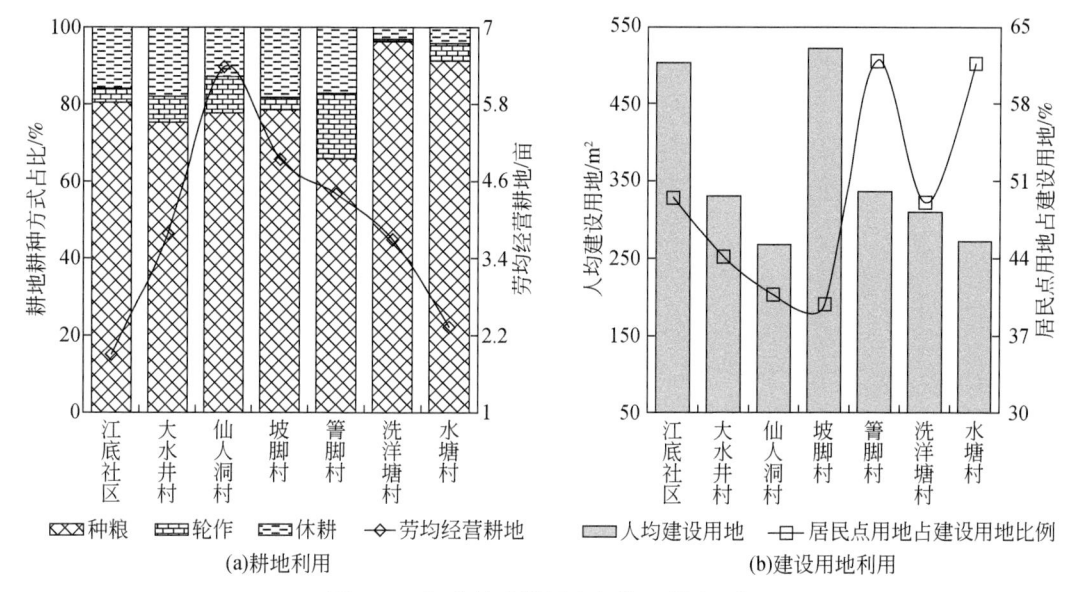

图 4-12 江底镇建设用地和耕地利用现状

中，88.5%为农户宅基地，按 2019 年统计部门提供的村卡的常住户和户籍户计算，户均分别为 521m² 和 407m²，其中农村户为 530m² 和 371m²，远超出云南省的最高标准 200m²（实地调研，住房 110~150m²/户，多为两层）。图 4-12 显示，居民点用地占建设用地比例在 37%~62%，在鲁甸县是比较低的，全镇该比例较高的村为箐脚村和水塘村。人均建设用地较高的是江底社区和坡脚村。

目前仅有 5%的村实现了自来水网集中供水，村庄多数为水窖供水。生活污水还未全部入网集中处理，多数家庭户通过家庭化粪池统一处理。全镇约有 12%的农村家庭户使用了卫生厕所，社区多为水厕，村庄多为旱厕，2020 年实施 800 户水厕改造，截至 2021 年 7 月，实施了 1/3。因村民多居住在山上，统一管网收集困难，旱厕便于粪肥回田。生活垃圾的主要处理方式为集中转运和焚烧，有 1 个小型焚烧炉，5t/d 的处理量。

4.5.4 案例村

根据村镇功能分类，仙人洞村为农旅业类。该村位于江底镇西部，属高海拔冷凉山区，最高海拔 2340m，最低海拔 1700m，年平均气温 13℃，年平均降水量 350mm。村委会驻地距县城 19km，距镇政府驻地 22km。本村下辖 22 个村民小组，村内有完全小学 1 所，学生 597 人，教师 23 人；1 所私立幼儿园，学生 100 人，教师 6 人。有 1 个卫生室，床位和医疗人员均达到标准。有村民活动场所 5 个。近 5 年来共修建硬化道路 72.5km，行政村到 22 个村民小组全部通硬化路。电力网络覆盖率 100%。仙人洞村是全县森林覆盖率最高的村庄，生态环境较好。

（1）人口规模。户籍人口 1700 户、6200 人左右，有汉族、彝族和苗族，彝族占总人口的 25%。常住户 1370 户，常住人口 5400 人。统计数据显示，2020 年劳动力资源 3500

人，乡村从业人员3400人，从事农业劳动的3000人，外地（昭通市外）务工1950人，在家劳动力有2100人，占全村劳动力资源的60%，农村劳动力非农化率近15%。2020年户常比为1.15，高于全镇均值，仅次于坡脚村。人均纯收入5500元（可支配收入9000元）。生产经营性收入，种植方面有烤烟、玉米、马铃薯，养殖业主要有牛、羊和生猪，其他收入主要靠外出务工。

（2）农业生产。仙人洞村是江底镇农业生产规模最大的村，人均耕地3.4亩，农作物总播种面积、粮食作物播种面积占全镇的播种面积均超过30%，经济作物播种面积占全镇的29%，肉总产量超过全镇的1/5，均居首位。粮食作物播种面积占农作物播种面积的70%以上，以玉米和马铃薯为主，其播种面积占粮食作物播种面积的7成以上。经济作物主要有烤烟、蔬菜和青饲料，其中烤烟播种面积占全镇的15%以上，蔬菜、青饲料播种面积均占全镇的1/3以上。养殖业中，猪、牛、羊、鸡的肉产量均为全镇1/5及以上。耕地中77.7%的为种粮区，休耕率为13%，剩余不到10%为轮作区。休耕区主要分布在距离村庄稍远的地区，多为耕作条件不好或交通不便的地区。全村耕地面积2.1万亩，均为坡旱地。退耕地5360亩，林地1.4万亩，3~4亩/户。耕地流转约3000亩（水塘村搬迁户），每亩600~1000元不等。主要作物玉米4000多亩，马铃薯2700多亩。养牛2000头，生猪7000~8000头。有养殖大户（猪50头以上）16户，小规模养殖户较多，大多是每户1头牛、2~3头猪。

村庄水资源十分短缺，作物种植灌溉较少。生活耗能主要是用电，环境污染较小。村民生活用水主要是水窖水。新建安家营、铁匠村2个集中供水点，新建水窖106个，现有水窖3400余个，基本户户都有水窖，村民饮用水能得到保障。但是村内无污水处理管道，生活污水排放无管理，村民生活垃圾大部分由村民焚烧处理。

（3）村庄建设。人均建设用地268m^2，农村户均宅基地400m^2，均为江底镇最低。建设用地的扩展主要是对外交通用地。村委介绍，全村高中及以上文化（含在校生）有612人，在行政、事业和国有企业工作51人，2020年前有建档立卡贫困户408户1561人，边缘易致贫户24户97人，监测户26户78人，低保户286户575人。

4.5.5 农户

调研农户属安家营组，户主42岁。户主介绍，前些年外出务工攒了些钱，前年回村投资20万搞母牛养殖，出售牛崽。家中有5口人，上学小孩1人，2个老人，年收入8万元左右。

承租土地30亩种植玉米，个人有10亩，流转土地20亩，分属5人，不收租金（全为坡地，且位置较偏），主要是帮忙照看。玉米20亩用作饲料，只施肥不灌溉，每茬施肥2道，底肥40包，每包40kg，中间施肥1次，30包，每包40kg，为复合肥、尿素和过磷酸钙。

家中现有7头牛（包括小牛），牛舍占地200m^2，一天大约需要10度电用于处理草料，大约需要3m^{3}水清理牛舍。家中备有10m^{3}的水窖，用于清理牛舍和日常生活。一头母牛2万元，正常可养10年，生育的牛崽1岁后出售，每头可售1.5万元。

宅基地面积较大，可达500m²，其中牛棚面积200m²。家中厕所为水冲式，通过管道排到屋外，垃圾采取自行焚烧的方式处理。因村里人口居住分散，除村委会、学校等公共建筑区域和人口集中的居住区外，多数没有宽带网。家里有三轮车1辆，用于平时的农用物资运输，没有轿车。

4.6 水 磨 镇

水磨镇位于鲁甸县城西北57.5km，有省道S302过境，交通比较方便。镇域大约1/2的面积属于海拔2400m以上的高寒山区，另外1/2为干凉高二半山区，年平均气温9.3℃。全镇辖1个社区，9个行政村，170个村（居）民小组；其中，社区辖18个居民小组，9个行政村各辖10~23个不等的村民小组，多的有拖麻村和水磨村分别辖23个和22个村民小组，少的有黑鲁村、岩头村、营地村，村（居）民小组数都在15个以下，各村通县级公路。

4.6.1 人口规模

水磨镇是鲁甸县第三大农业人口镇，仅次于龙头山镇和桃源乡。"七普"人口3.27万人，其中，乡村人口2.84万人；总人口比"六普"人口少1110人。统计口径全镇户籍人口4.85万人，常住户1.21万户、3.62万人，户常比1.34，"七普"人口比统计约少3500人。

社区人口规模超过4万人，行政村的人口规模多为3000人左右，高的可达4000人、甚至7000人，低的为1000~2000人。表4-12显示，社区居民小组的人口规模为270人，行政村每个村民小组的人口规模平均210人，高的超过300人，低的也在150人左右。

表4-12 水磨镇人口规模

地名		村（居）民小组数/个	2020年统计人口					"七普"常住人口/万人
			户籍人口/10^3人	常住人口/10^3人	常住户/户	组均常住人口/10^2人	户常比	
社区	铁厂社区	18	5.5	4.9	1530	2.70	1.12	0.43
	合计	18	5.5	4.9	1530	2.70	1.12	0.43
行政村	拖麻村	23	5.3	3.2	1290	1.40	1.66	
	水磨村	22	8.3	7.1	2310	3.20	1.17	
	滴水村	19	4.3	2.9	880	1.50	1.48	
	黄泥寨村	18	3.7	2.6	950	1.50	1.42	
	新棚村	18	5.3	4.2	1380	2.30	1.26	
	嵩屏村	15	3.9	2.6	830	1.70	1.50	
	营地村	14	5.1	3.7	1360	2.70	1.38	
	岩头村	13	3.1	1.9	590	1.40	1.63	

续表

地名		村（居）民小组数/个	2020年统计人口					"七普"常住人口/万人
			户籍人口/10^3人	常住人口/10^3人	常住户/户	组均常住人口/10^2人	户常比	
行政村	黑鲁村	10	4.0	3.1	930	3.10	1.29	
	合计	152	43.0	31.3	10 520	2.10	1.38	2.84
水磨镇		170	48.5	36.2	12 050	2.10	1.34	3.27

4.6.2 农业生产

水磨镇农业生产规模仅次于桃源乡和文屏镇，人均耕地面积、农户人均产粮仅次于新街镇。耕地面积占全镇土地面积的1/3，有两个行政村（岩头村和营地村）不到30%，其余都在30%以上。按"七普"人口，水磨镇人均耕地4.2亩，铁厂社区为3.3亩，行政村高者可超过7亩，低者刚到2亩。坡耕地占耕地面积的93.28%，其中坡度15°以上的坡耕地占耕地总面积的比例超过45%。按统计口径，水磨镇2020年每个劳动力人口拥有耕地5.5亩，劳动力中实际从事农业的人口拥有耕地9.2亩/劳力。拖麻村、嵩屏村、黄泥寨村和滴水村4个行政村实际从事农业的劳动力中，劳均经营耕地都在10亩以上，铁厂社区在9亩以上，水磨村和岩头村不到6亩（图4-13）。全镇超过3/4的耕地经营粮食作物，剩余1/4耕地中，10%左右为粮食和非粮作物轮作，不到15%的耕地处在休耕状态。劳均经营耕地少的农村中，有些村耕地利用程度较高（休耕率低），如岩头村和营地村，有些耕地利用程度不高，如水磨村和新棚村休耕轮作率在25%左右；同样，劳均经营耕地较多的拖麻村，其休耕轮作率超过33%，但劳均经营耕地最高的滴水村，耕地种粮率最低，不到67%。

水磨镇是全县第一大粮食作物播种面积乡镇，2020年粮食作物播种面积占全县的17.55%，其中，薯类作物是全镇第一大农作物，因此水磨镇也是全县第一大薯类作物种植区，2020年薯类作物播种面积占全县的28.71%；薯类作物和粮食作物产量（折粮）分别占全县的36.7%和19.2%；同时，水磨镇是全县第一大油料作物生产区，油料作物播种面积占全县的54.33%，产量占全县的67.9%；是全县第一大梨园面积区，面积占全县的29.3%，梨和桃产量占全县的21.9%；是全县养羊规模最大的镇，羊存栏数占全县的18.52%，羊肉产量仅次于江底镇，占全县15.2%。2018年，水磨镇入选全国农业产业强镇示范建设名单。水磨村在粮经作物、果木种植、养殖业方面均有一定优势，岩头、黑鲁、嵩屏3村在农业生产各方面均无明显优势。其余各村，粮食种植面积较大的除水磨村外，还有拖麻村、滴水村和铁厂社区；经济作物种植面积较大的有黄泥寨村、铁厂社区、营地村和滴水村；果木种植面积较大的有新棚村、营地村和水磨村；养殖业规模较大的除水磨村外，还有拖麻村、铁厂社区、新棚村。

水磨镇粮食单产高于全县平均水平，2020年单产水平仅次于茨院乡和龙树镇，但农作物播种面积亩均化肥施用量低于全县平均水平，仅略高于龙头山镇和江底镇，三者同为全

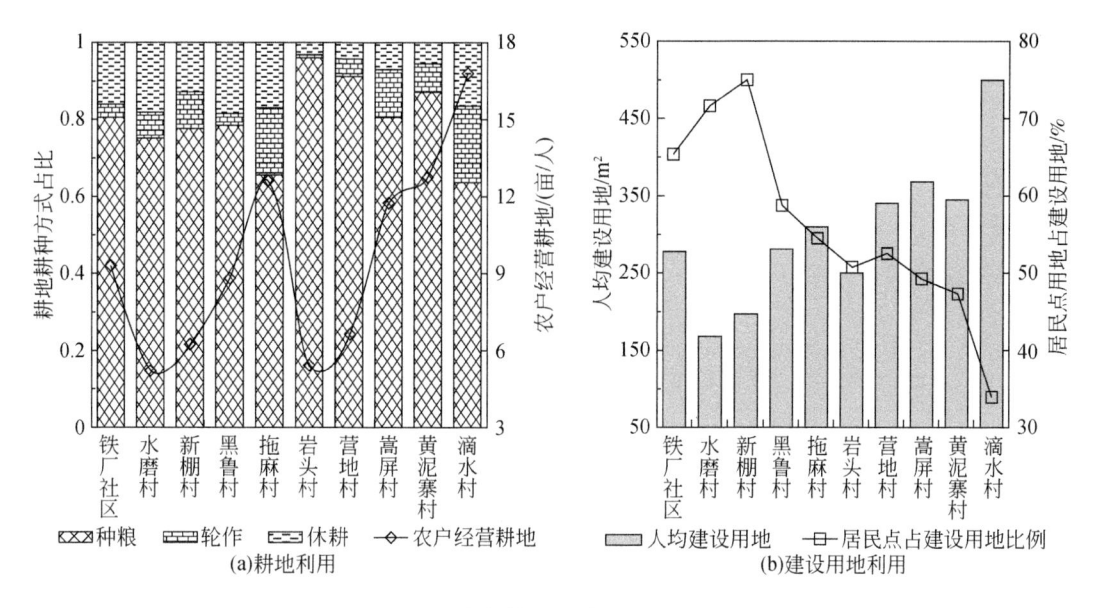

图 4-13 水磨镇耕地和建设用地利用情况

县亩均化肥施用量较低的 3 个镇。农业有一定优势的行政村中，亩均化肥施用量高于全镇平均水平的依次为拖麻村、黄泥寨村、营地村、滴水村、水磨村和新棚村，铁厂社区和岩头村、嵩屏村、黑鲁村低于全镇均值。

4.6.3 村镇建设

水磨镇土地总面积 269.7km²，建设用地占 3.75%，其中居民点用地占 55% 有余，其次是对外交通用地，占 40%。人均建设用地 309m²，超过镇、村规划标准的最高值。在农村居民点用地中，将近 95% 为农户宅基地，按统计口径的常住户和户籍户计算，户均分别为 420m² 和 364m²，其中农村户为 433m² 和 329m²，超出云南省的最高标准 200m²。

镇辖区内有初级中学 1 所、九年一贯制学校 1 所、完全小学 11 所、幼儿园 8 所、村卫生室 10 个、村级集镇 4 个。有 4 个易地扶贫搬迁安置点，搬迁安置 423 户 1969 人。截至 2020 年底，10 个贫困村（社区）全部脱贫出列。

全镇生活污水除铁厂社区外，其余行政村基本上是家庭户通过家庭化粪池统一处理，龙树镇有个污水处理厂，可满足水磨镇铁厂社区 30 个村民小组的生活污水处理。全镇有 2 个垃圾焚烧炉，日处理能力合计为 10t，还不能满足全镇需求。

4.6.4 案例村

铁厂社区为镇政府驻地，根据村镇功能分类，为综合（产镇融合）类。社区距鲁甸县城 57km，社区面积 17km²，辖 7 个自然村、18 个村民小组。社区海拔为 2200~2800m，位于水库径流区，水资源丰富，生态环境总体较好。

(1) 人口状况。"七普"资料显示，2020 年社区常住户 1530 户，常住人口 4300 人。2020 年社区完全达标脱贫出列，农村常住居民人均可支配收入达 7250 元。统计显示，2020 年乡村劳动力 2570 人，乡村从业人员 2390 人，乡村从业人员中农业从业人员 1540 人，即农村劳动力的非农化率大约为 40%。

据村主任介绍："常年在外地（昭通市外）务工 1000 多人，60% 以上劳力外出务工"。自 2010 年以来，铁厂社区净增加人口 500 多人。从 2017 年到 2019 年先后安置易地搬迁农户 150 余户、600 余人，易地搬迁农户原住地耕地依然保留，或租借他人，或撂荒，政府一般会将有劳动能力的人员组织外出务工，对年龄较大的安排在社区做一些服务性工作。

(2) 农业生产。因地势较高，农作物多为一年一熟。马铃薯和玉米为主要的秋收作物，夏收作物以豆类为主，其中播种面积 80% 以上为大豆。2020 年农作物播种面积 1.26 万亩，其中粮食作物播种面积 1 万亩，占农作物播种面积的 79.4%，马铃薯和玉米播种面积占粮食作物播种面积的 83.67%。2020 年粮食总产量 358.6 万 kg，人均产粮 650kg；蔬菜种植 800 亩，大白菜产量占全镇的 17.8%；大牲畜存栏 1900 头，出栏 3300 头；生猪存栏 725 头、出栏 2580 头，猪牛羊肉产量均占全镇的 10% 以上。

铁厂社区人均耕地 3.3 亩，户均耕地 11.9 亩，乡村劳均耕地 9.4 亩，90% 以上为陡坡耕地。2020 年社区土地流转经营 3000 多亩，耕地流转费平均 600 元/亩。水磨镇为鲁甸县 15°以上坡耕地中休耕比例最高的乡镇，铁厂社区耕地休耕率为 16%，休耕地一种是土地利用为耕地属性，现状未耕种，主要分布在社区边缘地区；另一种是社区周边的耕地，有些已经开发成建设用地或作为建设用地的预留用地。

(3) 村社建设。人均建设用地 277m^2，户均宅基地 414m^2。水资源供给较好，98% 用户已实现管道引水，生活用水主要为自来水和井水，灌溉用水主要来自桃源水库和一些水塘。无法实现集中供水的村庄，一般 2~3 个村民小组 1~2 口井，或者每户都有 1 个水窖。全村用水量，农业灌溉大约 2 万~3 万 m^3/a，村委会生活用水 80 元/月，用水费用（灌溉、生活）2.5 元/m^3。社区有 1 所小学，有在校学生共 1077 人，教师 40 人；有 1 个村级卫生室，有乡村医生 5 名；光纤宽带已接入村公所、卫生室、学校，广播电视、动力电已经实现全覆盖，社区居委会在镇政府所在地，居委会到 18 个村民小组都通硬化路，且危险地段有必要的防护设施。污水管网化、垃圾处理能力目前还不足，但管道建设正在积极进行，因没有大的污染源，且对化肥、农药等污染排放控制十分严格，水污染较少；同时，社区垃圾桶设施完善，有集中处理垃圾焚烧场所，水土环境质量及社区人居环境质量整体较好。

4.6.5 农户

铁厂社区是水磨镇易地搬迁主要地区之一，为了解该项工程，调研组调查了铁厂社区老电站易地搬迁安置点建设。这是 2017 年政府实施的一项易地搬迁工程，涉及 101 户 435 人，现已全部搬迁入住。搬迁社区以前为建设用地，现主要为居住用地，基础设施完备，家家户户能通自来水，生活耗能为电，多数农户可拥有 2~3 层的居住用房。搬迁农户原住地位置较偏，交通不便，搬迁后原有土地大多流转，不流转的或给亲戚代种。一部分流转后的土地通过政府协调，企业注资种植党参，广东省援建冷藏车间，原住地农户每年可获得 200 元/亩的土地流转费用。除土地流转收入，入住搬迁地后，农户其他收入主要来源于外出务工，也有公益性岗位，整体收入比以前有较大提升。

A 农户：为大沟头组搬迁本地，户主 27 岁，初中文化程度，外出务工。家中有 6 口人，小孩 3 人，其中上学 2 人，老人 1 人，妻子在家照顾小孩，无收入。家庭年收入 6 万元以上，其中，外出务工收入 5000 元/月。原住地有耕地 20 亩，租金为 200 元/亩。目前搬迁地为政府集中修建住房。该农户拥有 1 套 3 层住房，占地 150m²，共 400m²。家中为水冲式卫生厕所，污水集中排放；有宽带，用电（空调、电暖炉）做饭取暖。

B 农户：该户有 2 个老人，政府安排其在搬迁社区打扫卫生，500 元/月。原住地有 7~10 亩的耕地，托付他人照看，没有租金。家里有 5 口人，三个小孩（1 儿 2 女，均已成家），儿子常年在昆明市为当地养殖大户务工。家中住房两层，占地 125m²。

4.7 龙头山镇

龙头山镇位于鲁甸县城西南，牛栏江北岸，距县城 26km，40 分钟左右车程。地处西部高寒山区向东部平坝区的过渡地带，多数地区为干凉二半山区，海拔 990~2900m，多年平均气温 14.7℃，年平均降水量 700~1100mm，无霜期年平均 290 天。镇域面积 229km²，辖 12 个村社，居住着汉族、回族、彝族、苗族等民族。2014 年 7 月，农业部认定龙头山镇为第四批全国一村一品示范村镇。

4.7.1 人口规模

龙头山镇是鲁甸县第一大农业人口镇，全镇辖 2 个社区，10 个行政村，247 个村（居）民小组，其中，社区辖 21 个居民小组，行政村辖 226 个村民小组，除营盘村只有 9 个小组外，其余均有小组 20 个以上（表 4-13）。"七普"人口 4.28 万人，其中乡村人口 3.32 万人；2020 年统计口径全镇户籍人口 5.8 万人，常住户 1.3 万户、5.14 万人，户常比 1.13，"七普"常住人口比统计约少 8600 人。

表 4-13 龙头山镇人口规模

地名		村（居）民小组数/个	2020 年统计人口					"七普"常住人口/万人
			户籍人口/10³ 人	常住人口/10³ 人	常住户/户	组均常住人口/10² 人	户常比	
社区	龙泉社区	6	2.6	2.3	840	3.70	1.13	
	骡马口社区	15	2.5	2.3	840	1.50	1.09	
	合计	21	5.2	4.6	1670	2.20	1.13	0.96

续表

地名		村（居）民小组数/个	2020年统计人口					"七普"常住人口/万人
			户籍人口/10^3人	常住人口/10^3人	常住户/户	组均常住人口/10^2人	户常比	
行政村	沿河村	22	6.0	5.1	1250	2.30	1.18	
	沙坝村	23	5.3	4.8	1140	2.10	1.10	
	光明村	21	7.5	5.9	1580	2.80	1.27	
	营盘村	9	5.7	5.2	1270	5.80	1.10	
行政村	八宝村	20	4.3	4.0	1110	2.00	1.08	
	龙井村	28	4.7	4.6	1100	1.60	1.02	
	翠屏村	22	5.9	5.3	1270	2.40	1.11	
	新民村	26	4.5	4.3	970	1.70	1.05	
	银屏村	25	6.1	5.4	1390	2.20	1.13	
	西屏村	30	3.0	2.2	70	7.30	1.36	
	合计	226	52.8	46.8	11 800	2.10	1.13	3.32
龙头山镇		247	58.0	51.4	13 470	2.10	1.13	4.28

"七普"中，社区人口规模9600人，比统计多5000人。按普查人口计算，21个社区居民小组的平均人口规模为457人，行政村226个村民小组的平均人口规模147人，二者与统计人口规模的对比，可以从侧面反映村庄空心化的程度。从统计人口看，社区组均人口规模220人，龙泉社区370人，远低于457人的水平；行政村组均人口规模210人，最低的龙井村160人，也高于147人的水平。另外，行政村户常比中常住人口按统计人口计算为1.13，如按普查人口计算，户常比则为1.59。

4.7.2 农业生产

龙头山镇属于人多地少的乡镇，按"七普"人口计算，人均耕地刚够0.8亩，人均耕地1亩左右的村包括沿河村、沙坝村、翠屏村和西屏村，两个社区和营盘村、新民村仅1~2分地。按统计口径的农业劳动力人口计算，每个劳动力经营耕地也仅为1.3亩，只有1个行政村超过2亩。耕地几乎全为坡耕地，9成为坡度15°以上的坡耕地，2/3为陡坡耕地。龙头山镇虽耕地质量不高，却是全县耕地种粮率最高的镇之一，耕地种粮率为96%，休耕率仅为2.3%。休耕率最高的营盘村为25%，其余村社在6%以下；轮作率最高的西屏村为14%，其余均在2%以下（图4-14）。

龙头山镇是全县玉米和大豆种植面积最大的镇，2020年玉米播种面积占全县的15%，大豆播种面积占全县的27%。经济作物中，蔬菜播种面积仅次于文屏镇，花椒产量将近占全县的一半。粮食生产主要集中在光明、翠屏、银屏3村，玉米除两个社区外，各行政村均有不同规模的种植，大豆种植主要集中在光明村和沿河村，2村播种面积合计占全镇的近1/2。经济作物主要集中在营盘、沿河、沙坝、银屏4村，其中花椒产量较高的依次为

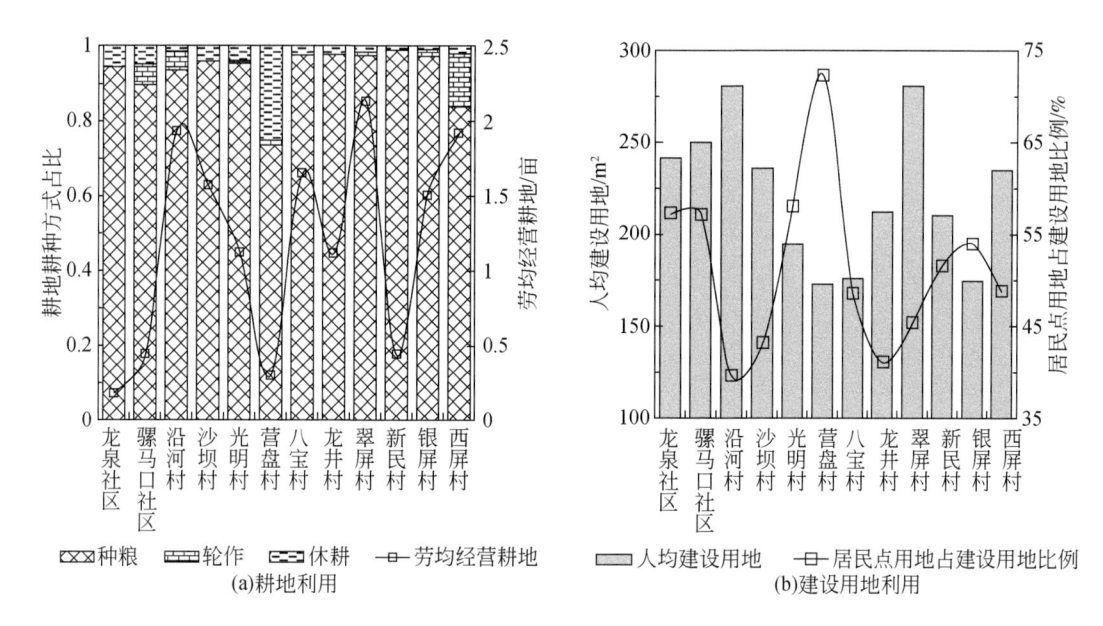

图 4-14 龙头山镇耕地利用和建设用地情况

光明村、龙井村和沙坝村，3 村产量合计占全镇的 45%。另外，养殖业主要分布在龙井、光明、沿河、沙坝、新民 5 村，肉总产量合计占全镇的 3/4。林果种植主要在西屏、新民、翠屏和八宝 4 村。

2020 年龙头山镇农作物播种面积亩均化肥施用量 26.6kg，低于全县平均水平，仅略高于江底镇，为全县亩均化肥施用量最低的 3 个镇之一。各村社中，亩均化肥施用量较高的村社有龙井村、新民村和八宝村，分别为 93.76kg、37.53kg 和 28.30kg，三村农业生产水平在全镇并不突出。其余各村低于全镇均值，其中营盘、沿河、翠屏、西屏 4 村超过 20kg。

4.7.3 村镇建设

龙头山镇实际控制面积 2.11 万 hm²，建设用地占 5.35%，其中居民点用地占建设用地的 50.31%，其次是对外交通用地，占 43.85%。人均建设用地 264m²，按统计口径，人均建设用地 219m²，最低的营盘村人均 173m²，均超过镇、村规划标准的最高值（图 4-14）。根据第二次全国土地调查的数据，龙头山镇建设用地面积 390hm²，人均建设用地面积 91m²，符合镇村建设用地的标准规范，所以实际上近些年建设用地的扩张在按统计人口的增长确定，而对乡村人口的流失严重估计不足。此情况在农村宅基地中也同样出现。在农村居民点用地中，将近 96% 为农户宅基地，按统计口径的村常住户和户籍户计算，户均分别为 365m² 和 275m²，超出云南省的最高标准 200m²，如按普查人口计算，则高达 440m²，将近是云南省最高标准的 2.2 倍。

全镇生活污水和生活垃圾基本上是家庭户通过化粪池统一处理，全镇有 1 个垃圾焚烧炉，日处理能力为5t，还不能满足全镇需求。农户家庭自来水覆盖率为60.4%，八宝村和西屏村不到30%。农户家庭卫生厕所覆盖率为36.6%，社区超过85%，行政村均在80%以下，有5个村还不到10%。

4.7.4 案例村

案例村为沙坝村，根据村镇功能分类，为农旅业类。村委会2016年搬迁到现在的位置，距乡政府5km，包括23个村民小组，小组之间最远距离11.5km。

（1）人口状况。统计显示，2020年沙坝村常住人口规模为1140户、4800人，2020年户常比为1.10，略低于全镇均值。劳动力4900人，乡村从业人员2920人，乡村从业人员中农业从业人员2570人。劳动力资源中，约有超过一半的劳力从事非本地的农业劳动，其余不足50%的劳力主要从事本地的农业劳动。据村委会介绍："现有常住户中常年在外地务工1100多人，其中昭通市境内务工人员有100~200人。农民人均纯收入7000元左右，其中4000元左右为外出务工收入"。

（2）农业生产。全村常用耕地5710亩，实际确权耕地1.2万亩，全为坡旱地，80%以上耕地为陡坡耕地，截至2016年退耕1000多亩。土地调查实有耕地268hm²，人均耕地不足1亩，户均3.5亩；如加上耕作用地（耕地、园地和设施农用地）952hm²（约1.4万亩），人均农业耕作用地约3亩。沙坝村主要农作物有花椒、蔬菜、玉米等。玉米是主要的粮食作物，其次是马铃薯和大豆。2020年农作物播种面积8300亩，其中粮食作物播种面积6300亩，占农作物播种面积的75.9%，玉米播种面积占粮食作物播种面积的55%。耕地种粮率超过96%，与全镇均值相当，休耕率不到4%，休耕区主要位于远离村庄、通行和耕作不便的区域。特色农产品为花椒，据村委会介绍："花椒9300亩，核桃3000多亩，每亩产花椒50~200斤不等，核桃每亩8株。10亩花椒需1500元左右的复合肥（600~700斤，6~7包，每包200元，施肥5茬）"，另外，还有生猪养殖户500来户（户均10头以上），养殖100头以上的有5~6家，50头以上的有18家。

（3）村镇建设。人均建设用地236m²，农村户均宅基地393m²，均高于全镇平均水平。建设用地中，对外交通用地占比达45%，也高于全镇平均水平，符合偏远山区乡村对外交通用地占比较高的特点。农户自建住房多数占地80~100m²，易地扶贫搬迁的回龙湾定居点住房80~100m²，户均2.5层。全村到其他行政村道路全部硬化，村内有公交车通往县城，每30分钟1趟，2元钱可到县城（10km）。全村有2所小学，村委会驻地的沙坝村小学有教师15人，学生285人。另一所为沿河小学，为沙坝村与其他相邻村镇共用。供排水设施还未完善，因多数村组分布在半山区，农业灌溉主要为水窖，全村有700多个水窖，居住在河边的有200多户，主要是河流引水或提水；农户生活用水有自来水，也有井水，用水窖的有几十户。污水管网化、垃圾集中处理能力还不足。农户家庭改厕率约33%，没有集中排放，每家有化粪池，粪水回田。生活垃圾方面，每个社区/小组有垃圾桶，实现100%覆盖，处理方式主要是运往县上统一处理，对于一些比较分散的村组，其建有可移动式垃圾焚烧炉，日处理量5t左右。

4.7.5 农户

户主为花椒种植户，62岁，家中常住夫妇2人，有5个儿子，全在外地务工，其中4个已成家，节假日回来探亲。

现耕种土地3亩，只有半亩平地，全部种植花椒。每亩土地种植花椒30株，每亩需大约300斤的肥料，肥料为复合肥和钾肥，一年分三次施肥，算起来3亩花椒投入3000元左右。因近年花椒收购价波动，收益不稳，2019年毛收入8000元。

家庭生活用水为山泉水，7~8户修建一个水池蓄水，用于农田灌溉和日常生活用水。遇到旱年，农田灌溉需水较大，一茬灌溉5次。降雨好的年份基本不用灌溉。

家中有轿车一辆，电动车一辆，到镇上大约30分钟。厕所没有改造，还是旱厕，也便于回田。

4.8 本章小结

昭通市过去一直以农业和煤炭采选业为主要产业，经济发展长期滞后，人均产值、人均收入在云南省一直是最落后的地市之一，也是全国的长期深度贫困区之一。2020年全面脱贫后，整体经济还处在转型之中，生态环境也处在逐步恢复当中，村镇建设水平和资源环境承载力正处在恢复和提升阶段，村镇建设与资源环境承载力之间处在调适阶段。

1) 土地承载力不高是当前承载力面临的首要限制因素

昭通市平坝地稀缺，十分不利于城镇的集中与规模建设，现状城乡居民点的人口密度均较高。2009~2020年，城镇化率将增长了近20%，乡村人口减少了近120万，但多数乡镇人口密度仍在100人/km²以上，县城多在300人/km²以上，少数坝子在1000人/km²以上。2020年全市人均建设用地（人工地表）面积51m²，有3/4的乡镇不到75m²，低于全国镇村规划的相应标准。鲁甸县建设用地面积104万hm²，占全县土地面积的7.01%；城乡居民点用地面积0.62万hm²，占县域总面积的4.18%；2020年人均建设用地255m²，40%为对外交通用地和独立工矿用地；城乡人均居民点用地分别为47m²和222m²；县域人均住宅面积123m²，城乡户均（按每户3人计算）住宅用地面积分别为54m²和573m²，呈现镇（社区）建设用地高负荷状态和村庄建设用地低效利用状态并存的局面。

昭通市历史上人口较多，农耕历史长，山坡伐林垦荒面积大，造成其土地承载力水平难以短期内恢复提升。昭通市现状垦殖指数高达26.96%，人均耕地1.12亩；因坡地比例高，耕地自然质量较低，如按人均0.8亩的耕地承载力计算，也就刚刚满足最低要求。鲁甸县土地垦殖率约30%~40%，耕地95%以上属于坡耕地，2/3以上为15°以上的坡耕地，人均耕地约1.44亩，按户籍人口计算约为1.2亩，按照2020年粮食单产为全国0.76倍的水平测算，现状人口人均耕地1.1亩；如除去20%的坡耕地和10%的休耕轮作耕地，相当于人均耕地0.7亩多一点。从粮食作物生产来看，昭通市主要为薯类作物，且多数地区单产低于云南省平均水平。因而，就土地（粮食）承载力而言，昭通市整体处在临界状态，其中部分地区则表现为超载状态。

生态脆弱和长期的高垦殖状态，使本地土地的粮食生产能力较低，鲁甸县人均产粮不及昭通市和云南省平均水平，相当于全国平均水平的3/4。耕地的粮食种植率大约为75%，耕地条件越好的地区，耕地的非粮化利用程度越高，土地的建设需求也越高，建设与种植争地、粮食作物与经济作物争地的矛盾就越突出。这在山地广布、平地稀少、人口较多的西南山地农作区，也是土地资源承载力问题的典型表征之一。

2）水资源整体开发强度较大，部分地区仍然存在用水困难问题

昭通市水资源相对丰富，但因地处长江水电开发的重点地区，水资源开发利用率不低。2020年全市水资源开发利用率7.6%，人均综合用水量192m³；鲁甸县水资源开发利用率达14.5%，相当于昭通市和云南省平均水平的2倍，人均综合用水量218m³，比昭通市平均水平高出13.5%。农业灌溉用水比例较大是人均综合用水水平较高的主要原因之一。鲁甸县2020年农田灌溉亩均综合用水390m³，比全市平均水平多131m³。

供水工程的村镇覆盖面不高，局地性用水困难的状态依然存在。2020年鲁甸县灌溉面积1.5万hm²，其中耕地1.3万hm²，实灌面积1.1万hm²，耕地灌溉面积不到全县总耕地面积的一半；农村生活集中式供水可满足集中居住的人口规模，但分散在偏远山区的自然村、农户，依靠水窖工程或车载运输供水的状况仍较普遍。因供水设施建设不到位，导致对用水状况的监管也存在缺口，灌区和集中供水区可实现有效监控，而大面积的非灌区和散居区用水多处在自由放任状态。因此虽然从总体上看，水资源利用控制在配额范围内，而实际上很多地区的用水无法完全统计在内，即便是这样，水资源开发利用率还高于云南省平均水平，这与本地生态屏障的功能定位不相适应。随着今后经济的发展和人民生活水平的提高，人均用水量还会上升并维持高位水平一段时期，因而在提升供水覆盖面的同时，警惕村镇耗水产业、耗水生产生活方式的扩展。

3）生态环境面临的人口压力依然不小，边远地区村镇人居环境的改善仍需关注

作为长江上游生态屏障的重点建设区域，昭通市水土流失、石漠化面积大，地质灾害分布点位多、影响范围大，脆弱性生态是其土地承载力不高的自然基础。全市森林覆盖率、林草地面积均不到全市土地面积的1/2，将近1/4的乡镇、1/3左右的村庄分布在坡度25°以上的坡地中。鲁甸县约1/4的区域地形坡度在25°以上，约1/4的区域为生态保护红线，生态保护红线功能全为水土保持型；全县森林覆盖率仅35%，林草地覆盖45.83%。历史上过多的人口和过度耕垦，也加重了本地生态环境的脆弱程度。要想提升生态承载力，恢复山地自然生态面貌，势必要继续实施陡坡退耕，因地制宜利用坡耕地，同时还要缓解人口压力。在城镇用地紧缺、经济落后、就业机会缺乏的情形下，如果没有有效可行的措施，很难真正实现生态承载力的提升。

环境压力主要表现在水环境污染的隐患上，因地处江河的上游地区，水环境质量标准要求高，而目前水环境的管理还未步入正轨，污染物的处理还处在初级状态，镇区虽已网管化，但处理能力不足，乡村则更为简易。目前工业化、城镇化水平还比较低，城乡生活用水水平也低于云南省平均水平，今后随着经济的发展和人民生活水平的提高，以及工业化和城镇化水平的提升，人均用水量势必进入上升阶段，而过高的城镇人口密度会给未来城镇、社区的水环境带来压力，局部区域面临的污染物压力会显著增大，再加上乡村污水治理率不高，未来区域整体的水环境压力不小。

4）空心化导致鲁甸县村镇土地利用低效，并引起耕地利用方式的变化

一是乡村人口减少，农业劳动力大幅减少。2010~2020年，鲁甸县乡村人口减少了8万余人，平均每年减少8000人。4个案例乡镇中，农村劳动力中农业从业人员的比例平均为66%，最低的刚超过50%；从事农业的从业人员也会在农闲时外出务工；水磨镇铁厂社区约60%劳动力外出务工。

二是农村人均建设用地偏高，乡村土地利用率不高。鲁甸县人均建设用地255m², 1/3为对外交通用地，除去对外交通用地和独立工矿用地还剩60%，实际人均153m²；如按统计部门的人口计算，人均140m²，正好符合镇村规划的高标准值。但县城、镇区建设用地紧张，人均建设用地仅47m²，相当于镇村规划低标准值的40%；镇区住宅用地供需矛盾更为突出，县城文屏镇人均住宅用地不到18m²，略高于普通标准。农村宅基地人均可达195m²，按户均3人计算，户均宅基地585m²，接近云南省高标准的3倍；如按统计部门的户籍人口计算，户均宅基地326m²，说明至多有50%~60%的实际利用率；如按"七普"的户籍人口计算，户均宅基地460m²，宅基地实际利用率为75%~80%。假如实际建设中，农村宅基地均遵守户均150~200m²的标准，则宅基地实际利用率约为45%。案例村镇农村人均建设用地、农村户均宅基地均超过相应的国家标准和地方标准。实际建设中，农户宅基地面积的批复是遵循国家标准的，但在旧住宅的改造过程中，会增加一部分新建的面积作为客房，旧住宅则作为生产工具或畜禽养殖用房继续使用，这样的话，新旧住宅，加上空置住房，平均每个家庭户至少拥有1.5~2处住宅。也就是说，至少有两个方面的原因，造成户均宅基地面积超标，一是旧房改造、新建住房后，原有旧房并未拆除；二是人口季节性或常年性外出，住房闲置、临时出租的较多。另外，农户分户以后住房面积增加，但耕地没有增加，一部分人口只能外出务工。人均建设用地的超标，一是和住宅用地的增长有关，二是和对外交通用地的增加有关（一方面是土地分类和制图精度的提高，另一方面也和脱贫攻坚战略的实施有关）。

空心化引起耕地利用方式发生变化，一种情况是常住人口人均拥有的耕地多和农业从业人员劳均负担的耕地多的"两多"现象，另一种情况是在居住意向城镇化和收入意向不断提升的情形下，形成耕地转租率上升、种粮比下降"一上一下"的局面。加之耕地质量不高、粮食生产没有经济效益等方面的原因，导致耕地利用方式不断向非粮功能转换或撂荒弃耕，在坡度较大、水土流失和石漠化严重的地区，这在一定程度上对生态恢复有利，同时也会进一步加快农村劳动力流失、耕地弃耕以及粮食播种面积的下降，这是鲁甸县目前保障农业生产与耕地资源合理利用需要关注的问题之一。对于这种情况，如果加以科学引导，则会对提升农村土地利用效率和优化农业产业结构有积极作用，也会为有效利用村镇土地承载力探索出一条合适路径。

参 考 文 献

[1] 昭通市统计局,昭通市第七次全国人口普查领导小组办公室. 昭通市第七次全国人口普查主要数据公报 [R]. 2021-06-01.

［2］云南省统计局．云南省统计年鉴（2021）［M］．北京：中国统计出版社，2022.
［3］昭通市人民政府．昭通市"十三五"脱贫攻坚规划（2016～2020年）［Z］．2017.
［4］云南省农业区划委员会办公室．云南省地综合农业区划［M］．昆明：云南人民出版社，1999.
［5］王传胜，孙贵艳，孙威，等．云南昭通市坡地聚落空间特征及其成因机制研究［J］．自然资源学报，2011，26（2）：237-246.
［6］昭通市人民政府．昭通市国民经济和社会发展第十四个五年规划纲要［Z］．2021-07-13.
［7］云南省统计局．云南省统计年鉴（2020）［M］．北京：中国统计出版社，2021.
［8］昭通市自然资源局．2019年昭通市耕地质量等别评价成果报告［Z］．2019.
［9］昭通市水利局．2019年昭通市水资源公报［R］．2020-01-13.
［10］昭通市水利局．水利综合统计年报（2020）［Z］．2021-09.
［11］昭通市水利局．2018年昭通市水资源公报［R］．2019.
［12］云南省水利厅．2020年云南省水资源公报［R］．2021-11-19.
［13］昭通市农业区划委员会．云南省农业资源调查和农业区划成果资料：云南省昭通市农业区划［Z］．1985-03-01.
［14］云南省水利厅．云南省地表水水环境功能区划（2010～2020年）［Z］．2010.
［15］鲁甸县自然资源厅．鲁甸县生态保护红线划定成果［Z］．2020.

第5章　临泽县调查报告

5.1　临泽县村镇建设与资源环境基本概况

　　临泽县位于甘肃省西部张掖市，河西走廊中段，99°51′E～100°30′E，38°57′N～39°42′N，地处巴丹吉林沙漠南缘，属黑河流域中游地区。东邻甘州区，西接高台县，南靠祁连山与肃南裕固族自治县（简称肃南县）接壤，北依合黎山与内蒙古阿拉善右旗毗邻，南北宽约77km，东西长约49.7km，辖区面积2729.75km²。临泽县南北依山，地势南北高、中间低，南部为祁连山区，北部为合黎山剥蚀残山区，中部为黑河水系冲积形成的走廊平原区。临泽县境内平均海拔1356～2170m，海拔最高为新凤阳山，最低为蓼泉。县境内地势平坦，以平坡为主，地势南北高、中间低，由东南向西北逐渐倾斜，地貌构成有中低山脉、戈壁、沙漠、沼泽、湿地等。中部走廊平原区土地肥沃、水草茂盛、物产丰富，是临泽县精华地带，也是人口和产业分布的主要地带（图5-1）。

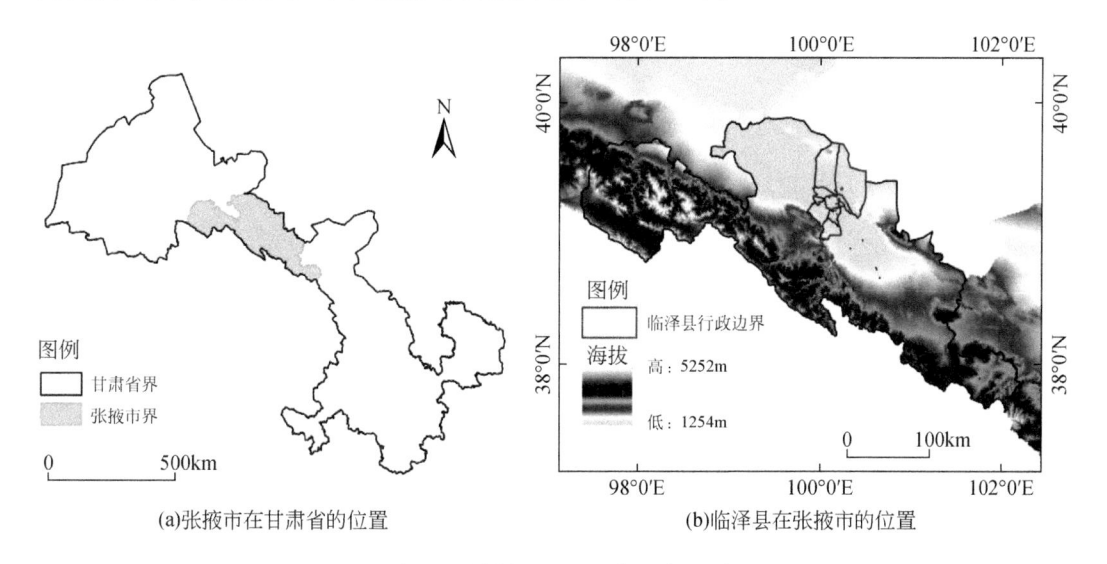

图5-1　临泽县地理区位和高程图

　　临泽县历史悠久，是古丝绸之路要塞，南出梨园口，可达青藏高原；北越合黎，可抵蒙古大漠；西过嘉峪关通新疆；东经武威、兰州，与内地相连，地理位置十分重要，为历代兵家必争、商旅必经之地[①]。临泽县是传统的灌耕农业区，粮食作物、蔬菜瓜果、肉牛肉羊、林木花卉品种丰富，其中玉米种子占到全国大田玉米用种量的13%以上，曾获"全国一熟制地区粮食单产冠军县"称号，被誉为"花果之乡"。在《全国主体功能区规划》中，临泽县属国家限制开发区域的农产品主产区，在《甘肃省主体功能区规划》中，临泽县属甘肃省甘州—临泽重点开发区域。

本节依据张掖市统计年鉴[②]，以及临泽县发展和改革、生态环境、交通、旅游、农业农村、自然资源等部门的资料，对临泽县县域土地资源、水资源、生态环境等资源环境，以及乡村人口、产业经济、设施建设等村镇建设情况进行分析。

5.1.1 资源环境

1. 土地资源

1）受水资源限制，临泽县可利用土地资源十分有限

依据临泽县2019年土地变更调查结果，2018年全县土地总面积272 975.49hm^2，其中农用地59 784.71hm^2，占全县土地总面积的21.9%；建设用地7562.43hm^2，占全县土地总面积的2.77%；其他戈壁沙漠等未利用土地205 628.35hm^2，占全县土地总面积的75.33%。

2）临泽县耕地和建设用地不断扩张，生态用地面积不断压缩

从土地利用类型变化情况来看，2011～2019年临泽县耕地、城镇村及工矿用地、交通运输用地、水域及水利设施用地总体增加，园地、林地、草地、其他用地面积总体减少（图5-2）。耕地从7.04%扩张到12.89%，2019年面积为52.76万亩；园地从2.62%收缩到0.67%，2019年面积为2.75万亩；林地从5.67%收缩到4.16%，2019年面积为17.03万亩；草地从34.14%收缩到31.79%，2019年面积为130.18万亩；城镇村及工矿用地从1.68%增加到2.09%，2019年面积为8.55万亩；交通运输用地从0.26%增加到1.33%，2019年面积为5.43万亩；水域及水利设施用地从3.95%增加到5.37%，2019年面积为21.99万亩；其他未利用地从44.64%减少到41.70%，2019年面积为170.77万亩。

2. 水资源

（1）临泽县日均气温差大、年降水量少、年蒸发量大、日照时间长，为典型的干旱缺水区。

临泽县属大陆性荒漠草原气候，四季分明，冬季寒冷而漫长，夏季炎热而短暂；日照长，太阳辐射强，年平均日照小时数3038.4小时，昼夜温差大，年平均气温9.4℃；降水

---

① 临泽县人民政府．临泽县简介［EB/OL］．http：//www.gslz.gov.cn/lzgk/xqjj/201207/t20120717_38653.html［2022-03-25］．

② 张掖市统计局，国家统计局张掖调查队．2010～2019年《张掖统计年鉴》［EB/OL］．http：//www.zhangye.gov.cn/tjj/ztzl/tjsj/［2022-03-25］．

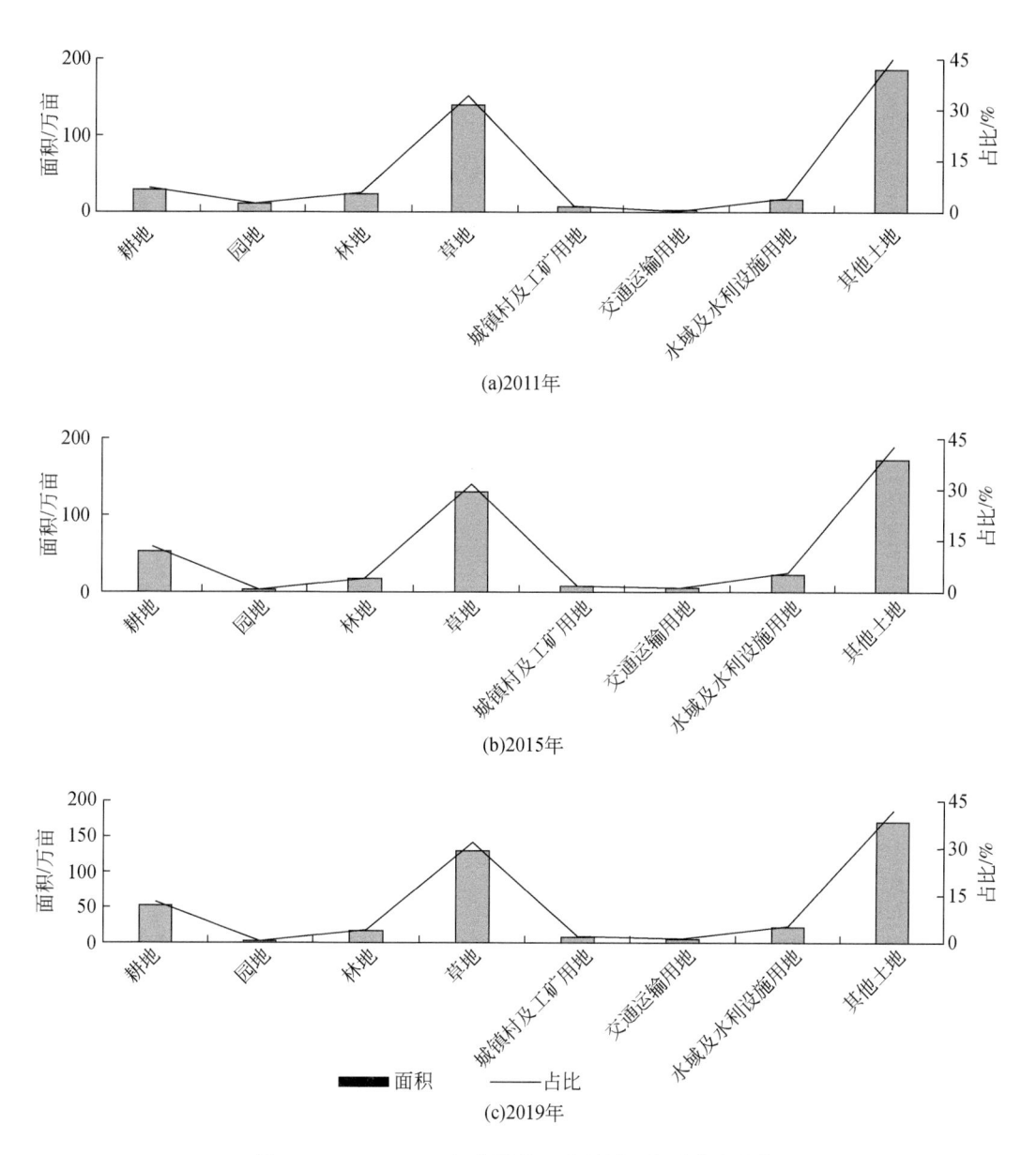

图 5-2　2011~2019 年临泽县土地利用面积及占比变化

稀少，蒸发量大，年平均降水量 168.8mm，年平均蒸发量 1646.7mm，水资源先天不足（图 5-3）。

（2）临泽县水资源主要靠黑河干流补给，占地表水资源总量的 92.45%。

临泽县境内河流众多，南、北部分布有许多季节河，中部多湖泊沼泽。源于祁连山的黑河、梨园河是流经县境的两大河流，平均径流量分别为 10.5 亿 m³ 和 2.3 亿 m³，全县地表水多年平均径流量 12.8 亿 m³，地下水综合补给量 5.2 亿 m³，水资源以地表水为主，泉水、地下水为辅。

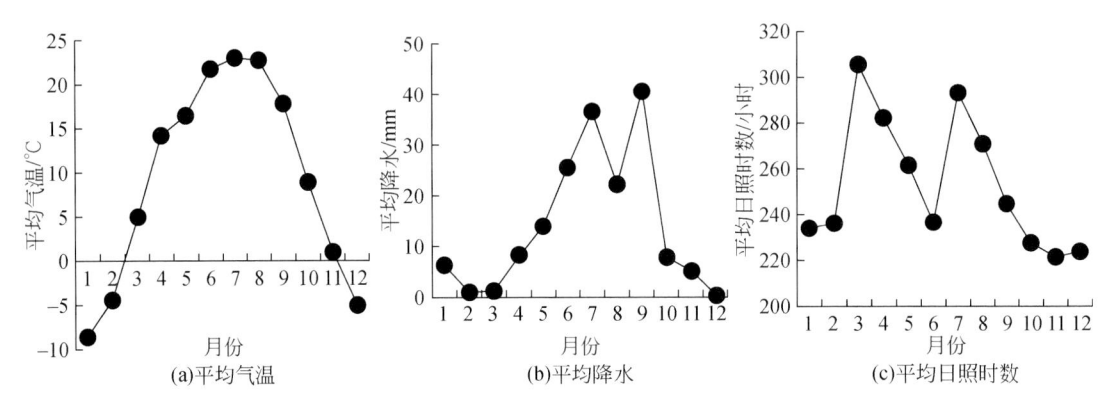

(a)平均气温　　(b)平均降水　　(c)平均日照时数

图 5-3　临泽县年逐月平均气温、降水、日照小时

（3）临泽县90%以上的水资源用于农业生产，用水结构不合理。

多年来，临泽县农业用水占比高达90%，用水结构不合理。例如，2020年，临泽县总用水量3.95亿 m^3，仅农业用水占比就高达95.2%，而工业用水、生活用水和生态环境补水总和仅占4.8%（表5-1）。

表 5-1　2020 年临泽县用水行业分布及占比

农业用水		工业用水		生活用水		生态环境补水		总用水量 /亿 m^3
水量/亿 m^3	占比/%	水量/亿 m^3	占比/%	水量/亿 m^3	占比/%	水量/亿 m^3	占比/%	
3.76	95.2	0.01	0.3	0.06	1.5	0.12	3.0	3.95

（4）临泽县部分乡镇地下水超采，危及供水、粮食和生态安全。

地下水是水资源的重要组成部分，是关系经济社会长远发展的重要战略资源，是维系良好生态环境的重要控制性因素，特别是在西北干旱内陆地区，地下水资源发挥着其他水源无法替代的作用。近年来，临泽县地下水开发利用量逐年增大，地下水在水资源利用总量中的比例不断上升。由于地下水资源的逐年开发利用，有部分乡镇地下水超采[①]，目前全部为一般超采区，超采区面积191.97km²，超采量986.73万 m^3，涉及蓼泉镇、新华镇、倪家营镇，其中蓼泉镇和新华镇地下水以0.04m/a的速度下降，倪家营镇下降的速度达0.19m/a（表5-2）。地下水资源的过度开发利用导致一系列生态和环境问题，超采区地下水位下降，植被退化、土地沙化、荒漠化加剧，危及区域供水安全、粮食安全和生态安全，制约区域经济社会的可持续发展和生态环境的良好循环。

---

① 张掖市人民政府. 张掖市人民政府关于公布地下水超采区和限采区范围的通知［EB/OL］. http://www.zhangye.gov.cn/zyszfxxgk/zfwj5652/zzf_5653/202009/t20200918_486634.html［2022-03-25］.

表 5-2 临泽县地下水超采区范围及超采量

超采区名称	包含乡镇	超采区面积/km²	平均下降速度/(m/a)	实际开采量/万 m³	可开采量/万 m³	超采量/万 m³
临泽浅层中型一般超载区	蓼泉镇、新华镇	127.08	0.04	1577.66	813.31	764.35
临泽浅层小型一般超载区	倪家营镇	64.89	0.19	631.75	409.37	222.38
全县		191.97		2209.41	1222.68	986.73

3. 生态环境

（1）临泽县境内动植物、文化旅游及矿产资源丰富，生态良好。

临泽县河流众多，阳光充足，土地肥沃，灌溉便利，是国家现代农业示范区；有乔木、灌木、草本、花卉、低等植物、食用菌、有毒真菌等，其中粮食作物、瓜菜作物、林木品种丰富，林果品种多，产量高，被誉为"花果之乡"；有野生植物 77 种，药用植物 21 种，野生鸟类 47 种，分布有国家一级保护动物普氏原羚、国家二级保护动物鹅喉羚等；旅游资源丰富，包括丹霞及水域、绿洲、沙漠、古刹、烽燧、红色胜迹、田园风光、丝路文化、历史宗教文化、民俗文化、地理文化等，有以"七彩丹霞""戈壁水乡""中国枣乡"为标志的享誉省内外的旅游品牌；矿产资源较丰富，主要分布于北部山区，已发现的主要有石膏、含碘凹凸棒石、海泡石、蛭石、白云岩、石英石、灰岩、铁、锰、铅、金、稀土、矿泉水等，其中以石膏、石英石和含碘凹凸棒石储量最大，且品位较高，开发前景非常广阔。

（2）受西北干旱气候和水资源影响，临泽县生态系统服务价值偏低。

受干旱气候影响和水资源约束，临泽县林地面积较少，生态系统服务价值较低。从生态系统服务价值来看，临泽县整体偏低，有村庄和农业分布的地区相对高于外围沙漠戈壁、土石山区，服务价值为 0～380 057 万元/km² 不等。河流两岸地区生态系统服务价值高于其他地区，农业灌溉平原区高于南北山区（图 5-4）。

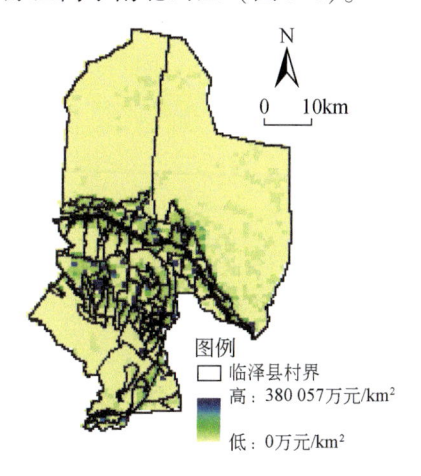

图 5-4 2018 年临泽县生态系统服务价值图

(3) 临泽县环境污染以废水、废气和农业面源污染为主。

2017年，临泽县废水污染物排放总量约357.74万t，其中工业源和生活源排放量分别为75.35万t和282.28万t。化学需氧量、氨氮、总氮、总磷排放总量分别为157.24t、33.89t、61.37t、8.35t。废气污染以二氧化硫、氮氧化物、烟（粉）尘和挥发性有机物为主，且主要来源于工业。2017年，临泽县二氧化硫、氮氧化物、烟（粉）尘和挥发性有机物排放总量分别为1653.95t、260.27t、1266.43t和4633.16t。

2010~2019年，临泽县农用化肥施用实物量从54 342.03t增长到56 613.65t后，2019年减少为53 938.02t，总体减少0.74%；折纯量从10 483.18t持续增加到13 298.21t，增长了26.85%。农药施用量从264t减少到211t，减少20.08%；农用塑料薄膜使用量从1236.2t持续增长到2270.4t，增长高达83.66%（图5-5）。

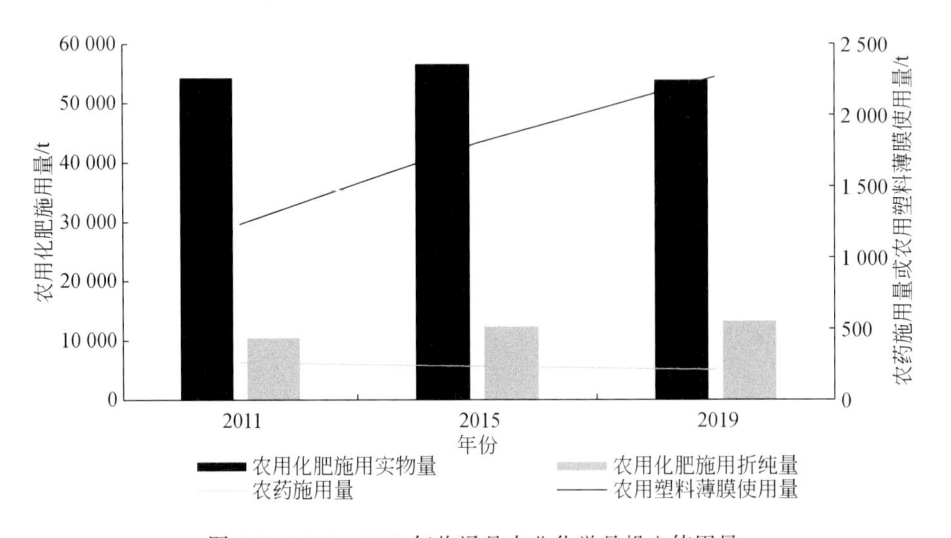

图5-5 2011~2019年临泽县农业化学品投入使用量

分乡镇来看，农业化肥施用量鸭暖镇、蓼泉镇、新华镇在9000t以上，板桥镇、平川镇、沙河镇次之，在5000t以上，倪家营镇最少，为3534.2t。其中，氮肥用量占比在各镇均较高，蓼泉镇、平川镇在30%~40%，其余镇均在40%以上；氮肥占比在10%~30%；钾肥占比平川镇达36.21%，蓼泉镇15%，其余镇均在10%以下；复合肥占比蓼泉镇、板桥镇在30%以上，沙河镇在20%以上，新华镇、平川镇、鸭暖镇超10%，倪家营镇为7.01%（表5-3）。

表5-3 临泽县乡镇农业化肥使用量　　　　　　　　　　（单位：t）

乡镇	农用化肥施用量	氮肥	磷肥	钾肥	复合肥
沙河镇	5 451.9	2 449.4	1 455.4	392.4	1 154.7
新华镇	9 530.85	5 042.19	2 336.63	922.34	1 229.69
蓼泉镇	9 938	3 975.2	993.8	1 490.7	3 478.3
平川镇	6 329.77	2 007.27	1 010.95	2 292.05	1 019.5

续表

乡镇	农用化肥施用量	氮肥	磷肥	钾肥	复合肥
板桥镇	7 104.6	3 655.6	984	208	2 257
鸭暖镇	12 587.03	7 225.84	2 701.75	877.8	1 781.64
倪家营镇	3 514.2	2 237.1	825.9	204.9	246.3

（4）临泽县积极采取行动加大生态环境保护，水土气持续向好。

临泽县积极践行"绿水青山就是金山银山"理念，严格落实"党政同责、一岗双责"要求，常态化开展生态环保突出问题整改"回头看"，中央生态环境保护督察反馈的违章建筑、水源地保护、散煤管控等问题和卫星遥感反馈的黑河湿地环保问题全面完成整改销号。全面落实污染防治攻坚战各项工作任务，县镇村三级河湖长制规范运行，抑尘禁烧、油烟减控等措施有效落实，县级煤炭集中交易市场和镇级配送网点建成运行，水土气监测指标持续向好。深化全省全域无垃圾示范县和农村人居环境整治示范县创建，扎实推进垃圾、污水无害化处理等七大专项行动，持续抓好废旧农膜回收利用、秸秆"四化"转化和粪污环保治理，农业面源污染治理经验在《人民日报》报道。临泽县投资 1.84 亿元的黑河湿地保护治理等 7 个山水林田湖草项目全面完工，完成"五带一园"造林 4.1 万亩。

5.1.2 村镇建设

1. 乡村人口

（1）乡村人口总数居高不下，人口密度中部高、南北低。

2010~2018 年，临泽县总人口呈现先增后减最后相对稳定的发展趋势，总体增加了 979 人。就乡镇而言，蓼泉镇和平川镇人口总体减少了，分别减少了 377 人和 304 人；其余各镇都有所增加，沙河镇增加最多，为 755 人（图 5-6）。

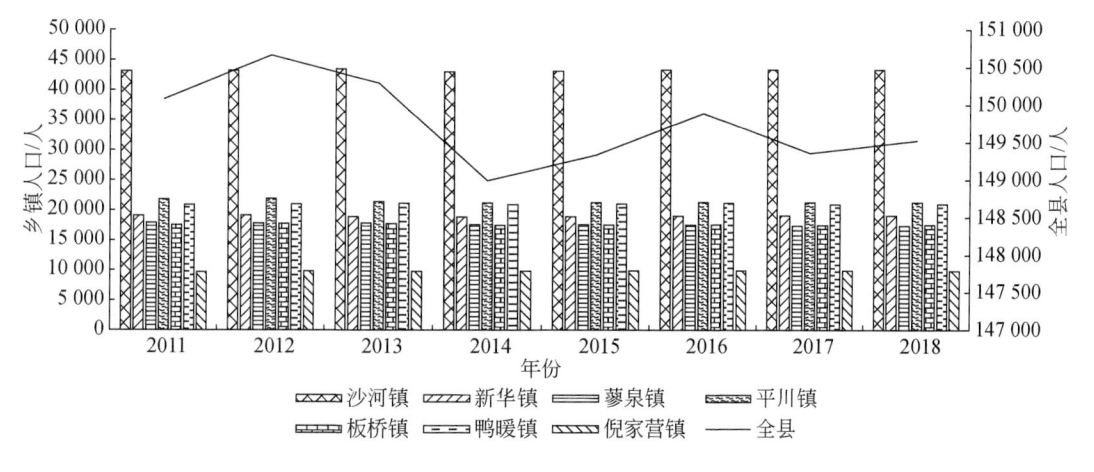

图 5-6 临泽县 2010~2018 总人口变化情况

临泽县人口分布不均衡，整体呈中部高、南北低的空间分布特征。县政府驻地沙河镇人口密度多年维持在 450 人/km² 左右，黑河干流南岸蓼泉镇和鸭暖镇维持在 140 人/km² 左右，新华镇和倪家营镇分别维持在 68 人/km² 和 61 人/km² 左右。人口分布相对稀疏的为位于北部大面积残留山区的平川镇和板桥镇，其中平川镇人口维持在 25 人/km² 左右，板桥镇维持在 13 人/km² 左右（表5-4）。总体来看 2010~2018 年，临泽县各镇人口密度变化不大。

表5-4 临泽县人口密度时空变化情况 （单位：人/km²）

乡镇	2010年	2011年	2012年	2013年	2014年	2015年	2016年	2017年	2018年
沙河镇	443	449	449	453	448	449	451	451	451
新华镇	68	69	69	68	68	68	68	68	68
蓼泉镇	142	143	143	143	141	141	140	139	139
平川镇	26	26	26	26	25	25	26	25	25
板桥镇	13	13	13	13	13	13	13	13	13
鸭暖镇	139	139	139	141	140	140	141	140	140
倪家营镇	60	61	61	61	62	62	62	62	62

（2）乡村人口以汉族和农业人口为主，农业人口占比达 85.62%。

2018 年，临泽县全县总人口为 14.63 万人，总户数 44 508 户；有汉族、回族、藏族、蒙古族、裕固族等 11 个民族，其中汉族占总人口的 99%。总人口中，男性 7.54 万人，占总人口的 51.54%；女性 7.09 万人，占总人口的 48.46%。非农业人口 2.1 万人，占总人口的 14.35%；农业人口 12.53 万人，占总人口的 85.65%。

2. 产业经济

2018 年，临泽县实现地区生产总值 48.35 亿元，增长 5.6%；人均 GDP 35 194 元，增长 5.1%。其中，第一产业增加值 13.27 亿元，增长 5.8%；第二产业增加值 9.08 亿元，增长 7.6%；第三产业增加值 26 亿元，增长 4.3%。三次产业结构比由 27.4：23.6：49.0 调整为 27.4：18.8：53.8，第一产业与上年持平，第二产业下降 4.8 个百分点，第三产业上升 4.8 个百分点。但是，城乡之间发展不平衡，全县城镇居民人均可支配收入 22 661 元，农民人均可支配收入仅为 13 413 元，二者相差 9248 元，城乡之间发展差距较大。具体如下。

（1）种植业。农作物播种面积持续扩张，粮食作物产量增加，经济作物产量先增后减；果园面积和水果产量均呈现先增后减趋势。

2011 年临泽县农作物播种面积共 34.63 万亩，到 2019 年增长到 47.78 万亩。其中，粮食作物播种面积增长了 8.37 万亩，经济作物播种面积从 2011 年的 6.35 万亩增长到 2015 年的 12.03 万亩，2019 年为 10.29 万亩。2011~2019 年，临泽县粮食作物产量从 14 531.3 万 kg 持续增加为 16 832 万 kg，增加了 2300.70 万 kg，增加率为 15.83%；经济作物产量先从 31 478 万 kg 增加为 50 983 万 kg，然后减少为 32 885 万 kg，总体增加

4.47%。2011~2019年，果园面积从104 600亩增加为112 000亩后，2019年减少为36 000万亩，总体减少65.58%；水果产量从2141万kg增加为3233.79万kg后，2019年减少为2891.58万kg，总体增产35.06%（图5-7）。

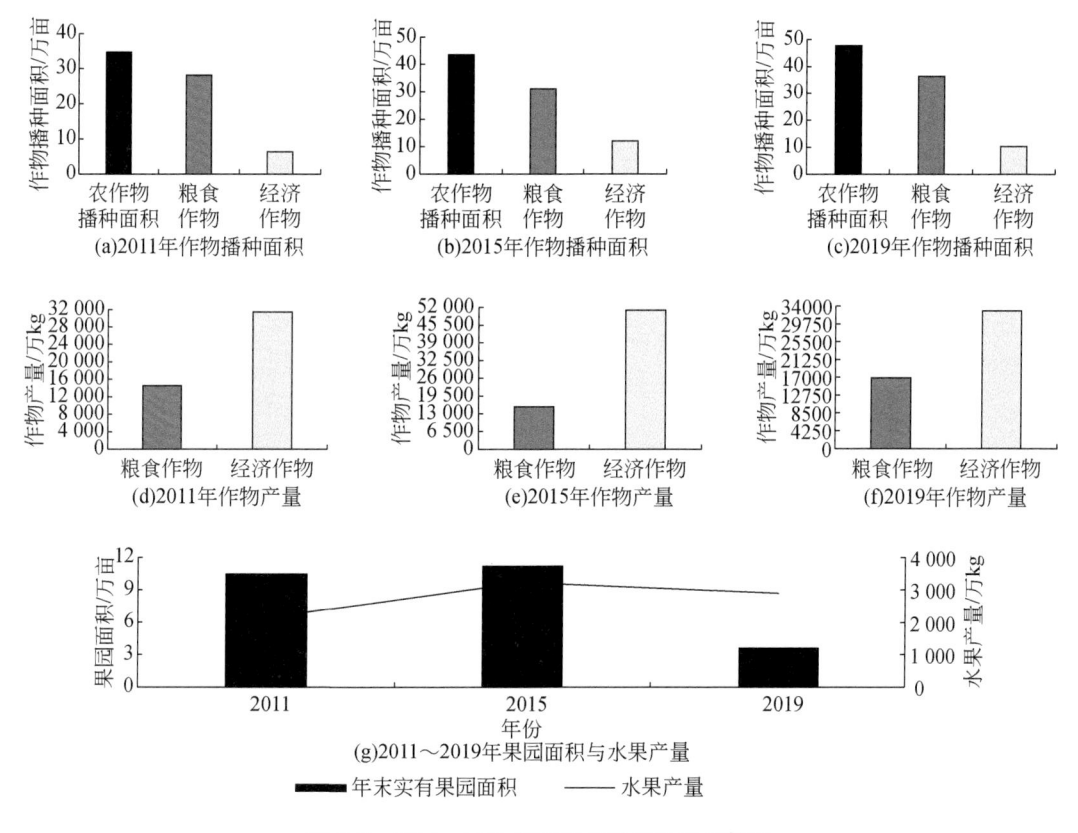

图5-7 2011~2019年临泽县种植业发展情况

（2）养殖业。大牲畜、羊存栏量总体增加，猪、鸡鸭鹅存栏量总体减少；牛奶产量和绵羊毛产量持续增加，鲜蛋产量总体减少，山羊毛、山羊绒和骆驼毛产量总体均在增加。

与2011年相比，2019年临泽县大牲畜、羊存栏量分别增加0.83万头、5.56万头/万只，存栏量分别为13.51、19万头/万只；猪存栏量从2011年8.95万头增为2015年10.51万头后，2019年减少为5.16万头；鸡鸭鹅存栏量从2011年44万只增为2015年44.81万只后，2019年减少为24.05万只。2011~2019年，临泽县除鲜蛋产量减少45.34%外，牛奶、山羊毛、绵羊毛、山羊绒和骆驼毛产量分别增加116.10%、26.67%、49.83%、26.67%和282.86%，牛奶和骆驼毛产量增长幅度较大（图5-8）。

（3）乡村旅游业。影响力持续扩大，已成为县域经济最具开发潜力和发展活力的增长点。

临泽县以打造特色旅游文化强县为目标，深入实施"景区晋等升级、全产业链打造、管理服务水平提升、全民旅游宣传"四大行动，旅游影响力持续扩大。投资31.5亿元实施旅游文化项目36项，大力推进旅游文化体育融合发展，旅游产业已成为县域经济最具

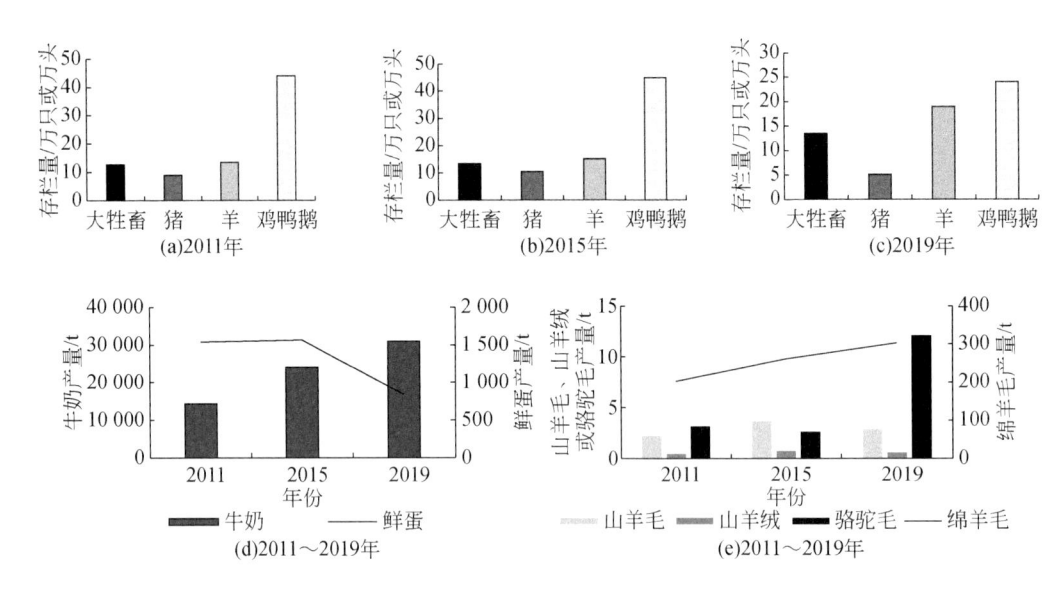

图 5-8 2011~2019 年临泽县畜牧业发展情况

开发潜力和发展活力的增长点。以丹霞大景区和流沙河商贸旅游文化产业园为重点的旅游基础设施建设步伐明显加快，七彩镇、丹霞地质博物馆及丹霞景区观景台改造提升工程等项目已投入使用，河西民俗文化村、民俗博览园、梨园新村、华夏牡丹文化旅游观光园、丹霞景区游客服务中心等旅游重点项目建设完成。"中国枣乡·魅力临泽"旅游文化艺术节、中国男篮联赛四强对抗赛、2015"美丽中国·生态马拉松"张掖·临泽站、"丹霞杯"特色美食文化节等节会赛事活动成功举办，"丹霞号"高铁列车正式开通。丹霞景区被命名为国家地质公园和 4A 级旅游景区，被确定为全省率先建设的八个大景区之一，跨入全国百万人次大景区行列，已成为张掖旅游产业的"龙头"景区。深入挖掘昭武九姓、仙姑信仰、西游文化、丝路文化等地域文化元素，全力打造流沙河商贸旅游文化产业园、丹霞快速通道、丹霞休闲广场和丹霞山庄、五湖假日酒店、丹霞广场特色风情园、水上游乐等基础设施、餐饮娱乐项目相继建成并投入使用，围绕丹霞大景区打造的吃、住、行、游、购、娱全产业链渐已成型，上接七彩丹霞、中穿大沙河开发区、下连黑河湿地的商贸旅游文化产业带初具规模，以旅游为引领的第三产业成为推动转型发展最活跃的因素。2006~2018 年，临泽县累计接待游客 2356.91 万人次，实现旅游综合收入 131.83 亿元，丹霞景区 2010~2018 年接待人数累计 848.10 万人次（表 5-5）。

表 5-5 2006~2018 年临泽县旅游业发展情况

年份	接待人数/万人次	同比增长/%	综合收入/亿元	同比增长/%	丹霞接待人数/万人次	同比增长%
2006	16.8		0.252			
2007	16.6		0.249			
2008	18.2		0.291			

续表

年份	接待人数/万人次	同比增长/%	综合收入/亿元	同比增长/%	丹霞接待人数/万人次	同比增长%
2009	21.1		0.3417			
2010	26	30	0.62	82.62	9.1	68
2011	43.5	67.3	1.04	67.30	15.1	65.9
2012	73.46	68.9	2.57	88.5	23.5	52
2013	120.32	63.79	5.59	117.61	43.5	85.10
2014	171.61	73.86	9.37	70.98	70	60.90
2015	277.36	61.62	14.545	55.2	109.155	63.85
2016	391.46	77.19	22.05	97.8	148.3	37.72
2017	520.34	39.11	29.91	42.4	197.34	31.5
2018	660.16	28.29	45	32	232.1	20.28
累计	2356.91		131.83		848.10	

（4）经济产值。临泽县农业总产值持续向好，2011~2019年增长幅度高达91.95%；农民人均纯收入稳步增加，在张掖市排名靠前。

2011~2019年，临泽县农、林、牧、渔及其服务业均以不同程度变化，其中林业产值先增后减，总体减少32.51%；其余产值均持续增加，牧业产值增长幅度高达183.96%。2019年，农业和牧业产值最高，其次分别为农林牧渔服务业、林业和渔业（表5-6）。

表5-6　2011~2019年临泽县农业产值　　　　　　　（单位：万元）

年份	农业总产值	农业	林业	牧业	渔业	农林牧渔服务业
2011	181 847.19	109 278.26	3 351.92	38 870.78	523.23	29 823
2015	243 244.74	138 881.8	4 529.94	55 988.32	595.68	43 249
2019	349 048.29	179 329.52	2 262.18	110 377.19	852.14	56 227.26
2011~2019	91.95%	64.10%	-32.51%	183.96%	62.86%	88.54%

2010~2019年，临泽县农民人均纯收入从5886元稳步增加到15932元，增长170.68%（表5-7）。分区县来看，除了农村人口相对较少的肃南县外，临泽县农民人均纯收入稳居张掖市第二。

表5-7　2010~2019年张掖市及各县（区、市）农民人均纯收入　（单位：元）

县（区、市）	2010年	2011年	2012年	2013年	2014年	2015年	2016年	2017年	2018年	2019年
肃南县	7 009	8 062	9 470	10 705	11 973	13 432	14 418	15 672	17 004	18 517
临泽县	5 886	6 875	7 992	9 004	10 088	11 517	12 408	13 413	14 594	15 932
甘州区	5 862	6 870	7 953	8 959	10 021	11 320	12 218	13 192	14 370	15 720
张掖市	5 575	6 467	7 504	8 465	9 489	10 823	11 646	12 612	13 710	14 944

续表

县（区、市）	2010 年	2011 年	2012 年	2013 年	2014 年	2015 年	2016 年	2017 年	2018 年	2019 年
高台县	5 551	6 499	7 555	8 511	9 536	10 890	11 707	12 667	13 813	15 066
山丹县	5 405	6 298	7 316	8 269	9 307	10 527	11 295	12 244	13 297	14 463
民乐县	4 905	5 503	6 393	7 202	8 106	92 85	9 976	10 824	11 766	12 825

3. 设施建设

（1）基础设施不断完善，居民住房不断扩张，社会保障水平提升空间还较大。

2011~2019 年，随着经济社会的发展，临泽县村镇房屋面积扩张近 20 万 m²，居民房屋面积扩张 5.87 万 m²，总体上 2011~2015 年扩张幅度较大，2015~2019 年有所收紧；农村小学、中学师生比均呈现先增后减的趋势，2019 年农村小学师生比为 9.69，农村中学师生比为 75；农业机械化水平不断提高，机播面积占比从 69.3% 增长到 76.08% 再增长到 80.99%，机收面积占比从 39.72% 持续上升为 65%；农村参加社会养老保险占比 2011 年几乎为 0，到 2015 年达到 62.76%，然后略微降低，2019 年为 58.03%；参加农村合作医疗占比一直稳定在 95% 以上，社会保障达不到 100% 的水平，提升空间还较大（图 5-9）。

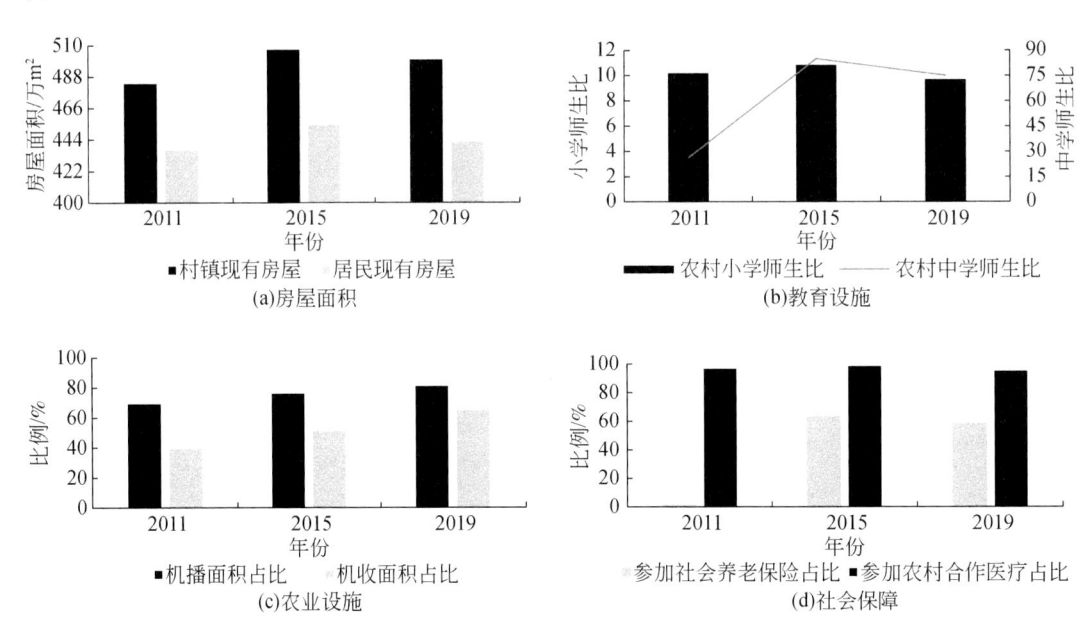

图 5-9 2011~2019 年临泽县村镇基础设施建设情况

除此之外，临泽县围绕生态产业发展、乡村振兴战略实施和基础设施完善等领域，储备重点项目 189 项，争取专项资金 7.7 亿元、政府新增债券资金 1.6 亿元，招商引资到位资金 39.3 亿元。开工建设重点项目 114 项，其中 5000 万元以上项目 35 项，完成投资 26

亿元，为县域经济持续健康发展打牢了坚实基础。完成新一轮"城市总体规划"修编，城乡路网进一步优化，至2019年临泽县境内现有公路大约1374km。其中，高速1条32km，国道1条29km，省道2条67.726km，农村公路336条1244.97km，农村公路中，县道8条243.4km，乡道19条343km，村道309条658.57km。全县7个镇71个建制村沥青（水泥）路通畅率达100%（2014年在全市率先实现），实现了高速铁路、高速公路从无到有的大跨越，基本形成了以兰新铁路、兰新高铁、G30高速公路为主框架，国省干线公路为辐射，县镇村三级公路为脉络的公路网络，对推动全县经济发展和社会进步发挥了重要作用。

（2）人居环境整治稳步推进，美丽乡村建设成效显著。

按照"批次打造、逐年覆盖"的思路，2018年全县共建设省市县级美丽乡村示范村8个，坚持因地制宜、就地取材、不大拆大建的要求，对居民点进行总体规划设计，拆除危旧房屋和残垣断壁，农户前门面统一粉刷，形成灰白相间的古朴风格。探索开展"畜禽进小区、后院改庭院、民居变民宿"，拆除空置房484户，实施风貌改造1246户，张肃公路连接丹柳路乡村振兴示范带重点项目顺利推进。通过空置房屋改造、新建等方式，7个镇建设垃圾分类回收站52座；采取集中配发、自制、改造等方式，户户配备了垃圾分类收集容器；采取积分制、换购制、以旧换新等奖励补助政策，群众参与垃圾分类收集的积极性明显提高。将城市规划区内沙河镇五三村、西关村、合强村、西头号村、东寨村等8个行政村和倪家营集镇生活污水接入城市污水管网，全县共有26个村的农民住宅小区生活污水进行集中处理。坚持造林与造景相结合，以村社主干道、居民点街道及农户房前屋后、闲滩空地为重点，因村制宜，统筹规划，按照一村一品、一社一景的要求，整村推进全面绿化，以城市园林化标准，提升村庄绿化档次和水平。8个示范村共整合绿化资金80万元，栽植各类绿化苗木8万多株，栽植各类花卉15万多株。注重自然、历史、文化传承，深层次挖掘村庄文化元素，统筹考虑党建主题广场、新时代农民讲习所、三治会堂（广场）、村庄客厅、文化礼堂、乡村记忆馆或村史馆共建共享，新建党建广场8个，三治广场5个，农耕苑4个，知青馆1个，校史馆1个，乡村记忆馆1个，休闲小公园4个，景观大门2个，村标6个。

（3）农田水利基础设施建设不断完善，节水灌溉能力不断增强。

临泽县地处黑河流域中游，黑河自祁连山穿峡出谷，蜿蜒终入尾闾居延海，由于流域水资源总量少、配置不协调，上中下游水事纠纷由来已久，为了解决下游尾闾恶化的生态状况及其引发的环境危机，2000年黑河干流实施了内陆河水量统一调度的"分水方案"。黑河中游地区集中了流域九成的人口和土地，但分水方案仅留有四成的水量，在水资源约束下，临泽县改变了过去滥用无度、大水漫灌、跑冒滴漏、浪费水的现象，照国家要求实施农业节水行动，大力推进河湖水系连通、戈壁农业供水、梨园河河道治理、湖泊治理等重点水利工程建设。组织实施一批重大高效节水灌溉工程，持续改善农田水利设施条件，提高水资源利用效率。围绕"6363"水利保障行动，大力推进红山湾水库、土山角水库、小泉湖水库和病险水库水闸除险加固等重点水利工程建设。组织实施流沙河铁路桥至黑河段、黑河临泽段河道治理工程，完成梨园河大型灌区和板桥、鸭暖等5个中型灌区续建配套与节水改造，启动红山湾水库至沙河、鸭暖调水工程，全面推进农田水利建设。"十三五"期间，临泽县推广节水技术，建成水肥一体化高标准玉米制种基地14万亩，相对于其他作物年均需浇十几次水，玉米制种一年只浇五次水，且收入翻了三四番，单方水GDP[①]产出由2.81元提高到26.4元。蓼泉镇示范推广节本增效"增量化"水肥一体化、蔬菜病虫害统防统治等农业实用新技术，创建以寨子村为主的千亩蔬菜示范区和设施蔬菜标准化生产科技示范点4个。通过以水定产、发展节水玉米制种、持续推进灌区节水改造等手段进行系统化治理。

5.2 调研村镇类型与调研路线

临泽县是张掖市传统的灌耕农业区，县境内粮食和蔬菜瓜果作物、肉牛肉羊养殖、林木花卉品种丰富，玉米种子占到全国大田玉米用种量的13%以上，曾获"全国粮食单产冠军县"称号，被誉为"花果之乡"。在《全国主体功能区规划》中临泽县属国家限制开发区域的农产品主产区，在《甘肃省主体功能区规划》中临泽县属甘肃省甘州—临泽重点开发区域[1]，近年来随着乡村振兴战略的提出，临泽县加快了建设步伐，作为国家农产品主产区和省级重点开发区，在水资源十分稀缺、生态环境脆弱的情况下，对临泽县村镇建设与资源环境承载力进行详细调查研究对干旱绿洲地区具有必要性。

5.2.1 村镇类型划分

1. 行政区划

2018年，临泽县下辖7个镇（沙河镇、新华镇、平川镇、板桥镇、蓼泉镇、鸭暖镇、倪家营镇），71个行政村，各镇政府驻地及辖区情况如表5-8所示，其中，县政府驻地沙河镇共下辖5个社区、13个行政村，新华镇下辖11个行政村，平川镇下辖10个行政村，板桥镇下辖9个行政村，蓼泉镇下辖9个行政村，鸭暖镇下辖11个行政村，倪家营镇下辖8个行政村。

表5-8 临泽县镇域情况统计

镇域	政府驻地	辖区情况
沙河镇	沙河镇幸福路60号	下辖5个社区（沙河街社区、颐和社区、乐民社区、东关街社区、惠民社区），13个行政村（东寨村、西寨村、沙河村、化音村、兰家堡村、西关村、五三村、合强村、花园村、闸湾村、新丰村、西头号村、新民村）
新华镇	张掖市临泽县Y384	下辖11个行政村（大寨村、长庄村、富强村、胜利村、宣威村、西街村、向前村、新柳村、亢寨村、新华村、明泉村）
平川镇	平川镇平川街1号	下辖10个行政村（黄家堡村、五里墩村、一工城村、平川村、三一村、三二村、三三村、芦湾村、四坝村、贾家墩村）

---

① 单方水即消耗1m³水产出的GDP。

续表

镇域	政府驻地	辖区情况
板桥镇	张掖市临泽县 S301	下辖 9 个行政村（土桥村、红沟村、友好村、古城村、板桥村、西湾村、东柳村、西柳村、壕洼村）
蓼泉镇	张掖市临泽县 X219	下辖 9 个行政村（唐湾村、墩子村、湾子村、蓼泉村、寨子村、新添村、上庄村、双泉村、下庄村）
鸭暖镇	临泽县鸭暖乡鸭暖街	下辖 11 个行政村（小鸭村、张湾村、昭武村、大鸭村、暖泉村、五泉村、华强村、曹庄村、小屯村、白寨村、古寨村）
倪家营镇	张掖市临泽县 X220	下辖 8 个行政村（梨园村、南台村、高庄村、马郡村、汪家墩村、倪家营村、下营村、黄家湾村）

2. 村镇类型划分

临泽县在《全国主体功能区规划》中属国家限制开发区域的农产品主产区，在《甘肃主体功能区规划》中属于张掖（甘州—临泽）地区重点开发区域。功能定位为河西重要农产品加工基地，现代农业、节水型社会和生态文明建设示范区，以及集聚经济和人口的重点城市化地区；发展方向为充分利用农畜产品资源丰富的优势，推进各类现代农业示范区建设和特色优势产业带发展，建设优质农产品生产加工基地，提高农畜产品市场占有率和竞争力。其中《张掖市落实国家主体功能区建设试点示范方案三年工作计划（2015—2017）》将张掖市区域内的禁止开发区域（不含基本农田），重点生态功能区，农产品主产区和重点开发区中的北部荒漠植被封育保护区，包括临泽县的板桥镇、平川镇北部地区划分为生态保护空间；将临泽县除城市发展空间、禁止开发区及北部荒漠植被封育保护区之外区域，包括省主体功能区规划中的农产品主产区和重点开发区中承担农产品生产的区域定位为农业生产空间[2]。因此，临泽县乡村地域形成了以农业生产和生态保护为主的国土空间格局。村镇地域主要为农产品生产功能，近年来临泽县以实施乡村振兴战略为总抓手，全力抓好特色产业发展和经营主体培育，促进农业提质增效、农民稳定增收，构建了以玉米制种、蔬菜制种、甜叶菊、芦笋、中药材、花卉、特色经济林及木本中药材等特色产业种植和肉牛、奶牛、生猪、羊、家禽等畜牧养殖为主的产业体系，同时以特色农畜产品加工、凹凸棒石精深加工和光电、风电等新能源开发为主的工业经济以及劳务输出、乡村旅游正稳步发展。总体而言，临泽县村镇地域形成了以农产品生产、产业融合、非农生产、生活保障、生态保育为主的一级功能区，以及种植主导、畜牧主导、农牧均衡、农文旅融合、生活保障、劳务主导、工业加工、生态保育等具体村镇类型（图5-10）。

5.2.2 调研村镇类型与调研路线

1. 调研村镇类型

基于临泽县地形、地貌、温度、降水、土壤质地、生态、环境等自然地理特征和村镇

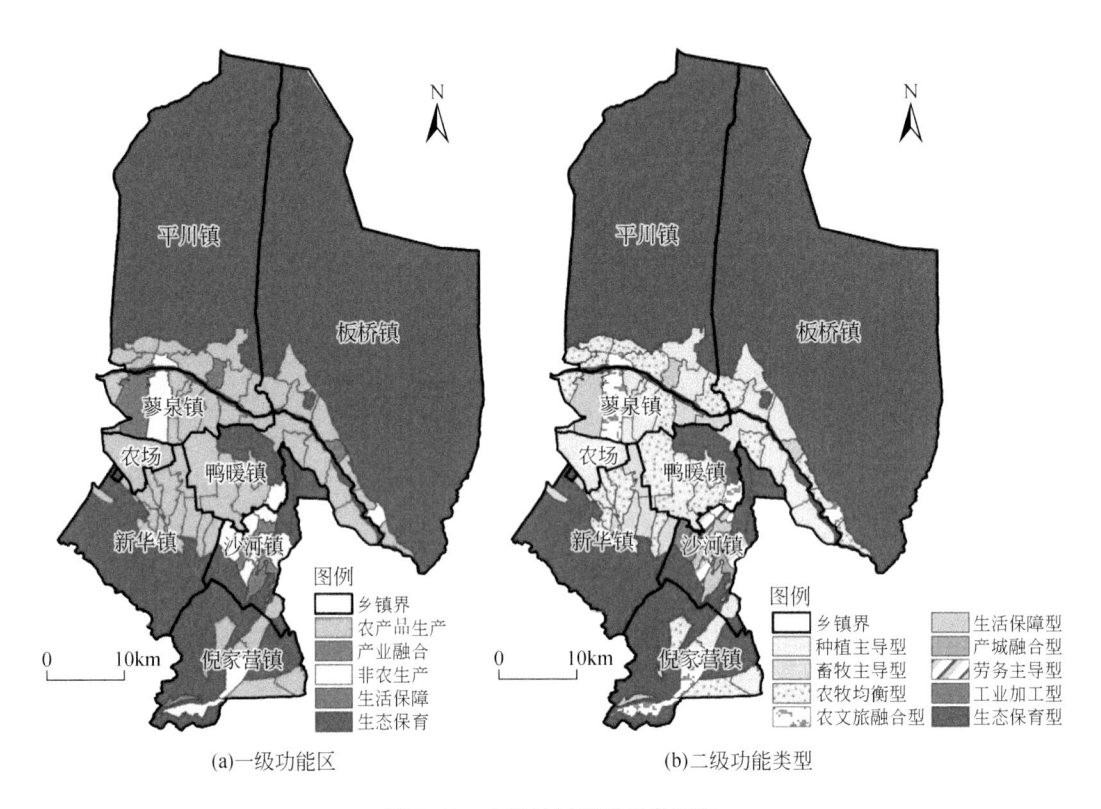

图 5-10 临泽县村镇发展类型图

分布、土地利用、地均 GDP、人口密度等人文特征，以及各镇面积、人口、耕地、农民收入等经济社会发展情况，以兼顾不同类型村镇为原则，选择倪家营镇的下营村、汪家墩村、南台村、梨园村，板桥镇的友好村、板桥村、西柳村，蓼泉镇的唐湾村、湾子村、双泉村以及沙河镇的沙河村、新民村、闸湾村共计 4 镇 13 个行政村为调研点。调研村镇发展类型见表 5-9，由于临泽县生态保育区不隶属于任何村庄，因此调研村庄以农产品生产和产业融合功能为主，种植主导型、畜牧主导型、农牧均衡型、农文旅融合型、劳务主导型、生活保障型村庄均有涉及。

表 5-9 临泽县调研村镇发展类型及产业类型

一级功能区	二级功能类型	包含村庄	产业类型
农产品生产	种植主导型	新民村、下营村	以玉米制种、瓜果、蔬菜种植为主，确保粮食和农产品安全
	畜牧主导型	唐湾村	以牛、羊、猪、家禽等养殖为主，确保肉类、奶类和蛋类安全
	农牧均衡型	西柳村、湾子村、友好村	农业种植与畜牧养殖均衡发展，种植的秸秆为畜牧养殖提供饲料，畜牧养殖产生的粪便为农业种植提供肥料，形成循环经济产业链

续表

一级功能区	二级功能类型	包含村庄	产业类型
非农生产	农文旅融合型	汪家墩村、南台村	以农耕文化园、乡土文化园、葡萄庄园、红色遗址和丹霞地貌等为主题，将农业发展、文化传承与旅游相结合，并推动商贸零售与批发、餐饮住宿等服务业发展
	劳务主导型	闸湾村	满足建筑工程、交通运输、商贸服务等非农生产需求，未来可考虑城镇化
生活保障	生活保障型	双泉村、板桥村、沙河村、梨园村	集农业生产、居住生活、社会保障等多功能于一体

2. 调研实施过程

根据临泽县村庄空间分布图（图 5-11），所选调研点遍布县域北、中、南地区，有处于黑河湿地两岸的村庄，有临近城区的近郊型村庄，有靠近南部丹霞景区、依托景区发展的驱动型村庄，有政府驻地型村庄，也有非政府驻地型村庄。调研村庄常住人口少则不到 1000 人、多则 2500 多人，人均耕地面积少的 1.49 亩、多达 5.92 亩，人均可支配收入从 14 000 多元到 17 000 多元不等，覆盖高中低三个等级，总体而言，调研村庄选取比较合理。

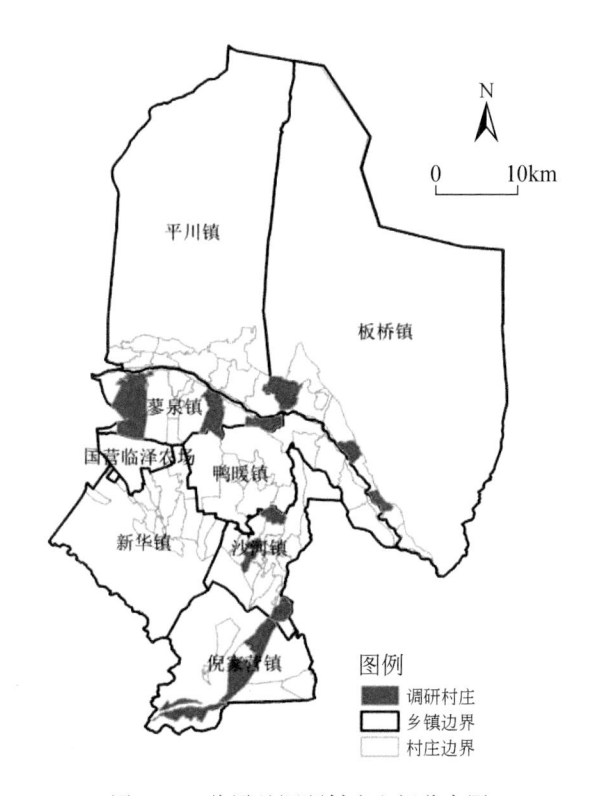

图 5-11 临泽县调研村庄空间分布图

调研组于 2019 年 9 月进行了为期 7 天的实地调研工作。通过与县政府、镇政府相关部门主要负责人访谈，了解地区村镇建设情况及面临的资源环境问题，并收集镇相关简介等资料；开展行政村村集体访谈，并按照不同产业发展类型选取典型农户进行问卷调查，获取村庄发展及其资源环境基础数据，收集行政村建设与资源环境等资料。

5.3 沙 河 镇

沙河镇地处临泽县城郊，东与甘州区沙井镇接壤，南与倪家营镇为邻，西连新华镇，北接鸭暖镇和地方国营五泉林场，辖区面积 98.39km²。区位条件优越，兰新铁路、国道 312 线横贯全境。沙河镇农业规模较小，主要的产业类型为玉米制种、设施农业（含种植业和养殖业）、劳务输出等，收入以农业和劳务输出为主。近年来，沙河镇按照"一村一品"产业扶持原则，以特色农业种植为抓手，采取"公司+合作社+农户"的发展模式，重点在东寨、闸湾、新民、合强等村通过村干部领办、党员群众入股等方式，发展小辣椒、小蔬菜制种 2000 亩，以此实现现代农业提质增效。本次调研选取沙河村、闸湾村、新民村三个村庄作为重点调研对象。

5.3.1 概况

本节依据调研获取的《沙河镇 2018 年农村经济社会基本情况提要本》[3]，以及村庄、农户调查问卷，对沙河镇村镇建设与资源环境进行分析（表 5-10）。

表 5-10 2018 年沙河镇及案例村村镇建设与资源环境

	指标	沙河镇	新民村	闸湾村	沙河村
人口	户籍户数/户	—	361	458	804
	农村常住人口/人	21 141	1 235	1 556	2 464
	劳动力资源总数/人	13 285	816	876	1 447
	劳务输出人数/人	6 036	462	441	723
	常年在外地居住人口/人	—	0	0	0
	60 岁以上老人/人	—	170	—	200
设施建设	合作社数/个	134	7	10	16
	房屋面积/万 m²	85.50	4.46	6.57	8.86
	宅基地面积/亩	3 758.6	225.8	223.4	411.7
	建设用地面积/亩	—	670	520	400
	使用卫生厕所户数/户	1 588	—	23	214
	医院数/个	1			1
	卫生所/个	15	1	1	1

续表

	指标	沙河镇	新民村	闸湾村	沙河村
设施建设	病床数/张	51	2	1	1
	医生数/人	—	2	1	1
	学校数/所	9	1	—	1
	在校师生比	11	6	—	8
产业经济	主要经营产业	玉米制种、设施农业（含种植业和养殖业）、劳务输出等	玉米制种、蔬菜制种、养殖业、劳务输出	玉米制种、蔬菜种植、甜叶菊、养殖业	蔬菜制种、大田玉米、土地流转、养殖业
	粮食作物播种面积/亩	45 202	5 634	4 567	3 617.3
	粮食作物总产量/t	20 167	4 330	1 834	1 303
	牛存栏量/头	21 890	1 538	200	400
	羊存栏量/只	27 184	2 584	800	3 000
	鸡存栏量/万只	14 880	—	—	200
	农村经济总收入/万元	65 757.33	3 832.04	4 386.80	7 442.10
	村集体经济总收入/万元	—	10	0	0
	农民人均可支配收入/元	14 806	14 678	14 456	14 407
资源环境	耕地面积/亩	50 883.5	5 270	4 551.50	4 179.87
	人均耕地面积/亩	2.41	4.27	2.93	1.70
	作物复种指数	1.17	1.21	1.13	1.26
	林地面积/亩	—	0	0	0
	草地面积/亩	—	0	0	0
	水域面积/亩	—	0	0	0
	地下水位变化情况	—	稳定	稳定	下降
	垃圾处理率/%	—	90	80	98
	生活污水是否集中处理	—	否	否	是

1. 村镇建设概况

（1）行政区划：2018 年，沙河镇全镇辖东寨、西寨、沙河、化音、兰家堡、西关、五三、合强、花园、闸湾、新丰、西头号、新民共 13 个行政村，以及沙河街、颐和、乐民、东关街、惠民 5 个社区，134 个合作社。

（2）人口发展：2018 年，常住户数 6340 户，农村常住人口 21 141 人，其中劳动力资源总数 13 285 人，劳务输出人数 6036 人，占劳动力资源总数 45.43%。

（3）设施建设：全镇全部农户中，通电、通电话户占 41.64%、拥有计算机户有 2039 户、通互联网户占 61.21%；使用卫生厕所户 1588 户，仅占比 25.05%；自来水受益户

6288户，受益人口占常住人口比例为99.56%。村镇现有村集体经营性建设用地85亩，有房屋面积合计85.50万m^2，其中公共设施建筑面积4.4万m^2、生产房屋面积7.78万m^2；全村宅基地面积3758.6亩，户均395.23m^2，人均118.53m^2，普遍存在"建新不拆旧、一户两宅或多宅"现象，土地资源严重浪费。因较好的区位优势，沙河镇整体教育医疗设施较完善，有医院1个、卫生所15个、病床共计51张、执业医生33人、护理员36人；有学校9所，教师157人、在校学生1769人；有文化站14个，农家书屋13个。

（4）产业经济：该镇围绕红枣、蔬菜、制种、草畜产业，把培育新型农民作为发展镇域经济、做强特色产业的重要人才保障，2018年农村经济总收入65 757.33万元，其中，农业收入28 401.48万元，占43.19%；工业收入1974万元，占3%；建筑业收入6024万元，占9.16%；劳务输出及交通运输业收入16 718万元，占25.43%；批发零售、商贸及餐饮住宿业收入4971.30万元，占7.56%；政策性补贴及其他转移性收入7668.55万元，占11.66%。农村居民可支配收入总额31 303.09万元，农村居民人均可支配收入约14 806元。

2. 资源环境概况

沙河镇自然条件优越，水土资源丰富，素有"红枣之乡"的美称，积极推广枣粮间作、生态经济型复合林网、庭院栽植等立体种植模式。2018年，沙河镇全镇共有耕地面积50 883.5亩，粮食作物播种面积45 202亩，粮食作物总产量20 167t；设施种植业占地面积1591亩，设施畜牧业占地面积76亩；红枣种植达到2.5万亩，占全镇经济林的85%以上。大牲畜合计23 710头，年末猪存栏8259头，羊存栏27 184只。全镇共有有效灌溉面积50 883亩，占全县灌溉面积11.61%；灌区计划生产、生活、生态用水总量4200万m^3，占全县用水总量10.07%；有机电井137眼，占全县9.16%；农用化肥施用实物量5451.9t，占全县9.75%。总体来说，沙河镇因靠近城区，农业生产规模相对较小，相对其他乡镇灌溉水资源消耗较低、农用化肥施用对环境的污染相对较少。

5.3.2 案例村

1. 新民村

（1）村庄建设：新民村位于沙河镇东南部，是市、县文明生态村。2018年，农村常住户数361户、农村常住人口1235人、劳动力资源总数816人、劳务输出人数462人。村里有通电户数361户，通电话户数114户，拥有计算机户数181户，互联网使用户数265户，自来水全部受益。村庄现有房屋面积4.46万m^2，其中公共设施建筑面积0.4万m^2、生产房屋面积0.5万m^2、农村居民现有房屋3.56万m^2（包括钢混结构1.37万m^2、砖木结构2.03万m^2、砖土木结构0.16万m^2），有村集体经营性建设用地6.4亩、全村宅基地面积225.8亩。村里有卫生所1个、病床2张、执业医生2人、护理人员1人，有新民小学1所，教师4人、在校学生22人，有文化站1个、农家书屋1个。村里产业以种植业和养殖业为主，包括玉米制种、蔬菜制种、规模养殖、设施农业、红枣种植等，其中种植以蔬菜为主，养殖以牛和羊为主。新民村基本无常年外出人口，但劳动力多在沙河镇县城打零工，劳务输出是该村主要的经济来源之一，村庄贫困户较少，居民经济收入情况较好。2018年，农村经济总收入3832.04万元，其中农业收入2617.14万元、二三产合计1214.90万元，农民人均可支配收入14 678元。

（2）资源环境：新民村有耕地面积5270亩，农作物播种面积6371.6亩，其中粮食作物播种总面积5634亩、粮食作物总产量4330t。设施种植业占地面积266亩，蔬菜种植可以带来更高的收益，但与之对应的是带来更多的资源消耗，化肥、农药、地膜使用量大大增加，灌溉频率增加，亩均需水量增加。部分村民使用薪柴作为生活用能，会增加对环境的污染。目前，新民村废水无集中处理设施，村内仅有少量村民进行了厕所改造，说明该村的居民生活设施条件有待加强；村民家中都有统一样式的垃圾桶，垃圾处理条件较好，垃圾处理率较高。

2. 闸湾村

（1）村庄建设：闸湾村位于沙河镇北部。2018年，有农村常住户数436户、农村常住人口数1556人，劳动力资源总数876人、劳务输出人数441人。村里有通电户数436户，通电话户数135户，拥有计算机户数87户，互联网使用户数348户，使用卫生厕所户数23户，自来水受益户431户、受益人口1550人。村庄现有房屋面积6.57万 m^2，其中公共设施建筑面积0.4万 m^2、生产房屋面积0.4万 m^2、农村居民现有房屋5.77万 m^2（包括钢混结构1.52万 m^2、砖木结构3.77万 m^2、砖土木结构0.48万 m^2），有村集体经营性建设用地6.9亩、全村宅基地面积223.4亩。村里有卫生所1个、病床1张、执业医生1人、护理人员1人，因距县城较近，闸湾村无学校，有文化站1个、农家书屋1个。村里产业主要是玉米制种、枣粮间作、牛羊养殖，部分村民开始尝试种植亩收益更高的甜叶菊，甜叶菊为该村特色产业。村里的人口基本常住，少量人口外出打工。2018年，农村经济总收入4386.80万元，其中农业收入2341.40万元、二三产合计2045.40万元，农民人均可支配收入14 456元。

（2）资源环境：闸湾村有耕地面积4551.50亩，农作物播种面积5159亩，其中粮食作物播种总面积4567亩、粮食作物总产量1834t。村庄土地资源流转较多，水资源需求量较大，同时随着村庄产业调整，水资源消耗增加。垃圾集中处理率较高，但村内没有污水管网，所有生活生产污水均直接排放，增加环境负担。目前，沙河镇鼓励村民将普通旱厕改为水冲式厕所，并会给予2000元/户的改厕补贴，虽然是一项惠民的好政策，但施行起来仍然存在很大难度。部分村民因已经在县里或者市里买了房子，不经常在村里居住，而不愿意麻烦动工改厕，还有部分村民早已习惯了旱厕，也不愿意改为水冲式厕所，总体旱厕改水厕的较少。村里做饭用能为柴薪，冬季取暖基本上是村民自己烧煤，对空气和环境产生一定的污染。

3. 沙河村

（1）村庄建设：沙河村距离县政府很近，属于城郊型村庄。2018年，有农村常住户数788户、农村常住人口2464人，劳动力资源总数1447人、劳务输出人数723人。村里有通电户数 788 户，通电话户数 321 户，拥有计算机户数 118 户，互联网使用户数 362 户，使用卫生厕所户数 214 户，自来水受益户 781 户、受益人口 2457 人。村庄现有房屋面积 8.86 万 m²，其中公共设施建筑面积 0.3 万 m²、生产房屋面积 0.71 万 m²、农村居民现有房屋 7.85 万 m²（包括钢混结构 3.74 万 m²、砖木结构 3.21 万 m²、砖土木结构 0.90 万 m²），有村集体经营性建设用地 3.8 亩、全村宅基地面积 411.7 亩。村里有卫生所 1 个、病床 1 张、执业医生 1 人、护理人员 1 人，有沙河小学 1 所、教师 14 人、在校学生 118 人，有文化站 1 个、农家书屋 1 个。沙河村以种植业、养殖业和劳务输转为主导产业，由于优越的地理位置，较多村民在周边打零工，劳务输出近总人口的 1/3。2018 年，农村经济总收入 7442.10 万元，其中农业收入 2509.80 万元、二三产合计 4932.30 万元，农民人均可支配收入 14 407 元。

（2）资源环境：沙河村有耕地面积 4179.87 亩，农作物播种面积 5274.9 亩，其中粮食作物播种总面积 3617.3 亩、粮食作物总产量 1303t。耕地面积少，玉米制种相对较少，蔬菜种植和育种增加，包括芹菜、小白菜和甜叶菊等。土地流转量大，亩流转费相对更高，承包土地的农户进行蔬菜育种，种植西蓝花、娃娃菜等。沙河村的耕地灌溉为井水，价格较便宜，村庄普遍存在地下水位下降的现象。大部分村无集中供暖，锅炉取暖对煤炭资源的消耗较大，户均 2t；液化气普及率高，几乎全覆盖；污水管网完善，绝大部分居民点已经纳入管网，能够减轻地表污染。基础设施分配不均，照明设施完善，村庄规划修建了公寓楼供村民购买和居住。

5.4 蓼泉镇

蓼泉镇地处临泽县城西北，东与鸭暖镇毗邻，南连原小屯乡和国营新华农场、西与高台县巷道乡接壤，北依黑河与平川镇隔河相望，辖区面积 124.73 km²。全镇农业比较发达，产业以玉米制种、养殖牲畜和蔬菜种植为主，其中高原夏菜规模较大。蓼泉镇新建连片 100 座钢架拱棚蔬菜示范点 4 个，唐湾、寨子、湾子、新添、双泉蔬菜专业村 5 个，建成湾子村露地西兰花标准化种植示范基地 2000 亩，引进推广娃娃菜、西兰花等蔬菜新品种 3 个，示范推广节本增效"增量化"水肥一体化技术、蔬菜病虫害统防统治技术、蔬菜多层覆膜和多茬种植技术、种苗统繁统供、废旧农膜回收利用技术等农业实用新技术 5 项，创建以寨子村为主的千亩有机肥替代化肥核心示范区 1 个，唐湾、墩子、寨子设施蔬菜标准化生产科技示范点 3 个。本次调研选取唐湾村、湾子村、双泉村三个村庄作为重点调研对象。

5.4.1 概况

本节依据调研获取的《蓼泉镇 2018 年农村经济社会基本情况提要本》[4]，以及村庄、农户调查问卷，对蓼泉镇村镇建设与资源环境进行分析（表 5-11）。

表 5-11　2018 年蓼泉镇及案例村村镇建设与资源环境

指标		蓼泉镇	唐湾村	湾子村	双泉村
人口	村庄户籍户数/户	—	286	586	733
	农村常住人口/人	16 856	1 000	2 005	2 570
	劳动力资源总数/人	11 647	710	1 413	1 787
	劳务输出人数/人	4 710	288	567	712
	常年在外地居住人口/人	—	300	1390	600
	60岁以上老人/人	—	400	386	700
设施建设	合作社数/个	86	7	14	11
	房屋面积/万 m²	86.51	3.31	10.66	13.54
	建设用地面积/亩	—	200	410	476
	卫生所/个	13	1	2	1
	病床数/张	64	3	6	3
	医生数/人	—	1	2	3
	学校数/所	13	1	1	1
	在校师生比	5	5	11	17
产业经济	主要经营产业	玉米制种、养殖牲畜和蔬菜种植等	蔬菜种植、玉米制种、养殖业	供港蔬菜、玉米制种、养殖业	蔬菜种植、玉米制种、大田玉米、养殖业
	粮食作物播种面积/亩	31 140	2 619.3	1 021.3	2 734
	粮食作物总产量/t	13 781	1 195.7	465.4	1 253.1
	牛存栏量/头	20 600	800	300	5 000
	羊存栏量/只	24 100	1400	500	600
	鸡存栏量/万只	3.66	—	0.003	0.2
	农村经济总收入/万元	67 320	5 133.2	7 588.9	7 972.6
	村集体经济总收入/万元	—	4	18	10
	农民人均可支配收入/元	15 991	14 821	15 131	14 309
资源环境	耕地面积/亩	55 356.8	4 714.3	5 331.2	7 112
	人均耕地面积/亩	3.28	4.71	2.66	2.77
	作物复种指数	1	1	1	1
	林地面积/亩	—	100	420	9 800
	草地面积/亩	—	0	3 500	3 000

续表

指标		蓼泉镇	唐湾村	湾子村	双泉村
资源环境	水域面积/亩	—	0	0	0
	地下水位变化情况	—	下降	稳定	稳定
	垃圾处理率/%		80	80	85
	生活污水是否集中处理	—	否	是	否

注：供港蔬菜指供外蔬菜，主要是指内陆地区供应广东和香港等东南沿海地区的蔬菜，与内地种植的蔬菜相比，在生产质量、安全保障、市场监管等方面更加严格，产品质量要求更高

1. 村镇建设概况

（1）行政区划：2018年，蓼泉镇全镇辖唐湾、墩子、湾子、蓼泉、寨子、新添、上庄、双泉、下庄9个行政村。

（2）人口发展：2018年，蓼泉镇常住户数4619户，农村常住人口16 856人，其中劳动力资源总数11 647人，劳务输出人数4710人，占劳动力资源总数40.44%。

（3）设施建设：全镇全部农户中，通电话、通互联网户占65.71%，自来水全部受益。村镇现有房屋面积合计86.51万 m^2，其中居民房屋70.61万 m^2、公共设施房屋面积6.23万 m^2、生产房屋面积9.67万 m^2；也普遍存在"建新不拆旧、一户两宅或多宅"现象，人均宅基地过大、土地资源严重浪费。蓼泉镇医疗教育设施也较好，共有医疗卫生机构数13个（含医院1所）、床位数共计64张、执业医生12人、护理员11人；有学校13所，教师103人、在校学生462人；有乡镇文化站1个，村文化室10个。

（4）产业经济：近年来，该镇以推动农业高质量发展为目标，持续扩大设施蔬菜基地规模，全镇蔬菜种植面积稳定在2万亩以上。2018年农村经济总收入67 320万元，其中农业收入54 456.7万元，占80.89%；工业收入1415.5万元，占2.10%；建筑业收入3000万元，占4.46%；交通运输业收入2992万元，占4.44%；批发零售业收入2685万元，占3.99%；其他全行业占4.12%。农村居民可支配收入总额26 953.8万元，农村居民人均可支配收入15 991元。

2. 资源环境概况

蓼泉镇自然条件优越，水土资源丰富，是典型的绿洲灌溉农业区。2018年，蓼泉镇全镇共有耕地面积55 356.8亩，其中，粮食作物播种面积36 962.8亩，占66.77%；特色经济作物播种面积5997.9亩，占10.83%；油料作物播种面积1095.7亩，占1.98%；蔬菜园艺播种面积11300.4亩，占20.42%。大牲畜合计24 809头，年末猪存栏17 860头，羊存栏26 950只。全镇土地流转面积21 747.1亩，辖区内黑河河道长24.25km，有效灌溉面积55 211亩，占全县灌溉面积12.60%；灌区计划生产、生活、生态用水总量4600万 m^3，占全县用水总量11.03%；有机电井338眼，占全县22.61%；农用化肥施用实物量9938t，占全县17.77%。总体来说，蓼泉镇因农业生产蔬菜种植规模较大，相对其他乡镇灌溉水资源消耗较大，地下水有超采现象，水位呈现下降趋势；农用化肥施用量较大，对环境污

染相对较大。

5.4.2 案例村

1. 唐湾村

（1）村庄建设：唐湾村位于蓼泉镇最东边。2018年，有农村常住户数286户、农村常住人口1000人，常住人口以中老年人为主，有劳动力资源总数710人，劳务输出人数288人。村里有通电户数286户，通电话户数286户，互联网使用户数172户，自来水受益户286户、受益人口1000人。村庄现有房屋面积3.31万 m²，其中公共设施房屋面积0.22万 m²、生产房屋面积1.30万 m²，农村居民现有房屋1.79万 m²（包括钢混结构0.99万 m²、砖木结构0.79万 m²、砖土木结构0.01万 m²）。村里有卫生所1个、病床3张，有小学1所、教师5人、在校学生25人，有文化站1个、农家书屋1个。村里产业以蔬菜种植（娃娃菜、西芹、青笋）、玉米制种、养殖业（肉牛、肉羊）为主。2018年，农村经济总收入5133.2万元，其中村集体经济总收入4万元，农业收入4585.2万元，农民人均可支配收入14 821元。

（2）资源环境：村庄有耕地4714.3亩，灌溉面积2781亩，土地流转面积578.6亩。农作物播种面积4714.3亩，其中粮食作物播种总面积2619.3亩、特色经济作物播种面积1109.4亩、油料作物播种面积105亩、蔬菜园艺播种面积880.6亩。村里生活用水为自来水，近年来随着养殖用水、农业灌溉用水的增多，用水量没有明确的限制，地下水位出现下降的趋势，但生活饮用水水质明显变好。蔬菜种植大量使用化肥、农药、地膜，且污水直接排放至田地当中，对土壤质地造成了一定的破坏，土壤出现板结的情况。居民居住分散，仅少量集中居住区污水集中处理，其他多为直排。使用太阳能灶户数120户，使用燃气灶户数250户，使用沼气户数200户，一定程度减少了煤炭的使用。

2. 湾子村

（1）村庄建设：湾子村距蓼泉镇仅2km，有通县公交车，交通便利。2018年，有农村常住户数586户、农村常住人口2005人，有劳动力资源总数1413人，劳务输出人数567人，当地外出务工人员较多，村内出现了空心化现象，这对农村持续发展以及农村精神文化以及物质文化的传承会产生一定不利影响。村里有通电户数586户，通电话户数586户，互联网使用户数350户，自来水受益户586户、受益人口2005人。村庄现有房屋面积10.66万 m²，其中公共设施房屋面积1.15万 m²、生产房屋面积2.87万 m²、农村居民现有房屋6.64万 m²（包括钢混结构3.30万 m²、砖木结构2.96万 m²、砖土木结构0.38万 m²）。村里有卫生所2个、病床6张，有小学1所、教师6人、在校学生65人，有文化站1个、农家书屋1个。村里产业以蔬菜种植（包括西兰花、西红柿、南瓜、尖椒、胡萝卜等）、养殖业（肉牛、肉羊）为主，玉米制种相对镇内其他村较少，仅100余户。2018年，农村经济总收入7588.9万元，其中农业收入5301.9万元，农民人均可支配收入15 131元。

（2）资源环境：该村是蓼泉镇供港澳蔬菜基地，耕地资源丰富，有5331.2亩，灌溉面积3254亩，农作物播种面积5331.2亩，其中粮食作物播种总面积1021.3亩、特色经济作物播种面积3399.8亩、油料作物播种面积30亩、蔬菜园艺播种面积880.1亩。该村接近20%的农户土地已经流转，土地流转面积5680亩，村民手里的土地租赁出去进行蔬菜的规模种植，蔬菜规模化产业的承担人基本上都是外地人，村委领导到外地参观学习，引进外商在本村进行蔬菜种植产业，同时也将先进的种植技术带入自己的村里，将自己的村带富，解决了当地村民的就业问题，改善了村民的生活条件，农民将资金变为资产，将自己变为股东，这种农村内产业发展方式值得学习。大棚蔬菜规模化水平高，蔬菜生长周期短，对水、肥要求高，会加大地膜使用量和水资源的不合理利用。村内建设了公寓楼，既有集中安置社区，也有分散居住的居民，许多村民拥有新旧两处宅基地，旧宅占地面积大，但村民旧房拆除意愿弱。社区居民污水集中处理，水厕改造比例几乎全覆盖；但散户居民污水多为直接排放，水厕改造仅20余户，对环境污染较大。

3. 双泉村

（1）村庄建设：双泉村位于蓼泉镇西部，交通较为便利，距离高台县较近。2018年，有农村常住户数730户，农村常住人口2570人，有劳动力资源总数1787人，劳务输出人数712人。村里有通电户数730户，通电话户数730户，互联网使用户数430户，自来水受益户730户、受益人口2570人。村庄现有房屋面积13.54万m²，其中公共设施房屋面积0.47万m²、生产房屋面积1.25万m²、农村居民现有房屋11.82万m²（包括钢混结构0.97万m²、砖木结构4.82万m²、砖土木结构6.03万m²）。村里有卫生所1个、病床3张，有小学1所、教师6人、在校学生93人，有文化站1个、农家书屋1个。村里产业以种植和畜禽养殖为主，收入来源以牛羊养殖、蔬菜种植和玉米育种为主。2018年，农村经济总收入7972.6万元，其中农业收入6164.6万元，农民人均可支配收入14 309元。

（2）资源环境：双泉村拥有水稻试验田，并在水稻田里养殖鱼和虾，实现种植业和养殖业的融合发展以及资源的循环利用。该村政府目前制定的村庄产业发展方向为大力发展草畜产业，2012年注册临泽县兴业养殖专业合作社，主要经营销售生猪、蛋鸡、肉羊，养殖大户多，形成规模养殖小区，2018年鸡、猪、羊存栏量分别为2000只、5000头、600头。双泉村有耕地7112亩，土地流转面积1479.6亩，灌溉面积4690亩，农作物播种面积7112亩，其中粮食作物播种总面积2734亩、特色经济作物播种面积2777.8亩、油料作物播种面积607亩、蔬菜园艺播种面积993.2亩。该村农业牲畜粪便处理方式简单，多为堆放或回田，对空气污染较大；养殖户附近土地没有树木，草地呈团簇状，土地有沙化现象，且风能够卷起浮沙，对空气质量会产生一定的影响。村内污水管网设施不完善，绝大多数生活、生产污水直接排放，污水排放管道以及垃圾集中处理方面还需要加强建设。煤炭使用较多，户均年使用量在2t左右；玉米耗水量较大，一年需要浇灌7次，部分含沙量高的土地需要额外使用井水浇灌。村内没有铺设地下水管道，厕所以旱厕为主，污水直接排放，村内的基础设施还不是很完善。

5.5 板 桥 镇

板桥镇地处临泽县东北部,东与甘州区靖安乡接壤,南隔黑河与鸭暖镇相望,西连平川镇,北靠内蒙古自治区阿拉善右旗,辖区面积1059.68km²。该镇农业产业类型多样,除了传统玉米制种、畜牧养殖外,该镇多种植葡萄、苗木、药材产业和劳务产业发展势头也较好。板桥镇张罗公路两侧有近千亩"天生场",20世纪80~90年代修建,但由于海拔相对较高,灌水技术有限,几十年来,"天生场"一直被用来晒粮屯草。近年来,板桥镇把"天生场"改造作为改善人居环境、建设美丽乡村、推动乡村振兴的重要措施,实行包社包户制度,组织党员干部进村入户宣传"天生场"改造的意义及保护生态环境的作用,动员有经济实力的经营实体,主动申请对接项目,从土地平整、苗木供应、管网建设等方面给予支持,目前千亩"天生场"土地平整、管道铺设工作基本完成。本次调研选取友好村、西柳村、板桥村三个村庄作为重点调研对象。

5.5.1 概况

本节依据调研获取的《板桥镇2018年农村经济社会基本情况提要本》[5],以及村庄、农户调查问卷,对板桥镇村镇建设与资源环境进行分析(表5-12)。

表5-12 2018年板桥镇及案例村村镇建设与资源环境

	指标	板桥镇	友好村	西柳村	板桥村
人口	户籍户数/户	—	320	556	626
	农村常住人口/人	16 771	1 168	1 978	2 288
	劳动力资源总数/人	9 952	867	1165	1 370
	劳务输出人数/人	3 750	326	359	527
	常年在外地居住人口/人	—	120	250	200
	60岁以上老人/人	—	610	390	355
设施建设	房屋面积/万 m²	73.29	6.75	4.43	10.55
	建设用地面积/亩	—	210	500	650
	使用卫生厕所户数/户	—	205	180	60
	卫生所/个	15	1	2	3
	医生数/人	—	1	3	1
	学校数/所	10	1	1	1
	在校师生比	8	6	7	7

续表

	指标	板桥镇	友好村	西柳村	板桥村
产业经济	主要经营产业	玉米制种、畜牧养殖、葡萄种植、苗木、药材和劳务等	玉米制种、大田玉米、葡萄、核桃、养殖业	玉米制种、苗木种植、养殖业	玉米制种、蔬菜种植、养殖业
	作物播种面积/亩	68 276.5	4 146.0	7 012.5	6 728.0
	粮食作物总产量/t	28 776.36	1 786.65	3 002.01	2 969.29
	牛存栏量/头	7 156	290	1 000	200
	羊存栏量/只	29 203	2 000	—	15 000
	鸡存栏量/万只	4.24	0.3	—	0.1
	农村经济总收入/万元	56 235.23	4 061.78	6 353.73	7 681.03
	村集体经济总收入/万元	—	5	2.4	7
	农民人均可支配收入/元	14 970	14 978.1	14 622	15 614
资源环境	耕地面积/亩	—	2 758	8 070	6 500
	人均耕地面积/亩	—	2.36	4.08	2.84
	林地面积/亩	—	100	0	0
	草地面积/亩	—	0	0	0
	水域面积/亩	—	0	0	0
	当年造林面积/亩	3 504	196	0	12
	地下水位变化情况	—	下降	下降	上升
	垃圾处理率/%	—	30	70	90
	生活污水是否集中处理	—	是	是	是

1. 村镇建设概况

（1）行政区划：2018年，板桥镇全镇辖土桥、红沟、友好、古城、板桥、西湾、东柳、西柳、壕洼9个行政村。

（2）人口发展：全镇常住户数4871户，农村常住人口16 771人，其中有劳动力资源总数9952人，劳务输出人数3750人，占劳动力资源总数37.68%。

（3）设施建设：全镇全部农户通电话，通互联网户数2972户，占61.01%，自来水全部受益。村镇现有房屋面积合计73.29万 m^2，其中居民房屋65.54万 m^2。板桥镇有医疗卫生机构数15个，有床位共计45张；有农村小学10所，教师103人、在校学生874人；参加新型农村社会养老的人数8394人，占比50.05%；参加农村合作医疗的人数16 249人，占比96.89%。

（4）产业经济：2018年农村经济总收入56 235.23万元，其中农业收入32 690万元，占58.13%；工业收入4508万元，占8.02%；建筑业收入5186万元，占9.22%；交通运输业收入7932万元，占14.11%；批发零售业收入5302万元，占9.43%；其他全行业占

1.09%。农村居民可支配收入总额25 106万元,农村居民人均可支配收入14 970元。

2. 资源环境概况

板桥镇地形差异较大,北部地势较高,水资源匮乏,因此镇内大部分土地为国有未利用土地,属于生态保育区。2018年,板桥镇全镇实际经营耕地面积68 276.5亩,其中,粮食作物播种面积62 739.25亩,占91.90%;蔬菜园艺播种面积2069.8亩,占3.03%;瓜果、香料面积676亩,占0.99%;药材播种面积369亩,占0.54%。大牲畜合计9643头,年末猪存栏853头,羊存栏29 203只。全镇有效灌溉面积68 271亩,占全县灌溉面积15.58%;灌区计划生产、生活、生态用水总量6800万m^3,占全县用水总量16.31%,比例较大;有机电井131眼,占全县8.76%;农用化肥施用实物量7104.6t,占全县12.70%。2018年全镇造林面积合计3504亩,其中防护林1277亩,经济林2227亩;育苗面积2011.8亩,占全乡镇29.68%。总体来说,板桥镇因地势较高,地下水资源相对匮乏,国土空间以生态保育为主,农业生产也以发展生态农业为主。

5.5.2 案例村

1. 友好村

(1) 村庄建设:2018年,友好村有农村常住户数320户、农村常住人口1168人,有劳动力资源总数867人,村民如村名一样,友好热情,淳朴大方,老龄化程度极高,超过50%常住村民超过60岁,该村外出打工人数较少,共326人,外出务工村民主要分布在张掖市和兰州市。村里互联网使用户数248户,自来水受益户320户、受益人口1168人;村庄现有房屋面积6.75万m^2;使用太阳能器(灶)221户、使用燃气灶172户、使用沼气125户。村里有卫生所1个,有小学1所、教师6人、在校学生38人,有文化站1个、农家书屋1个。村民主要从事农业产业,包括种植业(玉米制种、大田玉米、蔬菜,以及各类水果等)以及养殖业。2018年,农村经济总收入4061.78万元,农民人均可支配收入14 978.10元。

(2) 资源环境:友好村村内瓜果较多,小枣和葡萄种植面积较大,道路和田埂上均可见枣树。2018年,作物播种面积4146亩,其中谷物及其他作物播种面积3834亩、蔬菜园艺播种面积176.0亩,粮食总产量1786.65t。养殖大牲畜合计710头、年末猪存栏110头、羊存栏2000头、鸡鸭鹅存栏3491只。农民浇水除使用黑河水外,也会使用井水以减少水费支出,因此村内有地下水位下降的现象,土壤因农药化肥的过量使用而出现板结现象,表明自然资源过度消耗,环境承载力有所下降。水厕改造比例较低。村里"建新不拆旧、一户多宅"现象普遍存在,宅基地占地面积较大,老宅占地多在半亩地左右,极大地浪费了土地资源。

2. 西柳村

(1) 村庄建设:西柳村位于镇政府驻地的东部,2018年,有农村常住户数574户、农村常住人口1978人，有劳动力资源总数1165人，劳务输出人数共359人。村里互联网使用户数320户，自来水受益户574户，受益人口1978人；村庄现有房屋面积4.43万 m^2；使用太阳能器（灶）350户、使用燃气灶386户、使用沼气64户。村里有卫生所2个，有小学1所、教师7人、在校学生46人，有文化站1个、农家书屋1个。产业以传统育种玉米种植为主，牛羊养殖也存在，但规模化程度不高，该村除了基本的产业之外，与其他村不同的是成立了临泽县四海春苗木专业合作社等五家合作社，发展特色苗木种植繁育，种植树种有柏树、榆树、漆树、杉树、沙枣树、松树、柳树等，主要分为绿化苗木和用于防沙治沙生物工程的苗木。依托微信平台和新媒体并结合线下销售，将苗木销往新疆、西藏、内蒙古、青海、北京周边等。苗木的价格除受品种和生长阶段的影响外，受到全国市场供需的影响也较大，年收入的波动较大，但均高于种植粮食作物。2018年，农村经济总收入6353.73万元，农民人均可支配收入14 622元。

（2）资源环境：2018年，西柳村作物播种面积7012.5亩，其中谷物及其他作物播种面积6721.6亩、蔬菜园艺播种面积240.9亩，粮食作物总产量3002.01t。养殖大牲畜合计1397头、年末猪存栏503头。在村容村貌方面，该村目前完成了危房改造以及扶贫搬迁，实施效果较好，按照美丽乡村规划完成新房建设和改造工程，村内道路多数已经硬化，道路宽敞整齐，房屋建设整齐划一，整体风格相同，绿化和美化工程为该村营造静谧和谐安逸氛围。该村有两处宅基地的农户较多，这是由于老宅基地距离苗木繁育地较近，在劳作期间一般就近吃饭休息，家中的老人和孩子一般居住在改造后的新房中。村内多数污水未集中处理，仅少量集中区域有污水管网；水厕改造比例较高，接近40%，在该镇处于领先水平。同时，该村在居民集中居住地区配置了公共厕所，能够一定程度减少空气污染。

3. 板桥村

（1）村庄建设：板桥村是板桥镇政府驻地，整体发展水平均高于周围的村。2018年，有农村常住户数656户、农村常住人口2288人，有劳动力资源总数1370人，劳务输出人数共527人。村里互联网使用户数352户，自来水受益户656户，受益人口2288人；村庄现有房屋面积10.55万 m^2；使用太阳能器（灶）435户、使用燃气灶195户、使用沼气109户。村里有卫生所3个，有小学1所、教师8人、在校学生54人，有文化站1个、农家书屋1个。板桥村属半农半牧型村庄，种植业以玉米制种和大棚蔬菜为主，养殖业以牛、羊、鸡养殖为主，该村有大型的养殖户、种植户以及合作社，种植大户的种植面积可以达到70亩，村民自己会修建地下存储室存放秸秆等干草料喂养牲畜；该村还有规模化的葡萄种植，葡萄的亩产收益率远高于玉米制种的收入，可以很大程度上提高村民的生活水平，整体来说板桥村的村民收入较均衡。2018年，农村经济总收入7681.03万元，农民人均可支配收入15 614元。

（2）资源环境：2018年，板桥村作物播种面积6728亩，其中谷物及其他作物播种面积6366亩、蔬菜园艺播种面积217亩，粮食总产量2969.29t。养殖大牲畜合计1431头、年末猪存栏26头、羊存栏15 000只、鸡鸭鹅存栏4360只。该村对沙荒地的利用较好，许多沙荒地被用来建设住宅和牲畜厂房，使得耕地的占用变少。玉米制种占比较高，但由于土质原因，部分地区浇水次数和其他地区相比较多；葡萄种植规模化，许多村民把部分耕地用来种植葡萄,提高个人收益,但葡萄的耗水量和玉米相比相对较大,会占用更多水资源。与其他村不同的是,板桥村由于黑河水流经区域大,地下水位近年来有所上升;垃圾处理率较高,达到了90%;在建房管理方面,其他村子仅对建房面积、层数(高度)有要求,板桥村对建房面积、层数、颜色、模式等都有要求。该村同样存在一户多宅情况,需要加大管理力度,避免浪费有限的耕地资源。

5.6 倪家营镇

倪家营镇位于临泽县东南部,地处祁连山北麓,东邻甘州区甘浚镇,西接新华镇,南依祁连山与肃南县,北连沙河镇,辖区面积158.62km²。村镇主导产业为农业,以种植业、养殖业、旅游业等为主,规模化发展以家庭承包为主,较少出现大型农场以及集体租赁种植的现象,农业产品种类较多,大力发展以日光温室为主的现代设施农业。倪家营镇围绕农村资源变资产、资金变股金、农民变股东"三变"改革,按照"一村一品"的发展方向,精选与本村资源禀赋相配套、具有市场前景和开发潜力的特色主导产业作为主攻方向,积极引导广大群众以土地承包经营权、自有资金等资源要素投资入股经营主体,先行抓好汪家墩村、南台村农村"三变"改革试点,引导南台村群众采取"保底+分红"的方式将土地承包经营权、自有资金入股到企业、合作社等经营主体,发展田园综合体,建立1000亩的花卉体验园、200亩的林果采摘园,着力打造休闲采摘、观光体验等三次产业融合发展新兴产业。采取"合作社+基地+农户"的发展模式,利用荒滩资源在汪家墩村规划建设占地面积230亩的戈壁农业示范园,通过集体土地入股、保鲜库、果蔬专业合作社和财政涉农项目、扶贫互助专业合作社资金以及群众入股的方式,按股比获得收益分红,不断增加群众收益。本次调研选取了下营村、汪家墩、南台村、梨园村作为重点调研对象。

5.6.1 概况

本节依据调研获取的《倪家营镇2018年农村经济社会基本情况提要本》[6],以及村庄、农户调查问卷,对倪家营镇村镇建设与资源环境进行分析(表5-13)。

表5-13 2018年倪家营镇及案例村村镇建设与资源环境

指标		倪家营镇	下营村	汪家墩村	南台村	梨园村
人口	户籍户数/户	—	436	512	422	386
	农村常住人口/人	9 430	1 561	1 870	1 460	1 310
	劳动力资源总数/个	6 130	1 040	1 217	961	848
	外出务工人数/人	—	100	50	30	550
	常年在外地居住人口/人	—	44	360	5	40
	60岁以上老人/人	—	160	327	168	205

续表

	指标	倪家营镇	下营村	汪家墩村	南台村	梨园村
设施建设	建设用地面积/亩	—	380	560	1 300	680
	合作社数/个	67	9	14	5	4
	使用卫生厕所户数/户	2 802	412	468	342	287
	卫生所/个	—	1	2	2	1
	医生数/人	—	1	2	2	1
	学校数/所	—	1	1	1	1
	在校师生比	—	8	25	4	2
	参加农村合作医疗人数/人	8 993	1 505	1 826	1 318	1 211
	参加新型养老保险人数/人	4 269	731	821	632	609
产业经济	主要经营产业	种植业、养殖业、旅游业等	玉米制种、养殖业	玉米制种、红色旅游、养殖业	玉米制种、旅游业、观光农业、民宿	玉米制种、养殖业、劳务输出
	作物播种面积/亩	47 210.09	9 326.8	10 137.6	3 416	3 098
	粮食作物总产量/t	19 917.56	4 128.14	4 213.55	1 246.68	1 279.64
	牛存栏量/头	16 630	3 600	3 000	—	1 000
	羊存栏量/只	16 014	5 200	2 000	800	3 462
	鸡存栏量/万只	0.79	0.12	—	0.07	—
	农村经济总收入/万元	27 656	2 109	5 585	5 304	3 419
	村集体经济总收入/万元	—	19	12	4 300	3 418
	农民人均可支配收入/元	14 648	14 203	14 993	15 729	14 256
资源环境	耕地面积/亩	—	7 800	9 360	3 200	3 050
	人均耕地面积/亩	—	4.99	5.00	2.19	2.33
	林地面积/亩	—	0	0	120	110
	草地面积/亩	—	0	0	0	0
	水域面积/亩	—	0	0	0	0
	地下水位变化情况	—	下降	稳定	下降	稳定
	垃圾处理率/%	—	80	75	90	90
	生活污水是否集中处理	—	是	否	是	否

1. 村镇建设概况

（1）行政区划：2018年，倪家营镇全镇辖梨园、南台、高庄、马郡、汪家墩、倪家营、下营、黄家湾8个行政村。

（2）人口发展：全镇常住户数2801户，农村常住人口9430人，其中有劳动力资源总数6130人。

(3) 设施建设：全镇通电话 2783 户，占 99.36%；通互联网 2061 户，占 73.58%；自来水全部受益，卫生厕所全部改造。全镇累计修建高标准住宅 2139 户，村镇现有房屋 29.67 万 m²，其中居民房屋 27.84 万 m²。参加新型养老保险的人数为 4269 人，占比 45.27%；参加农村合作医疗的人数为 8993 人，占比 95.37%。

(4) 产业经济：2018 年农村经济总收入 27 656 万元，其中农业收入 18 632.51 万元，占 67.37%；工业收入 13.00 万元，占 0.05%；建筑业收入 484.53 万元，占 1.75%；交通运输业收入 1353.41 万元，占 4.89%；批发零售业收入 2915.23 万元，占 10.54%；其他全行业占 15.4%。农村居民可支配收入总额 13 831 万元，农村居民人均可支配收入 14 648 元。

2. 资源环境概况

倪家营镇地势较高，地下水资源匮乏，镇域境内有红军纪念碑，红色旅游业基础较好，5A 级景区丹霞奇观位于南台村向南 3km 处，是地质考察、旅游探险、采风摄影、写生作画的理想之地。2018 年，倪家营镇全镇经营耕地面积 47 210.09 亩，其中，粮食作物播种面积 44 353.29 亩，占 93.95%；蔬菜园艺播种面积 2593.80 亩，占 5.49%；中草药材播种面积 82 亩，占 0.17%。大牲畜合计 16 900 头，年末猪存栏 6006 头，羊存栏 16 014 只。全镇有效灌溉面积 43 292 亩，占全县灌溉面积 9.88%；灌区计划生产、生活、生态用水总量 4140 万 m³，占全县用水总量 9.93%；有机电井 12 眼，占全县 0.80%；农用化肥施用实物量 3514.2t，占全县 6.28%。2018 年全镇造林面积合计 6600 亩，全部为防护林；育苗面积 97 亩，占全乡镇比例为 1.43%。总体来说，倪家营镇因地势较高，地下水资源相对匮乏，较重视生态保育，产业发展除了以生态农业为主外，旅游服务业也较发达。

5.6.2 案例村

1. 下营村

(1) 村庄建设：2018 年，下营村有农村常住户数 435 户、农村常住人口 1561 人，有劳动力资源总数 1040 人。村里通电话户 431 户，互联网使用户 435 户，自来水受益户 435 户、受益人口 1561 人。村庄累计修建高标准住宅 380 户，累计改厨 370 户，累计改厕 412 户；使用太阳能器 85 户，使用燃气灶 221 户。村里参加农村合作医疗 1505 人、参加新型养老保险 731 人。下营村主要经营传统农业，种植业主要为玉米制种，畜牧业主要饲养牛和羊，且养牛逐渐从个人饲养过渡到养殖小区集中饲养。收入以农牧业、就近务工为主。2018 年，农村经济总收入 2109 万元，其中农业收入 3884.09 万元，农民人均可支配收入 14203 元。

(2) 资源环境：下营村美丽乡村建设成果显著，村容村貌较好，水泥路全覆盖，路面标有明显的标识；宅基地包括前院、中院和后院，且后院多建设不同的景观；建筑外观院前和院后样式差别较大，院前的路是平整的水泥路或柏油路，砖混的建筑贴着白瓷砖，院后土路、红砖。下营村环境卫生整治形成可借鉴模式，以积分的形式实行垃圾分类，将垃圾分为玻璃类、塑料制品类、旧衣物类、纸制品类、有毒有害类共五类，垃圾归类处无异味且各类垃圾捆绑放置有序，村集体配备了额外的垃圾箱，将垃圾集中转运到县里处理。积分超市兑换礼品的设置符合村民生活需求，村民参与度高，废物利用、垃圾分类回收与积分兑换制度，能够提高资源利用率，减少资源浪费，培养村民自主意识。水利设施方面，家家通有自来水，沟渠系统较完善，无饮水灌溉困难。家庭饮用水价格为 1.4 元/m³，灌溉用水由公司承包，价格按亩计算。由于村内有南北走向的梨园河水源优势，水资源限制作用不明显。因此，在灌溉方式上采取漫灌方式，蒸发作用较大，而村民对灌溉方式向更节水型方式转变的意愿不明显。污水处理方面，纳入统一污水管网系统，农户根据自身收入的情况选择污水处理方式和厕所改革：家庭收入较高的农户已完成水厕改革，且污水排放已与县城污水处理管道联网，减少对河水污染的可能情况；收入较低的农户部分水厕改革正在进行中，有些农户依旧是旱厕。乡村文明方面，下营村有明确的村规民约和家风家训，且都以明文形式在活动广场和村民院落体现，推进本村特有凝聚力的形成。供暖系统方面，冬季村内供暖以柴炕为主、煤炭为辅助。

2. 汪家墩村

（1）村庄建设：汪家墩村是倪家营镇政府驻地，2018 年有农村常住户数 600 户、农村常住人口 1870 人，有劳动力资源总数 1217 人。村里通电话户 598 户，互联网使用户 374 户，自来水受益户 600 户、受益人口 1870 人。村庄累计修建高标准住宅 521 户，累计改厨 549 户，累计改厕 468 户；使用太阳能器 496 户，使用燃气灶 143 户。村里参加农村合作医疗 1826 人、参加新型养老保险 821 人。汪家墩村产业以玉米制种、蔬菜瓜果种植、牛羊养殖和红色旅游为主。2018 年，农村经济总收入 5585 万元，其中农业收入 5118.96 万元，农民人均可支配收入 14 993 元。

（2）资源环境：汪家墩村有农作物播种面积合计 10 137.6 亩，其中谷物及其他作物播种面积 9341.6 亩、蔬菜园艺播种面积 714 亩、中草药材播种面积 82 亩。土地流转面积较多，大棚蔬菜采用了滴灌技术，极大地降低了水资源压力。村庄有大牲畜合计 4091 头、年末猪存栏 547 头、年末羊存栏 2000 只。该村与其他三个案例村的区别在该村保留了当年红西路军在临泽战斗过的地方——西路军研学基地，有纪念广场、指挥部和知青点等多个系列参观点，同时也建立了农耕园，保留以及还原了农村最原始的样貌，很好地将乡愁这一种精神传递了出来，将其物化并与红色文化连片打造，加深了外来人以及本村人对这种文化的敬仰，但是汪家墩的红色文化景观虽然是旅游资源，但因为是免费旅游，整个村没有旅游方面的收入。

3. 南台村

（1）村庄建设：南台村地处临泽县最南边，2018 年有农村常住户数 440 户、农村常住人口 1460 人，有劳动力资源总数 961 人。村里通电话户 437 户，互联网使用户 305 户，自来水受益户 440 户、受益人口 1460 人。村庄累计修建高标准住宅 320 户，累计改厨 363 户，累计改厕 342 户；使用太阳能器 18 户，使用燃气灶 248 户。村里参加农村合作医疗

1318人、参加新型养老保险632人。南台村紧靠南部丹霞景区,优越的地理位置使该村主要发展旅游服务业,村民多经营宾馆、民宿、餐饮等产业,其收入水平在全国范围可排前列,年收入过百万的农户在本村呈普遍现象。村庄的旅游设施建设较完善,村民商业头脑灵活,成立合作社以入股分红的形式对景区的基础设施如停车场、公交车、民俗村等进行投资建设,其分红的收入相当于粮食主导型村民全体的收入,村庄年收入远高于其他行政村。2018年,村集体经济总收入达4300万元左右,农村经济总收入5304万元,其中农业收入513.06万元、批零、餐饮、仓储业收入2749.23万元,农民人均可支配收入15 729元。

(2)资源环境:南台村土地流转面积较多,2018年有农作物播种面积合计3416亩,其中谷物及其他作物播种面积2849亩、蔬菜园艺播种面积567亩,有果园面积372亩、园林水果产量322.53t。村庄有大牲畜合计379头、年末羊存栏800只、鸡鸭鹅存栏865只。南台村整体村貌按照规划分布错落有致,当地因处于地震带位置的高度限制,墙体风格大致相同。在文化传承方面,挖掘、保护和传承农村文化和地域文化,发挥人文资源的优势,成立河西民俗博物馆,丰富了当地旅游产业类型,同时也增加了其文化的传播方式。

4. 梨园村

(1)村庄建设:梨园村地处临泽县南部,距离县城大约40分钟。2018年有农村常住户数386户、农村常住人口1310人,有劳动力资源总数848人。村里通电话户379户,互联网使用户153户,自来水受益户386户、受益人口1310人。村庄累计修建高标准住宅243户,累计改厨388户,累计改厕287户;使用太阳能器232户,使用燃气灶212户。村里参加农村合作医疗1211人、参加新型养老保险609人。梨园村以玉米制种、养殖业和劳务输出为主,特色水果是酥梨,但是只在临泽县内及附近地区销售,主要是在南台村作为当地特色产品出售,相对其他村,梨园村经济发展水平较低。2018年,梨园村农村经济总收入3419万元,其中农业收入1358.88万元、其他行业收入1260万元,农民人均可支配收入14 256元。

(2)资源环境:梨园村2018年有农作物播种面积合计3098亩,其中谷物及其他作物播种面积2856亩、蔬菜园艺播种面积242亩,有果园面积129亩、园林水果产量93.02t。村庄有大牲畜合计1512头、年末羊存栏3462只。梨园村玉米年灌溉6~7次,农田沟渠系统较好,户均两处住宅,一处为村内旧房,另外一处用于餐饮住宿,大部分村民在县城有自己的商品房。新村居民居住较为集中,交通便利,道路全部硬化,污水管道设施完备,垃圾分类回收和处理较好。农户做饭使用液化气,供暖仍以煤炭维系,年煤炭使用量在2t左右。

5.7 本章小结

(1)临泽县可利用土地资源十分紧张,耕地和建设用地不断扩张,生态用地面积不断压缩;水资源先天不足,主要靠黑河补给,用水结构不合理,部分村镇地下水超采,威胁生态安全；县境内动植物资源丰富，生态环境良好，但生态系统服务价值偏低；环境污染以废水、废气和农业面源污染为主。

受水资源限制，临泽县近80%的土地均为戈壁、沙漠等未利用地，耕地、城镇村及工矿用地、交通运输用地、水利设施用地总体增加，园地、林地、草地、其他用地等生态空间总体减少。受干旱气候影响，临泽县年降水量少、年蒸发量大，水资源主要靠黑河干流补给，90%以上的水资源用于农业生产，用水结构不合理、效率低下，蓼泉镇、新华镇、倪家营镇地下水超采，其中蓼泉镇和新华镇地下水以0.04m/a的速度下降，倪家营镇地下水下降速度达0.19m/a，超采区植被退化、土地沙化、荒漠化加剧。临泽县境内动植物、文化旅游及矿产资源丰富，生态环境良好，但同时受西北干旱气候和水资源影响，生态系统服务价值偏低；农业发展方面，化肥、地膜、农药等面源污染较为严重，近年来临泽县积极采取行动加大生态环境保护，水土气生持续向好。

（2）临泽县人口多年居高不下，种植业、养殖业、乡村旅游及产业经济持续向好，基础设施建设不断完善，美丽乡村建设成效显著。

良好的水土资源组合使临泽县乡村人口和劳动力呈现缓慢增长态势，人口总数居高不下，人口密度中部平原高、南北山区低，人口以农业为主，农业人口占比达85.62%；近十年，临泽县农作物播种面积持续扩张，粮食产量增加，经济作物产量先增后减；果园面积和水果产量均呈现先增后减趋势；大牲畜、羊存栏量总体增加，猪、鸡鸭鹅存栏量总体减少；牛奶产量和绵羊毛产量持续增加，鲜蛋产量总体减少，山羊毛、山羊绒和骆驼毛产量总体均在增加；乡村旅游业影响力持续扩大，已成为县域经济最具开发潜力和发展活力的增长点；农业产业经济总产值持续向好，2011~2019年增长幅度高达91.95%；农民人均纯收入稳步增加，在张掖市排名靠前。伴随人口和农业经济的发展，临泽县基础设施不断完善，居民住房不断扩张，社会保障水平提升空间还较大；人居环境整治稳步推进，美丽乡村建设成效显著；农田水利基础设施建设不断完善，节水灌溉能力不断增强。

（3）临泽县村镇人口外流比例不高，产业发展多样，旅游发展差距较大；土地利用效率普遍偏低，种植和养殖业发展对水资源和生态环境产生的压力较大。

通过对不同功能类型典型村镇的详细调查，发现临泽县除北部以生态保育为主的板桥镇外出人口比例相对较高，以及城郊沙河镇村庄以服务城区为主的劳务输出比例达60%外，其余村镇人口均以本地就业为主。村镇产业以玉米制种、蔬菜瓜果种植和牛羊养殖业为主，个别村庄有发展水稻、甜叶菊、葡萄等特色产业，除南台村依靠南部丹霞景区发展旅游服务业、村民收入远高于其他传统农业种植养殖村庄外，部分村庄旅游资源丰富，但旅游产业并未发展起来。村镇普遍存在"建新不拆旧、一户多宅"现象，农村居民宅基地面积过大、土地资源严重浪费；村镇建设水资源除地表水外，还有地下水，其中位于黑河两岸的村庄近年来地下水位有所上升，除此之外大部分开采地下水资源严重的村庄地下水普遍降低，其中蔬菜规模种植耗水量较大的村庄地下水下降低更加明显。村镇农业生产普遍依靠化肥、农药和地膜，农业面源污染严重；部分村庄畜牧养殖粪便不经过处理随意堆放，空气污染严重；靠近北部山区部分村庄土壤盐渍化、沙化严重，影响村庄空气质量。村镇垃圾处理率相对较高，但北部村庄污水管网铺设不完善、污水处理率较低；农户清洁能源使用率低，年煤炭使用量较大，对环境产生一定污染。

参 考 文 献

[1] 黄晶,薛东前,代兰海. 农产品主产区村镇建设资源环境承载力空间分异及影响因素——以甘肃省临泽县为例[J]. 资源科学,2020,42(7):1262-1274.
[2] 黄晶,薛东前,马蓓蓓,等. 干旱绿洲农业区村庄多功能特征与类型划分研究——以临泽县为例[J]. 干旱区地理,2022,45(2):606-617.
[3] 沙河镇统计站. 沙河镇2018年农村经济社会基本情况提要本[Z]. 2019.
[4] 蓼泉镇统计站. 蓼泉镇2018年农村经济社会基本情况提要本[Z]. 2019.
[5] 板桥镇统计站. 板桥镇2018年农村经济社会基本情况提要本[Z]. 2019.
[6] 倪家营镇统计站. 倪家营镇2018年农村经济社会基本情况提要本[Z]. 2019.

第6章 凤县调查报告

6.1 凤县村镇建设与资源环境基本概况

凤县地位于陕西省西南部、秦岭腹地、嘉陵江源头，东、南与太白县、渭滨区、留坝县接壤，西与甘肃省两当县为邻，北与陈仓区相连。具体地理位置为106°24′E～107°7′E和33°34′N～34°18′N，南北长80.5km，东西宽70.9km，总面积3187km²，常住人口约为10.9万人。下辖双石铺镇、凤州镇、黄牛铺镇、红花铺镇、河口镇、平木镇、坪坎镇、留凤关镇、唐藏镇9个镇，县政府驻地为双石铺镇，境内有马头滩林业局和辛家山林业场（图6-1）。

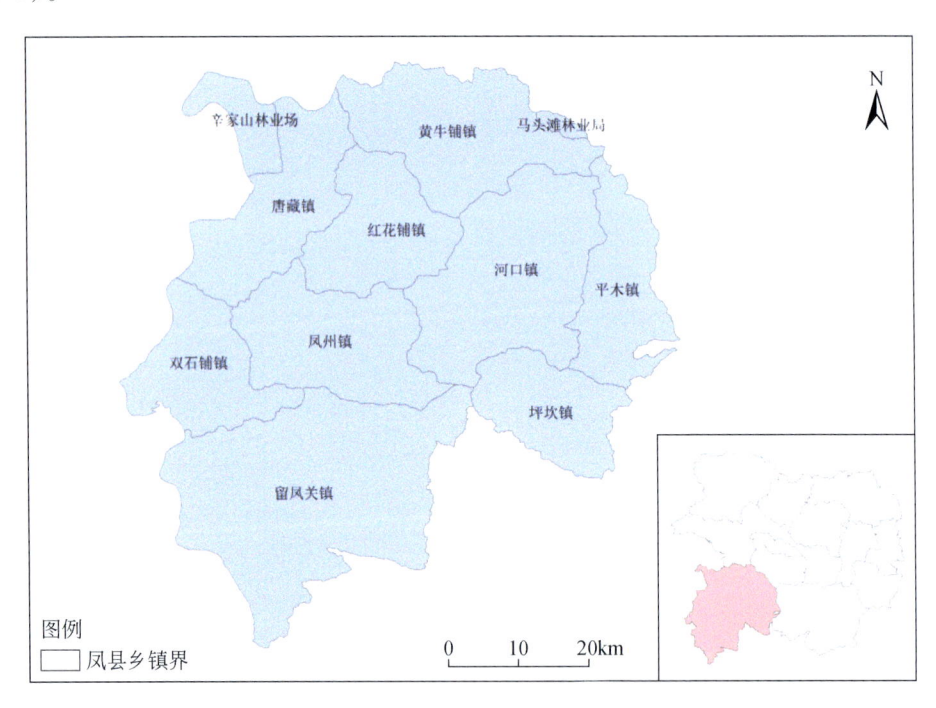

图6-1 宝鸡市凤县的地理区位

凤县为全国美丽乡村建设先进县，铅、锌、黄金等金属和硅石等非金属矿藏种类丰富，是中国四大铅锌基地之一，也是"中国花椒之乡"、全国最大的林麝人工驯养基地、陕西省山地苹果基地县。在《全国主体功能区规划》中，凤县属国家重点生态功能区——秦巴生物多样性生态功能区，明确限制大规模工业化、城镇化活动，主要承担着维护生物多样性、水源涵养、水土保持，提供生态产品的功能。随着乡村振兴战略的提出，凤县加快了建设步伐，在严格保护生态的条件下，如何使资源开发、村镇建设与生态保护能够协调发展，这需要对凤县村镇建设与资源环境承载力进行调查研究。

本节依据2010～2019年《凤县统计手册》统计数据等对县域村镇人口、基础设施建设、产业经济发展等村镇建设情况，以及土地资源、水资源、生态环境等资源环境状况进行分析。

6.1.1 村镇建设情况

1. 村镇人口特征

2018年，凤县下辖9个镇、4个居民委员会、66个村民委员会、504个村民小组。年末全县总人口约9.3万人，其中城镇人口1.79万，乡村人口7.54万人。乡村从业人员3.92万人，城镇单位从业人员1.32万人。

2010～2018年凤县人口总量呈现下降趋势（图6-2），由2010年的100 258人下降为2018年的92 998人，9年间人口减少了7260人，说明随着城镇化的快速推进，凤县人口外流现象突出，劳动力流失问题显现。

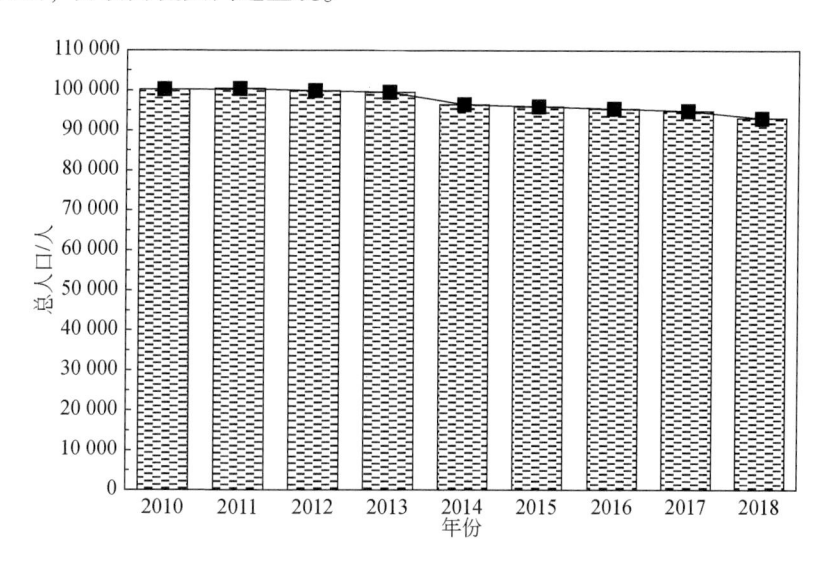

图6-2 凤县2010～2018总人口变化情况

凤县镇域人口分布不均衡，总体呈"中间密、两边疏"的空间特征。2012～2018年镇域人口密度总体呈现减少趋势。2012年镇域平均人口密度为人31/km²，其中双石铺镇的人口密度最大，为105人/km²，唐藏镇的人口密度最小，为14人/km²。2018年镇域平均人口密度为29人/km²，双石铺镇的人口密度仍最大，为99人/km²，唐藏镇的人口密度仍最小，为13人/km²。总之，人口压力大的镇为双石铺镇，其次是凤州镇、河口镇，其余各镇人口压力较小。

凤县人口结构向老龄化方向发展，60岁以上人口数占总人口的比例为21.99%，劳动力数量为36 149人，青壮年人口抚养负担较大。各乡镇人口结构存在一定差异，唐藏镇、黄牛铺镇60岁以上人口比例高达29.26%、29.18%，老龄化特征最为显著，而留凤关镇60岁以上人口比例达17.62%，16岁以下人口有1407人，青壮年劳动力较为充足，人口负担较轻。

凤县总体上人口以流出为主，在此通过"常住人口/户籍人口"来表示流动人口比例，流动人口比例大于1表明人口以流入为主，流动人口比例小于1则表明人口以流出为主。根据表6-1，2018年凤县流动人口比例达0.71，人口大量流出，乡村空心化问题较为突出。就各乡镇而言，红花铺镇、河口镇、唐藏镇流动人口比例分别为0.98、0.96、0.90，人口流出现象不明显，凤州镇、黄牛铺镇、双石铺镇人口流出现象显著，其中双石铺镇流动人口比例为0.45，乡村在外打工和在外居住人口数量较多，劳动力流失问题突出。

表6-1 凤县各乡镇人口情况

镇名	60岁以上人口/人	16岁以下人口/人	劳动力数量/人	常住人口/人	户籍人口/人	流动人口比例
凤州镇	1 928	1 210	6 020	9 588	13 812	0.69
河口镇	2 160	1 223	3 789	10 681	11 082	0.96
红花铺镇	769	350	1 218	3 586	3 656	0.98
黄牛铺镇	1 345	605	3 323	4 609	7 211	0.64
留凤关镇	2 086	1 407	6 451	11 842	13 654	0.87
平木镇	1 813	1 087	3 977	7 383	9 080	0.81
坪坎镇	401	293	1 192	1 616	2 247	0.72
双石铺镇	2 704	1 884	7 366	12 296	27 396	0.45
唐藏镇	1 362	587	2 813	4 655	5 190	0.90
合计	14 568	8 646	36 149	66 256	93 328	0.71

2. 产业发展情况

凤县地处重点生态功能区，矿产资源丰富，以能源化工为主导的第二产业支撑了凤县经济的发展，特别是矿产资源的开发，推动了县域经济的飞速发展。

2010~2018年，县域经济发展水平不断提升（表6-2）。2010~2017年全县生产总值从66.54亿元增加到了180.1亿元，人均GDP从6.46万元增加到了16.78万元，2018年受霜冻灾害影响，生产总值有所降低。另外，县域经济发展较快，集中表现在人均GDP、人均可支配收入、人均社会消费品零售总额等指标上，从人均GDP看，2010~2018年，人均GDP的年均增长率为1.13%，整体增长了162.85%，2010~2018年凤县人均GDP均高于宝鸡市平均水平，位列宝鸡市第一；从人均可支配收入看，凤县人均可支配收入均高于宝鸡市；从人均社会消费品零售总额看，凤县人均社会消费品零售总额不断上升，2018年人均社会消费品零售总额是2010年的3倍多。

表6-2 2010~2018县域经济发展主要指标

年份	地区生产总值/亿元	人均GDP/万元	城镇居民人均可支配收入/元	农村居民人均纯收入/元	人均社会消费品零售总额/元	固定资产投资总额/万元
2010	66.54	6.46	16 488	4 695	9 282.63	70 5231
2011	91.15	8.42	23 387	7 621	10 302.61	75 8712
2012	110.8	10.46	27 550	9 061	12 310.42	1 107 720
2013	126.83	12.26	30 415	10 402	14 233.57	1 448 766
2014	145.61	13.68	33 548	9 987	16 757.38	1 755 007
2015	148.45	13.92	30 432	10 236	19 263.58	2 137 091
2016	170.74	15.95	32 715	11 055	22 118.43	2 595 473
2017	180.1	16.78	33 516	12 088	25 546.02	3 115 175
2018	133.78	16.96	29 876	11 170	29 096.37	3 545 069

镇域经济发展不均衡,居民收入存在差距。2010~2018年,从农村居民人均纯收入来看,凤县各镇农村居民人均纯收入整体呈现上升趋势,除了2014年略有下降外,整体上升明显。农村居民人均纯收入从2010年的4695元上升至2018年的11 170元,增长幅度达138%,这说明2010~2018年凤县农村居民生活水平和经济收入总体呈良好发展态势。从各镇农村居民人均纯收入来看,2011~2013年凤县各镇农村居民人均纯收入逐年增加,2014年农村居民人均纯收入有所降低,从2015年开始又逐年增加,2018年农村居民人均纯收入是2011年的2.4倍。但是各镇之间仍存在发展不均衡的问题,具体体现在凤县镇域农村居民人均纯收入存在一定的差距,其中双石铺镇农村居民人均纯收入最高,红花铺镇农村居民人均纯收入最低,双石铺镇农村居民人均纯收入是红花铺镇的1.2倍左右(图6-3)。

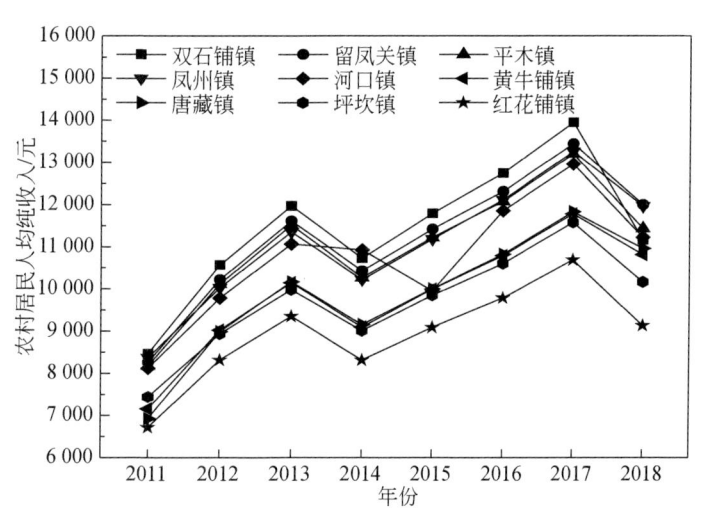

图6-3 凤县各镇2011~2018年农村居民人均纯收入变化情况

产业结构需要优化。从凤县三次产业产值及其在县域经济总产值中的比例可以看出，2010~2018年，除个别年份有轻微波动外，三次产业均呈现稳固上升趋势（表6-3和图6-4）。从三次产业的比例来看，第二产业的比例远远高于第一、第三产业，且第一产业所占比例最低，第二产业所占比例在逐年增加，第三产业所占比例在逐年降低，说明凤县逐渐形成了以第二产业为主导的"二三一"产业发展格局。在这种产业发展格局下，尽管凤县经济总产值上升显著，但经济发展主要依靠矿产资源开发，这种粗放型发展模式对当地生态环境产生的压力大，产业结构转型升级任务迫切（图6-4）。

表6-3 2010~2018年间凤县三次产业产值变化 （单位：亿元）

三次产业	2010年	2011年	2012年	2013年	2014年	2015年	2016年	2017年	2018年
第一产业	3.84	4.53	5.64	6	6.37	6.65	6.88	7.4	5.3
第二产业	48.08	69.37	85.79	99.17	115.19	121.03	139.57	145.75	72.8
第三产业	14.62	17.25	19.37	21.66	24.05	20.77	24.29	26.95	21.9
总值	66.54	91.15	110.8	126.83	145.61	148.45	170.74	180.1	100.00

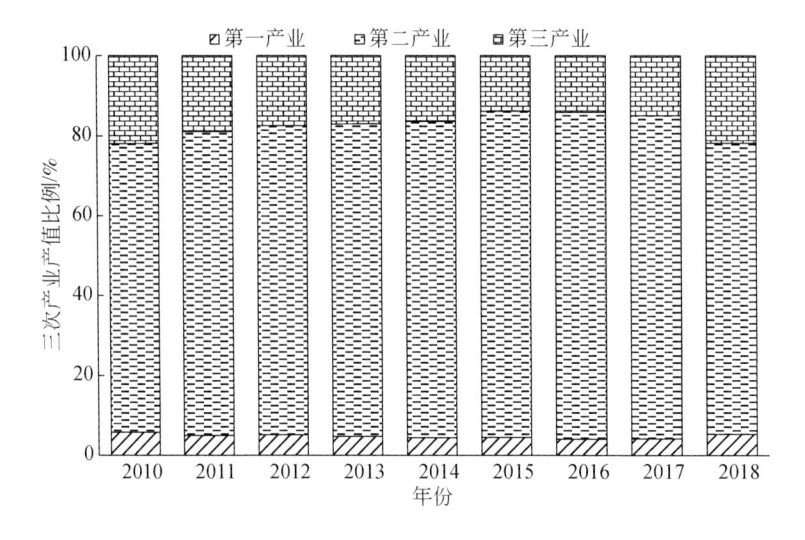

图6-4 2010~2018年凤县三次产业产值比例

2010~2018凤县经济二元结构明显。总体来看，县域经济二元结构强度呈增加趋势，农业GDP比例和农业相对生产率偏低，非农业与农业生产力差距呈现扩大趋势（表6-4）。出现这种情况主要原因是，凤县依靠矿产资源开发推动工业化和城镇化，不能带动地方工业发展，也不能与农村经济联系在一起，且凤县农村以小农经济为主，农业现代化水平相对较低，农村剩余劳动力不能及时有效转移；凤县地处秦岭，交通不便，经济市场化程度低，新技术和新工艺应用推广滞后，传统农业转型较慢，农业生产率较低，二元经济结构问题日益突出。

表6-4 2010~2018年凤县产业结构比例

年份	非农产业GDP/%	非农产业从业人员比例/%	非农产业相对生产率/%	农业GDP比例/%	农业从业人员比例/%	农业相对生产率/%	二元结构强度/%
2010	94.23	57.11	1.65	5.77	42.89	0.13	12.26
2011	95.00	57.24	1.66	5.00	42.76	0.12	14.28
2012	94.91	63.26	1.50	5.09	36.74	0.14	10.83
2013	95.27	61.51	1.55	4.73	38.49	0.12	12.60
2014	95.63	60.06	1.59	4.37	39.94	0.11	14.53
2015	95.52	59.87	1.60	4.48	40.13	0.11	14.29
2016	95.97	59.61	1.61	4.03	40.39	0.10	16.14
2017	95.89	58.97	1.63	4.11	41.03	0.10	16.24
2018	96.04	58.05	1.65	3.96	41.95	0.09	17.52

1）农业生产

随着农业现代化进程的推进，农业经济得到了全面的发展。凤县农林牧渔业产值也在逐年增长，2018年，全县粮食播种面积89.68km²，蔬菜播种面积50.58km²，水果种植总面积58.35km²；粮食产量23 052t，肉类总产量10 940t，禽蛋总产量180t，蜂蜜总产量123t。全县化肥使用量2.3万t，农药使用量36.2t，农用塑料薄膜使用量148t。全县农林渔牧业总产值为12.8亿元（图6-5），整体来说，凤县农业基础仍然薄弱，综合生产能力不强，农业产业化水平有待进一步提高。

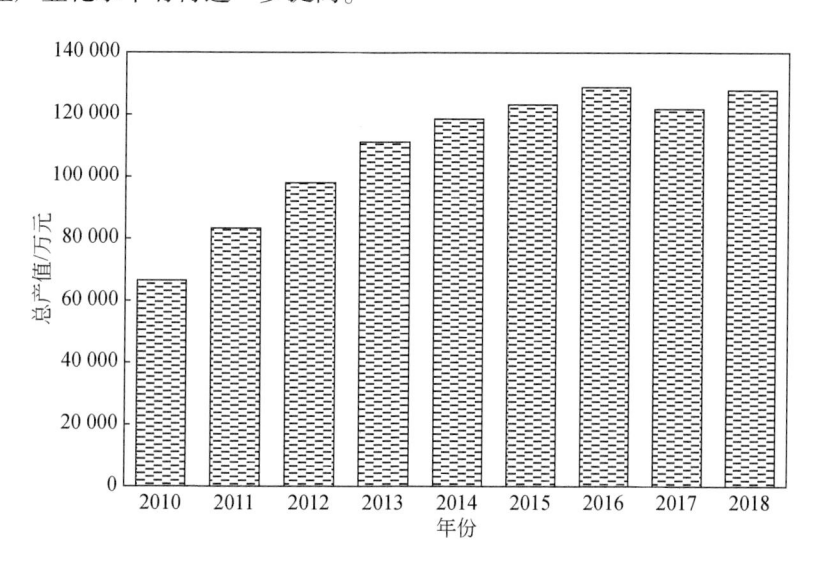

图6-5 凤县农林牧渔业总产值变化情况

从凤县镇域农业产业发展情况看，2012~2018年，双石铺镇的农林牧渔业总产值最高，坪坎镇、黄牛铺镇和红花铺镇的农林牧渔业总产值偏低，各镇的农林牧业总产值总体呈降低趋势（图6-6）。

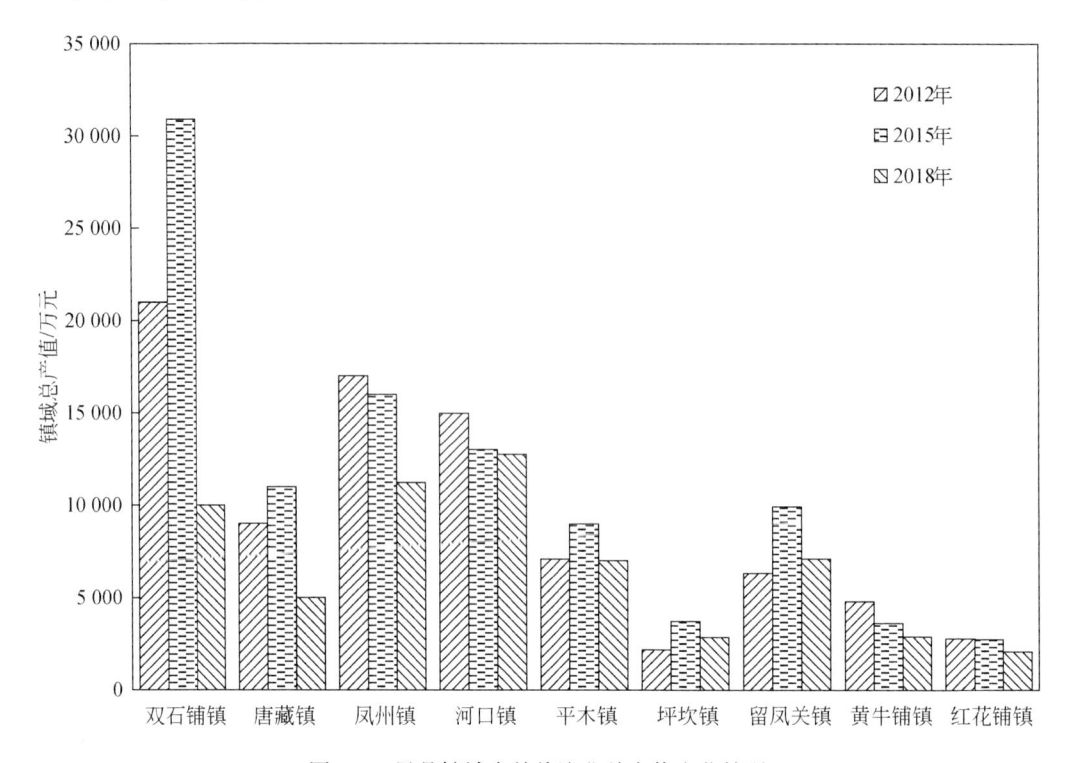

图6-6 凤县镇域农林牧渔业总产值变化情况

从凤县种植业内部结构看（图6-7），2018年，蔬菜类占比最大，为78%，粮食类、药材类占比分别为12%、9%，占比最小的是瓜果类、油料作物类，分别为0.6%、0.4%。全县粮食总产量为23 828t，人均粮食产量为255.3kg，低于宝鸡市人均粮食379.3kg；全县蔬菜产量是15.78万t，人均蔬菜产量是1691kg，远高于宝鸡市平均水平385.3kg；全县人均水果产量12.5kg，远低于宝鸡市人均水果量63.9kg；全县油料作物产量为1074t，人均油料作物产量为11.5kg，高于宝鸡市人均水平4.6kg，这表明凤县主要种植的是蔬菜类经济作物。

2）旅游产业

凤县自然生态条件优越，有着丰富的旅游资源，可供开发利用潜力较大。县城双石铺核心地带有凤凰湖景区，凤州镇有消灾寺景区，北部有通天河国家森林公园、嘉陵江源头景区，南部有紫柏山、灵关峡景区。另外，凤县民族特色文化资源丰富，是羌族祖先的一个重要聚集地，有一座羌族文化园，周末会有民族情景音画剧，同时凤县打造了一批生态旅游村，如永生村等。

2010~2018年凤县旅游产业快速发展，接待游客数量和旅游综合收入均呈波动上升趋势。2010~2012年凤县实施旅游兴县战略，旅游基础设施不断完善，相继实施了"旅游十大亮点"工程。坚持发展文化旅游，投资建设了古羌文化旅游产业示范园、凤县革命纪念馆等旅游重点项目，其中通天河景区成功创建为国家4A级景区，双石铺镇创建为全省

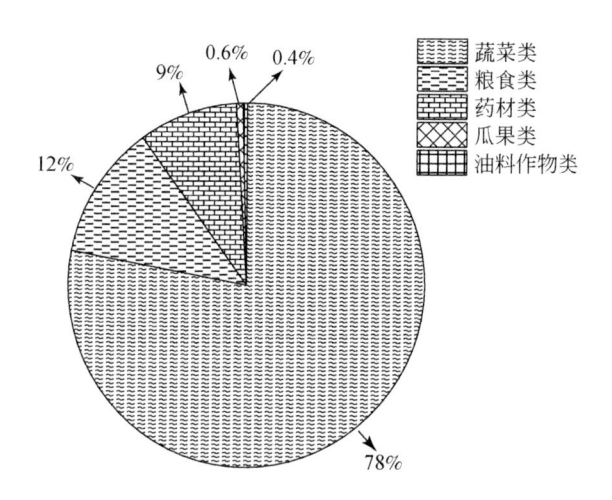

图 6-7 2018 年凤县种植业生产结构

文化旅游名街区，凤县也成为中国旅游百强县，荣获"中国最美文化生态旅游名县"称号。2018年，凤县实施文化旅游重大项目13个，举办了第十一届古凤州生态民俗文化旅游节、羌历新年活动等文化旅游系列活动，旅游接待人数达574.7万人次，其中入境游客3500人，获得旅游综合收入达50.48亿元，较上年增长了37.5%。

3）工业产业

凤县矿产资源丰富，有金、银、铅、锌、铜等金属和煤、石灰石、硅石、钠长石等非金属矿共27种，矿山众多，并且储量较为丰富，被誉为"矿业大县""全国四大铅锌基地""全国黄金吨金县"等。

2010年凤县着力推进大企业大集团、园区经济和循环经济发展，形成了铅锌、黄金、建材三大产业体系，全县工业经济快速发展，第二产业占国民经济比例达70.2%，工业总产值达126.1亿元，规模以上工业企业实现总产值115.68亿元。但由于有色金属市场持续低迷，需要加快推进工业经济转型升级，优化工业投资结构，对庞家河金矿、四方金矿等传统工业实施改造升级，建设新型工业强县，推进新兴工业产业发展。2015年，凤县成功盘活上川铅锌矿选厂等企业，新发展中小微企业80家，规模以上工业增加值达116.04万元。2018年，县域工业产业加速转型，对重点企业实施扩能技改，有10家矿山企业达到绿色矿山建设标准，规模以上工业增加值达88.9亿元。

具体而言，2010~2018年第二产业增加值和规模以上工业增加值总体呈上升趋势，第二产业增加值由2010年的48.08亿元增长到2018年的97.37亿元，年均增长率达9.22%。其中，2010~2016年，凤县着力发展以矿业为主的工业产业，第二产业增加值迅速提升，2016~2018年，凤县工业转型初见成效，第二产业增加值呈小幅下降的特征。在规模以上企业数量方面，双石铺镇、凤州镇工业企业数量居于前列，留凤关镇、红花铺镇、唐藏镇受镇域发展方向的影响，规模以上工业企业相对较少。

3. 社会事业概况

凤县基础设施和公共服务设施不断完善，教育和文化事业快速发展。在交通建设方面，2018年末全县境内公路通车里程1572km，有公路桥梁154座。在教育方面[1,2]，共有3所普通中学，1所职业中学，13所小学，14所幼儿园，普通中学在校学生人数为3391人。公共文化设施面积达18 648m^2；公园及休闲健身广场60个；图书馆和文化站为29个。在医疗卫生方面[3]，全县卫生机构数量为12个（2个医院，10个卫生院），拥有卫生技术人员711人。近年来，凤县逐渐形成全覆盖、系统的公共服务体系。虽然农村厕所改造持续深入地进行，但是凤县卫生厕所的普及率、用水普及率相对较低，且呈现分布不均的状态，厕所普及率中，坪坎镇和凤州镇的普及率为0，双石铺镇的普及率最高，为73.2%；用水普及率中，坪坎镇最低，为7.3%，双石铺镇最高，为100%。

人民生活、社会保障工作进一步加强，养老、失业、医疗、工伤等社会保险加快推进，初步建立了以教育、医疗、住房和法律为主要内容的社会救助制度。2017年社会消费品零售总额24.22万元，同比增长14.84%；全县范围内50m^{2}以上的超市数量为45个，金融机构网点共26个，最低生活保障人数为3270人，占全县总人数的3.45%；人均住房面积35.84m^2；人均公园绿地面积较小，仅为0.87m^2。

2010年以来凤县社会事业取得了较快发展，人均住房面积达到了35.8m^2，其中红花铺镇的人均住房面积达到了78.9m^2，留凤关镇的人均住房面积较小，仅17.7m^2。各镇污水集中处理率和生活垃圾无害化处理率整体偏低，河口镇、红花铺镇、黄牛铺镇、留凤关镇、平木镇、坪坎镇、唐藏镇没有污水处理厂，污水均不经过处理直接排出，生活垃圾经过无害化处理的只有凤州镇、黄牛铺镇、双石铺镇这3个镇，其余各镇的生活垃圾均不经过无害化处理直接填埋；人均绿地面积较小；总体来看，凤县各镇的公共服务能力仍然较弱，并不能完全满足人民日益增长的社会文化生活需求，基础设施和公共服务设施建设任重道远[4,5]（表6-5）。

表6-5 凤县2017年镇域主要社会公共服务指标

镇域	人均住房面积/m^2	用水普及率/%	卫生厕所普及率/%	人均绿地面积/m^2	污水集中处理率/%	生活垃圾无害化处理率/%
凤州镇	24.5	98.0	0.0	4.5	47.9	88.6
河口镇	28.4	17.7	8.1	0.62	0.0	0.0
红花铺镇	78.9	10.9	16.2	0.0	0.0	0.0
黄牛铺镇	40.5	31.0	49.1	1.78	0.0	100.0
留凤关镇	17.7	43.8	27.5	0.0	0.0	0.0
平木镇	17.8	18.6	36.1	0.15	0.0	0.0
坪坎镇	79.4	5.7	0.0	0.0	0.0	0.0
双石铺镇	12.3	100.0	73.2	0.8	18.1	72.7
唐藏镇	23.1	27.3	11.4	0.0	0.0	0.0

6.1.2 资源环境情况

1. 水文水资源

凤县属长江流域，有1km以上河溪714条，总长2394.4km，各河溪以嘉陵江、中曲河为干流，形成两条树枝状水系网。根据国家测绘局（现国家测绘地理信息局）九大流域片至五级河流矢量水文图，途经凤县的二三级河流是嘉陵江，五级河流是褒河和红崖河（图6-8）。嘉陵江为境内最大河流，发源于境内代王山南侧，自东北向西南斜贯，在境内长76km，在县境西南部形成凤州—双石铺宽谷构造盆地，小峪河、安河等为其主要支流，呈枝状分布。东部中曲河为褒河支流西河上源，南流出境，属汉江水系。流域面积696km²，年径流量3.3695亿m³。地下水年天然补给量1.9亿m³。

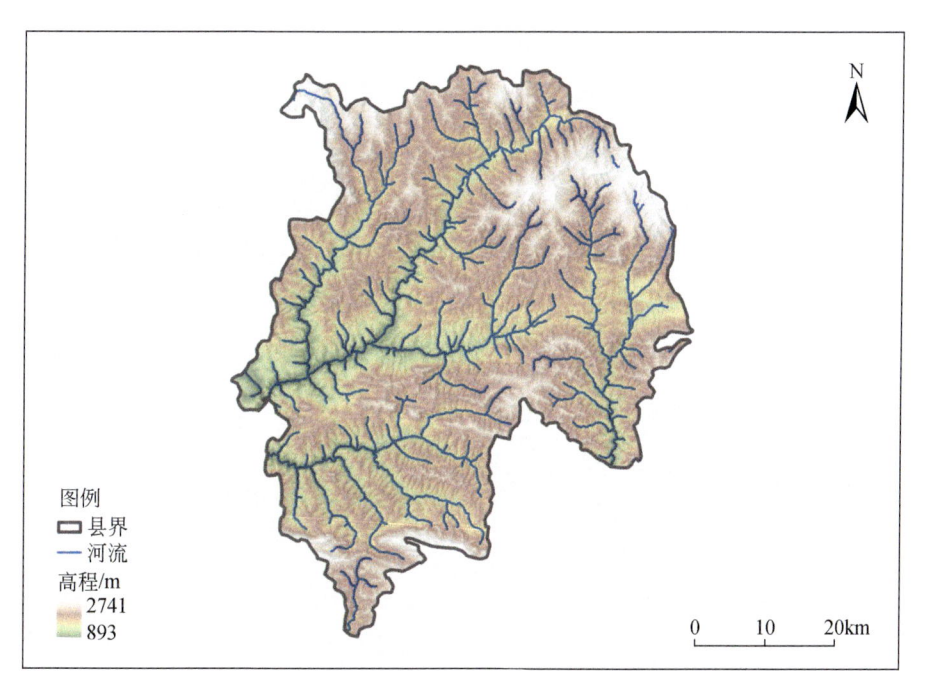

图6-8 凤县水系图

凤县以长江水系一级支流嘉陵江为主，嘉陵江流域宝鸡段全长102km，流域面积2472.4km²，多年平均径流量为3.50亿m³（表6-6）。嘉陵江支流众多，流域面积在500km²以上的一级支流有17条，宝鸡段主要有安河、小峪河和旺峪河三条主要支流。嘉陵江水系呈树枝状，东西基本对称。嘉陵江在凤县出境断面多年平均径流量5.34亿m³，多年平均流量16.9m³/s，最枯流量1.0m³/s（1974年），最大洪峰流量4670m³/s（1981年）。

表 6-6 嘉陵江流域主要河流特征

流域	水系	河名	级别	流域面积/km² 总面积	流域面积/km² 本市面积	河道长度/km 总河长	河道长度/km 本市河长	河床比降/‰	多年平均径流量/亿 m³
长江流域	嘉陵江流域	嘉陵江	1	160 000	2 472.4	1 120	102	14	3.50
		三岔河	2	118.1	118.1	17.5	17.5	23.6	0.30
		安河	2	406.8	406.8	45.1	45.1	13.7	1.42
		小峪河	2	557	557	66.1	66.1	13	1.82
		旺峪河	2	664.1	664.1	52.5	52.5		1.80
		车道河	3	146.3	146.3	32.5	32.5		0.40

凤县年平均径流总量为 11.57 亿 m³，其中自产径流 7.8 亿 m³，入境客水 3.77 亿 m³。中水年约 9.1646 亿 m³，枯水年约 7.8473 亿 m³。嘉陵江主河道产流区径流深 284.4mm，旺峪河产流区径流深 292mm；汉江水系的中曲河产流区径流深 324.8mm，长坪河产流区径流深 346.6mm。全县枯水期（2月）流量 0.02m³/s 以上河流 49 条，水力资源理论蕴藏量 9.383 万 kW，其中嘉陵江 3.67 万 kW，小峪河 1.987 万 kW，车道河 1.7 万 kW，安河 1.368 万 kW，旺峪河 0.658 万 kW。按梯级开发方案可兴修各类水电站 66 座，总装机 1.2987 万 kW。采用大气降水渗入系数法和河水侧向补给法计算地下水量，凤县地下水天然补给量为 1.92 亿 m³，其中大气降水渗入补给量为 1.39 亿 m³，河水渗入补给量为 0.53 亿 m³。

2. 土地资源

凤县土地利用现状类型主要有六类（图 6-9）。其中，林地面积最大，约 2533.32km²，其次是耕地 278.37km²，建设用地约 8.66km²，这三类用地约占总面积（3187km²）的 88.5%。土地利用类型按照面积由大到小依次为：林地>耕地>建设用地>草地>水域>未利用地[6]。由此可以看出，凤县生态用地资源潜力巨大，农业与城镇发展用地整体受限，耕地与基本农田保护以及土地集约利用下的存量发展是凤县未来土地利用的关键。

凤县全域土地面积 318 700hm²，建设用地 4307.97hm²，占土地总面积的 1.35%。其中，城镇用地面积 695.20hm²，农村居民点用地面积 1573.07hm²，且农村居民点分布零散，主要分布在凤县中部河流沿线地带。2018 年，农村居民点用地增加了 18.13hm²，占全县城乡建设用地面积比例达 53.85%。凤州镇农村居民点用地达 293.61hm²，在全县居于首位；其次为留凤关镇、双石铺镇、平木镇、唐藏镇、红花铺镇、坪坎镇农村居民点用地面积较小。凤县以美丽乡村建设为背景，结合移民搬迁规划，进一步优化农村居民点布局，腾退符合移民搬迁条件的分散农村居民点，通过村并村、城并村、镇并村、企并村、旧村提升五种方式，加强村民住宅建设工作，打造农村新型社区。

凤县在地形地质条件的影响下，地形起伏度较大。全县耕地面积 10 806.05hm²，占土地总面积的 3.39%。耕地主要集中在河流沿岸地区，分布于嘉陵江沿岸凤州镇、双石铺镇、黄牛铺镇的宽谷地带，安河沿岸河口镇的宽谷地带，小峪河沿岸唐藏镇的宽谷地带，以及汉江流域杨河、中曲河沿岸的平木镇、坪坎镇的宽谷地带。留凤关镇耕地面积最大，

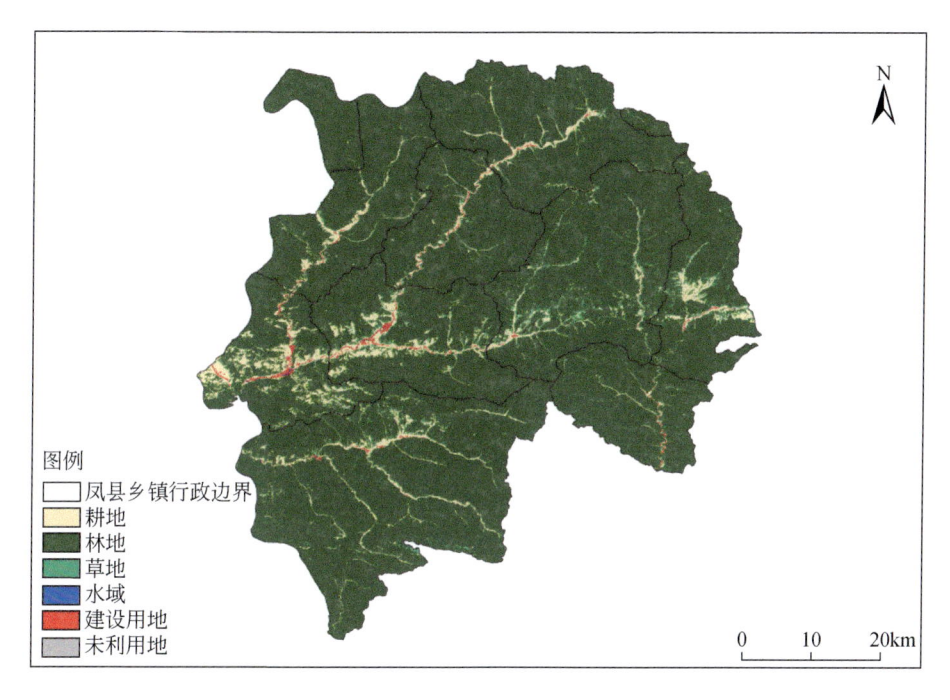

图 6-9 凤县土地利用现状图

面积高达 2008.14hm²，占全县耕地面积的 18.58%；双石铺镇、河口镇、平木镇、凤州镇次之，占耕地总面积比例均处于 10% 以上；黄牛铺镇、红花铺镇、坪坎镇耕地面积较小，其中坪坎镇处于中低山区，以褶皱带地形为主，耕地面积居于末位，面积达 315.36hm²，占耕地总面积比例仅为 2.92%。

3. 生态环境条件

凤县位于嘉陵江源区，属于国家重点生态功能区、美丽中国深呼吸小城高质量发展试验区，生态环境质量较为优越。先后荣获中国最美小城、国家生态文明建设示范县等荣誉称号，以此为契机，相继完成了长治工程、水土保持、"双岭双路"百公里生态长廊、环县城绿色屏障和矿区生态修复等工程，实施封山育林 4666.67hm²、飞播造林 5666.67hm²、人工造林 3200.00hm²，绿化小城镇 9 个、水系 5 条，累计栽植各类苗木 2000 万余株，全县森林覆盖率 80.4%。2018 年造林绿化 4466.69 万 m²，治理水土流失 8.4 万 m²。建成了嘉陵江源国家级水利风景区和嘉陵江国家级湿地公园，建成了 316 国道、212 省道、凤太路和双唐红 4 条生态公路，实现了省级生态镇全覆盖。

空气质量方面，凤县 $PM_{2.5}$ 平均浓度为 30μg/m³，PM_{10} 平均浓度 65μg/m³，全年空气质量优良以上天数达 340 天，在全市居于前列。水环境方面，凤县县城集中式饮用水水源地水质优于Ⅲ类，凤县嘉陵江黄牛铺、灶火庵国控监测断面水质稳定达到地表水Ⅱ类水环境质量，达标率 100%。旺峪河、小峪河、中曲河、安河 4 个嘉陵江支流市考断面也稳定达标，城镇污水处理厂污水集中处理率达 91.0%。

凤县乡村道路硬化率100%，村庄林木覆盖率30%，农村无害化卫生厕所普及率在90%以上，生活污水和生活垃圾得到基本有效治理，全县共创建县级美丽宜居示范村3个，市级美丽宜居示范村2个，省级美丽宜居示范村3个，农村生活垃圾治理村庄达65%以上，污水处理率达55%，农村生态环境、生活环境、生产环境发生了深刻变化。

凤县矿产资源丰富，辖区内有大量废弃的尾矿和年产150 000t锌的冶炼厂，对当地的土壤和河流造成了严重的重金属污染。各村镇的污水处理系统简陋，污水大多未经过处理直接排放到了农田和河流。农村使用农药、化肥、地膜的情况在当前没有做到完全杜绝，特别是沿河还有大量农田，农药、化肥残留物容易随雨水进入河中。凤县212省道和316国道是危化车辆通行专用道路，这两条道路紧靠嘉陵江或主要支流。近年来，危化品车辆通过凤县境内较多，平均每天在500辆，经常会发生交通事故，严重威胁嘉陵江凤县段的流域水质和生态环境安全。

6.2 调研村镇类型与调研路线

6.2.1 调研村镇类型

根据凤县村镇的资源环境基础（地形地貌、海拔、气温、降水、水系、土壤、生态）和村镇建设与发展现状（村镇分布、土地利用、人口密度、居民点用地、人均耕地、地均GDP），选择双石铺镇的双石铺村、兴隆场村、十里店村，红花铺镇的红花铺村、永生村、白家店村和草凉驿村，平木镇的刘家庄村、白蟒寺村，河口镇的河口村、下坝村，留凤关镇的留凤关村、酒铺村、酒奠沟村共计5镇14个行政村作为调查样本村（表6-7）。

表6-7 凤县村镇情况统计表

乡镇名称	调研驻地	调研村庄	辖区情况
双石铺镇	艾黎路	双石铺村	辖3个居委会（新建路社区、新民街社区、杨家坪社区）、11个村委会（双石铺村、西庄村、桥头庄村、十里店村、阴湾村、上川村、兴隆场村、安沟村、草店村、何家坪村、张家窑村）
		兴隆场村	
		十里店村	
平木镇	平木村	白蟒寺村	辖8个村委会（平木村、东庄村、白蟒寺村、西山村、寺河村、烧锅庄村、杨河村、刘家庄村）
		刘家庄村	
河口镇	河口村	河口村	辖9个村委会（河口村、下坝村、黄牛咀村、安河寺村、陈家岔村、岩湾村、沙坝村、石鸭子村、核桃坝村）
		下坝村	
红花铺镇	红花铺村	红花铺村	辖4个村委会（红花铺村、白家店村、永生村、草凉驿村）
		永生村	
		白家店村	
		草凉驿村	

续表

乡镇名称	调研驻地	调研村庄	辖区情况
留凤关镇	留凤关村	留凤关村 酒奠沟村 酒铺村	辖12个村委会（留凤关村、榆林铺村、连云寺村、酒奠沟村、瓦房坝村、长坪村、三岔村、酒铺村、喇嘛泉村、孔家庄村、沙家寺村、费家庄村）

6.2.2 调研路线及调研安排

2019年7月8日下午。①地点：宝鸡市凤县；②内容：召开座谈会，了解县域村镇建设与资源环境情况（图6-10）。

2019年7月9日。①地点：双石铺镇；②调研村：双石铺村、兴隆场村、十里店村；③内容：问卷调查与访谈、资料收集。

2019年7月10日。①地点：平木镇；②调研村：白蟒寺村、刘家庄村；③内容：问卷调查与访谈、资料收集。

2019年7月11日上午。①地点：河口镇；②调研村：河口村、下坝村；③内容：问卷调查与访谈、资料收集。

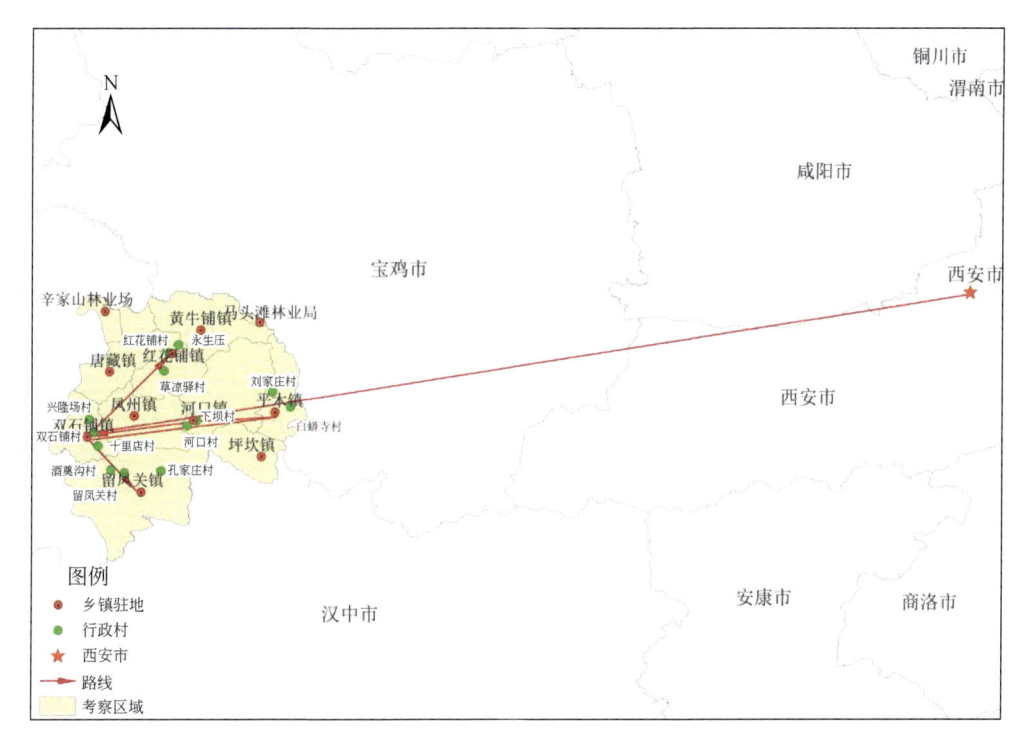

图6-10 调研村及调查路线图

2019年7月11日下午。①地点：红花铺镇；②调研村：红花铺村、永生村、白家店村、草凉驿村；③内容：问卷调查与访谈、资料收集。

2019 年 7 月 12。①地点：留凤关镇；②调研村：留凤关村、酒奠沟村、酒铺村；③内容：问卷调查与访谈、资料收集。

2019 年 7 月 13 日。调研总结，返回西安。

6.3 双石铺镇

本节依据调研获取的村镇年报[7]，对双石铺镇村镇建设与资源环境进行分析。

6.3.1 村镇建设概况

凤县双石铺镇始建于 1961 年，位于陕西省西南部，坐落于秦岭怀抱之中，海拔 943~1767m。全镇总面积 235.2km²，辖 11 个行政村和 3 个社区居委会。2018 年总人口 27 097 人，常住人口逐渐减少，外出务工人员增多。全镇耕地面积 23 388.5 亩，林地面积 74 236.5 亩。双石铺镇交通便利，宝成铁路横贯东西，陕川公路、316 国道穿越全境，县、乡、村三级公路网络布局合理，通信电力设施完备，建有公园、休闲广场、图书馆、文化站等。为移民安置新村解决用水问题，从市政自来水管网接通到户饮用水，同时为移民安置新村修建了水泥路面。为东岭附近生态搬迁群众铺设了天然气管道，解决近 300 户搬迁群众的农业生产难题和 372 户群众的用气问题。将太凤高速弃渣场复垦地开展无刺花椒种植。镇域内污水处理系统和垃圾处理场正在进一步完善整改。

6.3.2 村镇人口概况

2018 年双石铺镇总人口 27 097 人，其中男性 13 759 人，女性 13 338 人，16 岁以下未成年 1884 人，青壮年 22 509 人，60 岁以上老人 2704 人，近几年双石铺镇人口总数逐渐减少，2012~2018 年人口总数减少了 2050 人，2012 年、2015 年、2018 年人口具体情况见表 6-8。

表 6-8 双石铺镇人口及劳动力转移情况

年份	总户数/户	总人口/人	男性/人	女性/人	乡村从业人员/人	劳动力转移情况		
						县内人数/人	县外人数/人	收入/万元
2012	12 095	29 147	14 806	14 341	6 393	6 430	3 203	5 300
2015	12 121	27 214	14 387	12 827	6 413	3 279	3 248	6 635
2018	10 898	27 097	13 759	13 338	6 604	3 147	3 382	6 641

兴隆场村村庄有 322 户，总人口 1248 人，常住人口 1213 人，60 岁以上人口 253 人，占村庄总人口 20.3%，16 岁以下未成年 157 人，青壮年劳动力 838 人，青壮年劳动力多，

实有农业从业人员289人，近几年人口数量逐渐减少，外出务工人数增多。

双石铺村村庄有654户，总人口1932人，60岁以上人口占村庄总人口17.9%，16岁以下未成年319人，青壮年劳动力1200人，青壮年劳动力多，实有农业从业人员403人，近几年人口数量逐渐减少，外出务工人数较多。

十里店村村庄有328户，总人口1285人，60岁以上人口300人，占村庄总人口23.4%，16岁以下未成年260人，青壮年劳动力685人，实有农业从业人员613人，近几年人口数量逐渐减少，外出务工人数逐年增多。

6.3.3 村镇经济发展

双石铺镇主要发展的是矿产开采、旅游和特色农业。近几年经济发展平稳增长，主要经济收入为采矿、冶炼、旅游、种植蔬菜、花椒、水果等。2018年，粮食产量4833t，其中小麦产量1093t，玉米产量3216t，豆类产量206t，薯类产量318t。主要经济作物有蔬菜、瓜果、药材等。2018年，蔬菜种植面积7755亩，总产量10 689t；中药材种植面积4490亩，总产量716t。畜牧业以饲养生猪、羊、牛、家禽为主。猪饲养量7120头，羊饲养量3934只，牛饲养量1090头，家禽饲养量6.87万只。畜牧业总产值比2017年有所增加。水果种植面积31 644亩，产量20 986t，主要品种有苹果，其中苹果产量19 392t。名优特农产品有大红袍花椒、核桃、土蜂蜜等。政府建了花椒扶贫工厂，贫困户可以免费使用机器设备对花椒进行筛选、烘干；同时，政府为花椒种植户提供了销售渠道，2018年农民人均纯收入14 102元（表6-9）。农民人均纯收入呈上升趋势。

表6-9 双石铺镇2018年农业及非农业产业情况

镇名	粮食作物播种面积/亩	蔬菜作物播种面积/亩	水果总面积/亩	肉类总产量/t	禽蛋产量/t	蜂蜜产量/t	规模以上工业企业数量/家	住宿餐饮业企业数量/家	集贸市场数量/家	50m²以上的超市数量/家	农民人均纯收入/元
双石铺镇	28 720	7 755	31 644	1281	10	12 390	13	130	2	8	14 102

兴隆场村主要发展观光农业、采摘园、现代农业、农家乐，收入来源主要是在东岭集团股份有限公司务工和花椒种植，收入比例基本1∶1。村庄种植粮食2600亩，种植蔬菜45亩，规模种植户322户，每年接待旅游者人数2000人，村民人均年收入12 447元，村集体收入15万元。近几年政府扶持贫困户种植花椒，村集体收入和农民人均纯收入不断增加，2012~2018年农民人均纯收入增长了24.8%。

双石铺村距离县城较近，地比较少，大多收入源于餐饮服务等第三产业，农民人均纯收入比较高，为18 350元。村庄种植粮食100亩，种植蔬菜230亩，规模种植户20户，个体工商户20户，每年接待旅游人数4000人，村集体经济总收入5万元。

十里店村主要收入来源为林果业（花椒），花椒种植面积7200亩，2017年花椒收入占总收入85%，其他少量收入来源为县城务工、猪和林麝养殖业，并有一定量的种植业（玉米），玉米种植享有补贴（70元/亩），村庄种植蔬菜100亩。2017年人均纯收入14 500元，2018年受灾害影响花椒绝收，人均纯收入下降为8000元。村集体经济收入较高,为1.6万元,收入主要用于帮扶贫困户,防止贫困户返贫。

6.3.4 村镇发展的水土资源条件

双石铺镇耕地面积2.02万亩,林地面积17 896.41亩,草地面积429.64亩,水域面积387.78亩。

兴隆场村村庄建设用地面积96.6亩,耕地面积545.9亩,设施农业占地面积310亩,村庄林地面积27 400亩。村庄建设用地未占用耕地,植树造林占用了部分耕地。生活用水主要为井水,无水资源短缺问题。近年来,兴隆场村出现地下水位下降的情况,村庄用水主要是生活用水、农业用水和生态用水。

双石铺村村庄建设用地面积400亩,耕地面积2662亩,设施农业占地面积545.9亩,村庄林地面积713.5亩。村庄建设用地和植树造林占用了部分耕地。生活用水为自来水,无水资源短缺问题。近年来,双石铺村出现地下水位下降的情况,村庄用水主要是生活用水、农业用水、工业用水和生态用水。

十里店村村庄建设用地面积98.4亩,耕地面积8000亩,设施农业占地面积2000亩,村庄林地面积64 500亩。村庄植树造林占用了部分耕地。生活用水为自来水,无水资源短缺问题。近年来,十里店村出现地下水位下降的情况,村庄用水主要是生活用水和生态用水。

6.3.5 村镇人居环境概况

双石铺镇所有村道路全为水泥路,村庄路灯基本全覆盖,建成区污水处理率高,垃圾处理率偏低。村庄污水经过简单的沉淀后直接排放,垃圾一部分经过处理,一部分直接填埋,垃圾无害化处理量为0t,卫生厕所普及率73.2%,建有5个休闲健身广场、2个图书馆、文化站,公园绿地面积241hm^2,人居环境正在逐渐变好。2018年双石铺镇污水、垃圾处理情况见表6-10。

表6-10 双石铺镇人居环境现状

镇名	生活用水/万m^3	生产用水/万m^3	建成区污水排放总量/m^3	污水处理总量/m^3	垃圾清运量/t	垃圾处理量/t	垃圾无害化处理量/t	对污水处理的村庄数量/个	对垃圾处理的村庄数量/个
双石铺镇	17.87	2.36	14.16	13.4	3186.6	2116	0	1	4

兴隆场村道路为水泥路,全村通路灯。建有1个文化站,有健身活动广场。农户家多是旱厕,水厕改造率低,在政府政策的扶持下水厕还在逐渐改造中。虽然有污水处理站,但雨污合流,设施不足,污水处理站无防渗措施,调研时未见明显的污水入口和出口。大部分农户未纳入污水管网系统,污水多为自行处理。东岭集团股份有限公司是否影响村民身体健康有待进一步考察。无村集体统一供暖,农户供暖多使用煤炭,会对环境造成一定的污染。天然气未入户,柴、煤炭和电为主要生活消费能源,用电居多。建有垃圾填埋

场，垃圾处理设施较为齐全，生活垃圾月产量为 20t，生活垃圾直接填埋，无害化处理量为 0t。近几年人居环境逐渐变好。兴隆场村入选国家第一批国家森林村名单，陕西省文化和旅游厅确定兴隆场村为陕西省旅游特色名村、乡村旅游示范村。

双石铺村道路为水泥路，全村通路灯。建有 1 个文化站，有健身活动广场。水厕改造率 100%，村庄 1 组未实现集中供暖，有取暖设备但耗电量较大，未加以利用。村庄 2~3 组取暖主要为煤，用煤量较大，对环境有一定的污染。生活垃圾月产量为 10t，垃圾集中收集、转运处理，无害化处理量为 0t。生活污水集中处理，近几年人居环境逐渐好转。

十里店村道路为水泥路，路灯基本全覆盖。建有 1 个文化站，有健身活动广场。水厕改造率低，村庄无集中供暖。生活垃圾月产量为 5t，有 11 个垃圾收集点，处理方式为统一填埋，无害化处理量为 0t。计划申请 2.5km 的污水管道建设，将全村纳入管网系统，近几年人居环境逐渐变好。

6.3.6 村镇医疗教育概况

双石铺镇有 14 个卫生院，400 个床位数，卫生院环境较好，基本位于村庄内部，但医疗设施简陋。有 1 所中学和 1 所幼儿园。

兴隆场村新型农村合作医疗参保率 77.3%，有 1 个卫生院，1 张床位，卫生院距离村庄较近，村庄内没有幼儿园和小学，距离县城近，就学多选择县城或市里。

双石铺村新型农村合作医疗参保率 100%，有 2 个卫生院，2 张床位，卫生院距离村庄较近，村庄卫生院基本能满足村民的需求，村庄内没有学校。

十里店村新型农村合作医疗参保率 46.6%，有 1 个卫生院，1 张床位，卫生院距离村庄较近，村庄卫生院基本能满足村民的需求，村庄内没有学校。

总体来说，双石铺镇距离县城较近，其下辖村庄的基础设施更加完善，其污水的集中处理率高，水厕改造比例也更高。双石铺村为镇政府驻地，人居环境较好，环境承载力适中，资源承载力偏低，整体处于强需求超载的失调状态；十里店村主要大规模种植花椒，产业发展相对其他类型较好，但乡村主体缺乏，村庄老弱化程度较高，人居环境一般，环境承载力和资源承载力都偏低，整体处于弱需求超载的失调状态；兴隆场村由于东岭集团股份有限公司建在村庄内，对人居环境污染大，污水处理系统不完善，资源承载力和环境承载力都偏低，整体处于弱需求超载的失调状态。

6.4 河 口 镇

本节依据调研获取的村镇年报[8]，对河口镇村镇建设与资源环境进行分析。

6.4.1 村镇建设概况

河口镇地处凤县东北部、秦岭南麓，距离凤县县城 32km，距离太白县城 73km，凤太公路穿境而过，同时河口镇又是太凤高速和宝汉高速的交汇点，交通便利，位置优越。河口镇总面积356.3km²，辖9个行政村、81个村民小组，总人口1.2万人，其中农村人口1.1万人，近10年总户数和总人口在逐年下降，劳动力向外转移人数越来越多。9个行政村均修建好到村到组的水泥路，建有公园、休闲广场、图书馆、文化站等。每周组织一次垃圾杂草集中整治行动，推行垃圾处理有偿付费。定期检查并清理人工湿地管网系统，每月对辖区内3条主要河流、水库沿线的7家采碎石场、10个河道施工标段、22家农家乐进行检查，督促落实污水治理措施。在安河寺村、下坝村、核桃坝村率先开展农村改厕工作。加快沙坝村、石鸭子村、岩湾村等5个村水冲式公厕修建和安河寺村、唐沟移民点公厕改造。在搬迁农户新居建设中推行卫生厕所标准。对公路沿线、移民点、聚居点、空闲区域开展绿化美化建设，加强23处移民点基础设施建设，以护坡、柴草集中堆放点、河堤为主。镇域内污水排放量大，处理率低，垃圾处理率20%，对环境有一定的压力。

6.4.2 村镇人口概况

近几年河口镇人口总数逐渐减少，2012~2018年人口总数减少了563人，2018年总人口11 013人，其中男性5859人，女性5154人，16岁以下未成年人1223人，青壮年7630人，60岁以上老人2160人（表6-11）。

表6-11 河口镇2018年人口及劳动力转移情况

年份	总户数/户	总人口/人	男性/人	女性/人	乡村从业人员/人	劳动力转移情况 县内人数/人	劳动力转移情况 县外人数/人	收入/万元
2012	3 271	11 576	6 134	5 442	5 366	2 794	2 728	5 200
2015	3 298	11 271	6 003	5 268	5 762	3 009	2 489	5 428
2018	3 305	11 013	5 859	5 154	6 014	3 633	2 119	6 000

河口村全部村民居住在公路两侧，交通出行方便。村庄有512户，总人口1500人，常住人口1400人，60岁以上人口600人，占村庄总人口40%，老龄化比较严重，16岁以下未成年200人，青壮年劳动力700人，实有农业从业人数260人，近几年人口数量逐渐减少，外出务工人数逐年增多。

河口镇下坝村位于河口镇西端，凤太公路穿过，全部居住在公路两侧，交通出行方便。村庄有205户，总人口825人，常住人口805人，60岁以上人口138人，16岁以下未成年79人，青壮年劳动力608人，实有农业从业人数182人，近几年人口数量逐渐减少，外出务工人数逐渐增多。

6.4.3 村镇经济发展

河口镇主要发展的是传统工业、文化旅游和特色农业。充分发挥资源优势，推进技术创新，促进石墨精深加工、铅锌优化升级和光伏发电发展壮大，培育新型工业。积极鼓励扶持各工矿企业多元投资兴办农林、畜禽、水产等农产品加工业，促进农特产品就地加工转换。结合高速公路建设，积极发展特色种养、休闲农庄、家庭宾馆、农家乐等，继续加大泓泽养殖基地、翠丰园休闲农业区建设，重点推进岩湾花果山休闲康养小镇和安河寺美丽乡村改造，提高休闲农业旅游发展。河口镇目前发展花椒栽植园，建成了黄牛咀、安河寺、核桃坝3个百亩以上花椒示范园。核桃坝、陈家岔两个林麝基地已经建成，进一步投入使用。以沙坝村为中心、以九蜂堂有机示范园为带动，推动标准化中蜂养殖示范村建设，全镇中蜂饲养量达1.2万箱，蜂蜜产量25 311t（表6-12）。持续发展中药材种植，以安河寺、陈家岔等为重点，新发展中药种植3000亩，全力推动现代化高标准苹果示范园建设，2018年，全镇规模以上工业总产值4900万元，农业总产值2.5亿元，经济收入逐年增加。

表6-12 河口镇2018年农业及非农业产业情况

镇名	粮食作物播种面积/亩	蔬菜作物播种面积/亩	水果总面积/亩	肉类总产量/t	禽蛋产量/t	蜂蜜产量/t	规模以上工业企业数量/家	住宿餐饮业企业数量/家	集贸市场数量/家	50m²以上的超市数量/家	农民人均纯收入/元
河口镇	11 759	10 971	0	858.5	609	25 311	5	113	2	10	12 346

河口村主要产业为苹果种植和药材种植，其中苹果种植面积为800亩，粮食种植面积200亩，药材种植面积1200余亩。养林麝共300多只。养殖户数135户，个体工商户43户，村民人均年收入12 974元。近几年，药材价格不高，导致收入有所降低，2012~2018年农民人均纯收入增长了20.6%。

下坝村主要产业为苹果种植和药材种植，其中苹果种植面积为800亩，粮食种植面积102亩，蔬菜种植面积20亩，药材种植面积370余亩。有9户养有林麝，共374只。种有玉米20余亩，亩产800~900斤。村民人均年收入14 046元，村集体经济投资养林麝10万元。村庄的经济收入主要靠种植药材和苹果，遇到严重的霜冻年，收入会大大减少。

6.4.4 村镇发展的水土资源条件

河口镇耕地面积23 000亩，林地面积36 345.26亩，草地面积530.63亩，水域面积200.53亩，村镇建设用地没有占用耕地，近几年高速公路的建设占用部分耕地，耕地面积减少了几百亩，主要农业发展受霜冻影响，防御霜冻的条件不成熟，遇到严重的霜冻，苹果、花椒、药材产量会下降。近几年，河口镇地下水位有所下降。

河口村总面积32km²，村庄建设用地面积153.6亩，耕地面积2200亩，设施农业占地面积3500亩，村庄林地面积16 000亩。村庄建设用地未占用耕地。全村通有自来水，平均每户每月用水20m³左右。近年来，河口村出现地下水位下降的情况，村庄除了生活用水外，其他主要为农业用水。因种植大量药材，地膜和农药使用较多。

下坝村村庄建设用地面积61.5亩，耕地面积1660亩，设施农业占地面积868亩，村庄林地面积1717亩。村庄建设用地未占用耕地，近几年修建高速公路，耕地被占用497亩。全村通有自来水，平均每户每月用水20m³左右。近年来，下坝村出现地下水位下降的情况，村庄除了生活用水外，其他主要为农业用水。因种植大量药材，地膜和农药使用较多。

6.4.5 村镇人居环境概况

河口镇所有村道路全为水泥路，村庄路灯没有全覆盖，建成区污水处理率为50%左右，垃圾处理率低。村庄污水经过简单的沉淀后直接排放，垃圾一部分经过处理，一部分直接填埋，垃圾无害化处理量为0t，卫生厕所普及率8.1%，建有10个休闲健身广场、10个图书馆、文化站，公园绿地面积7hm²，人居环境正在逐渐变好。2018年河口镇污水、垃圾处理情况见表6-13。

表6-13 河口镇人居环境现状

镇名	生活用水/万 m³	生产用水/万 m³	建成区污水排放总量/m³	污水处理总量/m³	垃圾清运量/t	垃圾处理量/t	垃圾无害化处理量/t	对污水处理的村庄数量/个	对垃圾处理的村庄数量/个
留凤关镇	18.42	1.19	3.84	1.8	2000	400	0	0	5

河口村道路为水泥路，全村通路灯。建有1个文化站，有健身活动广场。水厕改造占总户数的50.9%，在政府扶持下水厕还在逐渐改造中。污水统一排放至污水处理厂处理；建有垃圾填埋场，垃圾处理设施较为齐全，生活垃圾月产量为5t，生活垃圾直接填埋，无害化处理量为0t。近几年人居环境逐渐变好。

下坝村道路为水泥路，全村通路灯25盏，零散户未通。建有1个文化站，水厕改造占总户数的11.2%，水厕改造缺乏政策支持，生活污水排放量较大，生活污水基本直接排放或经过简单的沉淀处理，污水处理设施简陋，生活垃圾月产量为8t，生活垃圾处理方式为直接填埋，无害化处理量为0t。近几年人居环境逐渐变好。

6.4.6 村镇医疗教育概况

河口镇有12个卫生院，21张床位，专业卫生人员45人，卫生院环境较好。有1所小学和1所幼儿园，在校学生61人。

河口村新型农村合作医疗参保率100%，有1个卫生院，2张床位，卫生院距离村庄很近，村庄内有幼儿园和小学，在校学生较少，就学基本都在县城或者市。

下坝村新型农村合作医疗参保率56.6%，有1个卫生院，2张床位，卫生院距离村庄较近，村庄卫生院基本能满足村民的需求，村庄内没有学校。

总体来说，河口镇村庄的基础设施需要进一步完善，污水处理设施简陋，污水处理管网没有全覆盖。河口村地理区位较好，去县城和市区都相对方便，人居环境较好，环境承载力适中，资源承载力偏低，整体处于弱需求超载的失调状态；下坝村主要大规模种植苹果、药材，青壮年劳动力较多，但缺乏产业支撑，村庄整体经济发展落后，公共基础设施和农户生产生活环境仍需改善，环境承载力和资源承载力都适中，整体处于强供给盈余的失调状态。

6.5 红花铺镇

本节依据调研获取的村镇年报[9]，对红花铺镇村镇建设与资源环境进行分析。

6.5.1 村镇建设概况

红花铺镇位于凤县中北部，辖4个行政村，镇政府驻红花铺村，距县城44km，距宝鸡市区60km，东与河口镇相邻，南与凤州镇接壤，西与唐藏镇相连，北与黄牛铺镇毗邻。以高纬度山地气候为主，海拔1200~2200m，森林覆盖率82%。2018年，全镇共1179户，户籍人口3656人，常住人口3586人，近年来总户数、总人口略有下降，存在一定的人口空心化现象。主导产业为花椒、食用菌、苹果、核桃、蔬菜、药材种植及林麝、中蜂、畜禽养殖等，大力发展休闲农业和乡村旅游，如永生村长寿小镇建设成为了生态种植、特色养殖和风情旅游的宜居生态小镇。交通便利，宝成铁路和219省道过境，双唐红公路在此交汇，是通天河国家森林公园的交通要道。

6.5.2 村镇人口概况

2018年，红花铺镇总人口3586人，其中男性1921人，女性1665人，16岁以下未成年350人，青壮年2467人，60岁以上老人769人，近几年人口总数逐渐减少，2012~2018年人口总数减少了451人，2012年、2015年、2018年人口具体情况见表6-14。

表6-14 红花铺镇人口及劳动力转移情况

年份	总户数/户	总人口/人	男性/人	女性/人	乡村从业人员/人	劳动力转移情况 县内人数/人	县外人数/人	收入/万元
2012	1230	4037	2109	1928	2525	740	630	1980
2015	1208	4057	2101	1956	2551	720	670	2135
2018	1179	3586	1921	1665	2080	690	720	2339

永生村位于"秦岭花谷"节点位置，距凤县50km，有194户、756人，常住人口376人，60岁以上人口140人，占村庄总人口18.52%，80岁以上人口有18人，16岁以下未成年103人，青壮年劳动力513人，实有农业从业人员101人，外出务工人数380人，人口老龄化现象显著，2018年，永生村人均可支配收入为13 000元。

草凉驿村地处212省道沿线地区，属于汶川地震后建设的新村。村庄有305户，总人口1035人，60岁以上人口208人，占总人口20.10%，16岁以下未成年86人，青壮年劳动力741人，实有农业从业人员231人，外出务工人数380人。近年来，外出务工人员呈上升趋势，村庄2017年人均可支配收入9876元。

白家店村位于红花铺镇南部区域，海拔1181m，距镇政府驻地14km，距凤县县城26km。村庄有224户，常住人口652人，60岁以上人口131人，占村庄总人口20.09%，16岁以下未成年66人，青壮年劳动力455人，实有农业从业人员76人，外出务工人数380人，农村居民人均可支配收入9500元。

红花铺村属于镇政府所在地，位于红花铺镇东北部地区。村庄有340户，总人口1143人，区域面积达51km²。其中，60岁以上290人，占村庄总人口25.37%，16岁以下未成年95人，青壮年劳动力668人，实有农业从业人员180人，外出务工人数较多，农村居民人均可支配收入9447元。

6.5.3 村镇经济发展

红花铺镇经济发展迅速，主导产业为花椒、食用菌、苹果、核桃、蔬菜、药材种植及林麝、中蜂、畜禽养殖等。红花铺镇有磷、石英石、大理石、煤等矿藏，自然资源类型多样化。镇域大力发展特色旅游和林麝产业，经济收入主要来源于畜禽养殖、特色旅游等，推进特色产业规模化、集约化发展，2018年建设了高山有机蔬菜1245亩、中药材960亩，新栽花椒1292亩，核桃329亩，苹果167亩，养殖林麝500头。红花铺镇鼓励开办农家乐、农家客栈等，全镇从事旅游服务人员累计超过100人，推动贫困群体就业，全镇全年旅游综合收入高达300万元，农村居民人均可支配收入达9133元，较去年增长了9.50%。红花铺镇工业发展较为薄弱，规模以上工业企业仅有1家（表6-15）。近年来，全镇按照"坚持绿色发展、聚力转型突破"的总目标，立足镇情，坚持推进镇域经济发展，全面实施了特色农业增效、乡村旅游升级、基础设施提升三项工程，全镇呈现出经济协调发展、社会和谐稳定、人民安居乐业的良好局面。

表6-15 红花铺镇2018年农业及非农业产业情况

镇名	粮食作物播种面积/亩	蔬菜作物播种面积/亩	水果总面积/亩	肉类总产量/t	禽蛋产量/t	蜂蜜产量/t	规模以上工业企业数量/家	住宿餐饮业企业数量/家	集贸市场数量/家	50m²以上的超市数量/家	农民人均纯收入/元
红花铺镇	6 444	3 163	1 753	1 541	6	69 520	1	0	0	0	9 133

永生村主导产业为蔬菜、食用菌种植和土蜂、土鸡、肉兔养殖，同时大力发展特色农业产业，建设优质高山苹果种植基地。村庄成立了凤县红花铺镇永生村集体股份经济联合社和宝鸡永生乡村旅游开发有限责任公司，构建了永生村赤松茸园区，进一步增强村庄经济基础，使得农民收入也有所上升，农民人均纯收入9993元。村庄依托特色养生长寿文化，建成了岭南长寿街、长桥水街、刘家河福文化观光示范园等景区，打造"荷塘月色""阳光沙滩""望月山庄"等景观、景点6处，休闲农家7户，观光大棚11座，以及观光长廊1处，流转土地180亩，建成百亩樱桃采摘园、蓝莓采摘园和有机蔬菜采摘园。建设民俗、康体养生和高端休闲养老项目，大力发展"体育+旅游"、农家田园体验游、避暑度假游、美丽乡村观光游等特色乡村旅游，推动了农村产业化发展进程，每年接待旅游人

数20万人。

草凉驿村主导产业为食用菌、核桃、花椒种植和林麝养殖，粮食种植面积较大。村庄建立了农旅融合红花铺林麝产业示范园和龙王沟林麝饲料产业基地，积极发展林麝养殖，并对贫困户实施利益联合机制，与此同时加强了休闲农业示范点建设，建设了花椒高效种植示范基地，推动农民发展生产，促进收入水平的提升。村庄种植粮食1441亩，种植蔬菜85亩，农民人均纯收入8688元。

白家店村主要收入来源于花菇、药材、苹果种植，土鸡养殖，以及务工，村庄粮食种植面积380亩，粮食亩产为500斤，村庄种植蔬菜面积65亩，建设了农产品实体销售台，扩展农产品销售渠道，个体工商户1户，企业单位1家。同时，村庄开展了秦岭花菇产业基地、百亩中药材示范园和土鸡养殖项目，新建花菇栽培大棚74座，中药材种植面积达4.56hm^2，养殖土鸡4000余只；同时，依据村庄的传统文化、旅游资源，大力发展休闲农业和乡村旅游，帮助贫困户开设家庭宾馆、开办农家乐等，建设旅游示范村。在此推动下，白家店村2018年人均纯收入达9500元，较去年增长了9.07%，实现整村脱贫。

6.5.4 村镇发展的水土资源条件

红花铺镇总面积227.64km^2，其中农村居民点用地面积48.91hm^2，耕地面积490.14hm^2，林地面积21 332.84hm^2，草地面积172.05hm^2，水域面积224.45hm^2。镇内河道属于长江流域嘉陵江水系，经过的主要河流有嘉陵江、红花沟和龙王沟等，流长32km，流域面积350km^2，水资源较为丰富，且无工矿企业分布，水土资源本底条件优越。

永生村村庄建设用地97亩，耕地909亩，村庄建设用地未占用耕地，近几年耕地面积均未减少，设施农业占地面积909亩，林地31 995亩，林地资源丰富，村庄植被覆盖率高，生态环境优越。永生村地下水水质呈弱碱性，村庄用水粗放问题突出。永生村很少发生自然灾害，重工业分布较少，因此水土可持续发展能力较强，农药、地膜使用量分别为0.6kg/a、420kg/a，均居于较低水平。受旅游产业发展的影响，污水排放、固体废弃物污染等现象较为突出。

草凉驿村村庄建设用地面积91.5亩，耕地面积600亩，设施农业占地面积93亩，村庄林地面积100 000亩，村庄建设用地未占用耕地。受产业发展的影响，村庄农药使用量较高，年均211kg，同时作为林麝小镇，污水排放量较高，存在水质污染问题。

白家庄村村庄建设用地面积63.6亩，耕地面积1200亩，设施农业占地面积1280亩，林地面积60 000亩，村庄建设用地未占用耕地。该村用水比较粗放，土地质量有所下降，受花菇、药材种植的影响，农药、地膜使用量均较高，分别为200kg/a、1000kg/a，对村庄水土可持续发展造成了一定影响。

红花铺村村庄建设用地面积101.7亩，耕地面积810亩，设施农业占地面积157亩，林地面积40 000亩，村庄建设用地未占用耕地。近年来，村庄土壤质量略有下降，土地资源可持续发展受限。

6.5.5 村镇人居环境概况

红花铺镇依托"秦岭花谷"和羌乡竹城建设,进行农村环境综合整治,建成污水处理站 2 个、人工湿地 3 处、清理"三堆"130 余处,拓展整修道路,安装路灯,改善民居。除此之外,还绘制了凤县百村图、长寿主题画等文化墙 620m²,所有村道路全为水泥路面,卫生厕所普及率 16.2%,建有 4 个休闲健身广场、5 个图书馆,公共设施面积达 2300km²,形成了"荷塘月色浓、红花风情艳、草凉新村美"的特色人居环境。2018 年红花铺镇污水、垃圾处理情况见表 6-16。

表 6-16 红花铺镇人居环境现状

镇名	生活用水/万 m³	生产用水/万 m³	建成区污水排放总量/m³	污水处理总量/m³	垃圾清运量/t	垃圾处理量/t	垃圾无害化处理量/t	对污水处理的村庄数量/个	对垃圾处理的村庄数量/个
红花铺镇	8.27	0.28	0.75	0	956	970	0	0	4

近年来,在乡村振兴的背景下,红花铺镇针对农村居民聚居地安装了太阳能路灯,增设垃圾转运车,增设生活垃圾处理厂、农村生活污水处理系统,对远离污水处理厂的村庄实施了农村生活污水收集和人工湿地处理,并且以河道垃圾、生活垃圾清理和公共场所等面源污染整治为重点,清理河道 1000 多米。对林麝、中蜂等养殖产生的污染也加强了畜禽粪污综合治理工作,建设 2 个粪污万吨有机肥加工厂。同时,加强村庄文化休闲基础设施建设,建造凉亭、文化休闲广场等,着力改善村庄人居环境,打造美丽乡村。

永生村道路为水泥路,村庄建有 1 个文化站,水厕改造占总户数的 15.46%,缺乏政策支持,改造力度不足,生活污水月排放量大约为 24t,生活垃圾月产量为 72t,生活垃圾处理方式为直接填埋,无害化处理量为 0t。近年来,永生村实施"两馆一街"建设(时代新声馆、故道新风馆、乡风文明一条街),建设红花铺 212 省道运输车辆服务区。

草凉驿村道路为水泥路,村庄内有 1 个文化站,但水厕改造户数仍较少。村庄生活污水月排放量大约为 450t,污水处理仍有所欠缺,生活垃圾月产量为 45t,处理方式是直接填埋,无害化处理量为 0t,同时受林麝养殖影响,排泄物污染对村镇人居环境发展具有一定的限制作用,沿街、沿公路绿化不能满足新农村建设需求。因此,村庄实施了草凉驿村美丽乡村建设工程,按照"网格化"综合治理,重点围绕 212 省道、河道面源和村庄周边环境,加强村庄人居环境整治工作。

白家店村道路为水泥路面,有路灯,村庄内没有文化站分布,基础设施建设有待加强,水厕改造户数占总户数的 40.18%,在政策引导下水厕改造成效显著。生活垃圾月产量为 20t,生活垃圾处理方式为直接填埋,需进一步加强农村生活垃圾整治。

红花铺村道路为水泥路面,有路灯,村庄内没有文化站分布,基础设施建设有待加强,水厕改造任务仍十分艰巨,到 2018 年,水厕改造户数占总户数比例仅为 14.71%。生活垃圾、生活污水处理方面有待完善。精神文明建设方面,红花铺村建设了"一场一园一所"(文明实践广场、先锋模范园和镇新时代文明实践所),精神文明建设水平不断提升。

6.5.6 村镇医疗教育概况

红花铺镇有 2 个卫生院，7 张床位，卫生院环境较好，基本都在村庄里面，镇政府所在地有 1 所幼儿园，1 所小学，没有初中。

各村庄医疗情况存在一定的差异，永生村、草凉驿村新型农村合作医疗参保率分别达 88.65%、87.83%，居于较高水平，但白家店村新型农村合作医疗参保率仍较低，需进一步加强政策引导，推进新型农村合作医疗的普及进程（表6-17）。

表 6-17 调研村医疗条件

村名称	新型农村合作医疗参保率/%	卫生院/个	床位数/张
永生村	88.65	1	2
草凉驿村	87.83	1	3
白家店村	32.52	1	2
红花铺村	—	—	—

注：—表示数据未统计

总体来说，红花铺镇基础设施和人居环境相对较好，污水处理设施需进一步改进，污水处理网管没有全覆盖，整体属于弱需求超载的失调状态。永生村地理区位较好，人居环境好，环境承载力较高，资源承载力偏低，整体处于弱需求超载的失调状态；草凉驿村主要养殖林麝，人居环境一般，环境承载力偏低，资源承载力适中，整体处于弱需求超载的失调状态；白家店村基础设施和人居环境都一般，缺乏产业支撑，环境承载力偏高，资源承载力适中，整体处于强供给盈余的失调状态；红花铺村基础设施更加完善，人居环境好，环境承载力和资源承载力均适中，整体属于弱需求超载的失调状态。

6.6 留凤关镇

本节依据调研获取的村镇年报[10]，对留凤关镇村镇建设与资源环境进行分析。

6.6.1 村镇建设概况

留凤关镇辖 12 个行政村，距离县城 25km，户籍人口 13 864 人，常住人口 13 654 人，从近 10 年来看，总户数和总人口在逐年下降，劳动力向外转移人数越来越多。镇域建成区面积 180hm²，村庄建设用地面积 292.58hm²，所有村庄路灯全覆盖，主要道路为水泥路面，建有公园、休闲广场、图书馆、文化站等。留凤关镇有林地面积 67 285.78 亩，草地面积 278.1 亩，水域面积 384.19 亩。主要种植小麦、红薯、芦笋、丝瓜、猕猴桃、小包菜；镇域内有 7 个旅游景点，旅游旺季为每年的 7~8 月，住宿餐饮企业数量逐年增加，有 8 个铅锌矿，主要经营铅锌矿开采，经济收入主要来源于第二产业。镇域内污水排放量大，处理率为0%，垃圾处理率为50%，对环境压力较大，村庄供水方式为集中供水。

6.6.2 村镇人口概况

2018年留凤关镇总人口13 593人，其中男性7189人，女性6404人，16岁以下未成年1407人，青壮年10 100人，60岁以上老人2086人，近几年留凤关镇人口总数逐渐减少，2012~2018年人口总数减少了978人，2012年、2015年、2018年人口具体情况见表6-18。

表6-18 留凤关镇2012~2018年人口及劳动力转移情况

年份	总户数/户	总人口/人	男性/人	女性/人	乡村从业人员/人	劳动力转移情况		
						县内人数/人	县外人数/人	收入/万元
2012	4 038	14 571	7 610	6 961	7 270	3 196	3 135	6 800
2015	4 189	13 935	7 255	6 680	7 310	2 505	3 779	6 228
2018	4 390	13 593	7 189	6 404	7 434	1 578	1 830	4 940

洒铺村海拔1329m，村庄有239户，总人口1107人，常住人口999人，60岁以上46人，占村庄总人口4%，16岁以下未成年人65人，青壮年劳动力996人，实有农业从业人员346人，近几年人口数量逐渐减少。

留凤关村为镇政府驻地，海拔1442m，主要道路为水泥路且有路灯，村庄分布相对分散，基础设施分布差异较大。村庄有446户，总人口1536人，常住人口1536人，60岁以上人口260人，占村庄总人口17%，16岁以下未成年160人，青壮年劳动力1116人，实有农业从业人员600人，近几年人口数量逐渐减少，外出务工人数逐年增多，农民人均可支配收入为13 218元。

洒奠沟村海拔802m，村庄有335户，总人口1237人，常住人口1237人，60岁以上人口240人，占村庄总人口19%，16岁以下未成年160人，青壮年劳动力837人，实有农业从业人数210人，外出务工人数较多，农民人均可支配收入为12 940元。

6.6.3 村镇经济发展

留凤关镇近几年经济平稳增长，主要经济收入为旅游、蔬菜种植、蜜蜂养殖，蔬菜种植面积逐渐增加，农民人均纯收入呈上升趋势，2012~2018年农民人均纯收入增长了37.4%。留凤关镇2018年农业及非农业产业情况见表6-19。

表6-19 留凤关镇2018年农业及非农业产业情况

镇名	粮食作物播种面积/亩	蔬菜作物播种面积/亩	水果总面积/亩	肉类总产量/t	禽蛋产量/t	蜂蜜产量/t	规模以上工业企业数量/家	住宿餐饮业企业数量/家	集贸市场数量/家	50m²以上的超市数量/家	农民人均纯收入/元
留凤关镇	18 640	7 153	3 457	2 060	22	31 690	2	67	2	5	12 001

酒铺村主要经济收入来源为旅游和药材种植，种植粮食的面积46亩，仅占耕地面积的2%，村庄蔬菜种植面积14亩，规模种植户21户，个体工商户6户，每年接待旅游人数1200人，大量种植的是药材（近几年药材的销售情况不是很好），其次是油葵、花椒、苹果、奇异果、生姜等，农民人均纯收入呈增长趋势，2012~2018年农民人均纯收入增长了30.9%，2018年村集体经济总收入125万元。

留凤关村主要收入为林产品，近几年增加了粮食种植面积，粮食种植面积200亩，粮食产量有所增加，企业单位18家，个体工商户40户，超市5家，农民人均纯收入逐年增加，2018年农民人均纯收入比2012年增加了1035元。

酒奠沟村主要收入来源于中蜂养殖、花椒、核桃、药材种植，以及务工收入，种植粮食较少，只有500亩，村庄粮食年产量15万斤，由于是山地，亩产大概300斤，村庄常住人口一年大约需32.7万斤粮食，村庄种植的粮食远远不能满足本村人口的需要。村庄种植蔬菜110亩，规模种植户数10户，企业单位3家，个体工商户11户，农民人均纯收入不断增长，2018年农民人均纯收入比2012年增长了4003元。

6.6.4 村镇发展的水土资源条件

留凤关镇建设用地没有占用耕地，主要农业发展受霜冻的影响，防御霜冻的条件不成熟，遇到严重的霜冻，苹果、花椒、蔬菜基本会绝产。留凤关镇矿产较多，开采过程中的矿渣堆放导致部分土地土壤条件变差。水资源丰富，地下水位近几年无变化。

酒铺村村庄建设用地面积48亩，耕地面积2050亩，村庄建设用地未占用耕地，近几年耕地面积均未减少，设施农业占地面积346亩，村庄林地面积47 945亩，草地面积为0亩。村庄近几年地下水位基本稳定，村庄用水粗放问题比较明显。村庄内有2家矿业公司，铅锌矿尾矿没有固定堆放点，管理粗放，对耕地质量造成了影响。因种植蔬菜，地膜使用较多，大约265kg/a，农药使用量约0.23kg/a。村庄内2家矿业公司距离河道1200~1500m，降雨对尾矿砂的冲刷及选矿过程中产生的含细微矿颗粒的废水可能会造成河流重金属超标。旅游旺季在每年7~8月，旅游对环境造成一定的影响。

留凤关村村庄建设用地面积113.8亩，耕地面积2805亩，设施农业占地面积600亩，村庄林地面积13 200亩，村庄建设用地未占用耕地。地下水位近几年无变化，村庄除了生活用水外，其他主要为农业用水和生态用水。村庄内有4家矿业公司，主要经营范围是铅锌选矿和铅锌冶炼，铅锌矿尾矿没有固定堆放点，管理粗放，对土壤质地造成了一定的影响。因种植药材，地膜和农药使用较多，农药大约使用200kg/a。村庄内4家矿业公司距离河道较近，容易造成水质污染。

酒奠沟村村庄建设用地面积100.5亩，耕地面积1027亩，设施农业占地面积1112亩，林地面积32 526亩，村庄建设用地未占用耕地。该村用水比较粗放，近些年来出现地下水位下降的现象。土地质量有所下降，村庄距离河道800m左右，存在水源污染情况。

6.6.5 村镇人居环境概况

留凤关镇所有村道路全为水泥路，建成区污水不经过处理直接排放，村庄污水经过简单的沉淀后直接排放，垃圾一部分经过处理，一部分直接填埋，垃圾无害化处理量为0t，卫生厕所普及率26.5%，建有2个休闲健身广场、1个图书馆，人居环境正在逐渐好转。2018年留凤关镇污水、垃圾处理情况见表6-20。

表6-20 留凤关镇人居环境现状

镇名	生活用水/万 m³	生产用水/万 m³	建成区污水排放总量/m³	污水处理总量/m³	垃圾清运量/t	垃圾处理量/t	垃圾无害化处理量/t	对污水处理的村庄数量/个	对垃圾处理的村庄数量/个
留凤关镇	29	1	5.4	0	4900	2500	0	11	11

酒铺村道路为水泥路，有路灯，该村村民居住很分散，最远的居住点距离村委会驻地约20km，缺乏合理的布局和规划，建有1个文化站，水厕改造占总户数的18%，缺乏政策支持，改造力度不足，生活污水月排放量大约为137t，生活污水基本直接排放或经过简单的沉淀处理后排放，生活垃圾月产量为21t，生活垃圾处理方式为直接填埋，无害化处理量为0t。近几年，人居环境逐渐好转。

留凤关村道路为水泥路，有路灯，村庄内有1个文化站，水厕改造户数为0户，缺乏政策支持，改造力度不足。生活污水月排放量大约为110t，生活污水直接排放或经过简单的处理后排放，生活垃圾月产量为50t，生活垃圾处理方式为直接填埋，无害化处理量为0t。

酒奠沟村道路为水泥路，有路灯，村庄内有2个文化站，水厕改造户数占总户数的35%。生活污水月排放量大约为300t，生活污水直接排放不经过任何处理，生活垃圾月产量为25t，生活垃圾处理方式为直接填埋，无害化处理量为0t。人居环境逐渐好转。

6.6.6 村镇医疗教育概况

留凤关镇有16个卫生院，46张床位，卫生院环境较好，基本都在村庄内部，镇政府所在地有1所幼儿园，没有小学和初中。

酒铺村新型农村合作医疗参保率99%，有1个卫生院，2张床位，卫生院距离村庄较近，村庄内没有学校，就学要去县城，较为不便。

留凤关村新型农村合作医疗参保率52%，有1个卫生院，2张床位，卫生院距离村庄较近，村庄内没有学校，就学要去县城。

酒奠沟村新型农村合作医疗参保率97%，有1个卫生院，2张床位，卫生院距离村庄较近，村庄内没有学校，就学要去县城。

总体来说，留凤关镇村庄建设整体呈现小集中大分散的特点，绝大多数村庄村民居住相对分散，其中留凤关村为镇政府驻地，生活垃圾和污水产量较大，环境承载力偏低，资源承载力适中，整体处于强需求超载的失调状态；酒铺村因为有旅游景点，每年7~8月接待的游客较多，导致污水排放量大，用水比较粗放，生活垃圾多，导致环境承载力偏低，整体处于弱需求超载的失调状态；酒奠沟村的资源承载力和环境承载力均适中，整体处于强供给盈余的失调状态。

6.7 平木镇

本节依据调研获取的村镇年报[11]，对平木镇村镇建设与资源环境进行分析。

6.7.1 村镇建设基本概况

平木镇地处凤县东部，东与太白县靖口镇接壤，南与坪坎镇交界，西与河口镇毗邻，北与宝鸡市渭滨区高家镇相邻。辖区东西最大距离16.5km，南北最大距离30.9km，总面积198.37km²，林地面积16544.36亩，草地面积141.7亩，水域面积146.42亩。平木镇下辖8个行政村，截至2018年末，户籍人口9046人，近几年常住人口逐渐减少，外出务工人数越来越多。部分村庄路灯全覆盖，主要道路为水泥路，个别村庄居住分散，路面为土路，路灯没有全覆盖，镇政府所在地建有休闲广场、图书馆、文化站等，污水处理设施简陋，垃圾为直接填埋，近几年正在完善污水处理系统。

6.7.2 村镇人口概况

2018年平木镇总人口9046人，其中男性4870人，女性4176人，16岁以下未成年人1087人，青壮年劳动力6146人，60岁以上老人1813人，近几年留凤关镇人口总数逐渐减少，2012~2018年人口总数减少了538人，平木镇人口变化情况见表6-21。

刘家庄村庄有261户，总人口1233人，常住人口1153人，60岁以上人口165人，占村庄总人口13.4%，青壮年劳动力429人，外出打工人数296人，实有农业从业人员218人，近几年人口数量逐渐减少，外出务工人数增多。

蟒寺村村庄有460户，总人口1986人，常住人口1153人，60岁以上人口270人，占村庄总人口13.6%，16岁以下未成年人165人，青壮年劳动力1551人，外出打工人数748人，实有农业从业人员462人，近几年人口数量逐渐减少，外出务工人数较多。

表6-21 平木镇人口及劳动力转移情况

年份	总户数/户	总人口/人	男性/人	女性/人	乡村从业人员/人	县内人数/人	县外人数/人	收入/万元
2012	2716	9584	5094	4490	4580	2468	2379	3800
2015	2619	9379	5012	4367	4289	2411	2358	4326
2018	2632	9046	4870	4176	4834	2402	2369	4327

6.7.3 村镇经济发展

平木镇粮食作物以小麦、玉米为主。2018年，粮食作物生产23000t，其中小麦

4270t，玉米16 266t，豆类540t，薯类1924t。主要经济作物有蔬菜、瓜果、药材等。蔬菜种植面积75 869亩，总产量153 629t；中药材种植面积46 928亩，总产量21 883t。畜牧业以饲养生猪、羊、牛、家禽为主。生猪饲养量4649头，羊饲养量3006只，牛饲养量1602头，家禽饲养量2.77万只。畜牧业总产值比2017年有所增加。水果种植面积6103亩，产量3823t，主要品种有苹果，产量3818t。渔业以池塘养殖为主，名优特农产品有大红袍花椒，绿色环保农产品有紫甘蓝、菜花等。平木镇有工业企业5家。平木镇农民人均纯收入12 562元（表6-22）。

表6-22 平木镇2018年农业生产及非农业产业情况

镇名	粮食作物播种面积/亩	蔬菜作物播种面积/亩	水果总面积/亩	肉类总产量/t	禽蛋产量/t	蜂蜜产量/t	规模以上工业企业数量/家	住宿餐饮业企业数量/家	集贸市场数量/家	50m² 以上的超市数量/家	农民人均纯收入/元
河口镇	17 646	75 869	6103	842	11	14 200	5	8	0	0	12 562

刘家庄村主要养殖林麝、种植蔬菜和药材，种植粮食的面积较小，只有432亩，蔬菜种植面积587亩，135户参与养殖业，全村共养林麝2160只，最多的1户有100多只，林麝专业养殖户年收入大概在40万元，贫困户在政府扶持养殖林麝，基本都脱贫了，近几年由于销售渠道的问题，种植蔬菜的收入有所降低。2012~2018年农民人均纯收入增长了30.9%。

白蟒寺村主要养殖林麝和种植蔬菜，全村共种植蔬菜1200余亩，共养林麝750只，人均纯收入14 360元。种植粮食300亩，个体工商户21户。经济收入主要靠来源于务工、蔬菜种植、林麝养殖。

6.7.4 村镇发展的水土资源条件

平木镇耕地面积26 000亩，林地面积16 544.36亩，草地面积141.7亩，水域面积146.42亩，村镇建设用地没有占耕地，近几年由于高速公路的建设占用了部分耕地，耕地面积减少了上千亩。近几年，地下水位有所下降。

刘家庄村庄建设用地面积78.3亩，耕地面积2480亩，设施农业占地面积1322亩，村庄林地面积27 975亩。村庄建设用地未占用耕地，高速公路建设占用部分耕地。在用水方面，主要是从山上引自来水，冬季由于温度低，会出现阶段性缺水情况。

白蟒寺村村庄建设用地面积123亩，耕地面积2050亩，设施农业占地面积120亩，村庄林地面积2000亩。村庄建设用地未占用耕地，高速公路建设占用耕地300亩。用水为自来水，地下水位出现下降的情况。

6.7.5 村镇人居环境概况

平木镇部分村庄道路硬化没有入户，村庄路灯没有全覆盖，土坯房较多，村民居住相对较分散，建成区污水处理率为95%左右，垃圾处理率低。村庄污水基本直接排放，垃圾直接填埋，垃圾无害化处理量为0t，卫生厕所普及率36.1%，建有8个休闲健身广场、9个图书馆、文化站，公园绿地面积0.2hm²，在政府的扶持下，土坯房正在逐渐修建，人居环境正在逐渐变好。2018年平木镇污水、垃圾处理情况见表6-23。

表6-23 平木镇人居环境现状

镇名	生活用水/万m³	生产用水/万m³	建成区污水排放总量/m³	污水处理总量/m³	垃圾清运量/t	垃圾处理量/t	垃圾无害化处理量/t	对污水处理的村庄数量/个	对垃圾处理的村庄数量/个
平木镇	24.35	1.2	2.9	2.8	2150	420	0	2	8

刘家庄村道路硬化没有入户，路灯没有全覆盖，全村约有60%的房屋为土坯房。建有1个文化站，没有健身活动广场。水厕只改造了8户，缺乏政策扶持，改造力度不足。污水统一排放至污水处理厂处理；生活垃圾月产量为50t，生活垃圾处理方式为直接填埋，垃圾无害化处理量为0t。近几年，人居环境逐渐好转。

白蟒寺村庄道路为水泥路，路灯全覆盖。建有1个图书馆和1个文化站，有图书2600本，有健身活动广场。全村水厕改造140户。污水实行集中处理，生活垃圾月产量20t，生活垃圾处理方式为集中填埋，垃圾无害化处理量为0t。

6.7.6 村镇医疗教育概况

平木镇有9个卫生院，15张床位，卫生院环境较好，基本都在村庄内部，镇域内有1所幼儿园11所小学，在校学生250人。

刘家庄村新型农村合作医疗参保率96.1%，有1个卫生院，1张床位，1名医生，卫生院距离村庄较近，村庄内没有学校，就学要去县城，较为方便。

白蟒寺村新型农村合作医疗参保率35.3%，有1个卫生院，1张床位，1名医生，卫生院距离村庄较近，村庄内没有学校，就学要去县城。

平木铺镇基础设施和人居环境相对较差，居住比较分散，污水处理设施需进一步改进，污水处理网管没有全覆盖，垃圾处理率低，整体属于强需求超载的失调状态。

刘家庄村地理区位较差，人居环境和基础设施一般，环境承载力适中，资源承载力偏高，整体处于强需求超载的失调状态。

白蟒寺基础设施较差，人居环境一般，耕地较少，环境承载力偏低，资源承载力适中，整体处于强需求超载的失调状态。

6.8 本章小结

（1）凤县地形地貌典型，北秦岭中低山区位于秦岭加里东褶皱带南部，为中等切割侵蚀中低山地貌。小气候差异显著，北部降水最多，南部次之，西部偏少。土壤类型较为复杂，宜于种植林地的面积较大，宜于进行农耕用地的土地质量较差并且数量少。植被主要为暖温带落叶阔叶林，森林覆盖率高，水源涵养林和水土保持林分布最为广泛。凤县是以长江水系一级支流嘉陵江为主,平均径流总量较大。由于凤县全域纳入秦岭保护,地广人稀,农地资源相对匮乏,对以小农经济传统模式为主的凤县而言,要从矿业独大的产业模式彻底转型,就需要在科学判定凤县资源环境承载力的前提下,深度挖掘空间资源的功能效应。

(2)凤县土地利用现状类型主要有14类,其中,林地、自然保留地和耕地占比最高,占总面积95.24%。林业资源、野生动植物资源和矿产资源优势明显。凤县人口数量基本在逐年流失,人口分布整体呈"中间密两边疏"特征。经济发展水平不断提高,但是各镇之间仍存在发展不均衡的问题。凤县经济二元结构较为严重,农业GDP比例和农业相对生产率严重偏低。旅游资源较为丰富,以自然旅游资源为主。

(3)从各镇建设与资源环境承载力实际看,双石铺镇距离县城较近,其下辖村庄的基础设施更加完善,其污水的集中处理率高,水厕改造比例也更高。人居环境较好,环境承载力适中,资源承载力偏低,整体处于强需求超载的失调状态。河口镇村庄的基础设施需要进一步完善,污水处理设施简陋,污水处理网管没有全覆盖。红花铺镇村庄的人居环境较好,污水管网没有全覆盖,垃圾处理方式简单,外出务工人数较多,地理区位较好,去县城和市区都相对方便,环境承载力和资源承载力均适中,整体处于弱需求超载的失调状态。留凤关镇村庄建设整体呈现小集中大分散的特点,绝大多数村庄村民居住相对分散。平木镇村庄建设水平整体偏低,村庄村民居住相对分散,其中刘家庄村大多数为土坯房,冬天会出现短暂性的缺水情况,环境承载力适中,资源承载力偏高,整体处于强需求超载的失调状态。

(4)从调研村村镇建设与资源环境实际看,十里店村主要大规模种植花椒,产业发展相对其他类型较好,但乡村主体缺乏,村庄老弱化程度较高,人居环境一般,环境承载力和资源承载力都偏低;兴隆场村由于东岭集团股份有限公司建在村庄内,对人居环境污染大,污水处理系统不完善,资源承载力和环境承载力都偏低。河口村地理区位较好,去县城和市区都相对方便,人居环境较好,环境承载力适中,资源承载力偏低;下坝村主要大规模种植苹果、药材,青壮年劳动力较多,但缺乏产业支撑,村庄整体经济发展落后,公共基础设施和农户生产生活环境仍需改善,环境承载力和资源承载力都适中。永生村主要发展生态旅游,资源承载力偏低,环境承载力较高;草凉驿村老龄化比较严重中,且水厕改造尚未进行,资源承载力适中,环境承载力偏低;白家店村资源承载力适中,环境承载力偏高。留凤关村为镇政府驻地,生活垃圾和污水产量较大,环境承载力偏低,资源承载力适中;酒铺村因为有旅游景点,每年7~8月接待的游客较多,导致污水排放量大,用水比较粗放,生活垃圾多,导致环境承载力偏低;酒奠沟村的资源承载力和环境承载力均适中。刘家庄村大多数为土坯房,冬季会出现短暂性的缺水情况,环境承载力适中,资源承载力偏高;白蟒寺村移民搬迁居民占比较大,无耕地再分配,多依赖周边打零工维持生活,地下水位有所下降,生活水平有待提高。

参 考 文 献

[1] 凤县教育局. 2017~2019年凤县学校分布统计表[Z]. 2020-04-15.
[2] 凤县教育局. 凤县中小学幼儿园分布图[Z]. 2019-05-10.

[3] 凤县卫生局. 凤县卫生健康情况统计［Z］. 2019-05-10.
[4] 凤县住房和城乡建设局. 凤县生活垃圾厂情况统计汇总表［Z］. 2019-05-10.
[5] 凤县住房和城乡建设局. 凤县各镇垃圾处理运行模式情况［Z］. 2019-05-10.
[6] 樊婷. 村镇空间适宜性与功能性评价及区类划分研究—以陕西凤县为例［D］. 西安：陕西师范大学，2021.
[7] 双石铺镇镇政府. 2010~2019年双石铺镇村镇年报［Z］. 2020-03-15.
[8] 河口镇镇政府. 2010~2019年河口镇村镇年报［Z］. 2020-03-15.
[9] 红花铺镇镇政府. 2010~2019年红花铺镇村镇年报［Z］. 2020-03-15.
[10] 留凤关镇镇政府. 2010~2019年留凤关镇村镇年报［Z］. 2020-03-15.
[11] 平木镇镇政府. 2010~2019年平木镇村镇年报［Z］. 2020-03-15.

第 7 章 永宁县调查报告

7.1 永宁县村镇建设与资源环境基本概况

永宁县地处 105°49′E ~ 106°22′E、38°08′N ~ 38°06′N，隶属于宁夏回族自治区，位于宁夏回族自治区银川平原引黄灌区中部，北与银川市西夏区、金凤区、兴庆区接壤，西与内蒙古自治区为邻，东、南与灵武市、青铜峡市接壤（图 7-1）。永宁县面积 934.06km²，辖 1 个街道、5 个镇、1 个乡，包括团结西路街道、杨和镇、李俊镇、望远镇、望洪镇、闽宁镇、胜利乡，县境内另有宁夏回族自治区农垦事业管理局管辖的黄羊滩农场、玉泉营农场，共有 67 个村，545 个村民小组。杨和镇为县城政府驻地，是全县政治、经济和文化中心。

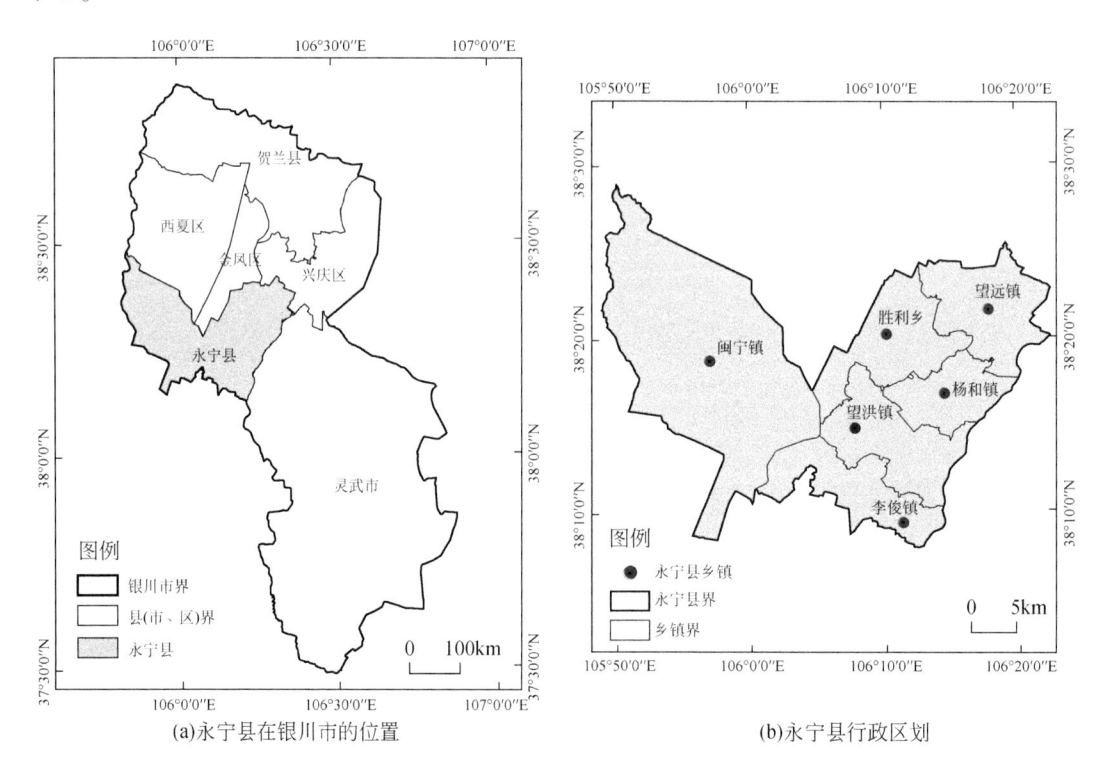

(a)永宁县在银川市的位置　　(b)永宁县行政区划

图 7-1　永宁县区位图

注：团结西路街道和 2 个国有农场（黄羊滩农场和玉泉营农场）不在本研究范围内，暂不作标注

永宁县东濒黄河,西有贺兰山,境内地质地貌复杂,河流、湖泊密布,有水路、铁路、公路交通要道,交通便捷。县域旅游、矿产、植物和水资源等比较丰富,自古就有"塞上江南,鱼米之乡"的美誉[1]。永宁县作为农业大县,是第一批"国家农产品质量安全县",也是"中国西部四季鲜果之乡""全国休闲农业与乡村旅游示范县",科技部确定的"西部干旱地区设施农业示范基地",是宁夏回族自治区"优质粮食的核心产区"和重要的商品粮基地县,在国家主体功能区划中属限制开发的农产品主产区,粮食、蔬菜、水产品、鲜奶等人均产量处于西北地区前列。

7.1.1 资源环境情况

1. 地形地质条件

永宁县地势西高东低,海拔介于1108~2525m,处于银川平原中部,地形平坦宽阔,地面坡度平缓,土壤深厚。县域西部山区分为贺兰山地、洪积扇地、老阶地和风沙地,海拔1108~2525m,东部为银川平原,由贺兰山东麓洪积平原和黄河冲积平原组成,海拔1100~1400m。永宁县处于华北大板块西缘与中亚西亚大板块衔接处,西临强烈隆起的贺兰山褶皱断块山,东连缓和上升的鄂尔多斯高原,地质构造运动比较活跃,在构造上属陷落地陷,以冲积物和洪积物为主,地质不均。西部贺兰山为永宁县形成一道天然屏障,阻挡着北方沙尘和寒流的侵袭,东部黄河形成了引黄河灌溉区,自西南向东北倾斜,县境内黄河流长32.5km,河流、湖泊密布,良好的农业基础和区位优势,为永宁县发展种植业、畜牧业、渔业和其他产业提供了优越条件。

2. 气候水文条件

1)气候

永宁县位于中国西北内陆,地处中温带,属于中温带干旱气候区,大陆性气候特征十分明显,夏季暑短,冬季寒长,干旱少雨,蒸发量大,气候干燥。

永宁县冬天寒冷,夏天炎热,年平均气温8.7℃,最热月7月平均气温23.1℃,最冷月1月平均气温-8.3℃,气候年较差平均为31.5℃,日较差平均为13.6℃,冬夏温差和昼夜温差变幅大,有利于优质农产品的生长。大于等于10℃的积温平均为3245.6℃,有效积温高,年均无霜期158天左右,年均日照时数达2886.7小时,热量充足,光能资源丰富,良好的温度和日照条件可满足多数农作物的生长需求。

永宁县地处季风区的西北边缘,受西伯利亚和蒙古高原干寒季风的强烈影响,从海洋吹来的温湿气流相当微弱,造成干旱少雨的气候特点。多年平均降水量约202mm,降水量较低且季节分配不均,降水主要集中在夏秋两季,约占全年总降水量的70%左右,由于降水稀少、蒸发量大,永宁县农业主要靠引黄灌溉。受自然条件差异的影响,县内各区域的年均降水量也有差异,西北贺兰山高寒山区和东北平原区降水量较大,洪积扇区和老阶地区较小,呈现由东北和西北向中南方向递减的空间分布特征。

2)水文

永宁县境内有惠农渠、汉延渠、唐徕渠、西干渠四大灌溉渠,季节性水流包括永清沟、第一排水沟、永二干沟、中干沟，生态功能河流水系包括黄河、西部水系。黄河自南向北流经永宁东部边界，全长32.5km，流经望洪、望远、杨和、李俊四镇，年均过境水量320亿 m^3，是永宁县用水的主要水源；四大干渠分别于东西两侧由南向北纵灌全县，流经总长度为138.5km，年引水量达10.38亿 m^3；湖泊面积约2400hm^2，包括鹤泉湖、海子湖等，与周边大小湖泊串联成片（表7-1）。

表7-1 永宁县各乡镇水源分布

乡镇名称	水源地	湖泊湿地	主干河流及重要水系
李俊镇			黄河、西干渠、唐徕渠、汉延渠、惠农渠
闽宁镇			西夏渠、西干渠
杨和镇		鹤泉湖、珍珠湖	黄河、惠农渠、汉延渠
望洪镇	南部水源地、永宁水源地	海子湖	黄河、西干渠、唐徕渠、汉延渠、惠农渠
望远镇		银子湖、鸣翠湖、叶家湖	黄河、唐徕渠、汉延渠、惠农渠、西部水系
胜利乡	征沙水源地、南部水源地		西干渠、西部水系、唐徕渠、汉延渠

永宁县多年平均地表水资源量0.16亿 m^3，平均年径流深17.2mm，年径流系数1000m^3/km^2。贺兰山区及倾斜平原地表水资源量少，且多以洪水形式出现，因此永宁县地表水资源可利用量极少。永宁县多年平均地下水资源量为2.07亿 m^3，地下水可开采量为1.09亿 m^3，占地下水总量的48.23%。县内工业及人畜饮水，抽取的地下水每年平均1683万 m^3，地下水资源利用率为15.4%。2020年地表水红线指标为4.88亿 m^3，地下水为0.43亿 m^3。为此，永宁县实施开发过境黄河水、地表水、地下水等水资源并重的用水方针，建设以黄河水源为主，地表水、地下水资源为辅，水库为调蓄的水资源利用格局。

3. 土地资源条件

永宁县耕地和草地面积最大，耕地分布面积最为广泛，县域中部和东部均有分布；草地集中分布在西部贺兰山东麓的洪积平原，属温带荒漠草原，是永宁县的牧区；林地主要分布在西北贺兰山区；城镇用地在杨和镇和望远镇分布较多，表明两镇的城镇化水平明显高于其他乡镇；农村居民点用地分布零散，整体与耕地分布范围相似；未利用地分布在闽宁镇中部山地。

1）耕地

农业是永宁县的主导产业，保护耕地特别是永久基本农田，是保障农产品生产和农民增收的基础。从耕地面积来看，永年县2010～2018年耕地面积总体呈波动上升趋势，耕地面积增加2774hm^2，年均增长347hm^2。其中，2010～2011年增长幅度最大，增长2940hm^2，2012～2014年耕地面积出现减少趋势，由35 625hm^2减少到34 138hm^2，2015～2018年耕地面积变化较为平缓，耕地总量处于动态平衡状态，保持在35 000hm^2上下（图7-2）。

人均耕地面积既是反映土地资源稀缺性的基本指标，也是影响土地数量安全的关键因素之一。从人均耕地面积来看，2010～2018年永宁县人均耕地面积呈下降趋势，由2.28

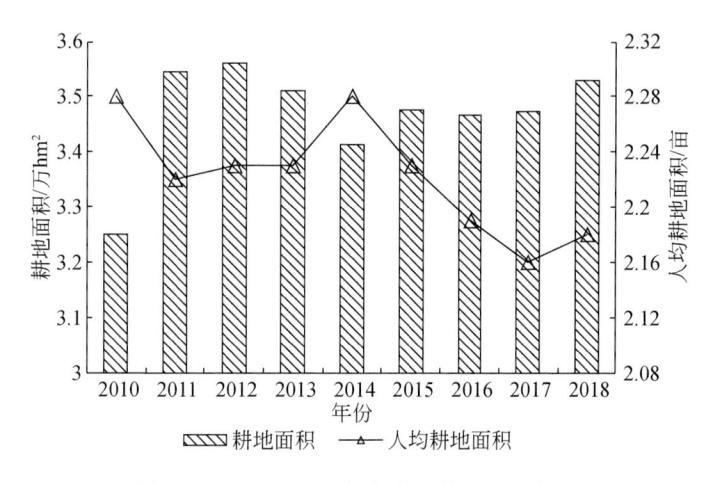

图 7-2　2010～2018 年永宁县耕地面积变化

亩下降到 2.18 亩。2010～2014 年人均耕地面积变化基本持平，保持在 2.28 亩，2014 年以后，人均耕地面积逐年减少，到 2017 年降至 9 年来的最低值 2.16 亩（图 7-2）。2010～2018 年，耕地面积增幅较小，但人口快速增长，导致耕地资源紧张。宁夏回族自治区人均耕地面积为 2.85 亩，永宁县人均耕地面积低于宁夏回族自治区整体水平，未来应保护耕地，推进土地复垦治理，增加有效耕地面积，守住耕地红线。

2）建设用地

永宁县建设用地多位于县城、村镇等城镇开发区和开发建设预留区，村庄多闲置建设用地。从建设用地变化来看，永宁县 2010～2020 年建设用地面积略有上升，由 9200hm² 增长到 10 525hm²。其中，2013～2016 年建设用地面积波动较大，2016 年以后趋于平缓。人均建设用地面积变化特征与建设用地面积相似，但 2019～2020 年人均建设用地面积出现减少趋势，下降到 327.25m²（图 7-3）。

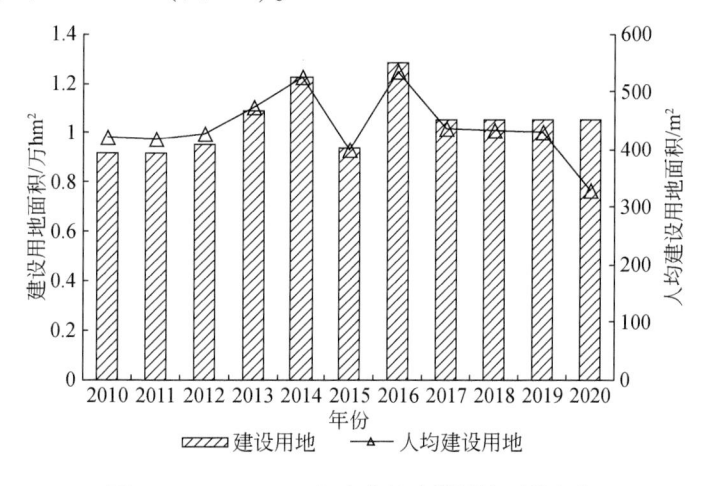

图 7-3　2010～2020 年永宁县建设用地面积变化

4. 生态环境条件

1）生态脆弱性

永宁县大多数区域生态环境属于低度脆弱区或中度脆弱区，在人口密度较大、土地利用以建设用地为主的杨和镇内部，由于人类活动的严重干扰，区域生态环境属于重度脆弱区；在永宁县贺兰山东麓山区附近，区域生态环境脆弱性表现为重度脆弱，该区域与腾格里沙漠相接，地表呈流动沙丘及沙带连片分布，地形地貌较为复杂，风沙大，且平均气温低、降水多，容易造成低温冷害和洪涝灾害；中度脆弱区主要分布在永宁县东部平原地区，该区域多为耕地，主要靠引过境黄河水灌溉，沟渠泥沙含量较大，多年汇入造成湖床、沟渠淤积严重，致使生态功能退化；闽宁镇生态环境总体良好，镇内大部分区域生态环境属于低度脆弱区。

2）植被环境

植被是地表自然景观的直观表现，反映一个地区水资源的丰缺及其利用状况，同时植被在气候、水文和生物化学循环中起着重要作用，是气候和人文因素对环境影响的敏感性指标[2]。全县建成区绿化覆盖率、绿地率分别达到38.5%、36.2%。归一化植被指数（NDVI）较低的区域主要分布在永宁县东北部人类活动强度大的区域，如望远镇西部、杨和镇中部。西部受地形地貌的影响，海拔高、温度低、风沙大，NDVI值也较低。其余区域NDVI值偏高，永宁县东北和中部NDVI值最高，这些区域河流湖泊纵横交错，地形平坦，土壤养分含量高，植被覆盖率较高。

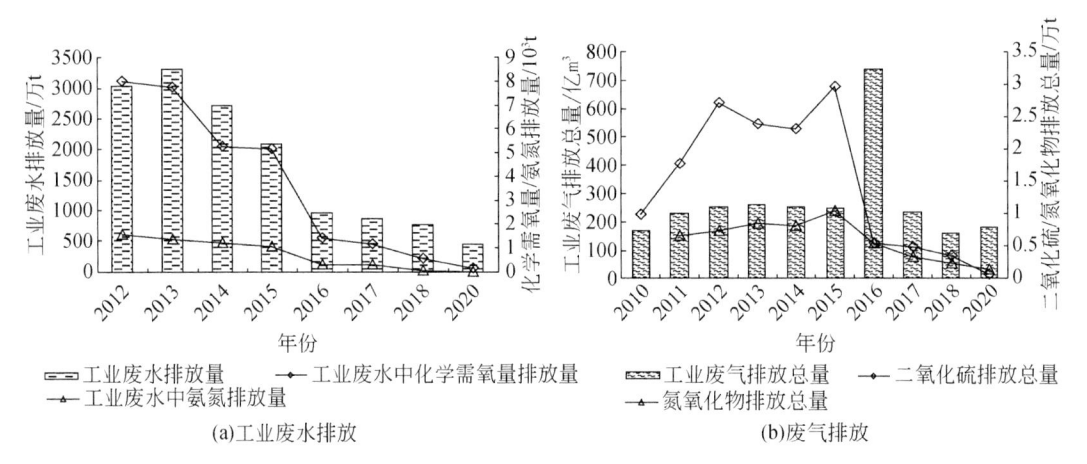

3）环境污染

永宁县污染物排放总体控制稳定，排放量均有所下降（图7-4）。2012～2020年永宁县工业废水排放量和工业废水中化学需氧量排放量、氨氮排放量呈阶梯状下降变化趋势，但据监测数据显示，永宁县水域环境化学需氧量、氨氮和总氮等指标均处于超标状态。2010～2020年永宁县工业废气排放总量先上升后下降，2016年排放量最高，达740亿 m³，二氧化硫和氮氧化物排放总量也总体保持下降的趋势，2020年全年城市空气质量优良天数279天，优良天数比例78%。2010～2020年永宁县工业固体废物生产量呈"M"形波动，总体表现为下降趋势，由2010年的47万t下降为29万t，2016年工业固体废物生产量最

(a)工业废水排放　　　　(b)废气排放

(c) 工业固体废物

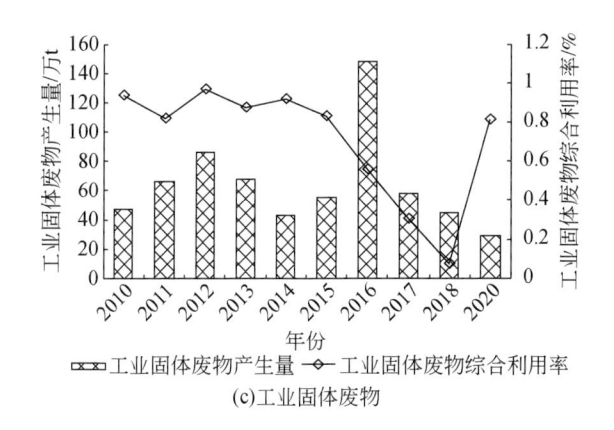

图 7-4 永宁县污染物排放情况

高，为 148 万 t；工业固体废物综合利用率呈先下降后上升的变化趋势，但总体上 2020 年的工业固体废物综合利用率较 2010 年依然呈减小趋势，虽然工业固体废物的生产量有所减小，但处理能力依然较低。

7.1.2 村镇建设情况

1. 土地利用现状

土地利用格局是区域自然环境和社会经济条件在不断变化过程中共同作用于土地利用而产生的结果[3]。2010~2018 年，随着永宁县经济发展与人口增长，区域土地利用格局发生了较为明显的变化（图 7-5）。

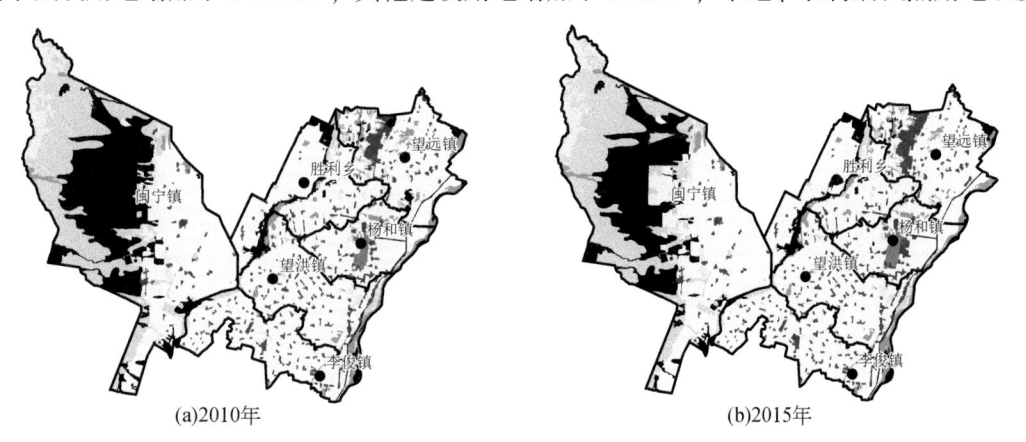

从图 7-5 可以看出，2010~2018 年永宁县土地利用变化总体特征主要表现为未利用地、耕地以及林地明显减少，其中未利用地从 14 895hm² 减少至 12 056hm²，减少了 2839hm²，耕地减少了 840hm²，林地减少了 462hm²；城镇用地、其他建设用地明显增加，其中城镇用地增加了 3492hm²，其他建设用地增加了 690hm²；草地、农村居民点用地以及

(a) 2010 年　　　　　　　　　　　　　　　(b) 2015 年

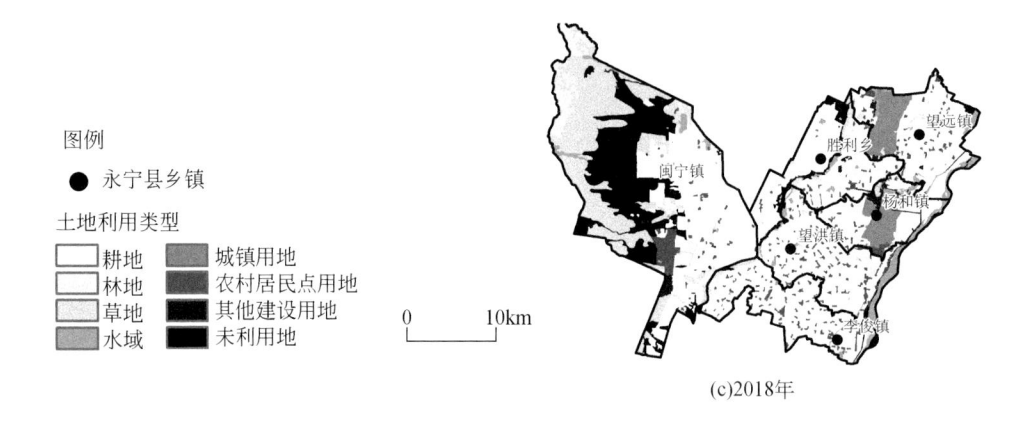

图例
● 永宁县乡镇
土地利用类型
耕地　城镇用地
林地　农村居民点用地
草地　其他建设用地
水域　未利用地

(c)2018年

图 7-5　2010~2018 年永宁县土地利用变化

水域变化幅度较小，其中草地减少了 40hm^2，农村居民点用地减少了 23hm^2，水域增加了 22hm^2。2010 年城镇用地和其他建设用地占县域总面积比例较小，仅为 1.08%，在望远镇和杨和镇有少量分布，2018 年城镇用地和其他建设用地明显扩张，占县域总面积的 5.56%，城镇用地在望远镇和杨和镇占比增加，在闽宁镇西南的福宁村也有少量增加。2010~2018 年未利用地在永宁县西部闽宁镇的分布范围缩小，主要转化为建设用地、耕地和草地，2018 年闽宁镇草地和耕地新增 1532hm^2，可见县域未利用地的整治与开垦工作初有成效，耕地面积有所增加。2018 年永年县东部的水域较 2010 年略有扩大，2018 年望洪镇新增水域面积 139hm^2，这与政府严格落实河长制、推进湖泊生态修复和保护有关。

2. 村镇人口特征

1）人口

2020 年永宁县常住人口 32.16 万人，乡村人口 11.39 万人，占比 35.42%。2010~2020 年永宁县常住人口呈增长趋势，从 21.82 万人增长到 32.16 万人，增长了 10.29 万人，年均增长率为 3.95%，2019 年以前，常住人口波动较小，保持平稳增长态势，2019~2020 年，常住人口出现大幅增长，主要表现为城镇人口的快速增加。2010~2020 年永宁县城镇人口表现为持续增长，从 7.70 万人增长到 20.77 万人，而乡村人口表现为波动减少，从 14.17 万人减少到 11.39 万人。2016 年以前乡村人口大于城镇人口，2016 年后城镇人口开始超过乡村人口，并保持持续增长态势，县域城镇化进入快速发展的新阶段[4]（图 7-6）。

2）人口密度

永宁县人口密度表现为东北高、西北低，整体由东向西递减的空间特征。其中，胜利乡的金沙渠二期开发区，望远镇的望远经济开发区、新银村、高桥村、丰盈村，杨和镇的红星村，以及闽宁镇的园艺村人口密度较高，这些区域靠近河流湖泊，土地利用类型多为建设用地，属于城镇化较高的地区。闽宁镇的贺兰山自然保护区、沿山农牧区、兰州军区部队靶场、连湖农场和武河村的人口密度较小，这些区域海拔高，自然条件较差，多为林地、草场和未利用地。

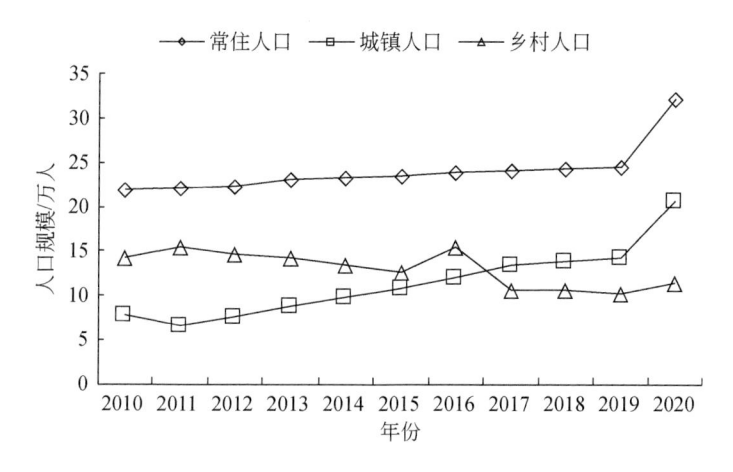

图 7-6　2010~2020 年永宁县人口变化

3) 劳动力

2010~2020 年永宁县就业人员呈现缓慢增长态势，从 12.09 万人增长到 15.63 万人。其中，城镇就业人员呈持续增长趋势，由 2.87 万人增长到 9.91 万人，而乡村就业人员呈减少趋势，由 9.22 万人减少到 5.72 万人。2020 年城镇就业人员和乡村就业人员存在较大变化，城镇就业人员数量第一次超过乡村就业人员数量，这主要得益于快速城镇化和工业化背景下，城镇地区提供了更多的就业和发展机会，吸引越来越多的人进入城镇，引起乡村就业人口数量快速下降（图 7-7）。

图 7-7　2010~2020 年永宁县劳动力变化

3. 产业发展情况

永宁县东邻黄河，西靠贺兰，山川相依，地势平坦，土壤肥沃，为发展种植业、畜牧业和其他产业提供了良好的基础。2020 年永宁县三次产业增加值占地区生产总值的比例分别为17.8%、24.1%、58.1%，可见永宁县的产业结构以第三产业为主导，第一、第二产业为支撑。

1）农业产业

农业是永宁县的主要产业之一，也是全县经济社会发展的主要动力。随着社会经济发展和科学技术的进步，永宁县农业经过综合开发和转型升级，种植业和养殖业结构不断调整和优化，逐步由传统农业向现代农业迈进。

（1）农业产值。2013~2020年永宁县农业总产值保持稳定上升态势，由24.7亿元增长到35.03亿元，年均增长率为5.12%。从细分行业来看，农业和牧业产值明显增长，渔业产值出现下降趋势，林业产值保持稳定态势。从产业结构来看，农业占农林牧渔业的比例最高，其次是牧业、渔业、林业，2013年农业产值占比为72%，牧业为20%，渔业为3.3%，林业为1.1%，2020年农业产值占比为70%，牧业为23%，渔业为1.9%，林业为0.7%，除了牧业比例在提升外，其余产业占农业总产值的比例均呈现下降趋势（图7-8）。

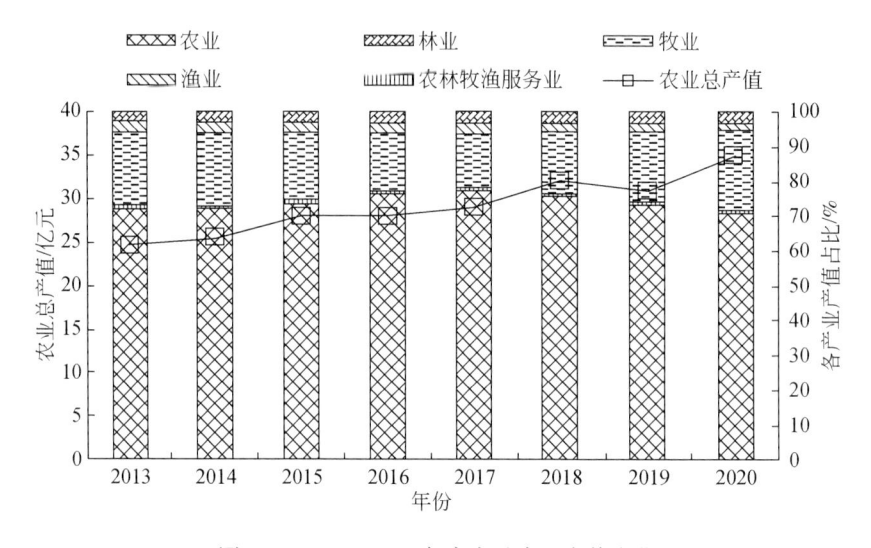

图7-8 2013~2020年永宁县农业产值变化

（2）农作物播种面积和产量。从农作物的播种面积来看，2013~2020年永宁县粮食作物以及小麦播种面积呈现减小趋势，分别减少了13.55万亩和9.8万亩，而蔬菜和园林水果的播种面积增加，分别增加了16.46万亩和14.3万亩。从农作物的产量来看，2013~2020年永宁县粮食作物、小麦和园林水果产量均出现减小趋势，分别减少了3.31万t、2.96万t和5.13万t，而蔬菜是唯一产量增加的农作物，由2013年的30.8万t增长至54.1万t，增长了23.3万t，增幅较大。粮食作物、小麦以及蔬菜播种面积和产量的变化趋势是一致的，园林水果则表现相反，播种面积增加但是产量减少，园林水果种植生产效率有待提高（图7-9）。

值得注意的是，永宁县根据"十四五"农业产业发展规划，充分发挥水土资源优势，在确保粮食安全基础上，大力发展蔬菜产业，优化优质特色蔬菜产业链条，将种植业、加工业、物流派送业、市场订单销售等"三产融合"，形成在国内具有影响力的优质蔬菜产

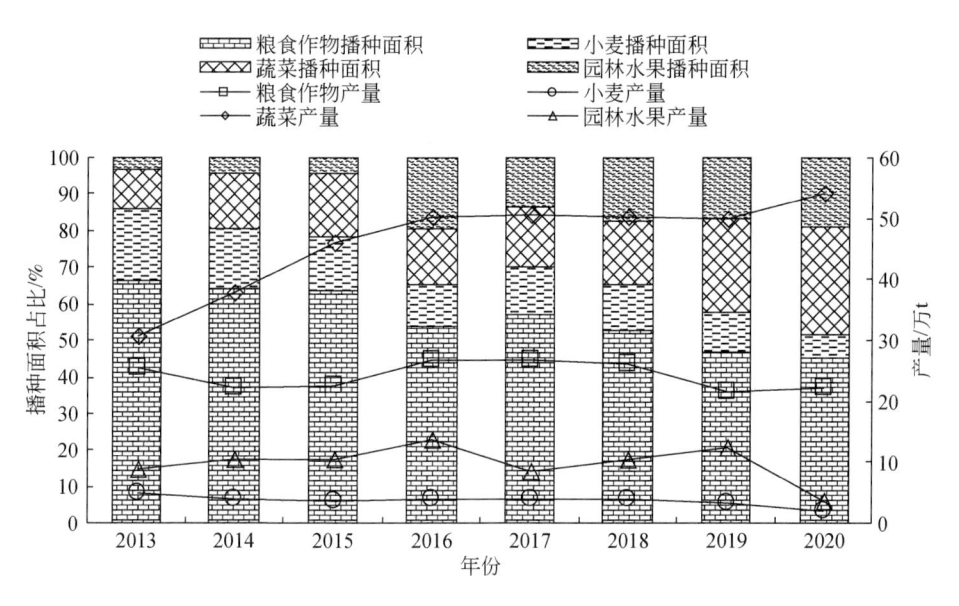

图 7-9 2013~2020 年永宁县农作物播种面积占比和产量变化

业发展格局——"供港蔬菜",这也是近年来永宁县蔬菜产量持续增加的主要原因。2020年供港蔬菜栽植面积达到 3800hm², 涉及 2 个镇(望洪镇和李俊镇)。其中, 望洪镇种植面积为 1400hm², 涉及 14 家农业企业, 供港蔬菜种植面积占望洪镇农作物种植面积的21.43%; 李俊镇供港蔬菜种植面积达到 2400hm², 涉及种植企业 20 家, 供港蔬菜种植面积占李俊镇农作物种植面积的 33.96%。在产量和产值方面, 2020 年永宁县供港蔬菜年产量 8.55 万余吨, 生产值近 6.5 亿元[5], 成为践行三产融合、促进农民增收致富的重要产业。

(3) 畜牧产品产量。2013~2020 年永宁县肉类产量的变化幅度较小, 其中牛肉增加了 0.17 万 t, 猪肉和羊肉分别减少了 0.33 万 t 和 0.01 万 t。牛奶产量变动幅度较大, 由5.8 万 t 减少到 2.7 万 t, 禽蛋产量增长缓慢, 由 0.6 万 t 增长到 1 万 t。在畜牧产品中, 牛奶产量最大, 其次是禽蛋产量、肉类产量(图 7-10)。

2) 旅游产业

永宁县主要依托乡村旅游资源、葡萄产业和自然资源来带动旅游产业的发展。永宁县拥有丰富的乡村旅游资源, 包含自然资源、文物景观资源和非物质文化遗产资源, 共有 17处自然资源和文物景观资源、26 项非物质文化遗产资源, 四星级农家乐 3 家、三星级农家乐 5 家, 现已开发的乡村旅游资源集中于农业产业化与产业庄园类和乡村休闲娱乐类, 占该类资源单体总量的 62.5%。永宁县的乡村旅游整体具有资源丰富、形式单一、知名度低的特点。另外, 永宁县湖泊湿地众多, 黄河文化特征突出, 近年来葡萄产业发展势头较好, 葡萄酒产业与文化产业融合加深, 促进了黄河金岸都市休闲观光旅游、葡萄观光休闲旅游和葡萄酒庄园特色文化旅游的发展[6]。

2013~2020 年永宁县旅游收入和游客数量均表现为先上升后下降的变化趋势

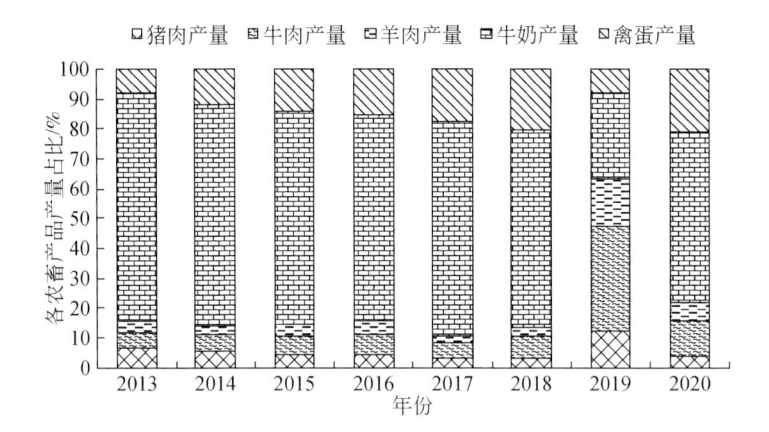

图 7-10　2013~2020 年永宁县农畜产品产量变化

（图 7-11）。其中，游客数量以 2017 年为节点，2017 年前游客数量持续增长，由 53.8 万人增长到 300.27 万人，2017 年后骤减，到 2020 年仅为 31.84 万人，较 2013 年减少了 21.96 万人。旅游收入以 2018 年为节点，2013~2018 年旅游收入稳步增长，由 2893.3 万元增长到 13 146.72 万元，2018~2020 年大幅度下降，2020 年的旅游收入比 2013 年减少了 1506.79 万元。出现这种变化的主要原因在于，永宁县的旅游知名度较低，旅游开发不足，同时受疫情影响，旅游业遭到较大冲击。

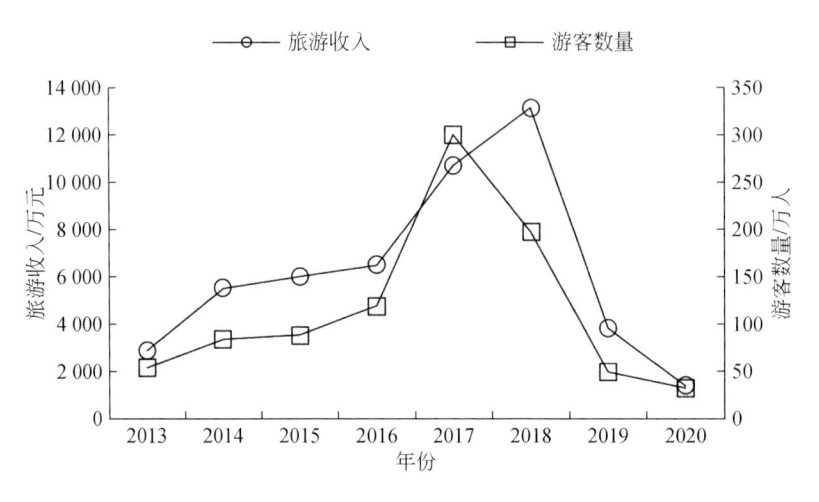

图 7-11　2013~2020 年永宁县旅游业发展情况

3）工业产业

永宁县依托靠近宁夏回族自治区首府银川市交通便利的条件，工业发展较快，建材、造纸、铸造冶炼、食品是永宁县工业四大支柱产业。随着国家对外开放和产业开发总格局由沿海向西部城市延伸以及各项优惠政策的出台，永宁县的工业得到了良好的发展机遇。2005 年以来，永宁县政府大力实施"兴工强县"战略，加快工业技术改造和节能降耗，县域工业经济呈现增长强劲、效益显著提高的良好态势,工业对县域经济增长的贡献率持续提升。

从图 7-12 可以看出,2013~2020 年永宁县工业发展的经济贡献总体呈下降趋势。工业增加值在 2013~2017 年基本保持平稳状态,2017~2020 年呈减少趋势,工业增加值由 2013 年的 36.77 亿元下降到 2020 年的 17.08 亿元,年均下降 10.38%。工业占 GDP 比例的变化特征与工业增加值相似,比例逐年下降,到 2020 年工业占 GDP 比例仅为 15.5%。规模以上工业企业数总体呈减少趋势,2016 年为峰值,高达 80 家,到 2020 年仅有 42 家[7]。

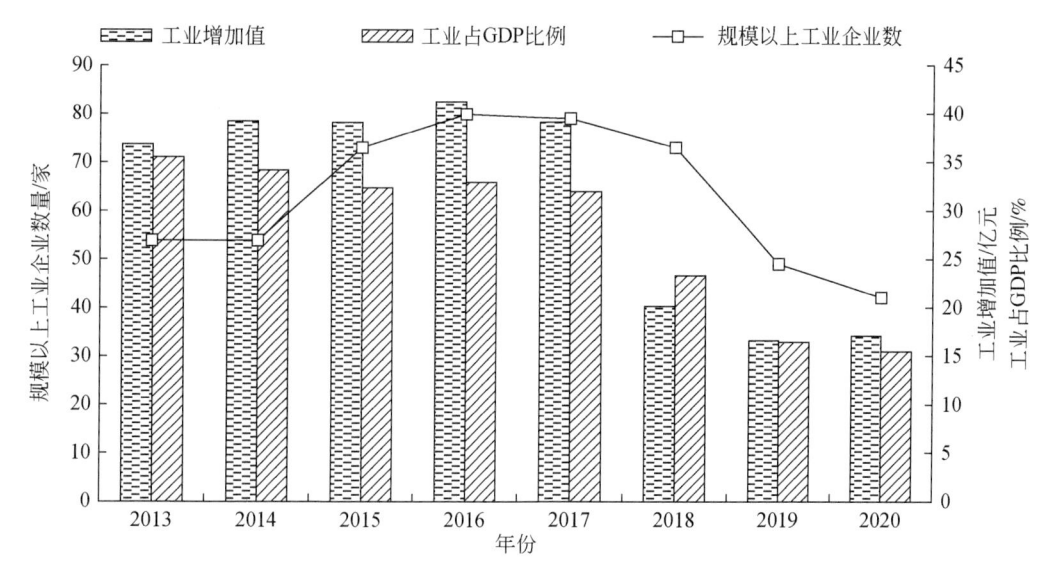

图 7-12 2013~2020 年永宁县工业发展情况

4. 配套设施概况

2010~2019 年,随着经济社会的快速发展,永宁县积极响应西部大开发的要求,县域基础设施建设取得突破性进展,人民生活水平明显提高,城市基础设施和公共服务设施不断完善,村镇建设水平显著提高。

1) 城市基础设施

(1) 永宁县。2010~2019 年,永宁县住宅面积不断扩张,各类城市基础设施不断完善(图 7-13)。近十年来,永宁县人均住宅建筑面积呈现扩张状态,2010 年人均住宅建筑面积为 20.85m²,到 2019 年达 90.24m²,年均增长 17.68%[8]。交通设施方面,道路长度增长幅度较大,2010 年为 74.8km,2019 年达到 161.1km,但是人均道路面积有所下降,由 2010 年 13.33m² 减少到 2019 年 11.67m²,说明县域人口增长速度要高于道路增长速度。生活设施方面,县域供水管道长度和集中供热面积均呈稳步增长态势。环卫设施方面,县域污水处理率提高而生活垃圾处理率却下降,县域生活垃圾处理能力仍需提升。

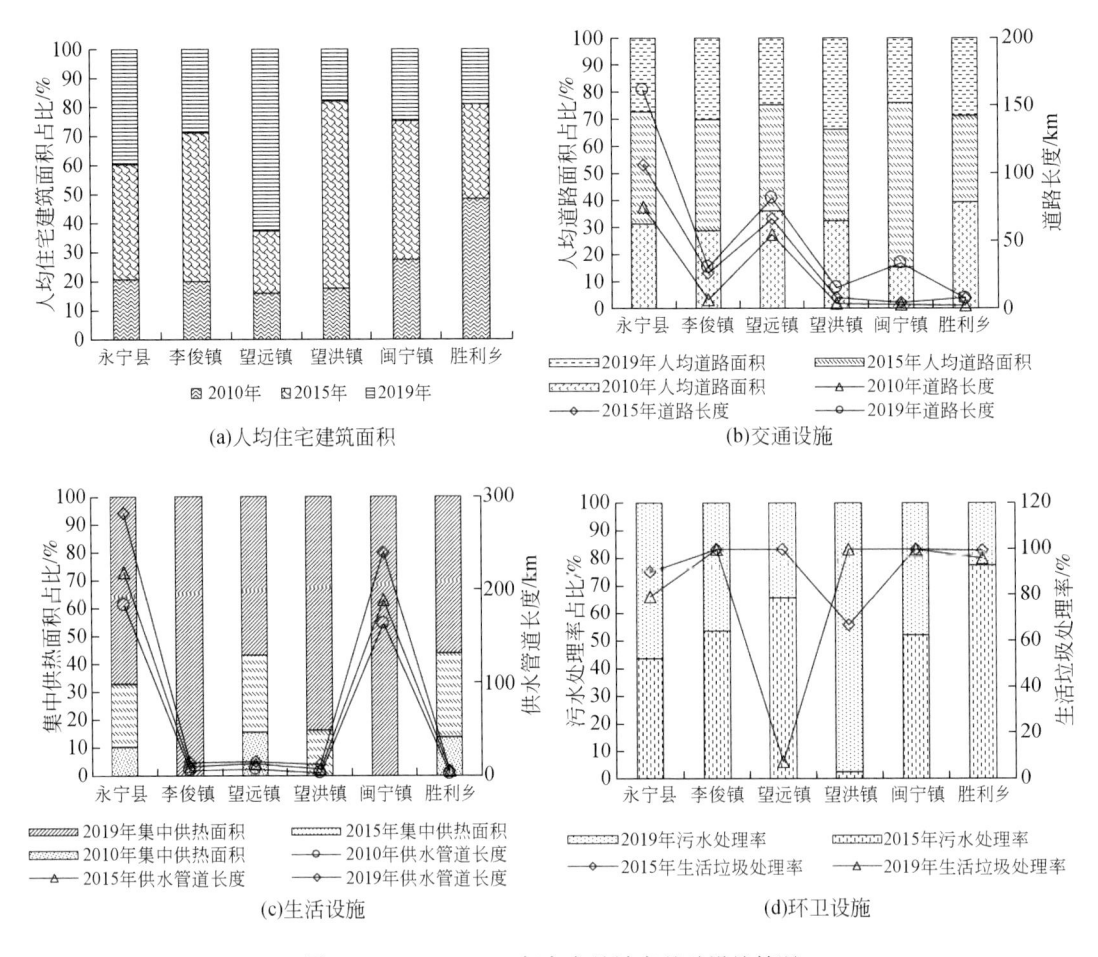

图 7-13　2010~2019 年永宁县城市基础设施情况

数据来源于宁夏村镇建设统计公报,该公报未统计杨和镇,下同

(2) 乡镇。永宁县各乡镇的人均住宅建筑面积,以及生活设施、交通设施、环卫设施建设水平差异均较大(图 7-13)。其中,望远镇的人均住宅建筑面积、交通设施、集中供热面积和闽宁镇的供水管道长度远高于其他乡镇。2019 年,望远镇人均住宅建筑面积达 79.74m²,在所有乡镇中位列第一,这与望远镇村庄、社区众多,人口密集,城镇化水平较高有关。望远镇交通设施明显高于其他乡镇,道路长度稳步增加,但人均道路面积略有下降,集中供热面积近十年呈增长趋势,由 44 万 m² 增长到 160 万 m²,该镇作为综合性村镇,城镇化带动作用强,建设用地面积不断扩张,设施水平也更加完善。闽宁镇占全县的面积最大,地域辽阔,村庄分布稀疏,故供水管道长度要远远高于其他乡镇。从环卫设施来看,望远镇、胜利乡污水和生活垃圾处理率呈下降趋势,望洪镇污水和生活垃圾处理率呈上升趋势,其余乡镇污水和生活垃圾处理率变化较小。

2) 公共服务设施

永宁县的公共服务设施均呈明显改善趋势（图7-14）。医疗设施方面，2010~2020年永宁县医院床位数和卫生机构数均呈现波动增长态势，医院床位数的增幅较大，十年间增长了205张，卫生机构数增长了52个[8]。教育设施方面，2019年永宁县制定控辍保学实施方案，并落实教育资助和免补政策，确保学生义务教育阶段的学习顺利完成，2010~2020年永宁县普通中学在校学生数、教师数均在稳定增长，普通中学数在2010~2014年有小幅度下降，在2014年后稳定在11所。农业设施方面，2013~2019年永宁县机收面积呈增长趋势，增长率达24.52%；近年来永宁县积极实施农机购置补贴项目，2019年完成补贴资金4423.57万元，补贴机具293台，共有拖拉机2976多台次、收割机347台次、耕整机1342多台次参加农业生产，促使农业生产效率明显提高。园林绿化方面，2010~2019年永宁县人均公园绿地面积和绿化覆盖率均有所增长，分乡镇来看，闽宁镇、胜利乡的绿化覆盖率有小幅下降，李俊镇、望远镇、望洪镇的绿化覆盖率呈增长趋势，闽宁镇和胜利乡的绿化工作有待加强。

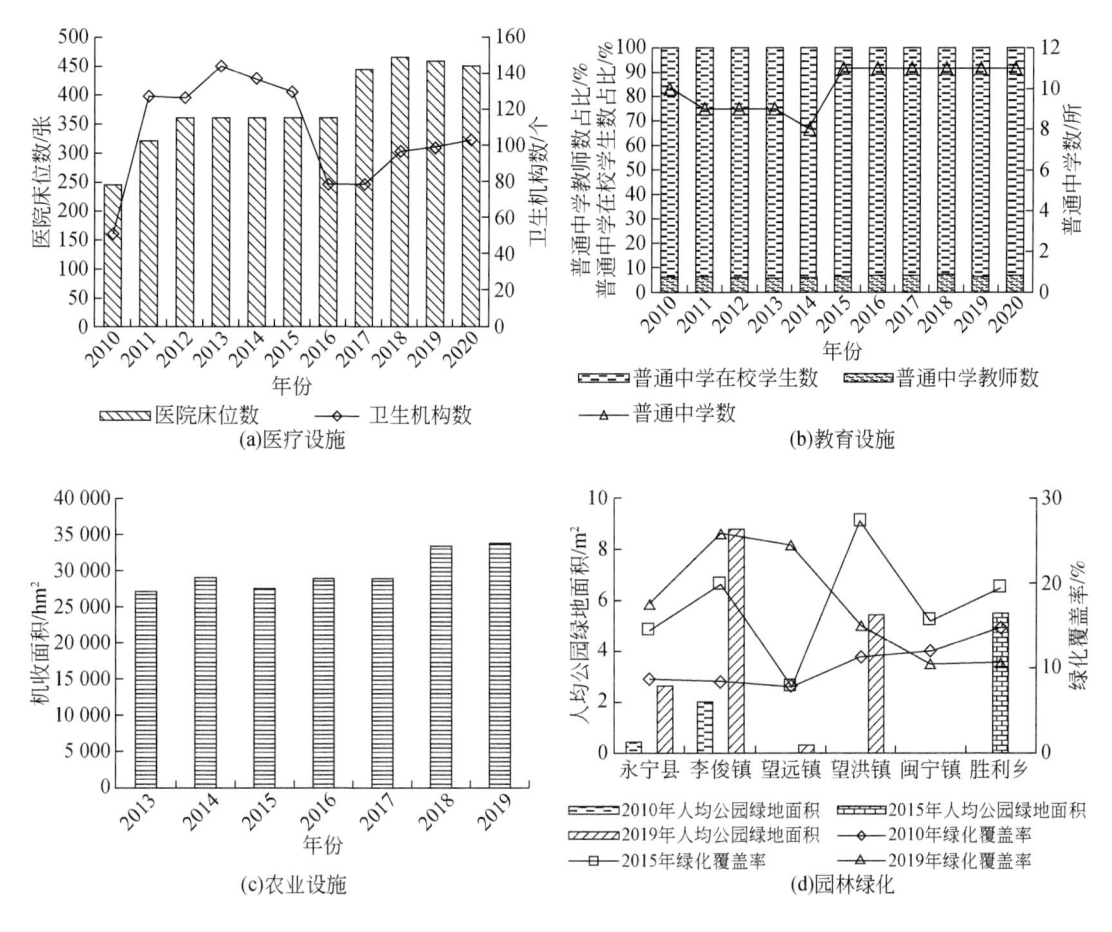

图7-14　2010~2019年永宁县公共服务设施情况

7.2 调研村镇类型与调研路线

7.2.1 调研村镇类型

1. 村镇概况

永宁县下辖 5 个镇、1 个乡、1 个街道，共 67 个行政村、26 个社区、706 个自然村，2020 年末全县常住总人口 321 618 人（表 7-2）。其中，望远镇行政村和社区最多，拥有 15 个社区、10 个行政村，闽宁镇行政村和社区最少，拥有 1 个社区、6 个行政村；望洪镇自然村数量最多（149 个），胜利乡最少（88 个），可见县域乡镇间的规模差异较大。从乡镇面积来看，面积最大的是闽宁镇（210km²），最小的是团结西路街道（12km²）。从常住人口来看，常住人口最多的是望远镇（118 671 人），最少的是胜利乡（13 550 人），县域人口分布不均衡，乡镇间的差异较大。

表 7-2 永宁县村镇情况统计表

乡镇名称	政府驻地	行政村（社区）	乡镇所辖行政村（社区）	自然村/个	区域面积/km²	2020 年常住人口/人
李俊镇	李俊村	15 个行政村	西部村、宁化村、李庄村、李俊村、古光村、金塔村、魏团村、团结村、王团村、友爱村、侯寨村、许桥村、丰登村、东方村、雷台村	142	98.2	17 400
闽宁镇	闽宁镇福宁路	1 个社区	福宁社区	90	210	47 526
		6 个行政村	福宁村、木兰村、武河村、园艺村、玉海村、原隆村			
杨和镇	永宁县县城迎宾大街	10 个行政村	王太村、红星村、惠丰村、杨和村、永红村、观桥村、纳家户村、东全村、南北全村、旺全村	107	63	30 750
望洪镇	望洪镇望洪街	16 个行政村	望洪村、南方村、农丰村、农声村、西玉村、增岗村、前渠村、北渠村、宋澄村、史庄村、金星村、靖益村、高渠村、新华村、东和村、西和村	149	105	15 907
望远镇	望远大道与中心街之间健康巷	15 个社区	望远社区、西位社区、银子湖社区、富原社区、蔚湖城社区、唐湾社区、红旗社区、立业春城社区、兰花花社区、逸兰汐社区、蓝山社区、新银社区、丰盈社区、三里屯社区、三沙源社区	130	122.85	118 671
		10 个行政村	望远村、政台村、永清村、长湖村、政权村、东位村、立强村、上河村、通桥村、板桥村			

续表

乡镇名称	政府驻地	行政村（社区）	乡镇所辖行政村（社区）	自然村/个	区域面积/km²	2020年常住人口/人
胜利乡	杨显桥	9个行政村	胜利村、许旺村、八渠村、陆坊村、杨显村、五渠村、先锋村、烽火村、园林村	88	105.01	13 550
		1个村级单位	杨显安置区			
团结西路街道	团结西路4号团结社区	10个社区	阳光社区、宁和社区、建设社区、胜利社区、利民社区、东环社区、团结社区、南环社区、祥和社区、永和社区	12		69 008

资料来源：《永宁年鉴（2020）》《2021年城乡建设统计年鉴》《永宁县第七次全国人口普查公报》

2. 村镇类型

永宁县是农业大县，在保障粮食生产安全的基础上，大力发展优势特色作物的生产，特别是实现了露地蔬菜、中药材、枸杞、酿酒葡萄等的规模种植和生产，取得了显著的经济效益和社会效益。《永宁县乡村振兴总体规划（2018–2035）》指出，要将永宁县培育成国家现代农业产业园，发展以优质粮食产业为基础，以畜牧养殖和瓜菜产业为重点，以葡萄产业、休闲农业为特色的现代农业产业体系，构建由一个城市中心（杨和综合发展区）、一个副中心（望远综合发展区）、四个产业聚集区（特色产业示范乡镇——闽宁镇、李俊镇、望洪镇、胜利乡）以及 N 个特色产业示范村组成的四级发展格局。这为永宁县村镇建设与发展指明了方向。

根据《永宁县乡村振兴总体规划（2018–2035）》，可将永宁县村镇类型划分为综合发展型、种养结合型、葡萄种植型、蔬菜种植型和城郊融合型5类（表7-3）。其中，杨和镇和望远镇作为城市中心和副中心，基础设施水平和城镇化水平较高，随着产业联动、物流发展、交通建设的加强，带动了商贸服务、旅游服务和现代农业等多个产业的发展，进一步推动工业化、城市化和农业产业化进程，故将其划为综合发展型村镇；李俊镇农业灌溉条件优越，是优质粮食生产基地，草畜产业与种植业融合发展，故将其划分为种养结合型村镇；闽宁镇葡萄种植面积大、产值高，葡萄酒产业成为永宁县重要的支柱产业之一，故将其划分为葡萄种植型村镇；望洪镇的"供港蔬菜"等蔬菜种植产业地位突出，在保证内供的同时供外销售，故将其划分为蔬菜种植型村镇；胜利乡优质粮食产业以及鲜果蔬菜产业发展良好，农业休闲旅游得以推进，打造了特色小镇、田园综合体、产业庄园等，城郊差距减小，故将其划分为城郊融合型村镇。

表7-3 永宁县各村镇类型划分

乡镇名称	产业类型	村镇类型
李俊镇	优质粮食产业、蔬菜产业、设施园艺产业、草畜产业	种养结合型
闽宁镇	葡萄产业、畜牧养殖产业、文化旅游业、光伏产业	葡萄种植型

续表

乡镇名称	产业类型	村镇类型
杨和镇	蔬菜产业、休闲农业产业、文化旅游产业	综合发展型
望洪镇	优质粮食产业、蔬菜产业、设施园艺产业	蔬菜种植型
望远镇	蔬菜产业、设施园艺产业、生物制药、电气制造、保健食品、农副产品加工、建材、化工、物流产业	综合发展型
胜利乡	优质粮食产业、休闲农业产业、经果林产业、园艺蔬菜产业、娱乐旅游产业	城郊融合型

资料来源：《永宁年鉴（2020）》《2019年宁夏城市、县城和村镇建设统计年报》

3. 调研村镇

基于永宁县村镇资源环境基础（地形地貌、海拔、气温、降水、植被）、村镇建设与发展现状（村镇分布、土地利用、夜间灯光指数、人口密度、人均GDP），选择闽宁镇的原隆村、武河村、园艺村，李俊镇的金塔村、李庄村、王团村，胜利乡的园林村、胜利村、先锋村，望洪镇的农丰村共计4镇10个行政村作为重点调研村镇（表7-4）。四个特色产业示范乡镇均在此次调研范围内，10个调研村囊括了优质粮食产业、设施园艺产业、葡萄产业、休闲农业产业和畜牧养殖产业五大特色产业，调研村镇类型丰富，产业发展特色突出，满足兼顾不同类型村镇的要求。

表7-4 永宁县调研村镇类型及其主导产业

乡镇名称	村镇类型	调研村名称	主导产业
闽宁镇	葡萄种植型	原隆村	光伏农业大棚特色产业、葡萄产业、毛驴养殖
		武河村	精品酿酒葡萄产业
		园艺村	优质饲草种植
李俊镇	种养结合型	金塔村	高标准露地蔬菜种植示范基地、葡萄种植
		李庄村	有机水稻示范基地、葡萄种植
		王团村	设施园艺、乡村旅游
胜利乡	城郊融合型	园林村	乡村旅游
		胜利村	粮食生产、瓜果蔬菜、设施农业示范园区
		先锋村	露地瓜菜、枸杞鲜果种植、粮食种植
望洪镇	蔬菜种植型	农丰村	设施园艺、高效农业种植

7.2.2 调研（技术）路线

根据永宁县调研村镇空间分布情况（图7-15），调研乡镇占全县乡镇总数的57%，主要分布在县域中部和西部地区；调研村庄占永宁县行政村的15%，最东到达胜利村，最南到达武河村，最西到达原隆村，基本覆盖永宁县全域。有的村庄邻近河流，农业灌溉条件优越，排灌通畅；有的村庄位于交通主干线，交通条件便利；有的村庄靠近贺兰山东麓，土壤肥沃，依托葡萄产业带动发展。总体而言调研村庄分布均衡，类型多样，选取较为合理。

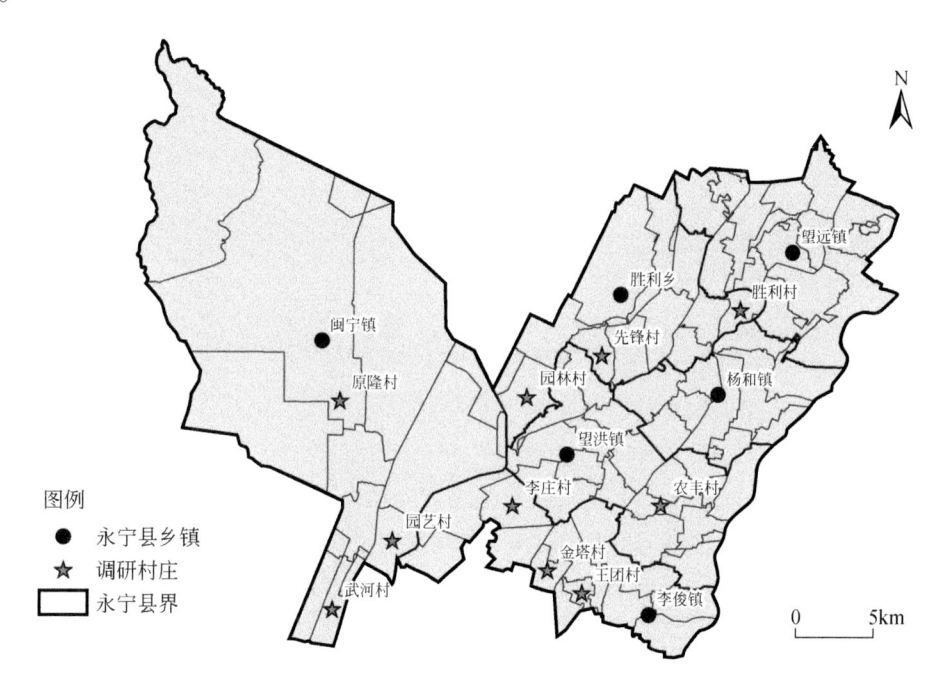

图 7-15 永宁县调研村镇空间分布

课题组于 2020 年 11 月 11～14 日对宁夏回族自治区银川市永宁县村镇建设与资源环境现状进行实地考察和调查。根据永宁县村镇建设与资源环境实际，选择闽宁镇的原隆村、武河村、园艺村，李俊镇的金塔村、李庄村、王团村，胜利乡的园林村、胜利村、先锋村，望洪镇的农丰村共计 4 镇 10 个行政村作为重点调研村镇。采用问卷调查为主、半结构化访谈和深入访谈为辅的调查方法，通过与县住房和城乡建设局、发展和改革局和统计局等相关职能部门负责人沟通，了解县域村镇建设与发展及其资源环境基础总体情况，收集县域村镇建设与资源环境状况统计资料，调研组获取了 1990～2019 年永宁县土地利用变化数据、2010～2019 年社会经济数据与村镇建设基础资料等。主要包括：①2010～2019 年永宁县统计数据，包括海拔、耕地面积、总户数、总人口数量、乡村人口数量、非农人口数量、人口自然增长率、社会从业人员、地区生产总值、三次产业产值、规模以上工业总产值、地方财政收入、全社会固定资产投资总额、城乡居民收入、农民人均纯收入、城乡居民消费、城乡基础设施建设、城乡社会保障、教育、医疗卫生等；②1990 年、1995 年、2000 年、2005 年、2010 年、2015 年、2018 年县域尺度土地利用变化数据，涉及耕地、园地、林地、草地、城镇村及工矿用地、交通运输用地、水域及水利设施用地、其他用地等；③永宁县人居环境的自然条件数据，包括平均海拔、地形起伏度、年均气温、年均降水量、植被覆盖率和人均公园绿地面积等；④村庄部分调研问卷 10 份，包括村庄的基本信息、经营产业、用地状况、用水状况、基础设施、教育医疗、建设管理等；

⑤农户部分调研问卷 20 份,包括农户的基本信息、主要收入来源、家庭年收入、生活用水情况、化肥使用情况、生活垃圾处理情况等。

7.3 胜 利 乡

7.3.1 村镇建设概况

胜利乡地处银川市南端、永宁县城西北部,南邻杨和镇北全村,北连望远镇西位社区,东接望远镇永清村,西靠银川市金凤区。胜利乡距县城 8km,辖区总面积 105.01km²,距银川市中心城区约 14km,京藏高速、109 国道、观平路、李银公路纵横贯穿全乡,属于城郊融合型村镇。该镇海拔在 1010～1150m,地面坡度为 2% 左右。全乡包括胜利村、许旺村、八渠村、陆坊村、杨显村、五渠村、先锋村、烽火村、园林村 9 个行政村。2017 年全乡共有 9634 户,人口 30 300 人。胜利乡耕地面积为 6630.71hm²,林地面积为 316.82hm²,建设用地面积为 1146.61hm²,其中耕地面积占比为 62.32%,建设用地面积占比为 10.78%,农业总产值为 4.9 亿元,同比增长 7%,人均可支配收入为 11 722 元,同比增长 8.3%。"十三五"以来,全乡大力发展经济效益高的优势特色产业,形成了设施园艺、经果林、优质粮食和露地瓜菜四大支柱产业。但大部分产业发展层次较低、规模小,效益不明显,与周边的工业园区的产业联系不紧密;生态环境有待改善,居民点道路存在破损现象,排水等基础设施不完善,城乡融合程度不高,农民增收创收渠道较少。

其中,先锋村拥有丰富的历史文化和民俗文化,周边有中华回乡文化园、鹤泉湖等景点景区以及永宁红提葡萄、民间刺绣等特产。先锋村是一个以传统农业为主的村,经调整产业结构,当前耕地面积 4980 亩,露地蔬菜生产基地 500 亩。从建设格局与风貌看,该村住宅以裸露红砖墙、外侧粉刷黄白色涂料及贴瓷墙面建筑、平顶为主。

胜利村是原胜利乡打造的小康村,地势平坦,海拔 1110.0m,位于大观桥以北,望远镇以南,东临汉延渠,南临观平路至永宁黄河大桥,国道 109、京藏高速、胜通路、东位路贯穿全村,交通便利,距永宁县城 7km,全村有 8 个生产队,产业以种植业为主,住宅集中,以砖木结构为主,外墙粉刷黄白色涂料及贴瓷,街巷路面较宽,老旧住宅少。

园林村耕地面积 8999 亩,村集体经济收入 1.9 万元,农民人均可支配收入 11 800 元。产业以经果林为主导,观光休闲采摘旅游产业发展较快,村组分布相对集中,住宅以裸露红砖墙、外侧粉刷黄白色涂料及贴瓷墙面建筑、平顶为主。

7.3.2 村镇人口概况

1. 胜利乡人口概况

2015 年胜利乡乡域户籍 6205 户,乡域户籍人口 28 000 人;2019 年胜利乡乡域户籍 6992 户,乡域户籍人口 19 600 人,乡域常住人口 17 100 人;全乡村庄户籍 4006 户,村庄户籍人口13 600人，村庄常住人口13 100人（表7-5）。从胜利乡乡域数据看，近年来乡域户籍户数有所增加，但户籍人口处于下降趋势。

表7-5　2019年胜利乡村镇人口

村名称	户籍户数/户	户籍人口/人	常住人口/人
胜利乡乡域	6 992	19 600	17 100
胜利乡村庄	4 006	13 600	13 100
先锋村	821	—	2 265
胜利村	901	—	1 332
园林村	573	—	2 886

2. 典型村庄人口概况

调研村数据显示，先锋村村庄户籍户数821户，村庄常住人口2265人，其中60岁及以上的老人和16岁以下的未成年分别为276人和219人，抚养比达49.5%；胜利村村庄户籍户数901户，村庄常住人口1332人，60岁及以上的老人和16岁以下的未成年人分别为384人和457人；园林村村庄户籍户数为573户，村庄常住人口2886人，其中60岁及以上的老人和16岁以下的未成年人分别为64人和200人。总体上看，园林村的常住人口最多，其次是先锋村，胜利村的常住人口最少。

7.3.3　村镇经济发展

1. 胜利乡经济发展概况

2017年胜利乡人均可支配收入11 722元，其中陆坊村人均可支配收入达最高为13 000元，其次是许旺村12 500元，最少的烽火村仅10 110元。在产业发展方面，胜利乡已经形成四大支柱产业，其中设施园艺产业的核心区在胜利村、许旺村和八渠村，园林村和烽火村已有7000亩经果林基地，露地瓜菜主要分布在金沙村和先锋村，粮食生产区园区主要分布在五渠村、先锋村、八渠村和杨显村。同时，胜利乡也实施了"桃花节""大光桥休闲观光采摘园""休闲旅游度假村"等特色旅游项目，促进了当地经济增长。在劳务产业方面，重点建设了胜利小镇和陆坊镇，打造了"永宁月嫂""永宁护工""永宁保洁""永宁保安"等劳务品牌。

2. 典型村庄经济发展概况

2017年先锋村人均可支配收入12 000元，2019年为13 600元，村集体经济总收入高达40万元，该村的主要经营产业是种植业，73.08%的农户从事种植业生产，粮食单产量高达1800斤/亩，有6户经营养殖业，牛存栏量为150头；2017年胜利村人均可支配收入

11 700元，2019年为13 000元，村集体经济总收入为20万元，主要经营产业以观光农业、现代农业和劳务输出产业为主，粮食亩产量为1100斤；2017年园林村人均可支配收入11 800元，2019年为13 400元，村集体经济总收入仅为9万元，主要经营产业有水泥厂，以及胡萝卜、玉米和果蔬种植，养殖户有20户，牛存栏量600头（表7-6）。可以看出，调研村各村的村集体经济发展迅速，经济收入快速增加，有效支撑了村镇建设与发展。

表7-6 调研村经济发展情况

村名称	人均可支配收入/元	主要经营产业
胜利乡	11 722	种植业、旅游业、劳务产业等
先锋村	12 000	种植业
胜利村	11 700	观光农业、现代农业、劳务输出
园林村	11 800	水泥厂、露地瓜菜

7.3.4 村镇发展的水土资源条件

1. 胜利乡水土资源概况

胜利乡位于永宁县中北部，从地形条件看，属于黄河冲积平原地貌，海拔在1010~1150m，地形和缓，土层较厚。从地质条件看，该乡距贺兰山较远，受地质活动影响较小，乡境内地层发育具有沉积厚度较大、地层普遍轻度变质的特征。从土壤条件看，该乡土壤含沙量大、土壤有机质少。从水文条件看，地下水位埋深浅，埋深0.5~5.0m，可以用于农业灌溉。乡域水系发达，河流、水渠、水塘密布。季节性水流引水灌渠主要包括汉延渠、惠农渠和西部水系等，分别从南至北流经乡境，排灌通畅。

2. 典型村庄水土资源概况

先锋村属于黄河冲积平原地貌，近年来村庄地下水位稳定，村庄主要用水包括农业用水、生活用水和牲畜饮水，建设用地面积600亩，总耕地面积为4980亩，林地面积为480亩，土地利用结构相对稳定。

胜利村属于黄河冲积平原地貌，近年来村庄地下水位出现上升趋势，建设用地面积362亩，总耕地面积为3000亩，耕地利用面积相对稳定。

园林村属于黄河冲积平原地貌，近年来村庄地下水位出现下降趋势，建设用地面积660亩，总耕地面积为8999亩，林地面积为3500亩。总体来看，园林村的耕地面积最大，其次是先锋村，胜利村耕地面积最少（表7-7）。

表 7-7　调研村水土利用状况　　　　　　　　　　　　（单位：亩）

调研村	地貌	地下水位变化	总耕地面积	林地面积
先锋村	平原	稳定	4980	480
胜利村	平原	上升	3000	—
园林村	平原	下降	8999	3500

7.3.5　村镇人居环境概况

1. 胜利乡人居环境概况

2019 年胜利乡供水普及率为 91.62%，生活污水处理率为 29.35%，燃气普及率为 100%。乡镇辖区年生活垃圾清运量为 3915t，生活垃圾处理率为 95.92%，供水普及率为 61.09%，燃气普及率为 66.68%。生活垃圾中转站 2 座，环卫专用车辆 8 辆，公共厕所 7 座。胜利乡村庄使用卫生厕所 1205 户，生活垃圾无害化处理率 88.89%，基本实现了村庄内外干净卫生、杂物堆放整齐。调研中有村民这样说："从来没有想过自己能用水冲式厕所，这个改厕让农村人也能用上水冲式厕所，真是没想到，既方便又卫生，这真是一个好政策，感谢党感谢政府。"可见，农民对卫生厕所改造非常满意。

2. 典型村庄人居环境概况

先锋村生活污水未得到集中处理，改水改厕 496 户，垃圾主要运输到乡镇集中处理，生活垃圾无中转站，无环卫专用车辆。村内路面以水泥路面为主，设有公交车可抵达镇；胜利村生活污水未得到集中处理，改水改厕 49 户，厕所粪污直接回田，垃圾主要运输到乡镇集中处理，无专用环卫车辆，村内路面以水泥路面为主，还未开通公交车，全村有公共照明，方便村民夜晚出行；园林村有村卫生室 1 个，生活污水未得到集中处理，改水改厕 68 户，垃圾主要运输到乡镇集中处理，无环卫专用车辆，村内路面以沙石铺设为主，有公交车抵达县城，为居民出行提供了便利。

从入户调查结果看，当前农户均不存在饮水困难，家庭生活用水主要是自来水，家庭年平均使用量为 147m^3，部分农户生活垃圾和家庭废水集中收集处理，也有农户的生活垃圾在村外倾倒，其中家庭平均一年使用洗洁精的量大于 4kg，洗衣粉平均每月约 2kg，水冲式卫生厕所未完全覆盖，居民出村主要去胜利乡镇，主要交通工具为电动车或摩托车出行。

7.3.6　村镇医疗教育概况

1. 胜利乡医疗教育概况

近年来，胜利乡各村的医疗和教育条件均得到显著改善。在医疗条件方面，胜利乡有

1所乡镇卫生院,全镇医疗人员、药品等较齐全,医疗条件也较好,医疗服务水平也有所提升,居民农村合作医疗参保率达100%,乡村医生的报酬执行率到位。居民的小病如感冒、腹泻、轻微炎症等可以在村里得到很好的治疗,农村医保也发挥了关键作用,为村民解决了看病难看病贵的问题。在教育方面,胜利乡有中学、小学、幼儿园,其中中学有走读和寄宿两类学生,近年来学校师资力量改善明显,教学硬件设施不断完善,真正地落实了"两免一补"政策,为乡村教育事业发展提供了保障。

2. 典型村庄医疗教育概况

先锋村有村卫生室1个,医生2名,近年来农村医疗保险参保率100%,与以前相比,农民看病难看病贵的问题有了很大的改善,医疗费用有所减少,普通的、常见的小病在村里可以得到治疗。

胜利村有村卫生室1个,医生1名,每千人拥有乡村医生数为0.77人,一定程度上解决了村民看病问题,村民普遍对健康比较重视,享受到了相关医疗政策带来的益处。

园林村有村卫生室1个,农村医疗参保率达100%,每千人拥有乡村医生数为0.69人,村民就医相对方便。全村的教育事业不断发展,有村级幼儿园1所,解决了儿童的学前教育问题。

7.4 李 俊 镇

7.4.1 村镇建设概况

李俊镇地处永宁县西南端,东靠黄河,南接青铜峡市邵岗镇,西邻玉泉营农场。该镇距永宁县政府驻地20km,总面积98.2km^2,包括1个社区、15个行政村、142个自然村。该镇有永宁县的"鱼米之乡"的美誉。截至2019年,李俊镇建筑面积是32.3km^2;有9个工业企业;营业面积超过50m^{2}的综合商店或超市有15个。15个合作社培育出了"金塔韭菜"、"侯寨村露地水果"、"东方村特色小番茄"、"魏团村精品苹果"、"奶牛养殖基地"和"养殖场"等特色产业。李俊镇通过政策、技术等进行产业扶贫,促进了特色农业产业的快速发展,乡镇村集体经济不断壮大,形成了种养结合小镇。同时,全镇也在积极开展生态环境综合治理,从村镇道路、交通、河流沿线等多个方面,推进村容村貌综合整治,全镇美丽乡村建设成效明显。

其中,金塔村是李俊镇的沿街村,辖6个村民小组,全村回族人口占总人口的48%,牛羊养殖业是金塔村的龙头企业,其中奶牛肉牛养殖户占全村总户数的60%。另外,金塔村种植业如韭菜、香芹等的规模较大,是农民增收致富的重要产业。另外,就近务工也是当地村民获得收入的重要途径。调研中有农户说:"近年来的土地流转,让土地'盘活'了,当地村民致富的路子也多了,村民可以选离家近的地点打工,不但收入稳定,中午还管一顿饭,还能经常回家"。

7.4.2 村镇人口概况

1. 李俊镇人口概况

2015年李俊镇镇域户籍户数为10 931户,户籍人口37 100人;2019年镇域户籍户数为8542户,户籍人口35 500人,镇域常住人口24 457人,可以看出镇域户籍户数和户籍人口均存在波动下降趋势;村庄户籍户数727户,村庄户籍人口2900人,村庄常住人口1900人,其中回族人口占30%(表7-8)。镇域内回族村落人口居住集中,主要以清真寺为中心呈集聚分布格局。

表7-8 2015~2019年李俊镇村镇人口变化

指标	2015年	2016年	2017年	2018年	2019年
镇域户籍/户	10 931	8 380	10 198	9 453	8 542
镇域户籍人口/人	37 100	32 600	36 455	35 700	35 500
村庄户籍/户	7 591	740	742	722	727
村庄户籍人口/人	26 000	13 600	2 800	2 900	2 900

资料来源:宁夏回族自治区住房和城乡建设厅计划财务处编.《城市、县城和村镇建设统计年报(2015—2020年)》

2. 典型村庄人口概况

金塔村村庄户籍户数653户。李庄村村庄户籍户数828户,村庄常住人口为1952人,常年在外地居住的人口990人,其中60岁以上的老人和16岁以下的未成年人有1424人。王团村村庄户籍户数683户,村庄常住人口为1926人,常年在外地居住的人口400人,其中60岁以上老人303人,青壮年980人。总体上看,各村户籍人口较均衡,常年外地居住人口较多,主要原因是外出务工的收入较高,就业机会多。

7.4.3 村镇经济发展

1. 李俊镇经济发展概况

李俊镇是永宁县农业大镇,辖区有22家蔬菜企业,每年大约吸引6500名务工人员。2019年全镇15个村全面开展了集体产权制度改革,已成立了14个股份经济合作社,1个经济合作社。露地瓜菜种植面积近5000亩,参与农户近400人,带动就业500人,产值近2000万元,樱桃番茄合作社的社员收入增加近50%,带动周围就业1000余人,形成集生产、包装、销售于一体的订单式、专业化营销种植模式,这种模式既促进了农户收入的增加,也使李俊镇的产业走向了绿色化、高端化、品牌化,推动了集体经济的发展壮大。2020年李俊镇供港蔬菜种植面积为2400hm²,涉及种植企业20家,供港蔬菜种植面积占李俊镇农作物种植面积的 33.96%，李俊镇人均可支配收入达 14 605 元。此外，该镇部分村民经营自己的小生意，也有农户外出务工。调研中有农户说，"外出务工的收入足够补贴家用，还可以存点积蓄，以便急用，总之我们生活水平越来越好了，客货两用的小汽车在村里较常见，村民的生活越来越富裕"。

2. 典型村庄经济发展概况

金塔村香芹每亩收入 2.5 万元，带动当地 70 余农户就业增收。该村村集体经济发展较好，主要经营种植农业，种植户有 280 户，粮食亩产量有 3000 斤，村集体总收入 25 万元，农民人均可支配收入 13 727 元，农民的生活质量明显改善；李庄村主要经营种植业，种植户有 200 户，养殖户有 20 户，粮食亩产量有 1800 斤，村集体总收入 19 万元；王团村主要经营养殖业和农产品加工业、棉被制造、种植业，粮食亩产量为 1100 斤，药材亩产量为 1100 斤，是村庄农户的重要收入来源，该村集体总收入 23 万元，农民人均可支配收入 13 000 元。

调研中发现农户对当前的生产生活较为满意，有农户这样说："这'普罗旺斯'口感好，今大商贩说要 800 斤，一斤 4 块 2，价格虽有便宜，但降幅不大，这趟能有 3000 多元的收入"，从他的话语中可以听出来农民对现在生活比较满意，据了解这家农户有两个大棚种植"普罗旺斯"，年收入可达 7 万元。

7.4.4 村镇发展的水土资源条件

1. 李俊镇水土资源概况

李俊镇地处黄河西岸冲积平原区，地势平坦且南高北低，沟渠发达，多湖沼湿地。该镇属于中温带大陆性气候，年平均气温 8.8℃，年平均降水量 167mm，主要集中在 7~9 月。该镇土壤多属耕作历史悠久的农生土壤，种地主要靠黄河水灌溉，境内水道主要有惠农渠、汉延渠、唐坝渠和西干渠，相对充足的灌溉水资源为小麦、水稻和瓜果蔬菜等农产品的生产提供了保障。近年来，由于浅层地下水的开采量较大，地下水位逐年下降。

2. 典型村庄水土资源概况

金塔村地形地貌属平原区，村庄耕地面积 2920 亩，村庄地下水位出现下降趋势，村庄生活用水主要是自来水；李庄村地形地貌平坦，近年来耕地面积较稳定，村庄耕地面积 9549 亩，村庄林地面积 800 亩，村庄建设用地面积 200 亩，村庄地下水位下降明显，村庄居民生活用水来源于自来水；王团村地形地貌属于平原区，近年来耕地面积未出现明显减少趋势，村庄耕地面积 3258 亩，村庄建设用地面积 224 亩，村庄地下水位出现下降趋势，自来水是该村庄主要的生活用水来源。

7.4.5 村镇人居环境概况

1. 李俊镇人居环境概况

近年来，李俊镇各村结合村镇实际情况对辖区人居环境进行了整治和提升，最为显著的是卫生厕所建设取得明显成效，人居环境有所提升。2019年李俊镇域供水普及率达100%，燃气普及率为100%，生活垃圾处理率为28.55%，集中供水100%，无生活垃圾中转站，环卫专用车辆9辆，公用厕所4座；所有村庄供水普及率为46.59%，燃气普及率100%，使用卫生厕所480户。此外，村庄墙面美化工程稳步推进。

2. 典型村庄人居环境概况

金塔村距镇政府距离小于3km，距县城最短时间小于15分钟，进村道路主要是柏油路，公共交通可通往镇，全村有公共照明，生活污水得到集中处理，改水改厕农户比例达到100%，厕所粪污也得到了集中处理。

李庄村距镇政府距离小于3km，距县城最短时间小于15分钟，进村道路主要是水泥路，公共交通可通往镇，全村有公共照明，改水改厕农户比例达到100%，厕所粪污由村里集中处理。

王团村距离镇政府的距离大于10km，距县城最短时间15分钟，进村道路的路面主要是水泥路，公共交通可通往县城，主要道路有公共照明，生活污水得到集中处理，改水改厕农户尚未完全覆盖，厕所粪污集中处理。

入户调研发现，农户家庭年用水量在178.5m^3以上，农户的生活垃圾和家庭废水均集中收集处理，其中家庭生活废水主要含有洗衣粉、肥皂和洗洁精等，水冲式厕所覆盖率达100%，农户出村主要使用电动车、摩托车或者公交车。

7.4.6 村镇医疗教育概况

1. 李俊镇医疗教育概况

2021年李俊镇开通城乡居民电子医保凭证人数18 300余人，对符合大病救助政策居民给予100%救助，为建档立卡户开通"一站式"即时结报便利。定期邀请专家来镇开展义诊咨询活动，通过"全民营养粥"等活动，宣传健康生活新理念，从源头解决群众健康需求问题，减少因病致贫、因病返贫现象发生。

目前，李俊镇群众养老保险缴费率达到80%，政府为老年人规划老年活动设施，安排工作人员下乡为60岁以上的老人开展上门服务等便民惠民活动。农村中小学远程教育覆盖率达到100%，学生可以享受到与城市一样的教育资源，促进了公共教育资源的优化配置。

2. 典型村庄医疗教育概况

金塔村有1所小学，小学生280人，师生比为14，幼儿园1所，幼儿园学生200人，师生比为25，无村卫生室；王团村有1所小学，小学生180人，师生比16，村卫生室1个，有3名村医。访谈中发现，近年来李俊镇村庄医疗教育条件均有明显改善，特别是教育事业发展尤为明显。随着新型农村社区、中心村的重点建设，村庄教育医疗资源将进一步优化。

7.5 望 洪 镇

7.5.1 村镇建设概况

望洪镇位于永宁县西南部，东与灵武市梧桐树乡隔河相望，西至贺兰山东麓，南接李俊镇，北连杨和镇、胜利乡。全镇总面积105km²，建成区面积2.02km²，建成区人口密度4538.82人/km²，人均道路面积8.19m²，人均公园绿地面积5.41m²，下辖16个村：南方村、前渠村、农声村、靖益村、望洪村、史庄村、西和村、金星村、西玉村、宋澄村、东和村、高渠村、农丰村、北渠村、增岗村、新华村，此外还有望洪林场、宁夏大学试验农场，共13 261户、3.95万人，常住人口15 907人。望洪镇是全县著名的农业大镇，第一产业发达，第二、第三产业相对薄弱。近年来，该镇按照集群化、标准化发展方向，强化农业产业主导地位，全面推进现代农业示范区建设，有序打造3个万亩产业示范基地（1万亩设施园艺基地、2万亩有机水稻基地、3万亩蔬菜基地）。2019年全镇有设施农业334.75hm²，温棚1685个，拱棚426个，新建100t冷库2座，安装真空预冷机1台，完成高标准农田建设片区7个共计5478hm²，并对沟、渠、田、林、路、村庄进行综合整治，不断推动设施农业和农田水利设施发展。同期，共计投资320万元用于环境卫生改造，污水管网改造、改水改厕、巷道硬化、道路亮化、生态环境整治等项目有序推进，人居环境整治和生态环境保护工作富有成效。

7.5.2 村镇人口概况

1. 望洪镇人口概况

望洪镇是一个以汉族为主的村镇，全镇共有户籍人口39 485人，常住人口15 907人，人口密度为350人/km²，常住人口占全县常住人口总量的4.95%，较2010年下降了9.23%，是全县常住人口下降比例最高的镇，青壮年劳动力流失严重，流动人口占比59.71%。

2. 望洪镇典型村庄人口概况

农丰村共有520户、2057人，常住人口495人，流动人口1562人，占总人口的比例为75.94%（表7-9）。青壮年劳动力流失严重，村庄人口老龄化、空心化问题突出。通过访谈得知，农丰村常住人口主要为老年人、儿童和照顾家庭的中年妇女，土地流转加速、就业机会少、教育资源差、农业生产率低等是村庄青壮年劳动力流失的主要动因。

表 7-9 望洪镇村镇人口特征

调研村镇	户籍人口/人	常住人口/人	流动人口比例/%
望洪镇	39 485	15 907	59.71
农丰村	2 057	495	75.94

7.5.3 村镇经济发展

1. 望洪镇经济发展概况

望洪镇是永宁县的农业大镇，供港蔬菜基地、温棚、养殖场等农业企业密集，形成了以供港蔬菜、设施园艺、优质粮食为主的农业产业发展格局，2019年农民人均可支配收入达14 190元，第二、第三产业产值占农业生产总值22%，经济发展质量明显提升，经济结构逐渐优化。全镇现有供外蔬菜种植企业13家，流转土地2.3万亩，2021年供港蔬菜总产量1.36万t，总产值3.1亿元，是典型的蔬菜种植型村镇。望洪镇把设施农业作为优化产业结构、转变发展方式的重要突破口，积极引导群众发展设施农业，促进农民增收致富，着力打造"产业望洪"，现有设施农业334.75hm^2，温棚1685个，拱棚426个，其中，设施蔬菜858栋，设施葡萄726栋，精品种植、苗木繁殖等527栋，设施农业产值达8400万元，建成了有机水稻产业示范园、蔬菜标准园区、永久性蔬菜基地、日光温棚、光伏温棚等特色鲜明的现代设施园艺体系，并通过农民专业合作社、家庭农场等新型农业经营方式，促进了水稻、小麦、玉米等优质粮食产业标准化生产，推动粮食产业集约化、规模化、品牌化发展，粮食播种面积3960hm^2，粮食总产量达3.4万t，产值突破7000万元，注册了"承包地""望洪""康裕"等有机大米商标，培育了一批具有显著影响力的优质粮食企业。

2. 典型村庄经济发展概况

农丰村是一个典型的农产品主产区，农业是村庄经济的重要组成部分。该村正在建设无公害供港蔬菜基地、设施园艺基地和高效农业种植基地（表7-10），主要种植葡萄、杏子、桃子等，2019年村集体经济总收入达12万元，农民人均纯收入10 256元。调研发现，随着农业生产规模化、机械化、标准化的推进，农业生产效率显著提升，农村劳动力得以释放，外出务工也成为农户经济收入的来源之一。

表 7-10 望洪镇村镇农业产业结构体系

调研镇	特色产业	调研村	特色产业
望洪镇	供港蔬菜	农丰村	无公害供港蔬菜
	设施园艺		设施园艺
	优质粮食		高效农业

7.5.4 村镇发展的水土资源条件

1. 望洪镇水土资源概况

（1）水资源。望洪镇属于中温带大陆性气候，年均降水量 250~300mm，降水集中在 7~9 月，年蒸发量 1000~2400mm。该镇地处黄河灌区，境内唐徕渠、汉延渠、西干渠、惠农渠等水系交错分布，水资源十分丰富，农业灌溉条件优越。村镇用水以居民生活用水和农业灌溉用水为主，随着供港蔬菜、设施园艺、优质粮食等农业产业大规模发展，过度开采地下水导致地下水位下降问题突出。

（2）土地资源。望洪镇位于黄河西岸冲积平原，地势平坦，土壤肥沃，多湖沼湿地，耕地面积 8409.33hm^2，建设用地面积 1209.78hm^2，粮食播种面积 3960hm^2，其中水稻播种面积 990hm^2，小麦播种面积 1122hm^2，玉米播种面积 1848hm^2，粮食总产量达 3.4 万 t，林地面积 243.09hm^2，草地面积 246.87hm^2，滩地面积 459.99hm^2，沼泽地 50.49hm^2。

2. 典型村庄水土资源概况

（1）水资源。农丰村气候干燥，降水量少，年均降水量 210.77mm，但毗邻黄河，地表水资源十分丰富，村庄用水主要是农业灌溉用水和日常生活用水，其中村民生活用水主要是自来水，农业灌溉用水主要来源于河流、湖泊等地表水（表 7-11）。

表 7-11　望洪镇村镇主要用水类型和年降水量　　　　（单位：mm）

调研村镇	用水类型	降水量
望洪镇	农业用水、生活用水	250~300
农丰村	农业用水、生活用水	210.77

（2）土地资源。农丰村有耕地面积 3719.84 亩，林地面积 259.57 亩（表 7-12），设施农业温棚 1000 多座，由于全村被纳入中心村建设，宅基地占地面积较少，又推进了旧庄点复垦项目，土地利用率较高，流转土地主要用于发展供港蔬菜、设施园艺、高效种植业等农业产业。

表 7-12　闽宁镇村镇耕地、林地面积及土地流转情况　　　　（单位：亩）

调研村镇	耕地	林地	土地流转用途
望洪镇	126 266.22	3 646.71	供港蔬菜、有机水稻、设施园艺
农丰村	3 719.84	259.57	无公害供港蔬菜、设施园艺、高效农业

7.5.5　村镇人居环境概况

1. 望洪镇人居环境概况

望洪镇积极开展全民参与、全域整治、全民共建、全民共享的人居环境整治行动，人居环境整治成效显著。在河道整治方面，开展沟渠河道清理行动，对河塘、沟渠等水域漂浮物以及沟渠两侧的杂草垃圾进行综合整治，累计清理沟渠29条共780km，实现河道干净整洁，水面无漂浮物。在垃圾处理方面，按照"户分类、村收集、镇监管、县转运"的处理模式，确保垃圾分类收集点高效运行，建立"县安排、乡镇落实、村实施、督导员引导"的四级联动模式，明确垃圾分类督导员、保洁员及分类收运人员的工作职责，确保农村生活垃圾分类工作有序推进，并通过打造垃圾分类积分超市，实施再生资源回收积分奖励制度，鼓励居民开展垃圾分类行动。

在基础设施建设方面，有序推进污水管网改造、"厕所革命"、巷道硬化、道路亮化等建设项目，2019年铺设污水管道1011m，建设化粪池1座，改水改厕105户，硬化巷道8条6090m，实现供水普及率100%，燃气普及率100%，污水处理率100%，生活垃圾处理率100%，建成区绿化覆盖率14.99%。在村容村貌提升方面，按照县城乡一体化部署，推进小城镇中心村建设，实现靖益、新华、农丰三村全部集中安置，搬迁群众9700多户3.3万人，同时积极推进违章建筑拆除、旧庄点复垦和村庄绿化建设，不断完善村镇文化广场、党群服务中心等公共文化服务设施建设。

2. 典型村庄人居环境概况

农丰村是典型的搬迁整合村，各项基础设施较为完善，村庄人居环境整体较好。进村道路和村内主要道路已硬化，有公共交通可直达县城，交通条件便利，道路绿化卫生较好。此外，村庄安装有公共照明设施，实现了自来水全覆盖。在生活污染物处理方面，农丰村生活污水和生活垃圾生产量较小且实现了集中处理，对环境影响较小。全村生活污水排放量7280L/d，主要污染来源于洗衣粉、肥皂和洗洁精，并建有统一的排污管道。由于村庄人口流失严重，农丰村常住人口规模较小，村庄生活垃圾生产量较少（130kg/d），有环卫专用车辆集中转运处理，村庄整体干净卫生。在农田环境管理方面，农丰村注重打造有机供港蔬菜基地和高效种植农业基地，种植技术先进，化肥农药施用精准，化肥和农药使用量都较少。在旱厕改造方面，农丰村改水改厕完成率达到100%，推进"厕所革命"成效显著。

7.5.6　村镇医疗教育概况

1. 望洪镇医疗教育概况

在医疗卫生方面，全镇医疗卫生事业整体向好，镇卫生院迁建项目有效推进，镇卫生院新华分院建成并投入使用，镇级优质医疗资源有序下沉到各个中心村，各行政村实现卫生室全覆盖，医疗硬件设施、软件环境、师资力量都有明显提升，居民在镇内便能享受到内、外、妇、儿、中医、预防保健、康复治疗等医疗技术服务。

在教育事业方面，靖益村、望洪村、新华中心村等村庄都建有幼儿园，并对镇域内小学教学楼、操场、跑道、食堂等设施进行了改建，推动教学环境优化，小学教学质量稳步提升，全镇六年级毕业生合格率达100%，优生率达80%。

2. 典型村庄医疗教育概况

在医疗卫生方面，农丰村有村卫生服务站1个，村医生5人，每千人拥有乡村医生数2.5人，卫生室内各种日常药品齐全，慢性病患者有家庭医生签约上门服务，村民看病便利。

在教育事业方面，农丰村有小学1所，幼儿园1所，幼儿园在校学生150人，幼师6人，幼儿园师生比25（县15），幼儿园师资条件较差，师资压力较大，如何改善幼儿园师资条件是当前需要解决的问题。

7.6 闽 宁 镇

7.6.1 村镇建设概况

闽宁镇位于永宁县西部，东与玉泉营农场、黄羊滩农场、李俊镇相邻，南接邵岗镇，西至贺兰山自然保护区，北邻兴泾镇。镇域面积210km²，建成区面积6.8km²。建成区人口密度4538.82人/km²，海拔1130～1178m，下辖1个社区、6个行政村，包括福宁社区、福宁村、木兰村、武河村、园艺村、玉海村、原隆村。全镇共有户籍户数13 717户6.01万人，常住人口4.75万人，其中农户9109户4.53万人。闽宁镇是我国东西部扶贫协作样板小镇。通过数十年的奋斗发展，闽宁镇初步形成了"以文化旅游服务业为抓手、特色新型光伏产业为核心、特色养殖为主导、特色种植和劳务产业为引擎"的现代产业结构体系，实现了三次产业的良性互动、融合发展。全镇各项基础设施建设稳步有序推进，2019年建设投资共计8668.88万元，其中集中供热设施投资2553.88万元，道路桥梁建设投资2115万元，环境卫生改造投资4000万元。人均道路面积达到15.01m²，供水普及率和燃气普及率均达到100%，污水处理率达到85%，生活垃圾处理率达到100%，绿化覆盖率达到35%。村镇人居环境和社会经济条件显著完善。2017年闽宁镇入选全国特色小镇，2019年闽宁镇入选全国农业产业强镇建设名单、全国乡村治理示范乡镇名单。

7.6.2 村镇人口概况

1. 闽宁镇人口概况

闽宁镇是一个以回族为主的生态移民镇，现有户籍户数13 717户6.01万人，其中劳动人口数2.99万人,农业从业人口数1.73万人,年均劳务输出人口1.2万人。随着经济社会发展,闽宁镇已经由原来1000户8000多人"吊庄移民"组成的戈壁滩小乡村发展为常住人口达4.75万人的全国生态移民示范镇,村镇人口规模显著增加,随着教育事业发展、就业培训、劳务输出等活动的开展,村镇人口素质也明显提升。

2. 典型村庄人口概况

武河村是一个汉族和回族杂居的村落,共有17个村民小组,2235户9290人,常住人口7941人,流动人口1349人,流动人口占比达到14.52%。原隆村现有居民1992户9612人,常住人口9012人,劳动人口3780人,流动人口600人,流动人口占比6.24%。园艺村共有11个村民小组,全村总人口1351户8094人,常住人口1022户6447人,流动人口329户1647人,流动人口占比20.35%(表7-13)。调研发现,原隆村流动人口比例最小,武河村和园艺村流动人口比例相对较高,这主要是由村庄产业发展不均衡所引起的。近年来,村民就业形式多元化趋势显著增加,闽宁扶贫产业园、永宁产业城及周边的葡萄种植基地都为村民就地务工创造了良好条件,就业技能培训也增强了劳务输出工人的就业竞争力,外出务工和求学成为村庄青壮年流失的主要形式。

表7-13 闽宁镇调研村人口特征

调研村	户籍人口/人	常住人口/人	流动人口比例/%
武河村	9 290	7 941	14.52
原隆村	9 612	9 012	6.24
园艺村	8 094	6 447	20.35

7.6.3 村镇经济发展

1. 闽宁镇经济发展概况

闽宁镇坚持以项目为抓手,以产业为龙头,按照政府主导、企业参与、市场带动的工作思路,积极推动企业全面多元发展,形成了以"特色种植、特色养殖、光伏产业、文化旅游、劳务输出"为主导的产业发展新格局(表7-14)。

表7-14 闽宁镇产业结构体系

调研镇	产业结构	特色产业	典型案例
闽宁镇	特色种植	葡萄、枸杞、红树莓等	葡萄酒庄、"木兰红"枸杞、红树莓生态庄园
	特色养殖	牛、羊、黑毛驴等	生态畜牧业示范场、标准化养殖园区
	光伏产业	光伏及相关产业	中科嘉业、中光光伏、国光新能源等
	文化旅游	文化旅游服务业	闽宁镇史馆、红酒一条街、棚湖湾树莓生态景区
	劳务输出	技术培训	生态移民培训示范基地、生态移民创业就业服务中心

(1) 特色种植。立足于优越的自然条件，闽宁镇稳步推动葡萄酿酒业提质增效，主动打造贺兰山东麓葡萄酒产业核心区，引进了德龙、立兰、中粮等葡萄酒龙头企业，建成酒庄13家，葡萄种植面积近8万亩，年产葡萄酒2.6万t，综合产值约9.3亿元。

(2) 特色养殖。万亩草畜产业园区的建设推动了传统养殖业规模化、专业化、集约化发展，传统养殖业逐步转型升级，特色畜牧养殖示范区建设加速推进，宁夏壹泰牧业有限公司、内蒙古佥牛农牧业有限公司等规模化养殖企业相继入驻园区，全镇肉牛存栏量2.27万头，羊存栏量10.13万只，生猪存栏量1700头，家禽养殖65万羽，特色畜牧养殖业年产值达5亿元。

(3) 光伏产业。闽宁镇积极探索绿色低碳的产业发展新路径，引入了中科嘉业新能源研究院、中光光伏工程有限公司、宁夏国光新能源有限公司等大型光伏企业，通过光伏大棚、入股收购、收益分红等形式，推动区域产业绿色低碳发展。

(4) 文化旅游。依托银川西线旅游带和贺兰山东麓百万亩葡萄文化旅游长廊核心区的区位优势，闽宁镇全面整合各种文化旅游资源，主动融入自治区全域旅游发展布局，积极推广"互联网+品牌+旅游"的文旅发展模式，打造集吃、住、行、游、购、娱于一体的旅游新模式，推动了闽宁镇旅游产业全方位发展。

(5) 劳务输出。闽宁镇以培训、提升劳动力技能为助力点，建立了宁夏生态移民培训示范基地和生态移民创业就业服务中心，培育劳务派遣公司21家，劳务经纪人73人，年均输出劳动力近1.2万人，务工人员人均收入超过2.6万元。2019年全镇人均可支配收入达13 970元，高于全宁夏农村平均水平近1000元。

2. 典型村庄经济发展概况

武河村是闽宁镇移民种植酿酒葡萄的发源地，全村形成了以葡萄酒产业、肉牛养殖、劳务输出、集贸经济为主导的产业结构，其中精品酿酒葡萄产业是武河村的特色产业，酿酒葡萄种植面积达5000亩，葡萄产量达4737t，是典型的葡萄种植型村庄（表7-15）。

原隆村共有企业12家，其中种养殖业6家，光伏企业4家，服务业2家，全年经济总收入达1亿元以上，农民人均可支配收入达10 000元以上，村集体经济年收入141万元，村庄有红树莓生态庄园、光伏大棚产业、黑毛驴养殖场、葡萄产业等特色产业，形成了集旅游观光、休闲娱乐、趣味采摘于一体的乡村旅游模式，2019年被评为全国乡村旅游重点村和国家森林乡村创建工作样板村，是典型的旅游综合型村庄（表7-15）。

园艺村经济总收入1.01亿元，农民人均可支配收入达12 423元，村集体经济年收入23万元，互助资金总规模达241万元，村庄产业以农作物种植、畜牧养殖和劳务输出三大产业为主。全村耕地面积7857亩，主要种植玉米、小麦、枸杞、葡萄等作物，其中玉米和小麦种植面积4500亩，葡萄种植面积1490亩，土地流转490.65亩。养殖业发展坚持农户散养和大户集中相结合的原则，有养殖散户633户，规模养殖企业4家，养牛企业3家，养殖园区规模养殖户9户，肉牛饲养量达1166头，羊饲养量达2301只，生猪饲养量达358头，家禽饲养量达6053只。劳务输出是该村村民收入的主要来源，年均输出劳务2750人，占全村总人口的42%，经济创收近3000万元，占全村经济总收入的65%，是典型的劳务输出型村庄（表7-15）。

表7-15 闽宁镇调研村产业结构体系

调研村	产业结构	特色产业	村庄类型
武河村	特色种植、特色养殖、劳务输出等	酿酒葡萄	葡萄种植型
原隆村	文化旅游、特色养殖、光伏农业等	休闲旅游	旅游综合型
园艺村	劳务输出、特色种植、特色养殖等	优质饲草	劳务输出型

7.6.4 村镇发展的水土资源条件

1. 闽宁镇水土资源概况

（1）水资源。闽宁镇气候干燥，年均降水量202mm，降水主要集中在7~9月，年蒸发量2058mm，地表水资源十分匮乏。该镇地处扬黄灌区，群众生产生活用水主要从西干渠扬水灌溉，建有扬水泵站5座，干渠6条24km，斗渠55条69.3km，农渠500多条250km，总灌溉面积5.5万亩，农田灌溉面积4.05万亩。

（2）土地资源。闽宁镇地处贺兰山东麓冲积平原和黄河冲积平原的过渡地带，地势平坦，镇域面积201.6km^2，农户耕地面积3533.33hm^2，葡萄种植面积6.2万亩，建设用地面积1151hm^2。

2. 典型村庄水土资源概况

（1）水资源。调研村庄属中温带大陆性气候，气候干燥，降水量少，降水集中，蒸发量大，地表水资源十分有限，武河村、原隆村、园艺村年均降水量分别为200.57mm、202.88mm、201.99mm（表7-16）。调研村庄地处引黄灌区，灌溉条件优越，村民饮用水源主要是自来水，少数村民饮用井水。武河、原隆和园艺三村用水类型高度相似，包括工业用水、农业用水和生活用水三种类型，村庄供水、灌溉设施完备，能较好保障生产生活用水需求。

表7-16 闽宁镇调研村主要用水类型和年降水量　　　　（单位：mm）

调研村	用水类型	降水量
武河村	工业用水、农业用水、生活用水	200.57
原隆村	工业用水、农业用水、生活用水	202.88
园艺村	工业用水、农业用水、生活用水	201.99

（2）土地资源。武河村有耕地面积4600亩，林地面积400亩，正果农业发展有限公司流转了700多亩土地建设优质桃扶贫现代产业园，种植了8万多株桃树（表7-17）。原隆村有耕地面积6900亩，建设用地900亩，土地利用率较高，主要流转用于发展种植业、养殖业、畜牧业、光伏发电等产业，其中立兰酒庄流转土地2400亩用于种植酿酒葡萄。近年来，村内还建成了游客接待中心，用于推动旅游产业发展。园艺村非建设用地面积为

874.66hm²，其中农林用地（葡萄、玉米、小麦等）面积 677.29hm²；流转土地 2800 亩种植酿酒葡萄；其他非建设用地（空闲地）147.58hm²；水域面积 49.79hm²；村庄建设用地 119.24hm²，其中村民住宅用地 99.64hm²，公共服务用地 6.13hm²，产业用地 3.62hm²，基础设施用地 9.85hm²。调研发现园艺村户均宅基地面积约 1167m²，宅基地闲置、裸露、一户多宅等问题较为突出。

表 7-17　闽宁镇调研村耕地、林地面积及土地流转用途　　　　（单位：亩）

调研村	耕地	林地	土地流转用途
武河村	4600	400	优质桃扶贫产业园
原隆村	6900	0	葡萄种植、旅游发展、光伏大棚
园艺村	7800	0	葡萄种植、饲草种植、奶瓜瓜种植

注：奶瓜瓜学名沙奶奶

7.6.5　村镇人居环境概况

1. 闽宁镇人居环境概况

截至 2019 年，闽宁镇建有地埋式污水处理站 25 座，改水改厕 1898 户，新建公共卫生厕所 5 所，安装太阳能路灯 1978 盏，水电入户率 100%，主干道路及巷道硬化率 100%，网络信号覆盖率 100%，生活污水处理率 85%，生活垃圾无害化处理率 90%，绿化覆盖率 35%，文化休闲广场、党群活动服务站等基础服务设施不断完善。同时，整治了 110 国道、307 国道等道路周围的环境卫生，实施了农村院落管理制度，建立了"村收集、镇转运"的两级垃圾处理体系，并推动景观绿化工程实施，促进生态环境改造，人居环境整治富有成效，但是村庄之间人居环境质量依然存在明显差距。

2. 典型村庄人居环境概况

在基础设施建设方面，调研村庄是典型的生态移民村落，各项基础设施较为完善。三个村庄的进村道路和村内主要道路已全部硬化，其中原隆村和园艺村有公共交通可直达市区，武河村尚未通公共交通。此外，三个村庄都安装了公共照明设施，实现了自来水全覆盖，生活垃圾集中转运处理。但是在厕所改造和粪污处理方面，村庄间存在较大差距。从旱厕改水厕比例来看，原隆村改造比例达 91.59%，武河村和园艺村尚未开始改造，简易旱厕比例较高，村庄卫生环境较差。从污水处理情况来看，原隆村建有完备的排污管道，污水以化粪池处理为主，其他村庄无排水管网，无污水集中处理设施，污水未经处理直接排放，严重影响人居环境质量。

在生活污染物排放方面，调研村庄的生活污水排放量相对较少，各村庄污水排放规模相似，主要污染源为洗衣粉、肥皂和洗洁精等。武河村和园艺村的生活污水未经处理直接排放至园地、菜地，可能影响土壤环境质量和农产品品质。各村庄生活垃圾生产量较少，且进行了集中处理，对环境污染影响较小。在农田环境管理方面，耕地面积、种植作物类型深刻影响着化肥使用量和农药使用量,武河村化肥使用量少,农药使用量高,这可能与葡萄需肥少、病虫害多发的作物习性密切相关,原隆村、园艺村的化肥使用量和农药使用量相近。

7.6.6 村镇医疗教育概况

1. 闽宁镇医疗教育概况

在医疗卫生方面,闽宁镇通过医保兜底、分级诊疗、家庭医生签约上门、智能云诊室等措施,有效解决了村民看病贵、看病难问题,村庄医疗水平整体有序提升。通过医疗共同体建设、家庭医生签约服务等措施,闽宁镇逐渐健全完善分级诊疗体系,建成了镇卫生院和7个村卫生服务站,实现标准化卫生院、标准化村卫生服务站全覆盖,并组建了11支家庭医生团队,为村民提供个性化、便捷化的医疗服务。在宁夏回族自治区鼓励医疗资源下基层的时代背景下,闽宁镇积极开展"智能云诊室"试点工作,为村卫生服务站配备智能康复理疗、健康管理等设备,开展智能体检、智能康复、视频问诊等服务,让村民就地享受便捷的医疗服务。

在教育事业方面,闽宁镇教育事业经历了"有学上—上好学—学得好"的巨大转变,实现了教育资源从无到有再到优的历史性蜕变。在硬件设施上,学校各项基础设施不断完善,教学环境逐步优化;在软件提升上,通过"互联网+教育"的形式,积极打造"智慧课堂",逐步提升教学质量。截至2020年,全镇共有公办中小学、幼儿园17所,在编教师582人,在校学生10 471人,师生比18。

2. 典型村医疗教育概况

在医疗卫生方面,闽宁镇实现了村村有卫生服务站。其中,原隆村医疗卫生条件较好,建有村卫生室1个,全科助理医生资质1人,乡村医生资质2人,初级药师4人,基本医疗保险参保率100%,每千人拥有乡村医生数0.78人,卫生室超过标准化卫生室建设要求。武河村和园艺村各有村卫生服务站1个,村医生2人,每千人拥有乡村医生数分别为0.25人和0.22人。

在教育事业方面,闽宁镇实现了村村有小学、幼儿园。其中,武河村有小学2所,幼儿园3所。原隆村有小学1所,教职工37人,学生600名,幼儿园1所,幼师25人,学生300人,小学师生比16(县18),幼儿园师生比12(县15),师资条件明显优于全县平均水平。园艺村建有小学1所,教职工36人,学生789名,幼儿园1所,教师8人,学生69名,小学师生比22,幼儿园师生比9,幼儿园师资条件较好,小学师资压力较大。

7.7 本章小结

(1)永宁县村镇建设持续推进,村镇设施不断完善。全县建成区面积由2013年的10.39km² 增长至2019年的46.2km²,建成区绿化覆盖率、绿地率分别达38.5%、

36.20%，人均公园绿地面积为20.62m²。"连通周边、覆盖全县"的公路交通运输体系已基本建成，农村公路实现"村村通"，道路总长度达762.43km²。全县农村供水总户数53 426户，自来水入户率达99%以上，农村地区生活垃圾集中收集率、集中处理率分别为90%、85%，生活污水集中处理率达40%。但是县域村镇发展不平衡问题依然突出，城乡基础设施和公共服务设施供给差距大，农村基本公共服务设施供给不足，服务半径不合理等问题明显。经济基础薄弱是影响村镇建设、人口流动、人居环境整治、医疗卫生事业发展的关键限制因素。

（2）永宁县人口总量呈平稳上升趋势，人口规模不断扩大。人口主要集中在望远镇、团结西路街道、闽宁镇，人口占比分别为36.89%、21.46%、14.78%，黄羊滩农场和玉泉营农场人口最少，占比分别为0.90%、1.84%。从人口流动情况看，县域内人口主要向团结西路街道、望远镇、闽宁镇集聚，玉泉营农场人口规模出现小幅增长趋势，其他乡镇人口规模都呈下降趋势。从人口流动的动因与影响看，人口流动是内部推力和外部拉力共同作用的结果，农村基础设施差、土地流转、农业效益低等因素是村镇人口流失的内在推力，城市生活的巨大"磁吸效应"及中心村的"对比效应"是农村人口外流的重要拉力，村镇青壮年人口大量流失导致村镇人口不断减少，村镇"老龄化"和"空心化"现象明显，乡村振兴缺乏主体。与此同时，县域村镇人口向团结西路街道等城镇地区大量集聚，也带来了交通拥挤、住房紧张、就业困难等问题。

（3）永宁县村镇经济发展水平稳步提升，产业结构趋于优化。全县生产总值由2012年的60.80亿元增长至2018年的121.80亿元，年均增长率12.28%，人均GDP、农村居民人均纯收入、城镇居民人均可支配收入均呈上升趋势，同时城乡居民收入差距明显，城乡收入比为2.3∶1。在产业发展方面，全县粮食作物播种面积和产量均呈下降趋势，经济作物播种面积及产出逐渐增多，第一、第三产业比例有序上升，农业、服务业发展态势良好。现代农业发展步伐逐渐加快，农业集约化经营和标准化生产有序推进，推动了无公害、绿色、有机农产品认定，初步形成了以粮食、园艺、葡萄为主导的现代农业生产体系。

（4）永宁县地处引黄灌区，地下水资源丰富。通过实施开发过境黄河水、地表水、地下水等水资源并重的用水方针，形成了以黄河水源为主，地表水、地下水资源为辅，水库为调蓄的水资源利用格局。但贺兰山区及倾斜平原地表水资源量少，且多以洪水形式出现。随着种植业规模的扩大，全县农业用水量显著增加，地下水开采加剧，导致部分地区地下水位下降明显。从耕地面积看，2010～2018年全县耕地总面积呈波动上升趋势，耕地总量增加2774hm²，但是人均耕地面积呈下降趋势，由2.28亩下降到2.18亩。从建设用地看，建设用地主要集中在县城、村镇等城镇开发区和开发建设预留区，村庄多闲置建设用地，2010～2020年全县建设用地面积略有上升，由9200hm²增长到10 525hm²。近年来，通过城乡建设用地增减挂钩的形式，农村建设用地潜力得以释放，但农村原址"拆旧建新"、"弃旧建新"、宅基地空置、一户多宅基地等现象突出，土地利用效率有待提升。

（5）永宁县村镇人居环境质量不断提升，医疗教育条件明显改善。全县各中心村基础设施及公共服务设施配套比较齐全，具有较为完善的供排水系统及电力电信网络。但是部分村庄环境卫生较差，生活垃圾和生活污水大多无序排放，村道两侧乱搭建、乱堆放、乱倾倒的情况时有发生，村镇绿化植被覆盖率较低，整体道路景观较差，货车、卡车等临时车辆随意停放，农业秸秆随意堆放等问题明显，乡村综合环境卫生"脏、乱、差"现象依然存在。全县村镇医疗教育软硬件环境不断改善，医疗教育事业有序发展，看病贵、看病难问题得到有效解决，教学环境和教学质量明显提升。但值得注意的是，医疗教育发展不均衡问题依然突出，"县-乡-村"之间医疗教育资源配置差距大，如何推动优质医疗教育资源下基层，仍然是当前村镇基础设施和公共服务设施建设的难点与重点。

（6）永宁县在村镇建设与资源开发利用实践中形成了富有特色的模式，并取得了显著的社会经济效益。发挥贺兰山东麓酿酒葡萄种植的区位优势，把葡萄酒产业作为推进村镇经济转型、改善生态环境、促进农民增收致富的支柱产业，通过小酒庄的精品建设和高端酒庄酒的推广，打造永宁县优质葡萄酒品牌。在确保粮食种植保障基础上，大力发展蔬菜产业，优化特色蔬菜产业链条，推进种植业、加工业、物流派送业、市场订单销售业等三次产业融合发展，形成特色优质蔬菜产业发展模式——"供港蔬菜"。例如，永宁县闽宁镇是中国扶贫开发史上东西部协作的集中缩影，易地搬迁脱贫的成功典范，其立足地域优势，积极建设高标准有机葡萄种植基地，引进品牌酒庄入驻，以"公司+基地+农户"组织模式，从闽宁镇各村招收务工农户。现已建成酒庄 13 家，种植葡萄面积达 8 万亩，年产葡萄酒 2.6 万 t，实现综合产值约 9.3 亿元。同时，积极发展特色畜牧养殖、光伏产业和以"吊庄"历史、红酒文化、特色种植为主题的旅游产业，推广"互联网+品牌+旅游"模式，初步形成了"以文化旅游服务业为抓手、特色新型光伏产业为核心、特色养殖为主导、特色种植和劳务产业为引擎"的现代产业结构体系，实现了三次产业的联动发展。永宁县李俊镇通过全面开展集体产权制度改革，成立了 14 个股份经济合作社、1 个经济合作社，开展"种植+加工+营销"全产业链开发，露地瓜菜种植面积近 5000 亩，参与农户近 400 人，带动就业 500 人，产值近 2000 万元，樱桃番茄合作社的社员收入增加近 50%，带动周围就业 1000 余人，形成了集生产、包装、销售于一体的订单式、专业化营销种植模式，带动了村集体经济的发展壮大和农户的增收致富。

参 考 文 献

［1］永宁县志编审委员会编．永宁县志［M］．银川：宁夏人民出版社，1995.
［2］胡广录．干旱区绿洲水分生产率分布格局及影响因素研究［M］．兰州：甘肃人民出版社，2012.
［3］黄烈佳．共生视角下农地城市流转决策与利益协调机制［M］．北京：光明日报出版社，2019.
［4］永宁县档案馆．永宁年鉴 2020［M］．银川：宁夏人民出版社，2021.
［5］刘永亮，郭彦龙，李向贵，等．宁夏永宁县供港蔬菜发展现状及存在问题［J］．园艺与种苗，2021，41（9）：3-5.
［6］永宁县史志编纂委员会办公室编．美丽永宁［M］．银川：宁夏人民出版社，2017.
［7］银川市地方志研究室，《银川年鉴》编辑部．银川年鉴 2020［Z］．2020-12-31.
［8］银川市统计局，国家统计局．银川统计年鉴 2011–2021［M］．北京：中国统计出版社，2022.

第 8 章　门源县调查报告

8.1　门源县村镇建设与资源环境基本概况

门源县位于青藏高原东北部，行政区划上位于青海省东北部、海北藏族自治州（以下简称"海北州"）东南部（图8-1）；地理坐标范围介于100°55′28″E～102°41′26″E，37°03′11″N～37°59′28″N[1]。该县东北部与甘肃省接壤，南部与青海省的大通县、互助县相接，西部与海北州的祁连县、海晏县相邻。县域面积6902.26km², 辖4镇8乡、116个行政村（居委会）、292个自然村[2]。其中，浩门镇为县政府驻地，为全县政治、经济和文化中心。门源县为古丝绸之路"青海道"南线的必经之地和新"丝绸之路经济带"的重要节点[2]，且有兰新高速铁路经过，地理区位条件较好。

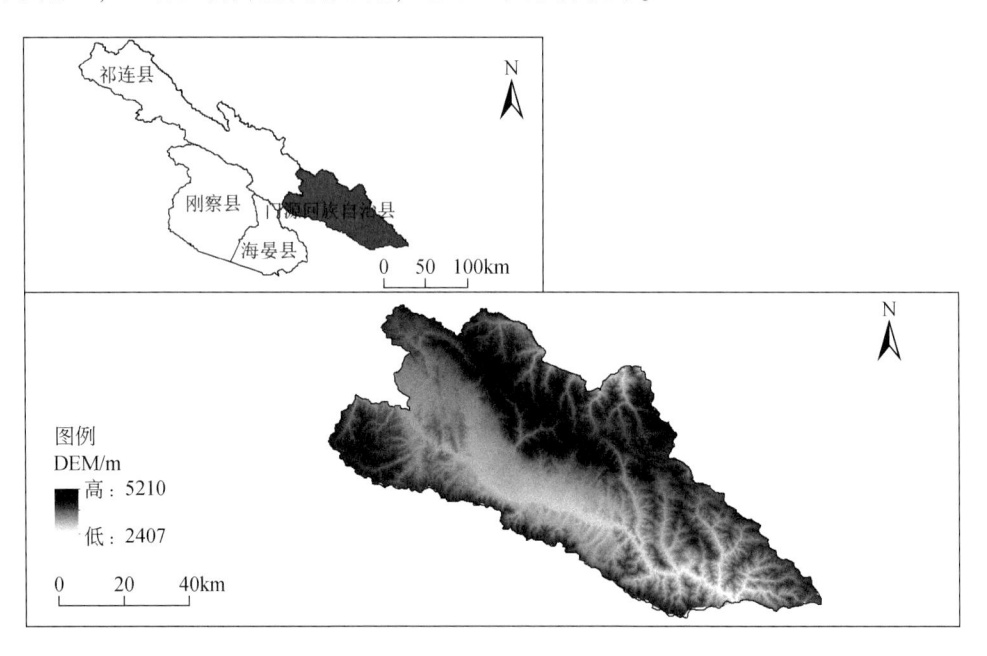

图8-1　门源县地理区位图

2018年全县生产总值30.46亿元，约占海北州生产总值的36.47%。其中，三次产业增加值分别为8.95亿元、5.86亿元和15.65亿元[2]。在第一产业中，门源县种植业增加值3.4亿元，畜牧业增加值5.46亿元，分别约占第一产业的37.99%和61.01%[2]，可见畜牧业在第一产业中占据重要地位。依据第七次全国人口普查数据，2020年全县常住人口138 335人，乡村人口86 117人，乡村人口约占常住人口的62.25%，与2010年相比乡村人口减少 24 866 人，但乡村人口比例仍然较高。门源县农业类型具有以农为主、农牧结合的特点。2018 年全县耕地面积为 4.08 万 hm²，基本农田面积为 3.27 万 hm²，各类草场面积为 45.73 万 hm²；粮食总产量为 6.46 万 t、油料总产量为 3.71 万 t，各类牲畜存栏 59.18 万头（只）[2]。门源县具有丰富的农牧、水利、动植物和旅游等资源。县域北部是祁连山牧场和环湖地区海拔最高的岗什卡雪峰，中部是油菜花海景区，东部是仙米国家森林公园，同时拥有 74 座清真寺和 3 座藏传佛教寺院，形成了丰富的自然和人文景观[2]。门源县在国家主体功能区规划中属限制开发的重点生态功能区，在畜牧业综合区划中属于青藏高原区，同时又是全国社会主义新农村建设示范县、全国草地生态畜牧业实验区。

8.1.1 资源环境情况

1. 地形地貌条件

门源县海拔介于 2407~5210m，属青藏高原地区（图 8-1）。地形呈现南北两侧高、中部低的特征，山地为主要地貌类型，其面积约占 83.10%。南北部以高海拔大起伏山地为主，分别为祁连山和达坂山，中部主要为冲积平原，西北部和东南部分别为中高海拔中起伏山地和中高海拔大起伏山地（图 8-2）。经过造山运动和大规模的岩浆运动，断块间的强烈碰撞和剧烈上升，门源县形成了南北高山相拥，中间平坦开阔，西部山地丘陵滩地相间，东部峡谷纵横的地貌特征[1]。门源县的地形地貌特征，是影响村镇聚落、人口和农业生产分布基本格局的基础。

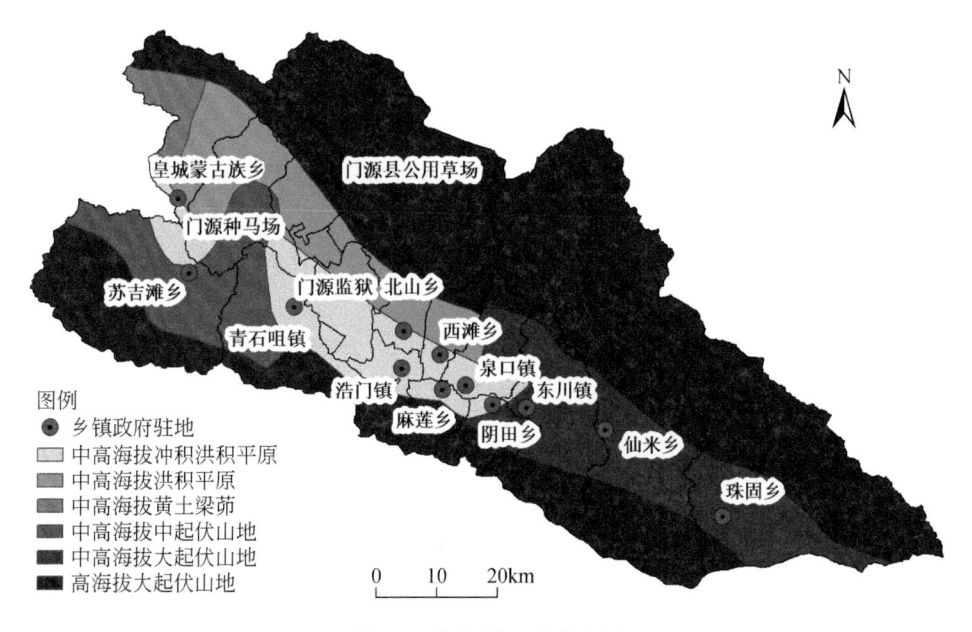

图 8-2 门源县地貌分布图

数据来源：中国科学院资源环境科学与数据中心

2. 气候条件

门源县气候类型属高原寒温湿润性气候，降雨集中、雨热同期；冬季长且寒冷、夏季短且凉爽[1]。年均温受到高海拔影响，最低达-7.63℃、最高仅5.76℃（图8-3），气温整体较低。同时，年均温地区差异较大，基本呈现中部高、南北低的特征。年均降水量全域高于400mm，介于440.97~757.70mm，降水条件较好，分布与年均温正好相反，呈现中部平原区降水较少，南北部山地降水较多的特征（图8-3）。≥10℃积温介于0~1182℃，受地形条件制约，在空间上同样呈现中部冲积平原积温条件较好，而南北山地区积温条件差的特征（图8-4）。高原气候条件是影响当地农牧业生产格局分异的重要因子。

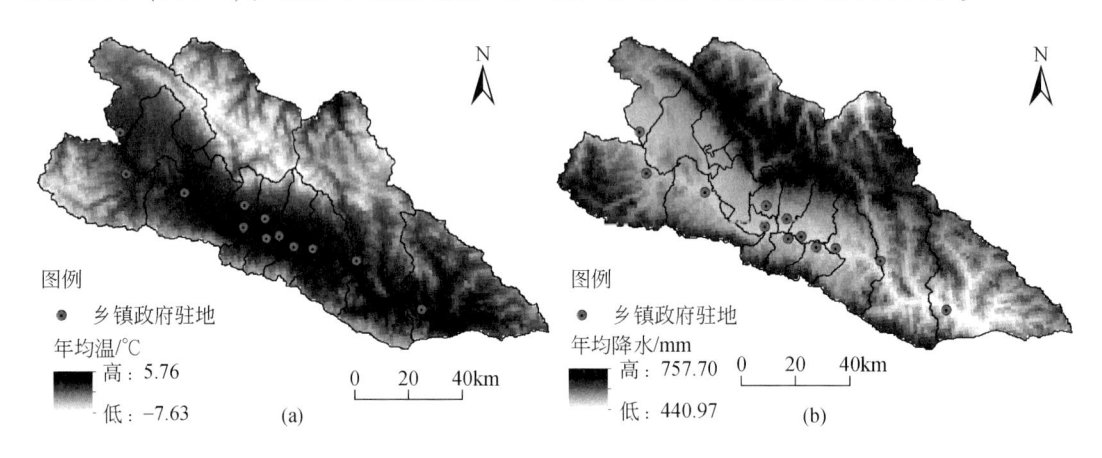

图8-3 门源县年均温（a）和年均降水（b）分布图
数据来源：中国科学院资源环境科学与数据中心

3. 水资源条件

门源县境内河流众多，集水面积50km²以上的河流有31条；其中大通河（浩门河）作为湟水重要支流，是县域内主要河流，呈西北—东南流向，在境内长176km，集水面约5204.79km²；湖泊自西向东有纳子峡水库、五色湖等10多个，总储水量8.85亿m³[1]。

2010~2018年，门源县水资源总量从21.47亿m³下降到18.34m³，下降幅度达14.58%。其中，地表水资源量波动较大，2010~2015年呈现上升趋势，而2015~2018年转向下降，下降幅度约44.71%［图8-5（a）］。受水资源总量和人口增长的影响，2010~2018年人均水资源量表现为下降态势，由14 100.00m³下降到11 292.70m³。2018年，门源县的人均水资源量虽然远高于2018年全国水平（1971.80m³），但低于2018年青海省水平（16 018.30m³）。2010~2018门源县水资源条件朝向非良性方向发展。

从水资源利用来看，2010~2018年水资源利用总量呈现先上升后下降趋势。其中，2010~2015年，由0.72亿m³上升到1.04亿m³；2015~2018年，由1.04亿m³下降到0.60亿m³［图8-5（b）］。在用水结构方面，农业用水是门源县水资源利用的最主要构成，2010年、2015年和2018年3个年份平均约占76.53%；生态用水仅在2010年比例较高；除生态用水外，生活用水占比也较高，3个年份平均比例约为9.05%；剩余的工业用水和畜牧用水在各年份则整体较低。以上可以看出，农业用水和生活用水是门源县水资源的主要用途。

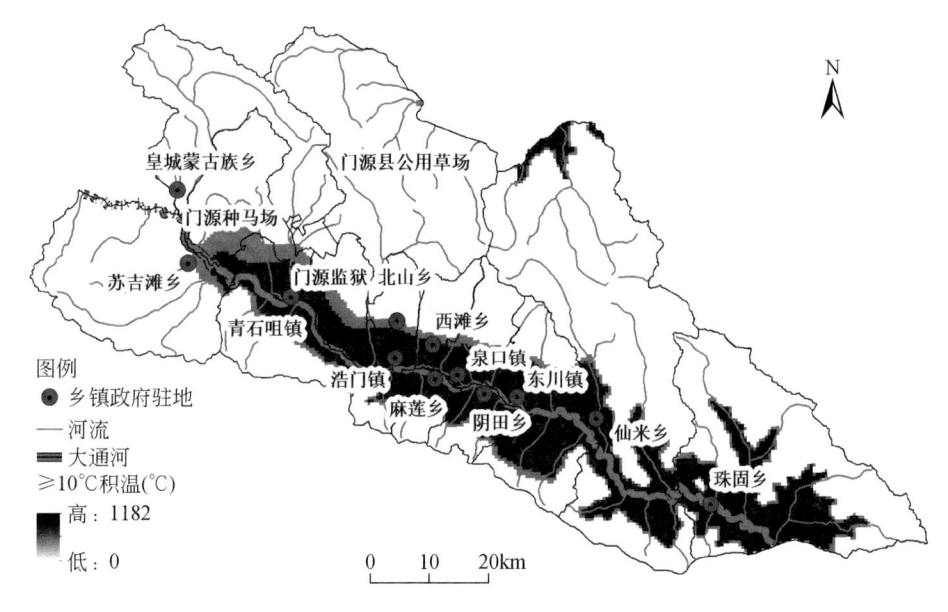

图 8-4　门源县≥10℃积温分布图

数据来源：中国科学院资源环境科学与数据中心

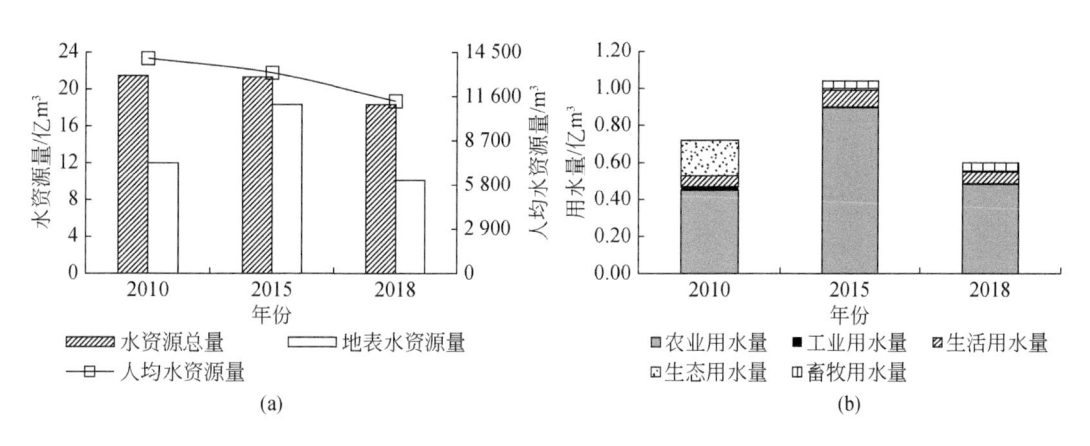

图 8-5　2010~2018 年门源县水资源量（a）与用水结构（b）演化

数据来源：2010~2017 年门源县统计资料、《门源年鉴（2019）》

4. 土地资源条件

在各类土地利用的空间分布上，林地和草地分布最为广泛，基本环绕分布在县域四周的山地、丘陵地区；耕地集中分布在县域中部的冲积平原；建设用地面积较小，也主要位于中部地形平坦的冲积平原；未利用土地主要分布在北部的祁连山和西部苏吉滩乡的达坂山（图8-6）。

根据国家统计局数据，2017年青海省和全国人均耕地面积均约0.10hm²。可以看出，门源县2018年各乡镇耕地压力与全省和国家平均水平比相对较低。就农田生产潜力来看，门源县与东部平原区相比整体较低，相对较高区主要集中分布在中部平原区大通河两岸[图8-6（b）]。以上可以看出，虽然各乡镇人均耕地面积水平较高，耕地压力小，但受热量等条件的影响，耕地质量较差，这也是约束当地种植业发展的因素之一。

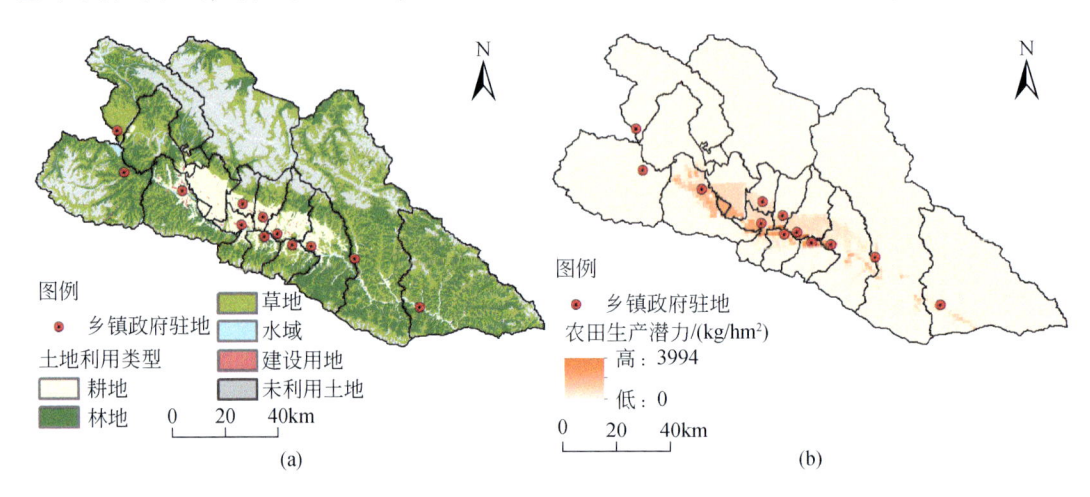

图8-6 门源县土地利用类型（a）和农田生产潜力（b）分布图
数据来源：中国科学院资源环境科学与数据中心

在耕地和草地利用中，门源县可利用草地面积远高于耕地面积，占有绝对优势，2010~2018年略有上升，从38.87万hm²增加到41.44万hm²；耕地面积则基本稳定，2010~2018年维持在2.97万hm²左右，2018年耕地仅为同期可利用草地面积的7.16%（图8-7）。从人均耕地面积和羊单位草地面积来看，人均耕地面积2010~2018年略有下降，由0.26hm²下降到0.25hm²；羊单位草地面积同期则略有上升，由0.38hm²上升到0.45hm²。2010~2018年，耕地面积保持基本稳定，但人口仍在增加，使得耕地利用压力有所上升。2010~2018年可利用草地面积继续扩张，牲畜存栏量虽也在增长，但增速低于可利用草地面积扩张的速度。据国家统计局数据，2017年青海省和全国人均耕地面积均约为0.10hm²（2018年数据未公布）。门源县人均耕地面积高于青海省和全国平均水平。根据青海省1个羊单位需要1.78hm²草地的标准[3]，门源县的羊单位草地面积远低于该标准，草畜矛盾突出。

从分乡镇耕地面积和可利用草地面积来看，2018年各乡镇耕地面积和可利用草地面积均存在显著差异[图8-8（a）]。分乡镇耕地面积，最高的为中部冲积平原的泉口镇和青石咀镇，分别为5466.67hm²和5196.60hm²，最低的为东南部林区的珠固乡和西北部牧区的苏吉滩乡，分别仅为483.60hm²和479.00hm²[图8-8（a）]。受人口规模的影响，分乡镇人均耕地面积与耕地面积的位序分布并不一致，乡镇间差异较大[图8-8（a）]。其中，

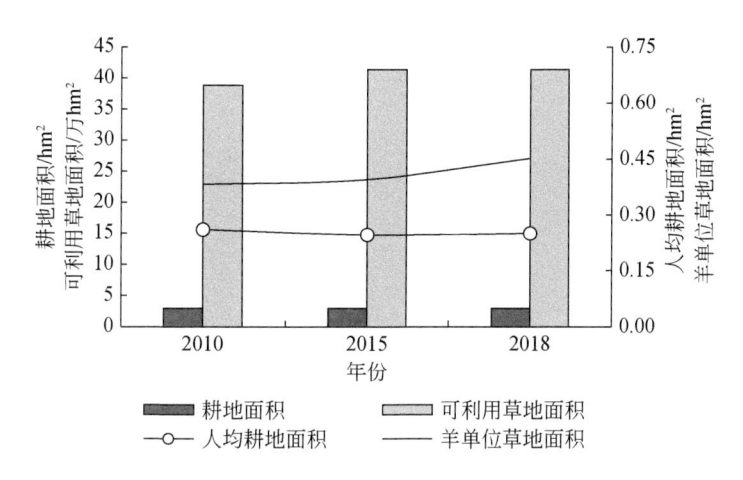

图 8-7　2010~2018 年门源县耕地和草地利用变化

注：根据《天然草地合理载畜量的计算》（NY/T 635—2015），绵羊为 1 个羊单位、牦牛为 4.5 个羊单位。

数据来源：2010~2017 年门源县统计资料、《门源年鉴（2019）》、《门源回族自治县 2019 年国民经济和社会发展统计公报》

皇城蒙古族乡（简称皇城乡）虽然耕地面积较低，但 2018 年仅有 0.19 万人，因此人均耕地面积最高，约 0.41hm²；而青石咀镇由于人口规模大，虽然耕地面积位居前列，但人均耕地面积依然较低，仅约 0.13hm²，略高于仙米乡和珠固乡；珠固乡在耕地面积和人口规模方面均较低，人均耕地面积最低，约 0.09hm²。

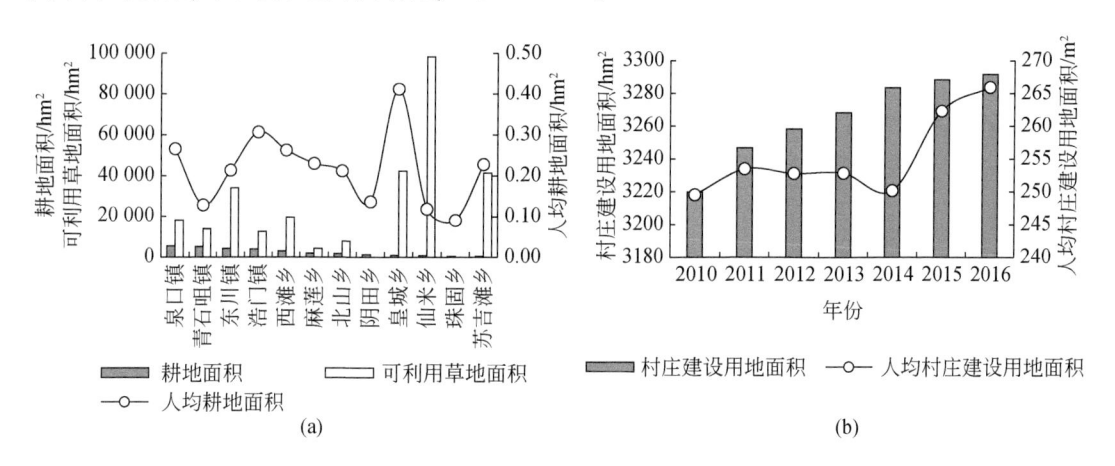

图 8-8　门源县分乡镇农业用地（2018 年）（a）和村庄建设用地（2010~2016 年）（b）分布

数据来源：《门源年鉴（2019）》、2010~2018 年门源县统计资料、2010~2016 年土地利用状况变更表（2017~2018 年数据暂缺）

珠固乡和阴田乡未公布可利用草地面积，仅就剩余 10 个乡镇来看，仙米乡可利用草地面积最高，约 9.83 万 hm²；其次为皇城乡、苏吉滩乡和东川镇，分别为 4.24 万 hm²、4.14 万 hm² 和 3.40 万 hm²；最低的为北山乡和麻莲乡，分别为 0.77 万 hm² 和 0.41 万 hm²。乡镇间可利用草地面积差距较大［图 8-8（a）］。乡镇牲畜存栏量缺少数据，无法核算羊单位草地水平。

在建设用地利用中，门源县村庄建设用地 2010~2016 年不断扩张，由 3219.86hm² 增长到 3291.70hm²，增长了约 2.23%［图 8-8（b）］。人均村庄建设用地 2010~2016 年虽然有所波动，但也整体表现为增长，由 249.53m² 增长到 265.97m²。门源县农牧业人口数量 2010~2016 年由 12.90 万人下降到 12.38 万人，已呈现收缩趋势。在农牧业人口收缩的背景下，村庄建设用地仍表现为扩张，人均村庄建设用地也高于国家规划标准（140m²），表明村庄建设用地存在粗放利用的情况。

5. 生态环境条件

从生态脆弱性分布来看，门源县生态脆弱性从不脆弱到极度脆弱均有分布，其中尤以高度脆弱、极度脆弱为主，分布范围广，主要分布在北部祁连山区和南部达坂山区（图 8-9）。这些地区主要为山地，地形起伏大，同时受矿产开采影响。低度脆弱和不脆弱分布具有集中性，主要在中部的冲积平原，范围相对较小。根据门源县统计局数据，2018 年第二产业占地区生产总值的 19.24%。门源县工业化水平低，"三废"污染源的工业企业较少，因此工业污染相对较轻。但门源县由于位于牧区，牲畜存栏量较高，存在一定的牲畜粪便污染，并且牲畜逐年增加，草场超载，畜草矛盾加剧，导致草场退化较为严重。

在土壤环境方面，土壤侵蚀以水力侵蚀和冻融侵蚀为主，空间上呈现南北分异（图 8-9）。门源县北部山区气温低、地形条件复杂，常年冰雪覆盖，侵蚀类型为土壤冻融侵蚀，强度以中、轻度为主。门源县中南部由于年均降水量均在 400mm 以上，整体受到水力侵蚀影响，强度大部分为轻度和微度；中度和强度范围较小，主要集中分布在南部的达坂山区。

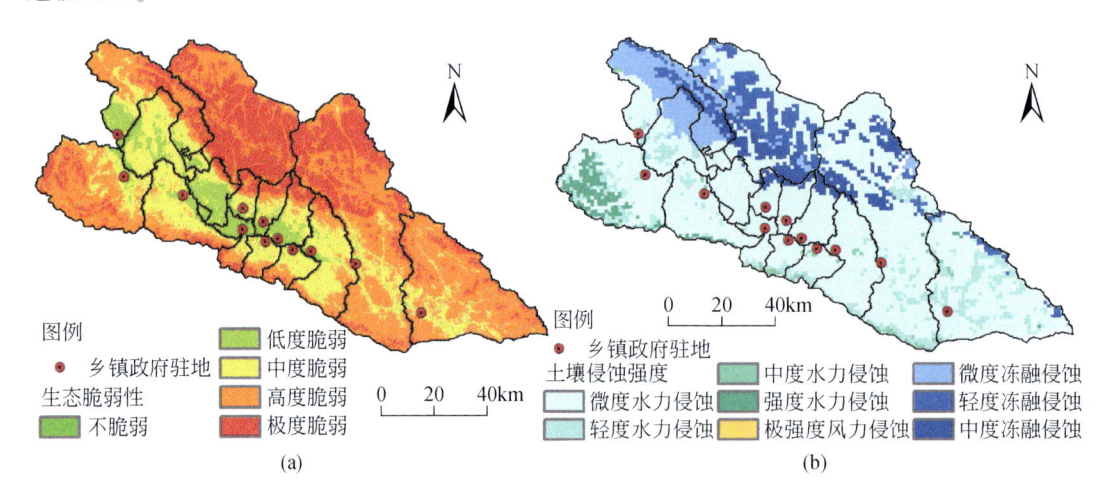

图 8-9 门源县生态脆弱性（a）和土壤侵蚀强度（b）分布图
数据来源：中国科学院资源环境科学与数据中心

在水环境方面，浩门河纳子峡断面和大通河入湟口断面监测数据显示，2018 年 1~12 月水质均为 Ⅱ 类及以上水平，地表水水质为优（表 8-1）。但从单项污染指标的超标状况来看，水污染物中的总氮、总磷两项指标处于超标状态，成为门源县的主要水污染因子[4]。从集中式饮用水的地下水水源水质监测来看，2018年水质为Ⅱ类，水质较好（表8-2）。

表8-1 2018年大通河水质监测表

监测断面	1月	2月	3月	4月	5月	6月	7月	8月	9月	10月	11月	12月
浩门河纳子峡断面	Ⅱ类	Ⅱ类	Ⅰ类	Ⅱ类	Ⅱ类	Ⅱ类	Ⅱ类	Ⅱ类	Ⅱ类	Ⅱ类	Ⅱ类	Ⅱ类
大通河入湟口断面	Ⅱ类	Ⅱ类	Ⅱ类	Ⅱ类	Ⅱ类	Ⅱ类	Ⅱ类	Ⅱ类	Ⅱ类	Ⅱ类	Ⅱ类	Ⅱ类

数据来源：青海省重点流域水质月报

表8-2 2018年门源县城镇集中式饮用水水源水质状况

时间	水源名称	水源类型	达标情况	水质类别
1~6月	门源县浩门镇老虎沟水源地	地下水	达标	Ⅱ类
7~12月	门源县浩门镇老虎沟水源地	地下水	达标	Ⅱ类

数据来源：青海省饮用水水源地水质状况

8.1.2 村镇建设情况

1. 村镇聚落特征

门源县下辖12个乡镇、112个行政村（居委会）和292个自然村①。各等级村镇聚落（乡镇、行政村和自然村）主要集中分布在中部的冲积平原地区，涉及浩门镇、青石咀镇、泉口镇、马莲乡、阴田乡、北山乡、西滩乡和东川镇，其乡镇聚落数量约占县域乡镇总数的66.67%（图8-10）。而苏吉滩乡、皇城乡、仙米乡和珠固乡的各等级村镇聚落分布较少且相对分散。中部的冲积平原区村镇聚落数量多且集中，这主要是由于这些地区地形平坦，耕地资源丰富，海拔相对较低，积温条件较好，又有大通河流经，水资源条件好，等等。因此，这些地区适宜村镇聚落建设和居民生活。

2. 村镇人口特征

2010~2018年门源县总人口整体呈现上升趋势，由2010年的15.52万上升到2018年的16.24万（图8-11）。其中，2010~2014年为持续增长，而2014~2018则表现为波动增长。2010~2018年农牧业人口规模与总人口规模变化相比，呈现出差异化的变化过程，基本表现为先上升后下降趋势，其中2010~2014年由12.90万人波动上升到13.12万人，

---

① 此处112个行政村（居委会）仅是村镇聚落，不包括浩门镇下辖的4个居委会（不属于村镇聚落）。

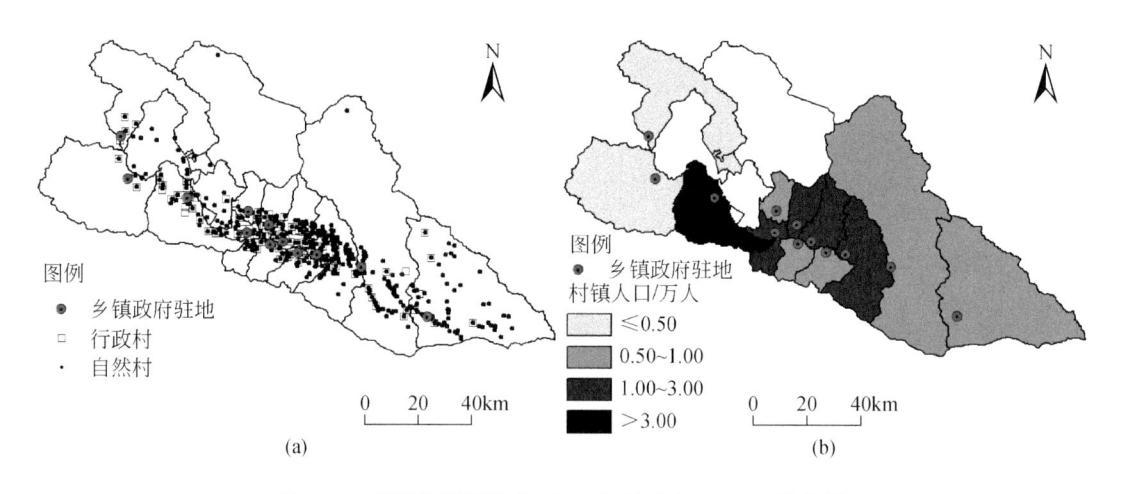

图 8-10 门源县村镇聚落（a）和村镇人口（b）分布图

数据来源：1∶100 万公众版基础地理信息数据（2017 年）、高德地图 POI、《门源年鉴（2019）》

2014~2018 年由 13.12 万人波动下降到 12.48 万人。在农牧业人口比例方面，2010~2018 年农牧业人口比例呈现下降趋势，由 83.14% 下降到 76.86%，但依然维持较高水平，平均约为 79.58%。在全国乡村人口呈现收缩的背景下，门源县农牧业人口在 2015 年才开始出现收缩，滞后于全国收缩时间。

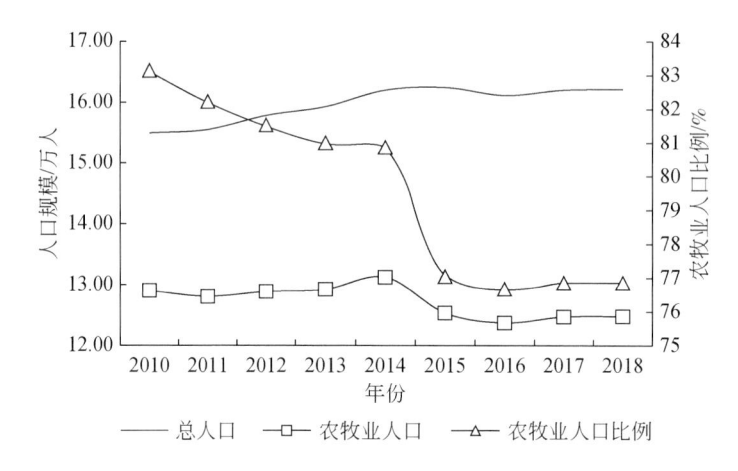

图 8-11 2010~2018 年门源县总人口与农牧业人口变化图

数据来源：2010~2017 年门源县统计资料、《门源年鉴（2019）》

从空间分布来看，门源县 2018 年分乡镇村镇人口规模表现为中部高、西北和东南低的空间分异特征（图 8-10）。其中，青石咀镇村镇人口规模最高（大于 3 万人）；次级（1 万~3 万人）包括浩门镇、西滩乡、泉口镇和东川镇 4 个乡镇；下一等级（0.5 万~1 万人）包括麻莲乡、阴田乡、北山乡、仙米乡和珠固乡 5 个乡镇；最低等级（≤0.5 万人）包括苏吉滩乡和皇城乡两个乡镇。村镇人口规模呈现高、低等级的乡镇数量少而中等等级的乡镇数量多的特征。

3. 村镇产业发展特征

在产业结构方面，2018 年三次产业增加值占地区生产总值比例分别为 29.38%、19.24% 和 51.38%[2]，以第三产业为主，第二产业比例最低。

在村镇农林牧业方面，2010~2018 年农林牧业及构成其的种植业、畜牧业和林业的增加值整体均呈现上升，年均增长率分别为 9.49%、6.76%、11.45% 和 33.97%[图 8-12（a）]。在村镇产业结构中，2010~2018 年种植业、畜牧业和林业平均分别占农林牧业比例的 41.59%、55.36% 和 0.72%。门源县种植业比例略低于畜牧业，和畜牧业共同成为农林牧业的主要构成，也印证了该县半农半牧的发展特征。

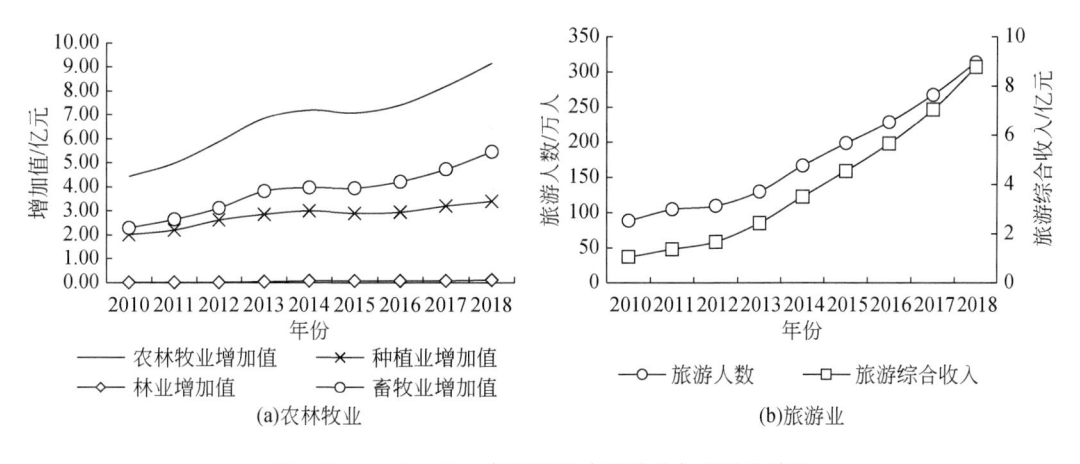

图 8-12　2010~2018 年门源县农林牧业与旅游业演化

数据来源：2010~2017 年门源县统计资料、《门源年鉴（2019）》

在旅游业方面，2010~2018 年门源县旅游人数和旅游综合收入均表现为持续增长[图 8-12（b）]。其中，2010~2018 旅游人数由 89.20 万人增长到 312.88 万人，旅游综合收入由 1.10 亿元增长到 8.75 亿元，分别增长了 250.76% 和 695.45%。可以看出，旅游综合收入增长幅度高于旅游人数增长幅度。据统计，2018 年全县开设农牧家乐总数 96 家（其中星级宾馆 35 家）；乡村旅游接待旅游人数达 80 万人次，旅游收入 7432 万元，分别占 2018 年县域旅游总体的 25.57% 和 8.49%[2]。乡村旅游收入所占比例与乡村旅游接待旅游人数所占比例不匹配，需要进一步挖掘乡村旅游消费深度，增加乡村旅游收入效益。

在种养规模方面，2010~2018 年农作物总播种面积略有增长，由 4.03 万 hm² 增长到 4.04 万 hm²，增长了 0.25%，增长速度较慢[图 8-13（a）]。在农作物种植结构中，2010~2018 年以青稞和油菜种植为主，分别约占总播种面积的 24.89% 和 51.42%。其中，青稞种植面积基本以增长为主，年均增长率约 6.47%；油菜种植面积则总体表现为波动变化，由 2.13 万 hm² 变化到 2.08 万 hm²。2010~2018 年，门源县牛羊存栏量呈现波动变化，其中 2010 年、2015 年和 2018 年分别为 55.92 万头、59.18 万头和 54.46 万头[图 8-13（b）]。在养殖构成中，羊存栏量 3 个年份平均约占牛羊存栏量的 78.33%。

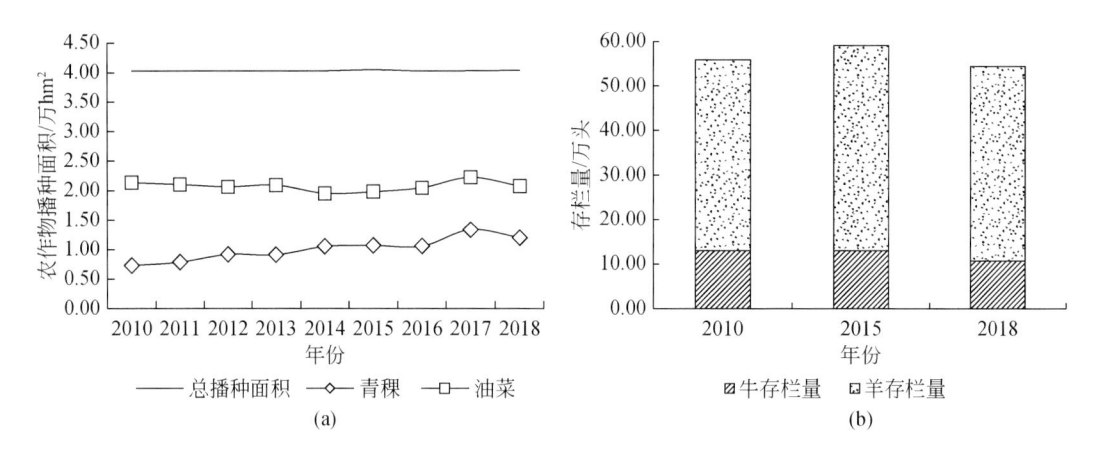

图 8-13 2010~2018 年门源县农作物种植面积（a）与牛羊存栏量（b）
数据来源：2010~2017 年门源县统计资料、《门源年鉴（2019）》

在农作物产量方面，青稞、油菜籽和小麦产量在 2010~2018 年表现为波动增长（图 8-14）。其中，青稞产量 2010~2018 年由 2.31 万 t 增长到 5.12 万 t，油菜籽产量由 3.04 万 t 增长到 3.71 万 t，小麦产量由 0.33 万 t 增长到 0.36 万 t，年均增长率分别为 10.46%、2.52%、1.09%。在构成中，2010~2016 年油菜籽产量最高，其次为青稞产量，占三种农作物总量的平均比例分别为 52.58% 和 42.32%；2017~2018 年青稞产量超过油菜籽产量，平均比例分别约为 52.37% 和 43.56%；小麦产量一直较低，2010~2018 年平均比例仅约 4.87%。

在畜产品产量方面，2010~2018 年肉类和牛奶产量分别由 1.06 万 t 和 1.07 万 t 增长到 1.69 万 t 和 1.36 万 t，年均增速分别为 6.00% 和 3.04%（图 8-14）。从两者产量水平来看，2010~2011 年肉类和奶类产量相当；2012~2018 年，两者产量差距逐渐拉大，比值由 1.09 扩大到 1.24。

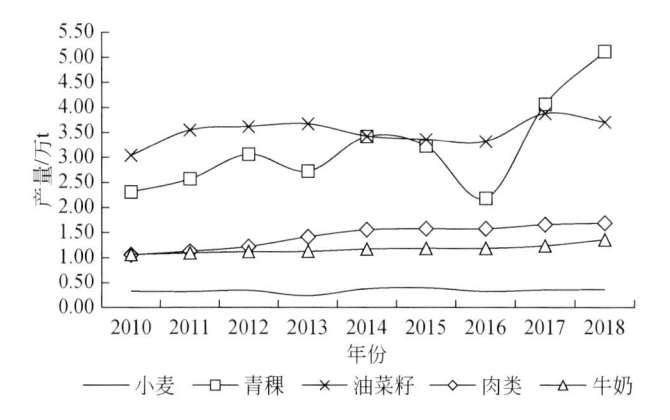

图 8-14 2010~2018 年门源县农畜产品产量变化
数据来源：2010~2017 年门源县统计资料、《门源年鉴（2019）》

4. 村镇居民生活水平特征

2010~2018年农牧居民人均可支配收入和农牧居民生活消费支出均呈现增长趋势（图8-15）。其中，农牧居民人均可支配收入由4313元增长到12 518元；农牧居民生活消费支出由3605元增长到11 202元。农牧居民收入和消费得到较大提高。从收入差距看，2010~2018年城乡收入差距较大，但趋向缩小，差距由3.26降低到2.69。2010~2018年农牧地区恩格尔系数也表现为下降，由50.74%下降到31.30%，食物支出比例降低，生活水平不断提高。

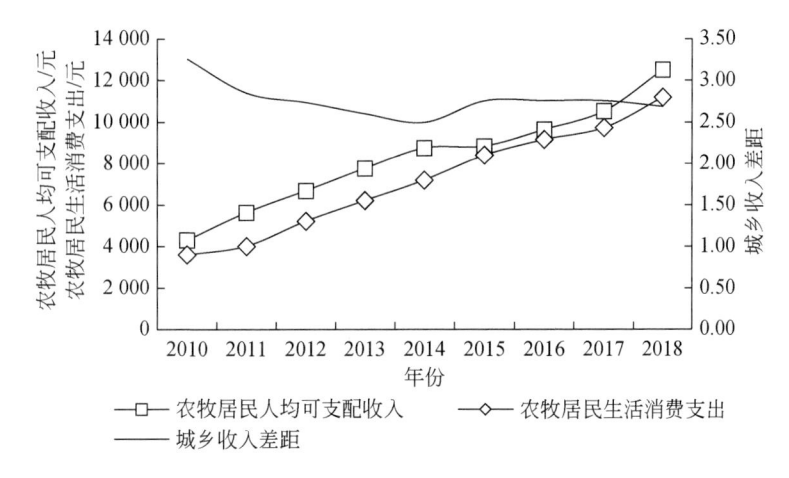

图8-15　2010~2018年门源县农牧居民生活水平
2010~2014年数据为农牧居民人均纯收入、2018年数据用2019年数据替代；
数据来源：2010~2017年门源县统计资料、《门源年鉴（2019）》、《门源回族自治县2019年国民经济和社会发展统计公报》

5. 基础设施概况

在村镇住房方面，2009年以来全县农牧区实施农村危房改造、游牧民定居工程和农村奖励性住房等安居工程。2017年全县在村庄有房的户数为2.96万户，总建筑面积276.08万 m^2，户均 94.14m^2，人均 20.8m^2。其中，砖木结构为村镇最主要的住房建筑结构（表8-3）。村镇住房建筑方式多为自请工匠建设。

表8-3　2017年门源县村镇住房建筑结构　　　　　　　（单位:%）

村镇住房建筑结构	比例
土木	2.23
石木	0.18
砖木	96.83
混合	0.63
其他	0.13

数据来源：《门源年鉴（2018）》

在村镇基础设施方面,门源县已建成对外沟通的高铁站 1 座、汽车客运站 1 座和 G227 国道,对外交通条件较为便利。根据门源县土地利用状况变更表数据,2010~2016 年农村道路面积逐年上升,从 975.36hm² 上升到 1045.52hm²,村镇公路交通基础设施得以不断完善。根据第三次农业普查数据,2016 年门源县村通公路率和村通电率均为 100%,集中或部分集中供水的乡镇达 91.70%;村、乡镇生活垃圾集中处理或部分集中处理率分别为 37.60%、83.30%;仅有 0.90% 的村生活污水集中处理或部分集中处理。村庄的垃圾处理和污水处理问题亟待进一步解决。到 2019 年,全县建成垃圾处理厂 2 个,12 个乡镇配备大小垃圾清运车 91 辆、垃圾箱 698 个。

在教育和医疗方面,当地实行了"村办幼儿园、乡镇办小学和县城办中学"的改革措施;各行政村设置村卫生室。2018 年门源县有高级中学 2 所、初级中学 3 所、小学 12 所以及幼儿园 102 所;乡村医生 153 人,每村 1~2 人[2]。在教育方面,2010~2018 年师生比先波动上升(2010~2014 年)再波动下降(2014~2018 年),水平由 22 上升到 24 又下降到 17,师资数量有所改善(图 8-16)。在医疗方面,每千人农牧业人口拥有乡村医生数在 2010~2018 年也表现为先波动上升(2010~2016 年)后下降的态势(2016~2018 年),水平由 1.27 人波动上升到 1.32 人又下降到 1.23 人,乡村医疗服务压力有所增大(图 8-16)。

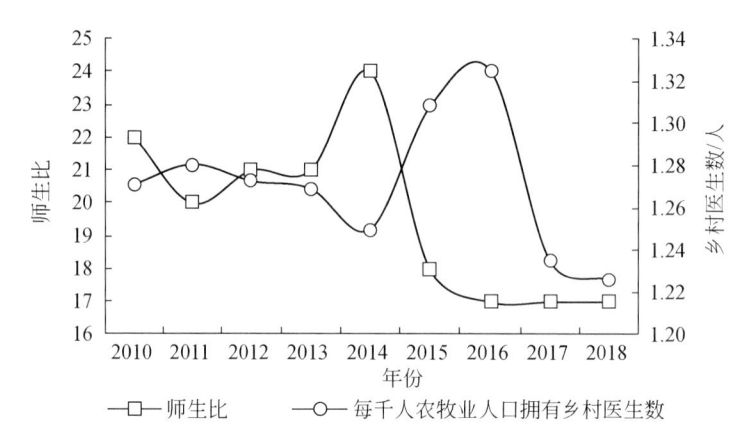

图 8-16 2010~2018 年门源县师生比和每千人农牧业人口拥有医生数变化
数据来源:门源县教育局、2010~2017 年门源县统计资料

8.2 调研村镇类型与调研路线

8.2.1 调研村镇类型

1. 村镇概况

门源县下辖 12 个乡镇、3 个居委会、109 个行政村、292 个自然村(表 8-4)。乡镇规

模等级包括1个县城镇、3个中心镇和8个一般镇（表8-4）。各乡镇平均包括约9个行政村（居委会）24个自然村，乡镇间差异较大。乡镇区域面积平均约530.14km²，仙米乡面积最大1462.10km²、麻莲乡面积最小57.21km²。2020年，各乡镇常住人口不均衡，其中浩门镇常住人口数量最多（5.38万人）、皇城乡常住人口数量最少（0.10万人）。

表8-4　门源县村镇区划基本情况统计表

乡镇名称	乡镇政府驻地	行政村/居委会	乡镇所辖行政村（居委会）	自然村/个	区域面积/km²	2020年常住人口/万人	规模等级
浩门镇	环城南路	9个行政村	北关村、南关村、西关村、团结村、疙瘩村、头塘村、煤窑沟村、小沙沟村、二道崖湾村	17	378.37	5.38	县城镇
青石咀镇	西街	16个行政村、2个居委会	红山嘴村、红牙合村、青石嘴村、黑石头村、上吊沟村、下吊沟村、德庆营村、石头沟村、尕大滩村、上铁迈村、西铁迈村、东铁迈村、大滩村、下大滩村、白土沟村、红沟村、宁张路居委会、吊沟路居委会	19	490.98	2.43	中心镇
北山乡	北山根村	7个行政村	北山根村、大泉村、沙沟脑村、沙沟梁村、金巴台村、下金巴台村、东滩村	11	112.88	0.51	一般镇
麻莲乡	下麻莲村	6个行政村	白崖沟村、瓜拉村、中麻莲村、下麻莲村、包哈图村、葱花滩村	11	57.21	0.52	一般镇
西滩乡	西吉滩村	10个行政村	东马场村、西马场村、崖头村、老龙湾村、东山村、下西滩村、纳隆村、宝鸡湾村、上西滩村、边麻掌村	21	360.00	0.68	一般镇
泉口镇	旱台村	18个行政村	牙合村、大庄村、黄田村、东沙河村、西沙河村、大湾村、花崖村、腰巴村、泉口台村、窑洞庄村、多麻滩村、黄树湾村、西河坝村、中滩村、后沟村、沈家湾村、俄博沟村、旱台村	38	365.18	1.27	中心镇
东川镇	孔家庄村	12个行政村、1个居委会	碱沟村、孔家庄村、塔龙滩村、尕牧龙上村、尕牧龙中村、尕牧龙下村、却藏村、香卡村、甘沟村、麻当村、巴哈村、寺尔沟村、孔家庄居委会	96	574.87	1.18	中心镇
阴田乡	下阴田村	7个行政村	大沟脑村、大沟口村、上阴田村、下阴田村、米麻龙村、卡子沟村、措龙滩村	20	135.10	0.68	一般镇

续表

乡镇名称	乡镇政府驻地	行政村/居委会	乡镇所辖行政村（居委会）	自然村/个	区域面积/km²	2020年常住人口/万人	规模等级
仙米乡	大庄村	8个行政村	桥滩村、塔里华村、大庄村、德欠村、达龙村、讨拉村、龙浪村、梅花村	25	1462.10	0.44	一般镇
珠固乡	玉龙村	7个行政村	玉龙村、雪龙村、东旭村、元树村、初麻村、德宗村、珠固寺村	24	1003.00	0.37	一般镇
皇城乡	东滩村	4个行政村	东滩村、西滩村、马营村、北山村	4	742.00	0.10	一般镇
苏吉滩乡	察汉达吾村	5个行政村	扎麻图村、燕麦图呼村、察汉达吾村、苏吉湾村、药草梁村	6	680.00	0.11	一般镇

资料来源：《门源年鉴（2019）》《门源县第七次全国人口普查公报》

2. 村镇类型

门源县属于以农为主、农牧结合的地区。根据《门源县乡村振兴战略规划（2018—2022)》和资源环境条件，将各乡镇划分为城乡融合型、农牧结合型、生态主导型和牧业主导型4类（表8-5）。其中，浩门镇属于县政府驻地，基础设施建设水平和城镇化水平较高，因此划为城乡融合型村镇；珠固乡和仙米乡位于仙米国家森林公园，划为生态主导型村镇；苏吉滩乡和皇城乡有丰富的草场资源，牲畜存栏量高，划为牧业主导型村镇；其余乡镇均具有半农半牧的特点，划为农牧结合型村镇。

表8-5 门源县各村镇类型划分

乡镇名称	产业类型	村镇类型划分
浩门镇	旅游、商贸、农副产品加工、农牧业	城乡融合型
青石咀镇	商贸和旅游产业发展	农牧结合型
泉口镇	现代农业、生态旅游	农牧结合型
东川镇	种植业、乡村旅游、农副产品加工	农牧结合型
北山乡	种植业、舍饲畜牧业、乡村旅游、劳务经济	农牧结合型
阴田乡	种植业、舍饲畜牧业、乡村旅游、劳务经济	农牧结合型
麻莲乡	种植业、舍饲畜牧业、乡村旅游、劳务经济	农牧结合型
西滩乡	种植业、农畜产品加工、乡村旅游、劳务经济	农牧结合型
珠固乡	乡村旅游、舍饲畜牧业	生态主导型
仙米乡	生态、旅游、舍饲畜牧业、民俗体验、林下经济	生态主导型
苏吉滩乡	生态畜牧业和草原旅游	牧业主导型
皇城乡	生态畜牧业、草原雪峰及蒙古族文化旅游	牧业主导型

注：产业类型来源于《门源县乡村振兴战略规划（2018-2022)》

3. 调研村镇类型

根据门源县村镇建设与资源环境基本概况，结合村镇类型和各乡镇空间分布状况（表8-6、图8-17），选择浩门镇（头塘村、小沙沟村、二道崖湾村）、苏吉滩乡（药草梁村、扎麻图村）、东川镇（孔家庄村、寺尔沟村、却藏村）和仙米乡（大庄村、桥滩村、梅花村）共4个乡镇和11个行政村作为调研村镇（表8-3）。各调研村的村庄类型以半农半牧为主，这与门源县半农半牧的农业发展特征直接相关；除此之外，还包括纯牧业村。所选调研村镇覆盖所有村镇类型，结构合理。在各调研村中，仙米乡调研村距县城的距离最远；苏吉滩乡的药草梁村和仙米乡的梅花村距乡镇驻地最远。

表8-6　调研村类型和交通区位条件　　　　　　　　　　（单位：km）

调研乡镇名称	调研村名称	村庄类型	距乡镇驻地距离	距县城驻地距离
浩门镇	小沙沟村	半农半牧	3.50	3.50
	头塘村	半农半牧	3.50	3.50
	二道崖湾村	半农半牧	6.50	6.50
苏吉滩乡	扎麻图村	纯牧业	6.00	44.00
	药草梁村	纯牧业	43.00	30.00
东川镇	孔家庄村	半农半牧	0.00	24.00
	却藏村	半农半牧	8.00	32.00
	寺尔沟村	半农半牧	12.00	32.00
仙米乡	大庄村	半农半牧	0.00	44.80
	桥滩村	半农半牧	7.00	52.00
	梅花村	半农半牧	28.00	67.00

资料来源：《门源县乡村振兴战略规划（2018–2022）》

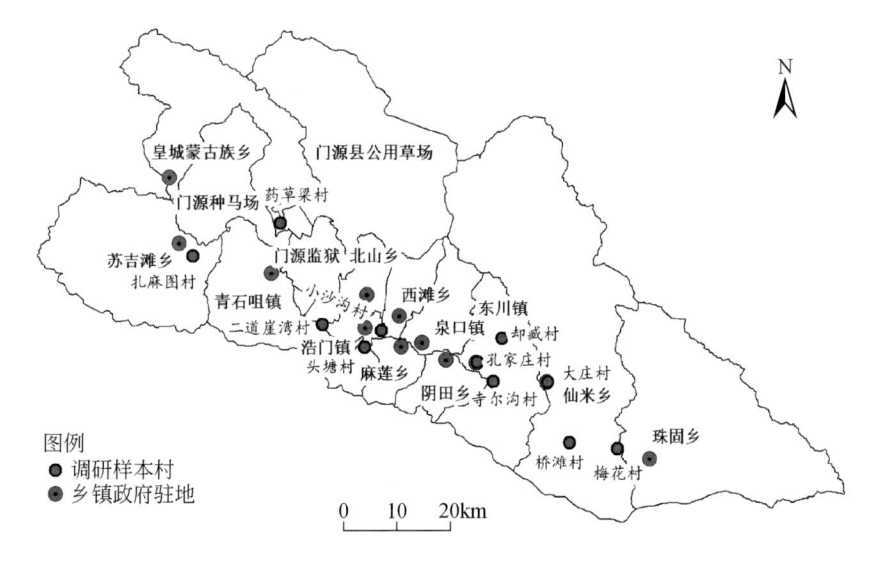

图8-17　门源县调研样本村分布图

8.2.2 调研技术路线

1. 调研村空间分布

门源县域呈现西北—东南走向,景观上由西北向东南依次为草原、农田和森林。调研乡镇数量占全县乡镇总数的33.33%,从西北到东南依次为苏吉滩乡、浩门镇、东川镇和仙米乡;调研样本村数量约占全县村镇数量的10.00%;调研村镇从西北到东南在空间分布上基本覆盖全域(图8-17)。

2. 调研方法

(1)访谈法:通过与门源县住房和建设局、发展和改革局及统计局等相关职能部门负责人沟通,了解县域村镇建设及其资源环境基础总体情况,收集县域村镇建设与资源环境状况统计资料。在调研样本村,通过与村委会主要负责人座谈,收集村镇建设与资源环境基础数据。

(2)问卷法:问卷包括村庄问卷和农户问卷。村庄问卷涉及村庄的基本信息、经营产业、用地状况、用水状况、基础设施、教育医疗和建设管理7方面内容。农户问卷涉及农户的基本信息、家庭经济状况、用地状况、用水状况、人居环境5方面内容。

3. 调研路线

结合调研内容和调研村分布情况,将门源县调研路线做如下安排。

(1)2019年7月28日下午。地点:海北州门源县城;内容:联系门源县住房和建设局相关领导,协调相关调研事宜。

(2)2019年7月29日上午。地点:县政府相关部门;内容:访谈,开展数据资料收集。

(3)2019年7月29日下午。地点:浩门镇头塘村、小沙沟村、二道崖湾村;内容:问卷调查与访谈、资料收集。

(4)2019年7月30日。地点:苏吉滩乡药草梁村、扎麻图村;内容:问卷调查与访谈、资料收集。

(5)2019年7月31日上午。地点:县政府相关部门;内容:沟通交流,对数据资料补充搜集。

(6)2019年7月31日下午。地点:东川镇孔家庄村、寺尔沟村、却臧村;内容:问卷调查与访谈、资料收集。

(7)2019年8月1日。地点:仙米乡大庄村、桥滩村、梅花村;内容:问卷调查与访谈、资料收集。

(8)2019年8月2日。返回西安,调研总结。

8.3 浩 门 镇

8.3.1 村镇聚落概况

浩门镇属于县城镇，因位于浩门河畔而得名，位于门源县中部，东临西滩乡、南接麻莲乡，西与浩门农场毗邻，北与北山乡接壤（图 8-17）。县域平均海拔 2861m，面积 378.37km²，县城部分占地约 60km²。浩门镇下辖 9 个行政村、17 个自然村（表 8-4）。小沙沟村、头塘村和二道崖湾村为调研组在浩门镇的 3 个重点调研村。3 个调研村基本情况如下。

（1）小沙沟村。小沙沟村地形平坦，位于浩门镇东侧 3.50km 处，南与浩门河相望，东临西滩乡，西与门源县城相邻，北接西滩路。全村包括小沙沟村、古城村和陈庄村 3 个自然村，共 1635 人。该村多民族聚居，回族人口约占 42%，其他少数民族人口约占 25%。

（2）头塘村。头塘村南高北低，属山谷地形，位于浩门镇南侧 3.50km 处，北与浩门河相望，东邻煤窑沟村。头塘村包括头塘一队、头塘二队和头塘三队 3 个自然村，共 1127 人，是一个以汉族为主，藏族、土族等民族聚居的行政村。

（3）二道崖湾村。二道崖湾村地形平坦，位于门源县中西部，浩门镇政府驻地以西 6.50km，南邻浩门河，北接青克公路，东邻浩门镇疙瘩村，西与浩门农场接壤。该村包括两个自然村：二道崖湾村和下尖尖村，共 2342 人；民族以回族为主，少数民族人口约占总人口的 99.30%。

8.3.2 村镇人口概况

2014~2018 年，浩门镇村镇人口、劳动力比例和外出务工劳动力比例整体略有增加。其中，村镇人口平均维持在 1.40 万人左右，劳动力比例由 50.13% 波动增长到 50.19%，外出务工劳动力比例由 70.63% 波动增长到 71.47%（表 8-7），人口外流问题较为突出。在抚养比方面，2014~2018 年浩门镇抚养比较为稳定，平均水平为 0.98（表 8-7）。根据青海省第七次全国人口普查数据显示，全省抚养比为 0.52，表明浩门镇村镇抚养压力较高。在非农化方面，根据统计，2018 年非农户为 227 户，非农化水平达到 6.63%。

表 8-7 2014~2018 年浩门镇村镇人口特征

指标	2014 年	2015 年	2016 年	2017 年	2018 年
村镇人口/万人	1.39	1.40	1.40	1.40	1.40
劳动力比例/%	50.13	49.91	50.99	50.99	50.19
抚养比	0.99	1.00	0.96	0.96	0.99

续表

指标	2014年	2015年	2016年	2017年	2018年
非农化/%	—	—	—	—	6.63
外出务工劳动力比例/%	70.63	70.93	70.23	70.23	71.47

资料来源：门源县农牧水利和科技局。

注：抚养比为非劳动力人口与劳动力人口比值；非农化为非农户占村镇总户数比例；外出务工劳动力比例为外出务工劳动力数量占劳动力总数比例（下同）

根据调研村数据，3个调研村劳动力比例整体高于全镇水平（表8-7、表8-8）。在三个调研村中，小沙沟村和头塘村抚养比较低，仅有二道崖湾村抚养比高于全省水平（0.52），抚养压力相对较大。在老龄化方面，小沙沟村和头塘村已经步入严重老龄化（老龄化水平>10%），二道崖湾村虽然未进入严重老龄化，但老龄化问题也趋于突出。

表8-8 浩门镇调研村人口特征

调研村	劳动力比例/%	抚养比	老龄化/%
小沙沟村	79.38	0.26	10.63
头塘村	81.28	0.23	10.96
二道崖湾村	65.29	0.53	8.97

资料来源：村委调查问卷

注：老龄化为60岁及以上人口占总人口比例

浩门镇地处冲积平原，耕地面积较多，村镇人口集聚程度较高。根据实地调研，小沙沟村距县城较近，部分劳动力就近在县城务工；同时，也有大批劳动力到省外务工。二道崖湾村约有40户常年外出务工，以开拉面馆为主。通过对小沙沟村、头塘村和二道崖湾村的调研，发现调研农户每家多有1~2人在外务工，老人和小孩在家留守。该镇情况与国内许多乡镇情况类似，乡村劳动力流失问题突出，存在老弱化和空心化问题。

8.3.3 村镇经济发展概况

浩门镇下辖村庄主要属于半农半牧型，村镇经济主要依靠农牧业和劳务输出，同时依靠旅游资源和距县城近的优势，旅游业也有一定发展。2018年全镇经济总收入1.45亿元[2]。镇域范围内地势平坦、土壤肥沃、水源丰富，具有较好的农业生产条件。作物类型主要为青稞、油菜和小麦。当地油菜为小油菜，小油菜籽出油率高、品质好；同时油菜花作为重要的旅游景观，为当地带来较好的收益。2018年，粮食单产3675kg/hm^2，油菜籽单产1680kg/hm^2；育肥贩运牛0.27万头，育肥贩运羊、羔羊1.55万只[2]。2018年，外出务工人数5031人，约占劳动力人数的71.47%，实现劳务收入3960.32万元[2]。镇域内有油菜花海景区，经营农家乐共12家。

从调研村产值来看，牧业产值在头塘村和二道崖湾村的总产值中，占有重要地位，分别约为59.83%和38.00%，均高于种植业产值（粮食作物、油料作物）（表8-9）。在种植业产值中，粮食作物产值高于油料作物产值，头塘村和二道崖湾村分别约为28.12%和12.00%；油料作物产值占比最低，头塘村和二道崖湾村分别约12.05%和10.00%（表8-9）。

表8-9 2017年调研村产值构成

产值类型	头塘村	二道崖湾村
村总产值/万元	225.65	8859.38
粮食作物产值占比/%	28.12	12.00
油料作物产值占比/%	12.05	10.00
牧业产值占比/%	59.83	38.00

资料来源：《门源县乡村振兴战略规划（2018–2022）》。
注：小沙沟村数据暂缺

从调研村家庭收入构成看，除头塘村外出务工收入占比由于样本原因较小外，其他调研村均存在外出务工收入占家庭收入的比例最大，其次为牧业收入，种植业收入占比较低的现象（表8-10）。在统计数据中，2018年浩门镇人均劳务收入0.68万元，约占农民人均纯收入的63%，也印证了劳务收入是浩门镇村镇居民收入的主要来源。

表8-10 调研村家庭收入构成

调研村	平均家庭年收入/万元	平均种植业收入占比/%	平均牧业收入占比/%	平均外出务工收入占比/%
小沙沟村	5.60	21.78	44.10	60.48
头塘村	6.90	48.40	58.66	7.66
二道崖湾村	4.30	7.62	61.68	86.08

资料来源：村委调查问卷。
注：各调研村数据基于调研农户资料，汇总后求均值得出；各项占比只表示收入来源比例状况，加总不等于100%；汇总过程去除异常值

根据调研，除个别承包经营农户，调研农户的种植业年收入平均约1.56万。除此之外，当地也有特色种植业，如头塘村的有机蔬菜已初具规模。有机蔬菜种植经济效益较高，最大的种植户除自家1.40hm²耕地种植外，还承包村里耕地53.33hm²，经营28个大棚。蔬菜采摘较忙时节能解决村内约30个村民的就业问题。同时，农户在东部院校聘请农业专家，培育良种和学习科学的种植方法。该村有机蔬菜服务范围涉及门源县城以及西宁市区，同时也远销上海等东部大城市。二道崖湾村约有40户常年在外经营拉面馆，呈现举家外出的特征，调研农户务工收入在3万~21万元不等，务工户的务工年收入约5.46万，远高于种植业的收益。在调研村镇中，头塘村牛、羊存栏量较高且具有优势（表8-11），但户均规模上，羊的存栏量相对较低。其中，小沙沟户均牛1.5头、羊12.8只；头塘村户均牛3.9头、羊9.8只；二道崖湾村户均牛2头、羊7只。

在旅游业方面，浩门镇调研村主要经营农家乐，发展明显不足。旅游资源主要有油菜花和照壁山等。头塘村被评为省级乡村旅游示范村。根据调研，小沙沟村和头塘村分别有5户和3户经营农家乐。头塘村背靠照壁山，正积极寻求旅游业投资，发展近郊农业观光旅游，目前旅游资源吸引力不足，以周边小范围游客为主。虽然门源县高铁的开通提高了

交通便利性，但旅游资源吸引力弱且未形成成熟旅游环线，即使交通便利也减少了游客过夜的可能性。

表 8-11　调研村牛羊牲畜存栏量

调研村	牛存栏量/千头	羊存栏量/千只
小沙沟村	0.34	3.50
头塘村	4.00	11.00
二道崖湾村	2.28	3.55

资料来源：村委调查问卷

8.3.4　村镇发展的水土（草）资源特征

1. 水资源利用状况

浩门镇年均降水量518mm，降水集中在7~10月；境内有大通河流经，地下水资源丰富[5]。浩门镇村镇用水以居民生活用水和牲畜饮水为主，农业灌溉用水较少。其中，头塘村的牛羊饲养年用水量最高，达到9.05万t，占到牛羊饲养和农村生活用水的83.41%；二道崖湾村的农村年生活用水量在3个村中最高，达到3.85万t，较为接近该村牛羊饲养年用水量（4.37万t）；小沙沟村中由于牛羊存栏量较低，因此以农村年生活用水量为主，占两种用水总量的63.37%（表8-12）。

表 8-12　调研村用水量　　　　　　　　　　（单位：万t）

调研村	牛羊饲养年用水量	农村年生活用水量
小沙沟村	1.52	2.63
头塘村	9.05	1.80
二道崖湾村	4.37	3.85

资料来源：村委调查问卷

注：根据青海省《用水定额》（DB63/T 1429—2021），牛（按肉牛）用水定额为40L/（头·d），羊用水定额为8L/（头·d），农村人均生活用水量定额为45L/（人·d）

2. 土地资源利用特征

2018年，全镇总耕地面积3953.33hm^2，人均耕地面0.31hm^2；可利用天然草场面积12 466.67hm^2[2]。根据国家统计局数据，2017年青海省和全国人均耕地面积均约0.10hm^2。浩门镇人均耕地面积高于青海省和全国人均水平。

在耕地利用中，各调研村人均耕地面积也整体高于青海省人均水平，其中头塘村人均耕地面积最高，小沙沟村人均耕地面积最低（表8-13）。但小沙沟村通过耕地流转，提高了利用效益。头塘村中，有机蔬菜种植经济效益较高，最大的种植户除自家1.40hm^{2}耕地外，还承包村内其他农户的53.33hm^{2}耕地。

表 8-13　调研村土地利用现状

调研村	人均耕地面积/hm²	羊单位实际草地面积/hm²	人均宅基地面积/m²
小沙沟村	0.18	0.09	106.67
头塘村	0.31	0.05	86.67
二道崖湾村	0.21	0.12	80.00

资料来源：村委调查问卷；《门源县乡村振兴战略规划（2018-2022）》。

注：根据《天然草地合理载畜量的计算》(NY/T 635—2015)，绵羊为1个羊单位、牦牛为4.5个羊单位

在草地利用中，各调研村羊单位实际草地面积（表8-13）均低于1.78hm²的标准[3]。小沙沟村、头塘村和二道崖湾村羊单位实际草地面积分别仅占标准羊单位草地面积的5.06%、2.81%和6.74%。可以看出，各村草畜矛盾均较为突出。

根据青海省实施的《中华人民共和国土地管理法》，青海省城市郊区及县辖镇郊区每户宅基地面积≤200m²。通过调研，小沙沟村、头塘村和二道崖湾村每户人口平均分别约5人、4人和6人。据此，计算出3个调研村的人均宅基地面积分别应≤40m²、≤50.00m²和≤33.33m²。小沙沟村、头塘村和二道崖湾村实际的人均宅基地面积均高于青海省标准（表8-13）。

8.3.5　村镇人居环境概况

调研村庄的进村道路和村内主要道路基本已实现硬化（表8-14），其中小沙沟村和头塘村均有公共交通可以直达县城，而二道崖湾村尚无直达县城的公共交通。另外，调研村内主要道路具有公共照明设施。

表 8-14　调研村人居环境状况

指标	小沙沟村	头塘村	二道崖湾村
村内道路硬化率/%	—	100.00	84.82
路灯状况（是/否）	是	是	是
安全用水达标率/%	100.00	100.00	100.00
污水处理设施（是/否）	否	否	否
垃圾处理设施（是/否）	是	否	否

资料来源：《门源县乡村振兴战略规划（2018-2022）》

浩门镇虽然为门源县城所在地，调研村庄已实现自来水全覆盖，但从所调研的村镇来看，村庄内并没有生活污水处理设施（表8-14），家庭生活污水直接排放。在三个调研村，人均生活污水日排放量相差不大，介于10.21~10.90L/d。家庭生活中，洗衣粉和洗洁精是水污染的重要污染物来源，使用量受到家庭人口规模、经济水平和生活习惯等影响而存在差异。二道崖湾村洗衣粉和洗洁精的使用量均最高；小沙沟村和头塘村在洗衣粉和

洗洁精使用量方面较为接近（表8-15）。

在生活垃圾处理方面，浩门镇基本实现垃圾集中处理，垃圾处理率达到100%。调研村内均有生活垃圾中转站，其中小沙沟村距县城近，主要运送到县城处理（表8-14）；头塘村和二道崖湾村选择就近集中填埋。调研村人均生活垃圾日倾倒量也基本接近，维持在0.41~0.58kg/d（表8-15）。在水厕改造方面，调研村均有农户已完成水厕改造，其中头塘村改造户最多，达到120户。但由于处理问题，水厕尚没有真正投入使用，这也是农村改厕面临的普遍问题。目前，调研村厕所粪便以直接还田为主。

表8-15 调研村家庭生活污水、日用品消耗和垃圾倾倒状况

调研村	人均生活污水日排放量/L	人均洗衣粉月使用量/kg	人均洗洁精年使用量/kg	人均生活垃圾日倾倒量/kg
小沙沟村	10.90	0.58	1.46	0.41
头塘村	10.21	0.54	1.39	0.58
二道崖湾村	10.47	0.82	2.24	0.45

资料来源：农户调查问卷

8.3.6 村镇医疗教育概况

在医疗方面，浩门镇除了县城的中医院、海北州第二人民医院和安贞医院外，还有3个社区卫生院和18个村卫生室。各行政村实现卫生室全覆盖。根据调研，三个调研村均各有卫生室2个、乡村医生2人，但每千人拥有乡村医生数相差较大（表8-16）。其中，头塘村水平相对较高，而二道崖湾村乡村医生存在一定缺口。

在教育方面，门源县推行"县办中学、村办小学和幼儿园"措施。浩门镇为门源县城所在地，因此有2所高中、3所初中、2所小学和16所幼儿园。根据调研，三个调研村的学生从小学开始到县城学校就读，小沙沟村的学生学前教育阶段也需要到县城就读。其中，头塘村和二道崖湾村幼儿园的师生比分别为4和20（表8-16）。可以看出，二道崖湾村幼儿园的师生比存在较大压力。

表8-16 浩门镇调研村医疗教育状况

指标	小沙沟村	头塘村	二道崖湾村
每千人拥有乡村医生数/人	1.25	1.83	0.85
幼儿园数量/所	0	1	1
幼儿园师生比	—	4	20

资料来源：村委调查问卷

8.4 东川镇

8.4.1 村镇聚落概况

东川镇位于县城东部,西与泉口镇、阴田乡接壤,东与仙米乡毗邻(图8-17),孔家庄村为东川镇政府所在地。辖区总面积574.87km²,平均海拔高度约2730m,下辖12个行政村、1个居委会,96个自然村,89个村民小组,全镇共有5191户、19 758人。3个调研村基本情况如下。

(1)孔家庄村。孔家庄村为东川镇政府驻地,属丘陵山地地形,与县城驻地相距23km,东邻塔龙滩村,西接泉口镇,南邻阴田乡。全村总面积12km²,下辖7个自然村。2018年,孔家庄村共有1457人,其中少数民族人口约占16%,包括藏族、土族、蒙古族等少数民族。

(2)寺尔沟村。寺尔沟村位于山谷地带,地貌起伏大,丘陵山地景观优美,河流穿村而过。该村位于东川镇政府驻地东南12km处,距县城驻地约35km,西接巴哈村,北邻香卡村。全村区域面积31km²,辖6个自然村;2018年,寺尔沟村共有985人,少数民族人口约占32%,少数民族主要包括藏族、土族、蒙古族等。

(3)却藏村。却藏村属丘陵山地地形,位于东川镇政府驻地东北部约8km,距离县城约32km,南邻香卡村,西接尕牧龙中村。全村总面积42km²,包括7个自然村。

8.4.2 村镇人口概况

2014～2018年全镇村镇人口规模呈先上升后下降趋势,2014～2017年全镇村镇人口由2.02万人上升到2.06万人,2018全镇总人口下降到1.98万人,下降0.08万人(表8-17)。劳动力比例呈现波动变化,"下降—上升"交替呈现,平均比例约为51.88%。其中,外出务工劳动力比例也表现为波动变化,具体为2014～2017年呈现上升趋势,至2018年有所下滑,平均比例约45.25%。2014～2018年抚养比整体表现为波动下降,但平均水平仍较高,约0.93,明显高于全省水平(0.52)。在非农化方面,2014～2018年非农化水平也呈现波动上升趋势,由14.23%上升到15.72%。

表8-17 2014～2018年东川镇村镇人口特征

指标	2014年	2015年	2016年	2017年	2018年
村镇人口/万人	2.02	2.05	2.06	2.06	1.98
劳动力比例/%	51.18	50.42	52.78	51.48	53.55
抚养比	0.95	0.98	0.89	0.94	0.87
非农化/%	14.23	14.26	14.05	11.97	15.72
外出务工劳动力比例/%	43.06	43.06	48.47	49.69	41.96

资料来源:门源县农牧水利和科技局

调研村中，孔家庄村、寺尔沟村和却臧村劳动力比例明显高于全镇水平（53.55%）（表 8-17、表 8-18）。在抚养比方面，3 个调研村 2018 年抚养比水平低于同期全镇水平（0.87），也低于全省水平（0.52），抚养压力相对较低。但孔家庄村、寺儿沟村和却臧村老龄化水平分别为 12.97%、12.86% 和 10.52%，均已进入严重老龄化阶段（老龄化水平>10%）。

表 8-18　东川镇调研村人口特征（2018 年）

调研村	劳动力比例/%	抚养比	老龄化/%
孔家庄村	73.99	0.35	12.97
寺尔沟村	67.59	0.48	12.86
却臧村	71.96	0.39	10.52

资料来源：村委调查问卷

在"推拉力"的双重作用下，农村青年劳动力不断流失，农业收入较低、耕地压力大、全球气候变迁等因素都在推动着农村劳动力的外流，而城市经济收入较高、服务设施优越以及良好的生活条件都在吸引着农村劳动力的涌入[6,7]。孔家庄村的调研结果能很好地佐证农村青年劳动力外流这一现象，该村共有劳动力 1078 人，其中 480 人外出务工，外出务工率达 44.53%，外出务工人员主要集聚在新疆、甘肃、西藏等欠发达地区，剩下的劳动力主要在本地从事养殖业和种植业。却臧村的访谈农户反映的情况也证实了乡村青年劳动力不断流失的现状。近年来，村子里的年轻人越来越少，留在村子里的基本都是老年人和小孩。农村种地收益较低，家里的主要收入来源于就近打工，基本为老年人在家种地，儿子、儿媳都在县城打工，孙辈在外读书。

8.4.3　村镇经济发展概况

2018 年，东川镇经济总收入达 22 001.16 万元。其中，第一产业产值为 9482.50 万元，占 43.10%，第二产业产值为 352.02 亿元，占 1.60%，第三产业产值为 12 166.64 亿元，占 55.30%[2]。可见东川镇以第一、第三产业为主。全年出栏各类牲畜 3.05 万头（只），粮食亩产 292kg，油料亩产 142kg，粮油良种率达 100%，蔬菜种植 193.33hm²；劳务收入达 6013.94 万元，人均劳务收入为 2931.20 元[2]。全镇村集体经济逐渐发展壮大，村集体经济收益达到了 160.29 万元，其中年收益 3 万~5 万元的村庄有 6 个，年收益 5 万元以上的村庄有 6 个，12 个行政村全部实现村集体经济"破零"。

东川镇一方面积极推动农牧业产业结构优化调整，通过改善乡村电子商务环境，搭建了特色化的电子商务交易平台，为农牧业的现代化发展提供了助力。当地种植了当归、羌活等药材 26.67hm²，高原甜脆豆 51.33hm²，推进了农牧业结构转型升级和集约化经营[2]；另一方面，实施了青稞油菜种植、优质饲草种植以及牛羊养殖工程。全镇农作物播种面积达 4133.33hm²，其中粮食作物面积 1960hm²，油料作物面积 1440hm²，饲草作物面积 726.67hm²[2]。另外，全镇共发放春播备耕贷款 3000 万元、耕地地力保护补贴和草原生态奖补资金 630 万元，农产品销售纯收入达 720 万元，农牧民收入逐渐增加。

孔家庄村的村集体经济经营状况较好，包括村办旅行社、停车场、综合商贸楼及东川集贸市场等产业。粮食作物亩产200kg，油菜亩产75kg，当归亩产近500kg，羌活3年亩产275kg。2018年，全村人均纯收入达12 199元。

寺尔沟村通过养殖业结构调整，推动了特色养殖业基地化、区域化和规模化，建成了2个规模化的生态畜牧专业养殖合作社，吸收了200户农户入股。每年年底给入股村民进行分红，村民经济收入显著增加，生活质量明显改善。同时，借助高原美丽乡村建设的契机，依托独特的生态资源，聚力打造以苗木培育为核心的生态旅游业，发展壮大林业产业，并稳步推进乡村休闲旅游业发展，积极引导群众参与乡村旅游业，以发展旅游的方式促进了农牧民增收。2018年，全村人均纯收入达11 193元。

却藏村以传统农业和种植业为主，其中粮食作物亩产200kg，油菜亩产100kg，村集体经济年收入3万元。2018年，全村人均纯收入达11 000元。

孔家庄村和寺尔沟村的当归、羌活和人参果等药材是当地的特色，种植规模较大、收益高，在农业收入中具有重要的地位，但是大部分农户没有购买种植业和畜牧业保险，这导致农户一旦受灾损失较大。

8.4.4 村镇发展的水土（草）资源条件

东川镇有河流穿越而过，水源十分丰富，年降水量450mm，蒸发量100mm。全镇共有土地总面积574.87km²，耕地面积4200hm²，累计退耕地1266.66hm²，占耕地面积的30.2%，可利用草场面积34 000hm²，林地面积2066.67hm²[2]。近年来，东川镇由于城镇建设、植树造林、撂荒等原因，耕地面积有所减少。

孔家庄村北部为柏乡水库，水资源十分丰富，农户饮用水源皆为山泉水，饮水问题不明显。全村建设用地面积23.33hm²，耕地面积385.61hm²，其中退耕还林面积56hm²，草地面积1400hm²。近年来，由于村镇建设，耕地面积有所减少（表8-19）。

表8-19　东川镇村庄土地资源概况（2018年）　　　　（单位：hm²）

村庄	建设用地面积	耕地面积	草地面积
孔家庄村	23.33	385.61	1400.00
寺尔沟村	8.00	202.73	2710.67
却藏村	33.33	459.03	400.00

资料来源：村委调查问卷

寺尔沟村有河流川流而过，水源十分丰富，居民日常生活取水和灌溉用水十分便利。全村建设用地面积8hm²，耕地面积202.73hm²，其中退耕还林面积49.23hm²，草地面积2710.67hm²。由于植树造林和撂荒等原因，耕地面积有所减少（表8-19）。

却藏村境内有河流川流而过，村民生活用水主要为山泉水，水资源丰富。全村建设用地面积33.33hm²，耕地面积459.03hm²，其中退耕还林面积23.57hm²，草地面积400hm²。近年来，耕地撂荒问题逐渐加剧（表8-19）。

根据青海省1个羊单位需求1.78hm²草地[4]的标准，东川镇的3个调研村羊单位实际草地面积均低于标准值，尤其寺尔沟村和却藏村的羊单位实际草地面积分别仅为 0.13hm² 和 0.04hm²，远低于标准值（表 8-20），这两个村的超载问题最为突出。根据调研，孔家庄村主要从事牲畜贩运，牲畜流动性较大，因此实际的超载程度可能低于计算值。

表 8-20　东川镇村庄草畜平衡状况（2018 年）

村庄	实际载畜量/羊单位	村庄草地面积/hm²	羊单位实际草地面积/hm²
孔家庄村	1 980	1 400.00	0.71
寺尔沟村	20 200	2 710.67	0.13
却藏村	9 000	400.00	0.04

资料来源：牛、羊存栏量基础数据源于村委调查问卷

注：根据《天然草地合理载畜量的计算》（NY/T 635—2015），绵羊为 1 个羊单位、牦牛为 4.5 个羊单位

8.4.5　村镇人居环境概况

东川镇各村安全饮水工程、村级卫生室、农村电网改造、危旧房改造、"厕所革命"等工作稳步推进，全镇人居环境得到了极大改善。但就调研样本村来看，村内仍缺乏污水处理设施，生活污水直接排放（表 8-21）。

表 8-21　东川镇调研村人居环境状况（2018 年）

指标	孔家庄村	寺尔沟村	却藏村
村内道路硬化率/%	100	100	71.11
路灯状况（是/否）	是	是	是
安全用水达标率/%	—	95	96
污水处理设施（是/否）	否	否	否
垃圾处理设施（是/否）	是	是	是

资料来源：《门源县乡村振兴战略规划（2018–2022）》

注：—表示此处无数据

孔家庄村 2016 年以来完成危旧房改造 81 户，全村安全住房覆盖率 100%、通信覆盖率 100%、电视信号覆盖率 100%，现有生活垃圾中转站 10 个，村内道路硬化率 100%（表 8-21），实现了道路全部入户。同时，该村有省道岗木公路穿境而过，交通十分便利。该村全面完成了农村电网改造，全村以旱厕为主，水厕改造共 35 户，村庄广场配置了 13 盏路灯。

寺尔沟村 2016 年以来共完成危房改造 83 户，安全住房覆盖率 100%、安全用水达标率 95%、通信覆盖率 100%、电视信号覆盖率 100%、村内道路硬化率 100%（表 8-21）。该村有生活垃圾中转站 3 个，并且全面完成了农电网改造。

却藏村安全住房覆盖率 100%、安全用水达标率 96%、通信覆盖率 100%、电视信号覆盖率 100%，有生活垃圾中转站 3 个，村内道路硬化率 71.11%，实现了主要道路硬化

（表 8-21）。该村完成了农电网改造，村里安装了路灯 57 盏、庭院灯 23 盏，解决了村里的照明问题。寺尔沟村和却藏村在水厕改造方面尚未开展。

在三个调研村，寺尔沟村和却藏村的人均生活污水日排放量明显较高，分别为 9.68L 和 9.05L；孔家庄村在人均洗衣粉月使用量和人均洗洁精年使用量方面较为突出，分为 0.80kg 和 2.97kg（表 8-22）。在生活垃圾倾倒量方面，却藏村人均生活垃圾日倾倒量最高，达 0.74kg，寺尔沟村最低，为 0.47kg。目前，三个调研村的生活垃圾集中收集进行处理；而生活污水方面尚没有有效的处理措施。

表 8-22 东川镇调研村家庭生活污水、日用品消耗和垃圾倾倒状况（2018 年）

调研村	人均生活污水日排放量/L	人均洗衣粉月使用量/kg	人均洗洁精年使用量/kg	人均生活垃圾日倾倒量/kg
孔家庄村	6.79	0.80	2.97	0.65
寺尔沟村	9.68	0.58	2.6	0.47
却藏村	9.05	0.63	1.92	0.74

资料来源：农户问卷调查

8.4.6 村镇医疗教育概况

东川镇共有 2 个卫生院、22 个村卫生室，村卫生室条件较以前有所改善，村民就医较为方便。全镇医保参合率达 100%。东川镇有寄宿制小学 1 所，在校生 1400 人，教师 74 人，师生比 19；幼儿园 14 所，在校生 424 人，教师 16 人，师生比 27。

孔家庄村是东川镇政府驻地，有村卫生室 2 个，村医生 2 人。近年来，村级卫生室也进行了完善，包括单独的值班室、诊断室、治疗室、观察室及药房等诊室。同时，全村现居住人口全部参加了医疗保险，群众不出村便能看病，享受国家的医疗补助，有效地解决了看病难、看病贵问题。全村有小学 1 所，小学在校生 1400 人，小学教师 74 人；幼儿园 1 所，幼儿园在校生 140 人，幼儿园教师 4 人。

寺尔沟村有村卫生室 1 个，村医生 1 人，全村现居住人口全部参加了医疗保险，医疗保障和救助脱贫 47 户 152 人。全村有幼儿园 1 所，幼儿园在校生 27 人，幼儿园教师 1 人。

却藏村有村卫生室 3 个，村医生 3 人，基础药品齐全，主要提供门诊医疗等相关服务。全村有幼儿园 1 所，幼儿园在校生 37 人，幼儿园教师 1 人，义务教育入学率达 100%。村里的教学条件有所改善，但是教学质量还有待进一步提升。

根据调研，寺尔沟村每千人拥有乡村医生数较低（表 8-23），乡村医生的压力相对较大。在教育方面，小学位于东川镇政府驻地，即孔家庄村，其他下辖村适龄学生到镇寄宿小学就读，师生比为 19。学前教育阶段，适龄学生基本可以在本村完成。就调研而言，各村具有幼儿园 1 所，但师生比均较大，尤其孔家庄村和却藏村，分别达到 35 和 37（表 8-23）。在村幼儿园的师资配备方面，调研村仍需要进一步改善。

表 8-23　东川镇调研村医疗教育状况（2018 年）

指标	孔家庄村	寺尔沟村	却藏村
每千人拥有乡村医生数/人	1.37	1.03	1.5
幼儿园数量/所	1	1	1
幼儿园师生比	35	27	37

资料来源：村委调查问卷

8.5　仙　米　乡

8.5.1　村镇聚落概况

仙米乡位于门源县东部，西临东川镇，东接珠固乡（图8-17），境内有仙米国家森林公园，海拔在2388~4949m，平均海拔2700m。该乡辖区总面积1462km^2，下辖8个行政村，25个自然村（表8-4），29个村民小组。全乡共有1588户、5975人，是一个以农为主、农牧结合，汉族、藏族、回族、土族、蒙古族等民族聚居的多民族集聚乡。3个调研村镇基本情况如下。

（1）大庄村。大庄村是仙米乡政府驻地，西邻东川镇，地处仙米国家森林公园，属山区，距离县城驻地较远，达44.80km，单程乘坐城乡公交需要花费1h以上。全村区域面积120.30km^2，下辖2个自然村；总人口498人，其中少数民族人口占总人口的39.5%，包括藏族、蒙古族和土族3个少数民族。大庄村先后获得"全国生态文明村""全国宜居村庄""全国美丽休闲乡村"和"国家森林乡村"等称号。

（2）桥滩村。桥滩村位于仙米乡政府驻地东南7km处，属于山地地形，距离县城52km，处于仙米国家森林公园境内，靠近大通河。村域面积188.90km^2，共有3个自然村，总人口818人，居住着汉族、藏族、蒙古族、土族4个民族，其中少数民族接近半数（48%）。该村入选"全国乡村旅游重点村"。

（3）梅花村。梅花村因形状似梅花而得名，村庄建设中也体现出梅花元素，如白墙上的红梅花印记。该村地处仙米乡政府驻地东南30km处，与县城距离为75km，属仙米乡东南部峡谷地带，东与珠固乡雪龙村接壤，西与达龙村相连，北接塔里华村、德欠村，平均海拔2500m。村域面积207km^2，下辖5个自然村，总人口817人，其中藏族、土族等少数民族约占全村人口的18.2%。

8.5.2　村镇人口概况

仙米乡村镇人口规模呈波动变化趋势，2014~2018年维持在0.60万~0.61万人（表8-24）。劳动力比例整体趋于上升，由2014年的62.08%增长到2018年62.76%。其中，2014~2018年外出务工劳动力比例相对稳定，平均维持在73.39%，整体高于其他3

个调研乡镇。外出务工已经成了农村剩余劳动力工作流向的重要方向。在抚养比方面，2014~2017 年基本稳定在 0.61，到 2018 年有所下降，约 0.59，但整体高于全省抚养比水平（0.52），表明仙米乡抚养压力整体较大。在非农化方面，由于距县城较远，全镇人口规模较低，非农化经营农户相对较低，2018 年为 10.95%，低于东川镇同期水平。

表 8-24　2014~2018 年仙米乡村镇人口特征

指标	2014 年	2015 年	2016 年	2017 年	2018 年
村镇人口/万人	0.61	0.60	0.61	0.61	0.60
劳动力比例/%	62.08	62.09	61.96	61.96	62.76
抚养比	0.61	0.61	0.61	0.61	0.59
非农化/%	—	—	—	—	10.95
外出务工劳动力比例/%	73.38	73.39	73.39	73.39	73.39

资料来源：门源县农牧水利和科技局

注：—表示无数据

根据调研，2018 年大庄村、桥滩村和梅花村劳动力比例分别为 64.89%、76.65% 和 75.76%，高于村镇人口半数以上，整体高于同期全乡水平（62.76%）（表 8-24、表 8-25）。在抚养比方面，3 个调研村抚养比水平低于全乡同期水平（0.59）；但大庄村高于全省水平（0.52）。大庄村作为乡政府驻地，是全乡政治、经济和人口集聚中心，抚养压力相对较高。在老龄化方面，大庄村、桥滩村和梅花村老龄化水平分别为 5.33%、12.44% 和 9.91%。大庄村老龄化程度相对较低，桥滩村已步入严重老龄化阶段，梅花村也趋于严重老龄化。

表 8-25　仙米乡调研村人口特征（2018 年）

调研村	劳动力比例/%	抚养比	老龄化/%
大庄村	64.89	0.54	5.33
桥滩村	76.65	0.30	12.44
梅花村	75.76	0.32	9.91

资料来源：村委调查问卷

3 个调研村的人均耕地面积普遍较少，耕地产出少，务农收入较低，所以农村劳动力不断外流，大部分从事建筑行业或者工厂务工。通过访问大庄村的两位农户发现，该村人均耕地面积普遍较少，外出务工是其主要收入来源。老人和孩子一般留守在家中，年轻人则到江浙地区的工厂务工，而年纪稍长的中年劳动力一般是就近务工，多到附近的建筑工地务工。人口虽然外流严重，但在一年一度的华热歌会等村活动时，返回村庄的居民较多。与桥滩村农户的访谈也能发现该村农户的耕地规模小、单产低，所以农户把土地承包给同村农户，自己通过外出务工来提高家庭收入，外出务工收入占农户总收入的比例较大。梅花村调研农户同样反映耕地面积少，年轻人大都选择外出务工以获得更高的收入。

8.5.3 村镇经济发展概况

2018年仙米乡农牧区经济总收入16 962.52万元，其中农业收入为1300.01万元，占经济总收入的7.66%；牧业收入为11 546.91万元，占经济总收入的68.07%；林业收入为498.09万元，占经济总收入的2.94%；其他收入达3617.51万元，占经济总收入的21.33%[2]。牧业收入是该乡经济收入的主要来源。其中，全乡各类牲畜存栏量15.9万头（只、匹），牛羊育肥贩运5.1万头（只）[2]。在种植业方面，蔬菜种植面积6.87hm²；粮食作物和油料作物亩产分别达到361kg和179kg[2]。

大庄村粮食作物亩产200kg，油菜亩产100kg，牛存栏量1007头，羊存栏量2586只。该村有仙米国家森林公园、藏传佛教寺院仙米寺等著名景点，是门源县主要的旅游目的地之一。该村有农家乐3家，健康养生中心、蔬菜大棚、超市等重点项目也在有序开展。

桥滩村依托草场资源推动养殖业发展；依托桥滩村独特的气候条件和区位优势，种植羌活等汉藏药材；同时依托仙米国家森林公园聚阳沟景区，持续发展旅游业。目前该村有农家乐3家，通过推进旅游示范村项目建设和特色森林小镇建设，打造了具有当地特色的旅游品牌。村集体拥有森林公园开发的股份，这每年给村集体带来了10%的分红收入，同时景区为贫困家庭提供免费摊位。村民可以在扶贫广场上售卖当地土特产，大大地增加了农户收入，农民人均可支配收入达11 000元。

梅花村主要产业有种植业、养殖业。种植业中，种植羌胡等药材6.13hm²，树木13.33hm²，小麦17.33hm²，饲草56.67hm²；养殖业中，养殖户有100户，其中牛存栏量780头，羊存栏量4500只。村集体经济收入共11万元，主要来源是养殖场和青海金门牛食品开发有限公司的投资分红。2018年，该村农民人均纯收入为12 966.71元。梅花村位于祁连保护区，属于限制型开发重点生态区，所以部分养殖场被关闭。当地财政对农户进行了补贴，尽量减小由于保护环境而对农户造成的经济损失。

8.5.4 村镇发展的水土（草）资源条件

仙米乡年降水量550~600mm，境内有浩门河，还有讨拉河、抓日沟溪、达龙沟溪、德欠溪等支流，地表、地下水资源十分丰富。全乡8个行政村的人畜饮水管道进行了全面的检查维修，有效地解决了部分农牧户正常饮水问题。全乡辖区总面积1462km²，地域范围广阔，土地资源丰富，各种建设活动基本不占用耕地资源，其中耕地面积806.67hm²，可利用草地面积9.83万hm²，森林面积6.73万hm²。

各调研村土地面积变化较小，水土资源条件较好。大庄村水源丰富，自来水全部到户。全村区域面积120.30km²，建设用地面积45hm²，耕地面积111.53hm²（表8-26）。近年来由于高速公路修建，占用了部分耕地。

桥滩村紧邻水源地，河流穿村而过，水资源十分丰富，取水便利。全村区域总面积188.90km²，建设用地面积12hm²，耕地面积155.53hm²，近年来土地面积变化小（表8-26）。

梅花村因修建水库，地下水位有所下降，但水质没有明显的变化。村域总面积 207km², 建设用地面积 7.67hm², 耕地面积 113.11hm², 其中退耕还林面积 16.08hm², 退耕还草地面积 28.28hm², 林地总面积 2426.01hm², 近年来土地面积变化较小（表8-26）。

表8-26　仙米乡村庄土地资源概况　　　　　　　　　（单位：hm²）

村庄	建设用地面积	耕地面积	草地面积
大庄村	45.00	111.53	4200.00
桥滩村	12.00	155.53	7266.67
梅花村	7.67	113.11	6066.67

资料来源：村委调查问卷

根据青海省1个羊单位需求1.78hm² 草地[3]的标准，仙米乡的3个调研村羊单位实际草地面积均低于标准值。其中，大庄村、桥滩村和梅花村分别为0.59hm²、0.79hm² 和 0.76hm²（表8-27）。仙米乡位于仙米国家森林公园，属于生态主导型村镇，因此在载畜量方面更需要加以限制。

表8-27　仙米乡村庄草畜平衡状况

调研村	载畜量/羊单位	村庄草地面积/hm²	羊单位实际草地面积/hm²
大庄村	7117.5	4200	0.59
桥滩村	9213	7266.67	0.79
梅花村	8010	6066.67	0.76

资料来源：牛、羊存栏量基础数据源于村委调查问卷
注：根据《天然草地合理载畜量的计算》（NY/T 635—2015），绵羊为1个羊单位、牦牛为4.5个羊单位

8.5.5　村镇人居环境概况

仙米乡不断完善村规民约，制定"仙米乡环境卫生达标手册"，用以规范乡民卫生行为习惯；并通过山东援建等项目的实施，完善乡村的基础设施，改善乡村人居环境。依据表8-28，与门源县其他乡镇村庄类似，三个调研村庄目前在污水处理方面尚欠缺。

大庄村道路硬化率100%，有路灯，安全用水达标率100%，有生活垃圾中转站26个，水厕改造率36%（表8-28）。该村先后获得了海北州"最美乡村"、"村容村貌整治先进集体"、"全国生态文明村"、"全国宜居村庄"和"全国美丽休闲乡村"等称号。山东援建项目开展文化站改造升级、新建文化墙、修缮绿化广场、新建巷道以及维修绿化护栏等措施，使得村容村貌得到升级，也使得村庄更加舒适宜居。

桥滩村村内有路灯，安全用水达标率100%，有生活垃圾中转站24个（表8-28）。同时，桥滩村毗邻仙米国家森林公园聚阳沟景区，村庄基础设施、服务设施以及生态环境相对较好。

梅花村道路硬化率85.71%、安全用水达标率100%，有生活垃圾中转站25个（表8-28）。同时，村内有太阳能路灯、文化广场、文化墙等设施，环境干净整洁，居住

环境和生活质量较以前有了很大的改善。

表 8-28　仙米乡调研村人居环境状况

指标	大庄村	桥滩村	梅花村
村内道路硬化率/%	100	—	85.71
路灯状况（是/否）	是	是	是
安全用水达标率/%	100	100	100
污水处理设施（是/否）	否	否	否
垃圾处理设施（是/否）	是	是	是

资料来源：《门源县乡村振兴战略规划（2018–2022）》

如表 8-29 所示，3 个调研村中，大庄村的人均生活污水日排放量明显较高，达到 12.17L；而桥滩村和梅花村则整体较低。在生活污水污染源中，大庄村在洗衣粉和洗洁精使用量方面均较大，其中人均洗衣粉月使用量达 0.63kg；人均洗洁精年使用量为 3.16kg，远高于桥滩村和梅花村使用量。在生活垃圾倾倒量方面，大庄村与桥滩村和梅花村相比，也十分突出，其人均生活垃圾日倾倒量为 1.23kg。大庄村作为仙米乡政府驻地，居民生活水平与其他村庄相比相对较高，物质消耗较高，因此在污水排放和生活垃圾倾倒等方面较为突出。

表 8-29　调研村家庭生活污水、日用品消耗和垃圾倾倒状况

调研村	人均生活污水日排放量/L	人均洗衣粉月使用量/kg	人均洗洁精年使用量/kg	人均生活垃圾日倾倒量/kg
大庄村	12.17	0.63	3.16	1.23
桥滩村	6.54	0.41	1.03	0.85
梅花村	5.42	0.37	1.22	0.27

资料来源：农户问卷调查。依据农户问卷汇总，求均值所得

8.5.6　村镇医疗教育概况

仙米乡有乡卫生院 1 所，村级卫生室 8 所，共 5868 人参加了医疗保险。全乡有寄宿小学 1 所，学生 230 人，教师 16 人，师生比 14；幼儿园 8 所，在校生 92 人，教师 8 人，师生比 12。2018 年，全乡学前教育毛入学率 92%，小学学龄儿童入学率 100%，初中阶段入学率 100%，高中阶段毛入学率 85.23%。

大庄村是仙米乡政府驻地，有村卫生室 1 个，村医生 1 人，农村医疗保险参保率 100%。看病很大一部分都能报销，村内的卫生室较以前也有很大的改变，日常的疑难杂症不出村就能解决。村内有小学、幼儿园，其中小学 1 所，面向全乡适龄学生就学，小学在校生 230 人，小学教师 16 人；有幼儿园 1 所，幼儿园在校生 18 人，幼儿园教师 1 人。

桥滩村有村级标准化卫生室 1 个，村医生 1 人，农村医疗保险参保率 100%。全村村级幼儿园 2 所，幼儿园在校生 50 人，幼儿园教师 2 人。

梅花村有村卫生室1个,村医生2人,农村医疗保险参保率100%,医疗条件有很大的改善。全村幼儿上学比较方便,有村幼儿园1所,幼儿园在校生6人,幼儿园教师1人。为鼓励和支持学生读书,该村在政策和资金上提供了相应的支持。

根据调研,在医疗资源方面,大庄村和梅花村的每千人拥有乡村医生数相对较多,而桥滩村乡村医生配备有所不足(表8-30)。在师资配备方面,幼儿园师生比中,桥滩村和大庄村分别为25和18(表8-27),低于全乡平均水平,有进一步改善空间。

表8-30 仙米乡调研村医疗教育状况

指标	大庄村	桥滩村	梅花村
每千人拥有乡村医生数/人	2.42	1.27	2.45
幼儿园数量/所	1	2	1
幼儿园师生比	18	25	6

资料来源:村委调研问卷

8.6 苏吉滩乡

8.6.1 村镇聚落概况

苏吉滩乡地处县域最西端,浩门河南岸,紧邻青石咀镇和皇城乡,平均海拔3100~3200m。全乡辖区总面积680km^2,下辖5个行政村、6个自然村;2018年,总人口2106人,其中劳动人口1127人。两个调研村镇基本情况如下。

(1)药草梁村。药草梁村地形平坦,位于县城驻地以西25km,距离苏吉滩乡政府驻地30km,靠近浩门河。全村区域面积32km^2,辖1个自然村;总人口203人,以藏族人口为主。该村为纯牧业村,是全州高原现代生态畜牧业示范区示范点和优良畜种养殖繁育基地、优质饲草料种植基地。

(2)扎麻图村。扎麻图村为纯牧业村,位于县域西端达坂山北麓,地形起伏大,距乡政府驻地6km,距县政府驻地44km,东临青石咀镇。全村区域面积217km,辖1个自然村;总人口645人,以藏族人口为主,约占总人口的76%。

8.6.2 村镇人口概况

2014~2018年苏吉滩乡村镇人口规模呈逐年上升趋势,2014~2018年全乡总人口由0.21万人上升到0.22万人,人口规模略有增加(表8-31)。劳动力比例则呈波动下降趋势,2014~2018年由57.04%下降到51.77%,下降幅度高于其他3个调研乡镇。其中,外出务工劳动力比例在4个调研乡镇中最低,并且在2014~2018年仍呈现波动下降趋势,由2014年的7.90%下降到4.88%。外出务工劳动力比例低主要是由于该乡为牧业乡,牧业收益高,再加上少数民族比例高,受到民族文化影响较少外出。在牧业收益高的背景下，非农化经营农户基本不明显。但抚养比 2014~2018 年整体有所上升，由 0.75 上升到 0.93，明显高于全省水平（0.52）。苏吉滩乡抚养压力整体较大。

表 8-31　2014~2018 年苏吉滩乡村镇人口特征

指标	2014 年	2015 年	2016 年	2017 年	2018 年
村镇人口/万人	0.21	0.21	0.21	0.22	0.22
劳动力比例/%	57.04	58.85	57.40	57.02	51.77
抚养比	0.75	0.70	0.74	0.75	0.93
非农化/%	—	—	—	—	—
外出务工劳动力比例/%	7.90	7.58	7.76	4.23	4.88

资料来源：门源县农牧水利和科技局

通过调研，扎麻图村和药草梁村在劳动力比例方面高于全乡同期水平（51.77%）（表 8-31、表 8-32），劳动力资源相对较为丰富。在抚养比方面，扎麻图村和药草梁村抚养比水平远低于同期全乡水平，但后者抚养比水平高于全省水平（0.52），抚养压力较大。从老龄化来看，药草梁村和扎麻图村老龄化水平分别为 14.47% 和 9.55%，老龄化问题均比较突出，尤其药草梁村已步入严重老龄化阶段。

表 8-32　苏吉滩乡调研村人口特征

调研村	劳动力比例/%	抚养比	老龄化/%
扎麻图村	76.11	0.31	9.55
药草梁村	64.78	0.54	14.47

资料来源：村委调查问卷

药草梁村和扎麻图村都是典型的纯牧业村，牧民经济收入总体较高。其中，扎麻图村外流人口的人口特征与其他村庄不同，老年人和小孩基本住在县城，青年劳动力则留在村庄继续放牧。

8.6.3　村镇经济发展概况

2018 年全乡经济总收入 5272 万元，人均纯收入 17 123 元，经济净收入 3693.1 万元，其中畜牧业收入 3036.3 万元，占经济净收入的 82.22%，农业收入 373.8 万元，占经济净收入的 10.12%，劳务收入达 182.5 万元，占经济净收入的 4.94%，其他收入 100.5 万元，占经济净收入的 2.72%[2]。畜牧业收入是全乡的主要经济来源。苏吉滩乡依托纳子峡水库等自然资源和当地独特的民俗文化，积极引导牧民发展集餐饮、住宿、观光旅游于一体的牧家乐，目前已建成牧家乐 9 家，牧家乐纯收入高达 60 多万元。

全乡共有各类牲畜 6.59 万头（只、匹），其中牛 1.21 万头，羊 4.08 万只，马 400 匹。2018 年，大规模养殖奶牛户 2 户，超过百头奶牛的养殖场 1 处，以羔羊为主的半舍饲养殖业大户 120 户，出栏牛羊 2.34 万头（只），育肥贩运牛羊 3.80 万头（只）[2]。

药草梁村经济条件总体较好,通过转变生产经营方式、优化经济结构、强化服务体系等方式,推动了全村畜牧业的高效发展,成了全州高原现代生态畜牧业示范区、示范点和优良畜种养殖繁育基地、优良饲草料种植基地。根据调研,2009 年,生态畜牧业集约化经营工作开始实施,养羊协会、生态畜牧业专业合作社等先后成立,2018 年,全村有各类存栏牲畜 0.45 万头(只、匹),其中牛 235 头,羊 4230 只,马 15 匹。该村粮食作物亩产 225kg,油菜亩产 95kg。2018 年,牧民人均可支配收入达到了 16 000 元。

扎麻图村共有牲畜 1.78 万头(只、匹),其中牛 0.47 万头,羊 1.35 万只,马 195 匹。根据调研,家庭经济年收入主要来源于畜牧业。2018 年,牧民人均可支配收入达到了 16 900 元,明显高于同期全县农村居民人均可支配收入(11 474 元)。牧业村居民经济收入水平具有显著优势。

8.6.4 村镇发展的水土(草)资源条件

苏吉滩乡有大小河流 10 余条,年均降水量 556mm,水资源季节分配不均匀。全乡饮水管道共计 13 条 131km,机井 109 眼,虽然近年来完成了各村农村饮水管道维修,但是水资源仍然比较紧张[4],旱季的时候经常存在缺水的情况。全乡总面积 680km²,其中草地面积 45.33 万 hm²,可利用草场面积 4.14 万 hm²,饲料草地面积 395.80hm²;夏秋草场围栏面积 9333.33hm²,完成草畜平衡面积 4.89 万 hm²、耕地地力保护项目 202.53hm²[2],推动了人地协调发展。

药草梁村完成了人畜饮水整修工程,主要用水包括生活用水和牲畜用水两类,其中牲畜用水压力较大。近年全村土地面积变化不大,占地面积 32km²,建设用地面积 10.67hm²,耕地面积 66.20hm²(表 8-33)。

扎麻图村水资源十分丰富,受水源约束较小,全村共有饮水管道 6 条 54km,牧民生产生活用水十分便利,牧民饮用水源基本为山泉水,牲畜用水需求较大。全村辖区总面积 217km²,各类土地面积近年来变化较小,其中建设用地面积 32.87hm²,耕地面积 186.07hm²,林地面积 80hm²(表 8-33)。

表 8-33 苏吉滩乡村庄土地资源概况 (单位:hm²)

调研村	建设用地面积	耕地面积	草地面积
药草梁村	10.67	66.20	2000.00
扎麻图村	32.87	186.07	13 313.33

资料来源:村委调查问卷

苏吉滩乡是一个牧业主导型乡镇,畜牧业发展突出。根据青海省 1 个羊单位需求 1.78hm² 草地[3]的标准,药草梁村和扎麻图村的羊单位实际草地面积分别仅为标准的 13.48% 和 23.03%(表 8-34),即苏吉滩乡调研村明显存在过载现象,亟待下调牲畜数量,以促进草畜平衡。

表 8-34 苏吉滩乡村庄草畜平衡状况

调研村	载畜量/羊单位	村庄草地面积/hm²	羊单位实际草地面积/hm²
药草梁村	8 440	2 000.00	0.24
扎麻图村	32 850	13 313.33	0.41

资料来源：牛、羊存栏量基础数据源于村委调查问卷

注：根据《天然草地合理载畜量的计算》（NY/T 635—2015），绵羊为 1 个羊单位、牦牛为 4.5 个羊单位

8.6.5 村镇人居环境概况

调研的样本村与门源县其他村庄类似，均无污水处理设施（表 8-35），这也是农村地区普遍面临的问题。村庄分散式布局的特点决定了较小规模的村庄不方便建设集中式的污水处理设施。

药草梁村于 2012 年实施了党政军企共建示范村（村容村貌整治）活动，2014 年又投资了 30 万元修建健身博爱广场。该村村内有路灯，道路硬化率 85.71%，现共有生活垃圾中转站 13 个（表 8-35），环卫专用车 1 辆，垃圾处理率较以前有很大提高。村内有养殖场，存在粪便排放处理和产生气味等问题。

扎麻图村修建的 6 条饮水管道共计 54km，村内有路灯，生活垃圾中转站 5 个（表 8-35），并且修建了扎麻图村村级文化站。扎麻图村与苏吉滩乡政府驻地和县城具有公路连通，由于位于牧区，牧民居住相对分散，村内道路硬化率仍较低。

表 8-35 苏吉滩乡调研村人居环境状况

指标	药草梁村	扎麻图村
村内道路硬化率/%	85.71	—
路灯状况（是/否）	是	是
安全用水达标率/%	100	80
污水处理设施（是/否）	否	否
垃圾处理设施（是/否）	是	是

资料来源：《门源县乡村振兴战略规划（2018–2022）》

注：—表示无数据

根据调研，调研村在生活污水排放量方面较为接近，药草梁村和扎麻图村人均生活污水日排放量分别为 9.68L 和 10.18L（表 8-36）。同时，作为污水污染源的洗衣粉和洗洁精，其使用量在两个调研村中也相差较小。生活垃圾倾倒量在两个村中相差较大，其中扎麻图村人均生活垃圾日倾倒量高达 1.80kg，比药草梁村高 1.38kg。在调研村倾倒的生活垃圾中，有较大部分为取暖和煮饭等产生的煤渣等。

表 8-36　苏吉滩乡调研村家庭生活污水、日用品消耗和垃圾倾倒状况

调研村	人均生活污水日排放量/L	人均洗衣粉月使用量/kg	人均洗洁精年使用量/kg	人均生活垃圾日倾倒量/kg
药草梁村	9.68	0.51	1.35	0.42
扎麻图村	10.18	0.61	1.41	1.80

资料来源：农户问卷调查。依据农户问卷汇总，求均值所得

8.6.6　村镇医疗教育概况

苏吉滩乡有乡卫生院1个、床位4张，村级卫生室5个，每个村有1名乡村医生。依据《门源年鉴（2018）》，该乡2017年城乡居民医疗保险参保人数2036人，参保率达到98%。近年来，乡卫生院和村卫生室的医疗条件都有所改善，方便了牧民就近看病。由于牧区居民居住分散等原因，全乡未有小学和幼儿园（表8-37），适龄学生主要到县城就读。

药草梁村有村卫生室1个，村医生1人。村卫生室里面每天都有医生值班，基本药品也比较齐全，日常生活中的小病不用出村便能解决。适龄学生基本都是在县城读书。扎麻图村有村卫生室1个，村医生1人。村内很多人都在县城买房，青年人留在村里面放牧，孩子基本都在县城读书，接受的教育资源更好。调研村中，扎麻图村的每千人拥有乡村医生数低，仅为1.59人，而药草梁村相对较高，为6.29人（表8-37），且距县城较近，就医更为便利。

表 8-37　苏吉滩乡调研村医疗教育状况

指标	药草梁村	扎麻图村
每千人拥有乡村医生数/人	6.29	1.59
幼儿园数量/所	0	0
幼儿园师生比	—	—

资料来源：村委调研问卷

8.7　本章小结

（1）地形地貌是影响门源县村镇建设和资源环境地域分异的基础因素。门源县属青藏高原地区，其地形北部为祁连山、南部为达坂山、中部为平原，呈现南北两侧高、中部低的特征。这样的地形地貌条件使得门源县活动积温、降水、气温、土地类型和生态环境等资源环境整体呈现南北分异，且中部平原地区适宜村镇建设和农业生产的资源环境优越，而南北山区在村镇建设和农业生产方面的资源环境条件较差。中部平原地区优越的资源环境条件使得聚落、人口、种植业、经济规模等分布具有显著的集中性。同时，山地和丘陵地区由于人口密度低、草场面积广大，是畜牧业的分布区。

(2) 村镇人口外流和老弱化问题突出。2018 年全县农牧区劳动力 7.38 万人，农牧区劳动力转移就业 3.46 万人次，约占农牧区总人口的 52.78%。以调研的村镇为例，2018 年浩门镇全镇劳务输出 5031 人，约占全镇劳动力总数的 71.47%；仙米乡劳动力转移 2752 人次，约占劳动力总数的 73.39%。以调研的浩门镇二道崖湾村为例，全村有 506 户，约有 40 户常年外出务工，主要为经营兰州拉面馆。半农半牧型的村镇，种植业收入较低，外出务工和畜牧业为主要收入来源，因此这类村镇人口外流问题突出。而纯牧业型的村镇，畜牧业收益较高，外出务工人员相对较少，但由于教育等问题，老人和小孩主要居住在县城，青壮年留在本地放牧。可以看出，虽然半农半牧型和纯牧业型村镇均存在人口外流现象，但原因并不相同。

另外，人口外流的结果势必造成村镇内的老弱化问题。调研的村镇普遍存在老人和小孩在家，青壮年外出务工的现象。以东川镇和仙米乡的调研村为例，60 岁及以上和 16 岁以下人口占村庄总人口的比例分别为 28.82% 和 27.56%。

(3) 纯牧业型村镇经济收入显著。2018 年门源县农村居民人均可支配收入 11 474 元，调研的 4 个乡镇中，浩门镇、东川镇、苏吉滩乡和仙米乡农村居民人均可支配收入分别为 10 842 元、11 831 元、17 123 元和 15 942 元。苏吉滩乡为牧业主导型乡，农村居民收入明显高于其他类型的乡镇，并且也高于县平均水平。调研的苏吉滩乡扎麻图村和药草梁村，农村居民人均可支配收入分别为 16 900 元和 16 000 元，这也印证了纯牧业型村镇收益高的现象。

(4) 村镇教育医疗资源地区分布不均衡。在教育资源方面，门源县实行"村办幼儿园、乡镇办小学和县城办中学"。2018 年，门源县包括高级中学 2 所，初级中学 3 所，小学 12 所，幼儿园 102 所。高级中学和初级中学均在县城分布，小学除了在牧业主导型乡镇未有分布外，在其他乡镇均有布局；幼儿园在部分纯牧业型和半农半牧型村庄也未有分布。从师生比来看，调研的 4 个乡镇，浩门镇、东川镇、仙米乡小学的平均师生比分别为：21、19、14，而苏吉滩乡未有小学分布。可以看出，各乡镇小学师生比相差较大，浩门镇作为县城镇，教师负担学生较多，但教学质量要高于其他乡镇。调研的村庄中，幼儿园师资压力最大的为却藏村和孔家庄村，师生比分别为 37 和 35，压力较小的为头塘村和梅花村，师生比分别为 4 和 6。可见小学和幼儿园师资分配并不均衡。

在医疗资源方面，2018 年全县共有乡村医生 153 人，每村约 1~2 人。从调研的村庄来看，各调研村都有乡村医生，少则 1 名，多则 3 名。从每千人拥有乡村医生数来看，各调研村每千人拥有医生数平均值为 1.99 人，二道崖湾村水平最低，不足 1 名（0.85 名）；药草梁村水平最高，为 6.29 人。可以看出，从每千人拥有乡村医生数来看，医疗资源也存在不均衡现象。

(5) 村庄污水处理问题尚待解决。村庄污水处理问题是国内村镇面临的普遍难题。根据调研，门源县同样面临此问题。村庄内尚没有污水处理设备，家庭日常生活污水直接排放。另外，部分村庄开展的改水改厕工程，但缺乏处理设施，尚未完全投入使用。另外，村庄内养殖有牲畜，牲畜粪便也存在污染问题。

(6) 草畜矛盾突显。2018 年，门源县牛、羊存栏量分别为 10.68 万头、43.78 万只。根据羊单位核算，2018 年门源县承载目前牛、羊存栏量所需草场面积为 163.48 万 hm^2，远高于当前可利用草场面积（41.44 万 hm²）。可以看出，门源县牛、羊存栏量过高，呈现严重的草畜矛盾。根据对载畜状况的核算，11 个调研村中，无论纯牧业型村，还是半农半牧型村，均存在不同程度的超载情况。在畜牧业为村镇居民带来高经济收入的同时，当地政府和牧民也要合理调控载畜量，避免草畜矛盾激化，破坏当地的生态环境。

参 考 文 献

[1] 门源县地方志编纂委员会. 门源县志（1990～2010）[M]. 西宁：青海民族出版社，2018.
[2] 门源县地方志编纂委员会. 门源年鉴 2018 [M]. 西宁：青海人民出版社，2019.
[3] 韩枫. 草场生态保护对牧民生活的影响研究——以甘南牧区为例 [D]. 北京：中国农业科学院，2016.
[4] 刘小媛. 基于资源环境承载力评价视角下的县域国土空间规划路径探索 [D]. 西安：西北大学，2019.
[5] 李立国. 中华人民共和国政区大典·青海省卷 [M]. 北京：中国社会出版社，2016.
[6] 李强. 影响中国城乡流动人口的推力与拉力因素分析 [J]. 中国社会科学，2003（1）：125-136.
[7] 程名望，史清华，刘晓峰. 中国农村劳动力转移：从推到拉的嬗变 [J]. 浙江大学学报（人文社会科学版），2005，(6)：105-112.

第 9 章　结论与展望

9.1　主 要 结 论

本书以黄土高原、西北干旱区、秦岭山地、西南山地、江南丘陵区和祁连山地等区域不同主体功能县域的村镇为案例，通过调研报告的形式，记录了在全国性乡村功能衰退背景下，上述地区近年来在乡村人口及农业劳动力、农产品及粮食生产功能、村镇人居环境建设等方面的现时状态，以及历史演化的主要特征，分析了这些地区村镇建设需求对资源环境承载力的主要压力。主要结论如下。

(1) 农村人口减少的趋势仍在延续，不同于以往向发达地区流动的特征，农村人口开始向县城及周边重点镇流动，这与发达地区日趋增大的资源环境压力有关，也是国家积极推行的与乡村振兴相关的一系列政策的直接结果。这从全国人口普查的数据结果中可窥一斑，2020年全国人口跨省流动和省内流动的比例约为1∶2，2010年该比例约为1∶1.5[①]。在调研案例地的鲁甸县文屏镇，常住人口十年间（2010~2020年）增加了约5万人，占县域人口的比例增加了近12个百分点，2020年城镇人口占全县的2/3以上。不过，这有部分原因是行政区划的变更，尤其反映在宏观层面上的城镇人口数据，这在调研的案例地区中是比较普遍的，如吉安市2010年以来建制镇（包括乡改镇）增加了7个。

(2) 乡村人口向县城、重点镇集聚的主要原因是追求教育、医疗服务和就业机会，同时距离家近。村村通公路和村—镇—县公共交通系统的完善，以及农户出行设备机动化率的提升，极大地缩短了村庄到县、镇的通行时间，使村民能够花费较少的时间成本享受较好的医疗服务，同时兼顾后代成长和家庭农作需求。但随着人口向县城和重点镇的集中，县城和乡镇社区的人口压力逐渐增大，基础设施和公共服务设施建设的需求增加，后续的资源环境压力也会逐渐增加。从调研的案例区来看，多数地区显然没有做好充足的准备。突出表现为城镇公共服务设施的配套比例不足，环境处理配套设施不能满足长期和短期定居人口的需求。主要的原因，一是县城和重点镇产业经济不发达，缺乏足够的建设资金；二是地处山区的村镇的可利用建设用地原本就不能满足过多人口的集聚。一方面定居在县城的人口，没有稳定的就业满足收入，不能完全放弃村里的土地收入，往返于镇村之间，对居住地和生产地都产生资源环境压力；另一方面，一些用地空间狭小的乡镇社区，建设用地只能满足住宅建设要求且建筑密度高，使得土地和环境承载力处在高负荷状态。案例区鲁甸县文屏镇城镇人均住宅用地不到18m²；水磨镇城镇居民点用地中，住宅用地比例

---

① 2020年为第七次全国人口普查公报数据，2010年根据全国2010年人口普查资料表7-2和表7-3的数据估算，2020年的跨省流动和省内流动人口分别对应2010年的全国户口登记地在外省和本省的人口。数据来源于国家统计局。

超过50%，龙头山镇和江底镇该项指标均超过40%；水磨镇铁厂社区和江底镇江底社区城镇居民点用地中，住宅用地分别占56%和46%，公共服务用地占比为1/3，人均住宅用地30m²；铁厂社区自来水用户覆盖率不到1/2，卫生厕所用户普及率不到1/10。

（3）县城及乡镇社区周边成为人口和农耕集聚的重点地区，主要是因为可以获得较好的农田基本设施和就近且快速获取技术和信息，更主要的是靠近市场，方便及时改变土地利用状况。由此也导致粮食种植空间被挤压，一是耕地面临建设用地的侵蚀，造成人均耕地减少；二是种粮效益不高，效益较好的经济作物和蔬菜，甚至是花卉苗圃种植成为农户的首选，经济作物和粮食作物轮作率增加；三是因靠近城市，青壮农业劳动力流失更快，家庭劳动力不足，种植收益不高的耕地弃耕或流转的比例也较高。案例区永丰县恩江镇人均耕地仅有0.88亩，刚刚满足耕地承载力测算的人均耕地最低标准，因紧邻县城，形成以蔬菜和食用菌为主的经济作物生产优势。该镇石桥村有吉安市集中连片面积最大的淮山与砂糖橘种植基地，而种植水稻的经济效益低，全村大概只有三成的村民表示愿意种植。同时，多数村民外出务工的收入占家庭总收入的3/4左右。夏县南大里乡圪塔村距乡政府所在地不足3km，距县城约10km，以蔬菜种植为主，耕地780亩，600多亩耕地为蔬菜种植，有40%的劳动力外出务工。

（4）山丘农作区粮食种植受收益的影响，退出质量较好的耕地，转向质量一般的坡地。鲁甸县2010～2020年十年间耕地面积减少了1.87万hm²，坡度15°～25°坡耕地面积增加了约2800hm²；水磨镇、江底镇和龙头山镇均是坡耕地比例较高的乡镇，粮食作物播种面积占全镇农作物总播种面积的比例为60%～80%，产量分别占全县的10%以上；三镇的案例村的粮食作物播种面积均占本村农作物总播种面积的70%以上。与山丘农作区不同的是，干旱绿洲区水土资源均集中在灌区，种植业和劳动力也都集中在灌区，随着城镇化的推进，损失的耕地主要沿绿洲周边补充，对灌区水资源与环境形成压力。临泽县沙河镇粮食作物播种面积约占耕地面积的90%，案例村沙河村粮食作物播种面积约占农作物总播种面积的88%；蓼泉镇粮食作物播种面积超过耕地面积2/3，唐湾村粮食作物播种面积超过农作物总播种面积的1/2。与此同时，经济作物的种植也在增长，如永宁县粮食作物播种面积和产量都呈下降趋势，而经济作物（葡萄、蔬菜、枸杞等）种植面积及产出呈现上升趋势。

（5）西北干旱和黄河灌区水资源和水环境高负荷，与南方山丘农作区形成鲜明的对比，这既有绿洲灌区水土资源、劳动力和种植业集中的原因，也受全国粮食作物宏观布局的影响。近年来，永宁县全县农业用水量增加显著，地下水开采加剧，导致部分地区地下水位明显下降。临泽县灌区的黑河流域水资源采用严格的配额制，相比之下，井水较为便宜，如沙河镇沙河村的耕地灌溉用井水，因而造成村庄地下水位下降的现象；蓼泉镇因蔬菜种植规模较大，相对其他乡镇灌溉水资源消耗较大，地下水也有超采现象，水位呈现下降趋势。运城市因近20年来天然降水量减少，而灌溉用水的需求在不断增加；芮城县永乐镇近年来地下水水位下降明显，一般的打井深度从原来为30～40m下降到60m，有时需深至百米以上；蒲州镇和解州镇由于地下水位下降，河道水质一直得不到有效改善，已经严重影响到人居环境和相关产业的发展。

（6）重点生态功能区面临的资源环境问题和上述区域大致类似，因总体人口不多，故重点生态功能区着重在生态功能建设上，人口流动的区域性更强，在产业上多采取"农业+旅游"的模式，由此带来的资源环境压力程度也表现不同。凤县2020年城镇人口比2010年减少了746人，乡村人口减少了2.6万人，乡村人口减少了约45%，流动人口中约88%为省内流动。村庄人口的老弱化比例较高，调研的案例村镇中，60岁及以上人口占村庄总人口的比例均在15%以上，红花铺镇的草凉驿村、白家店村和红花铺村则在20%~25%，河口镇河口村甚至高达43%。因地处嘉陵江源区，水资源和水环境限制较强，产业以林果、特色养殖和观光旅游为主，对环境有影响的主要是一些规模化的药材种植，化肥、农药、地膜使用比例较高；此外，双石铺镇兴隆场的矿山开采、水污染的隐患仍未完全消除。门源县2020年城镇人口比2010年增加了1.5万人，乡村人口减少2.5万人，流动人口增加了2.3万人。由于门源县是回族自治县，而回族自古就有外出经商的传统，故人口流动相对频繁，村庄的老幼化程度较高。东川镇和仙米乡的调研村，60岁及以上和16岁以下人口占村庄总人口的比例均在27%以上。另外，作为牧业型的生态功能县，一方面北部的公共草场区域和东部的仙米乡、珠固乡中，祁连山自然保护区和国有林场、森林公园占据较大面积；另一方面草场理论载畜量低于青海省平均水平，加之与省内其他牧区相比，人口较多，历史上草畜矛盾较为突出。2000年以来针对祁连山水源地建设的天然林保护工程和针对草原修复的减牧禁牧工程，进一步挤压了草地的承载力空间。为补充饲料，多地实施饲草地建设，缓解了一部分草畜矛盾。但这种方式存在一定隐患，一方面饲草地的建设，增加了土地开垦的面积，也同时增加了水资源的需求量，如东川镇饲草作物种植面积超700hm^2，约占农作物总播种面积的17%，仙米乡梅花村饲草作物是该村主要的种植作物，面积超过55hm^2；另一方面，牲畜存栏头数减少不大，草地压力依然存在。

（7）本书所涉及的案例区均位于中西部地区，与东部地区不同的是，中西部地区村镇面积较大，基础设施和公共服务设施投入成本较高，公共服务和环境卫生设施存在短板，很多距离市或县较远地区的村镇，更是整体建设不足。最突出的是生活污水的排放问题，调研地区一般为布局集中、人口规模较大的村庄，农户生活污水集中处理的农户覆盖面可以达到40%~50%，靠近县城和重点镇的会更高一些；而位置偏远、布局分散、中小规模的村庄覆盖面多不到1/3。无法集中处理的村庄，生活污水直接倾倒室外。粪污处理方面，运城市、永宁县和临泽县等地多采用修建旱厕方式，永丰、鲁甸等地多采用修建家庭化粪池的方式。生活用水的方面，布局分散的村庄，管道供水的农户覆盖率多不到50%，北方案例区农户多采用打井方式供水，南方山地丘陵案例区农户多采用水窖供水方式。生活垃圾的处理方面，目前集中收集已基本全覆盖，主要难度在运输和处理上，偏远地区的村镇基本没有处理能力，集中处理的方式多是就坑倾倒或简易填埋，甚至存在长期堆放无人处理的情况；有一定资金投入的村庄通常采用多地联合使用小型焚烧炉的处理方式，但处理能力还无法满足垃圾量的增长。村庄医疗和教育服务方面，多数村庄只有1~2个兼职医生，只能为村民日常遇到的小病做简单治疗，医生平时还兼营农作或开小型商店，以补贴收入；教育方面主要是满足村里小孩的学前教育和幼儿托管，一般家里老人健全且身体健康、收入较高的家庭农户多自己看管小孩，有些儿童较多的村庄、家里老人看顾不过来的农户对幼儿教育服务不足的情况有所反映。从调研的情况看，由于人口的流失，多地村庄的幼儿园甚至是小学均已经荒废，师资和硬件设施均严重不足，出现这种情况，需要重新考虑村庄建设公共服务设施配备比例的合理性。

上述结论是本研究在实地调研中发现的普遍问题，大体上和目前我国乡村衰退遇到的情况类似，有些问题是在追求区域经济增长、快速城镇化进程中面临的暂时性现象，有些问题则可能是长期的，如环境问题。从东部发达地区乡村来看，乡村人口的流失腾出了新的发展空间，利于整体生态环境的打造和绿色农业的发展，也促进了城市人口向乡村的季节性流动，目的多是度假、旅游、体验乡村生活，但因劳动力缺乏，环境设施建设不足，增加了村镇污染物收集处理的负担，越来越多的点上污染会逐步形成面上的压力。这在未来可能是需要长期关注的问题。因此，一方面需要根据形势的变化，及时调整村庄建设的一些参数，为村庄建设留下足够的调整空间；另一方面，在积极推行乡村振兴战略的同时，针对村镇人口、产业和环境方面面临的系列问题和发展趋势，需要制定相关政策，出台相应标准，提前做好谋划。

9.2 展望

尽管中西部地区村镇建设与发展存在不少问题，但总体上，在多年脱贫攻坚和乡村振兴战略实施下，村镇建设取得的成绩是可观的。第一，村村通公路极大地改观了村民的出行条件，使他们能够选择更有利于自己的方式谋求生计、惬意生活。第二，村镇的电气化、管网化、亮化、美化等一系列工程，极大地改善了村民的居住条件，在收入满足的情形下，村民定居的意愿逐步增强，特别是在一些基础设施完善、生态环境良好的村镇。第三，调研村镇围绕"一村一品"建设，因地制宜地发展了相关产业，带动了村镇经济增长，提高了村民收入。第四，保护资源环境已经成为政府和村民的共识，不少农户愿意投入较高的成本进行农田设施建设和农业技术改造，发展节水农业，采用高效低肥低药甚至是零污染的生产方式，降低资源环境负担。第五，农业机械化的推广，加上道路条件的改善和互联网的发展，为农户延伸产业链创造了条件，一户多营或主业兼营的农户在调研中也发现不少。本研究列举了调研地区围绕"一村一品"产业发展、村镇建设方面部分值得借鉴的做法，分述如下，以便从中总结经验，发现规律，为研究村镇建设和资源环境承载力协调发展模式，以及更好地服务于乡村振兴战略和美丽乡村建设提供案例。

1）临猗县——利用光温优势，推广节水灌溉，发展现代果业

临猗县光照充足，无霜期长，昼夜温差大，耕地土层深厚，是"黄土高坡苹果种植最佳区"，种植水果的历史由来已久。近年来，为缓解水资源压力，临猗县加大基础投入，采用滴灌技术，发展高效节水果业。该县北景乡以苹果种植、储运业为主导产业，兼营养殖业，果树面积约占耕地面积60%，年储存水果100t以上的果库有9座，60%以上的农户有土窖，年储存量达2000万t；闫家庄村种植水果2万亩，种植亩产约4000斤，每亩可收入7000元，需投入2500元，净利润4500元左右，每年的4~5月及9~10月苹果种植农忙时，村中农户会雇用夏县、闻喜县的村民来此帮忙。此外，全乡规模养猪300头以上13户，养鸡上万只的3户，养鸡3000只以上40多户，这也为苹果种植解决了肥源。目前，节水灌溉苹果耗水量200m^3/亩左右，接近山西省作物灌溉75%保证率的标准。"十三五"期间，临猗县美丽乡村建设有序推进，打造省级美丽宜居示范村8个、县级56个、环境整治连片示范区3个，农村生活垃圾无害化处理率达100%，农村卫生改厕13 520座。"十四五"期间，临猗县继续围绕"国家区域性良种（临猗苹果）繁育基地"和"峨嵋岭绿色产业走廊"建设，规划通过引进新品种、新技术，推广宽行密植、机械化操作、智能化管理新模式，推动现代果业特优高效发展。

2）永丰县——利用区位优势，挖掘坡地潜力，开展多种经营

永丰县丘陵坡地面积较大，土壤贫瘠。近年来，集约发展高效设施农业，利用区位优势，扩大市场范围，为上海、广东等地提供蔬菜、食用菌、亚热带水果等农产品，创建"永丰蔬菜""永丰辣椒"等品牌。该县鹿冈乡以丘陵为主要地形，森林覆盖率达75.5%，3条高速贯通，其利用优良生态环境和便利交通条件，发展农旅产业；灵华山是江西省名牌产品"灵山白茶"的产地，是永丰县双孢菇产业基地，鹿茗谷是3A级乡村旅游景区，巷口村入选江西省3A乡村旅游点。巷口村特色产业有白茶、双孢菇、甜叶菊等，其中甜叶菊亩均收入5000元左右（以当年市场价计），相当于种植3~4亩水稻的收入。"十四五"期间，永丰县规划继续大力发展蔬菜、蜜柚等产业，以及白茶、毛竹、甜叶菊等特色产业，打造集现代农业、休闲旅游、田园社区于一体的田园综合体。

3）鲁甸县——立足生态屏障建设，打造一村一品，巩固扶贫成果

鲁甸县曾是深度贫困县，地处长江上游生态屏障重点建设地区。近年来，鲁甸县充分利用本县山高谷深，立体气候显著的优势，以生态屏障建设和脱贫攻坚为抓手，扶持以养殖业、经济林果为主的特色产业发展，"十三五"时期，成功申报全省"一县一业"花椒特色县。2020年底，全县96个贫困村全部"摘帽"，12.5万建档立卡贫困人口全部脱贫，实现了高质量脱贫摘帽。该县龙头山镇是全县第一大农业人口镇，以玉米、大豆、蔬菜、花椒为主要作物，满足全县养殖业饲料和城镇副食品的需求。其中，花椒产量占全县总产量的1/2左右，主要生产地在光明村、龙井村和沙坝村。沙坝村以花椒为特色产业，共种植9300亩，亩产量50~200斤，亩均毛收入8000元左右（2019年价）。"十四五"期间，鲁甸县规划围绕"一村一品"建设，继续发挥牛栏江流域干热河谷地带立体气候优势，推进经济林果产业发展；开展花椒村、马铃薯村等专业村建设，加快花椒深加工产业体系构建，提升龙头山"花椒小镇"品质，树立花椒产业"一县一业"示范。同时，进一步挖掘牛栏江百里峡谷风情，打造"朱提之源、千年银都"文化名片，加强品牌农业与休闲、生态旅游的深度融合。

4）临泽县——推广节水技术，打造高效节水农业，实现保粮保地

临泽县是河西走廊重要的粮食生产基地，农田灌溉全部依赖黑河水。20世纪末，黄河水利委员会根据黑河流域水资源状况开始实施黑河分水方案，甘肃灌区（主要包括张掖和酒泉两市）分水量占多年平均来水量的39%，在此基础上，干流各地灌区都制定了水资源红线。在分水方案和水资源红线的约束下，张掖市节水灌溉占农田总灌溉面积的比例从2000年的不到45%上升到75%以上，其中60%以上采用滴灌和低压灌溉技术。"十三五"期间，临泽县推广节水技术，建成水肥一体化高标准玉米制种基地14万亩，荣获全国的种子类地理标志证明商标，2021年又获得新一轮全国玉米制种大县奖励扶持，玉米种子产业园被命名为国家农业科技园区。该县蓼泉镇示范推广节本增效"增量化"水肥一体化、蔬菜病虫害统防统治等农业实用新技术,创建以寨子村为主的千亩蔬菜示范区和设施蔬菜标准化生产科技示范点4个。"十四五"期间,围绕保地增粮目标,临泽县将继续加强高标准农田建设力度,推广小麦生产全程机械化,提升玉米、蔬菜等农作物机械化水平,加快发展现代设施农业,打造以蔬菜、草畜、制种、林果为重点产业的生态农业示范廊道。

5)永宁县——龙头企业带动,三次产业联动发展,提升村镇建设水平

永宁县是宁夏回族自治区酿酒葡萄的核心产区,拥有酿酒葡萄种植面积10万余亩,以及赤霞珠、蛇龙珠等20余个品种和多家大型酿酒企业和酒庄,11个酒庄达到列级酒庄标准,加工能力7.72万t/a。该县闽宁镇作为我国东西部扶贫协作样板小镇,依托葡萄酒生产优势,引进龙头企业,以"公司+基地+农户"组织模式,从闽宁镇各村招收务工农户,建成酒庄13家,种植葡萄面积达8万亩,年产葡萄酒2.6万t,实现综合产值约9.3亿元。与此同时,闽宁镇大力发展特色畜牧养殖、光伏产业,以及以"吊庄"历史、红酒文化、特色种植为主题的旅游产业,推广"互联网+品牌+旅游"模式,促进三次产业联动融合。2019年全镇人均可支配收入达13 970元,高于宁夏全区农村平均水平近1000元。三次产业的联动发展,倒逼村镇人居环境的改造,使闽宁镇由一个坐落在戈壁滩上的"吊庄"小乡村变为人口约7万人的全国生态移民示范镇。全镇主干道路及巷道硬化率100%,水电入户率100%,网络信号覆盖率100%,生活污水处理率达85%,生活垃圾无害化处理率90%,绿化覆盖率35%。2017年闽宁镇入选全国特色小镇,2019年闽宁镇入选全国农业产业强镇建设名单、全国乡村治理示范乡镇名单。"十四五"期间,闽宁镇规划以优质葡萄酒资源为基础,继续延伸葡萄酒产业链,发展新产品、新业态,增加移民收入,提升村镇人居环境,打造集酒庄、展示、教育等多功能于一体的葡萄文化小镇,推动三次产业深度融合发展。

6)凤县——立足生态资源,提升环境质量,发展旅游康养产业

凤县是重点生态功能县,围绕保护水源涵养功能和提升生态环境质量,有序推进生态林果、生态养殖、生态旅游等产业发展和美丽乡村建设,是中国旅游百强县,荣获"中国最美文化生态旅游名县""全国美丽乡村建设先进县""中国康养休闲旅游名县"等称号,创建国家级生态镇9个,中国美丽乡村50强村1个,中国少数民族特色村1个、省市级美丽宜居示范村3个、美丽乡村10个。村庄绿化率达到38.5%,农村清洁能源使用率达到55.5%。该县红花铺镇立足特色林果和特色养殖产业,积极推动旅游业发展,鼓励村民开办农家乐、农家客栈等。永生村依托特色养生长寿文化,建设长寿街、福文化观光示范园,流转土地180亩建成百亩樱桃采摘园、蓝莓采摘园和有机蔬菜采摘园,发展民俗、康体养生和高端休闲养老项目,年接待游客约20万人。"十四五"时期,凤县规划实施大健康发展战略,开发全域、全季、全时旅游产品项目,打造高品质民宿,建设国家全域旅游示范区、秦岭生态康养旅游目的地、文化强县。

7)门源县——利用国家公园试点建设的倒逼机制,调整牧草结构,提升牧产品品质

祁连山国家公园试点以来,门源县作为国家公园青海片区的门户地区,加大了祁连山自然资源和野生动植物资源保护的力度,也给传统牧业生产方式带来了压力。为此,门源县通过创新草地畜牧业发展机制,稳步开展了适度规模的有机畜牧业试点,发展了以西门塔尔肉牛、浩门马、白牦牛、湖羊、林麝、冷水鱼为品牌的养殖业。该县东川镇寺尔沟村建成了 2 个规模化的生态畜牧专业养殖合作社，吸收了 200 户农户入股，每年年底给入股村民进行分红，村民收入显著增加，生活质量明显改善。同时，借势国家公园试点建设，稳步推进乡村休闲旅游融入祁连山大旅游，实现全村人均纯收入 11 193 元。浩门镇引进湖羊、大通牦牛，推动畜牧品种良种化，每只湖羊年收入可达 3600 元。"十四五"时期，门源县规划依托青海国家公园省建设，充分利用地处祁连山旅游大环线的地理位置，挖掘林牧业、油菜观光旅游的潜力，推动观光农业、良种牧业和祁连山大旅游的联动发展，打造国家级全域旅游示范区。